守望者
The Catcher

阅读 你的生活

WAR AND
PEACE AND WAR

*The Rise and
Fall of Empires*

历史
动力学

帝国的兴衰密码

［美］彼得·图尔钦 著
（Peter Turchin）

张晶 译

中国人民大学出版社
·北京·

献给奥尔加（Olga）

地 图 *

北冰洋

北极圈

瑞典帝国

阿尔汉格尔

鄂毕河

乌拉尔山脉

托博尔斯克   鄂尔齐斯河

西伯尔

赫尔辛基

斯特罗加诺夫领地

彼尔姆

叶尔马克
1581年

诺夫哥罗德   沃洛格达

俄国

波罗的海

里加

莫斯科

喀山

西伯尔汗国

利沃尼亚

科洛纳姆

喀山汗国

卡马河

梁赞

立陶宛
（波兰）

基辅

顿河

乌拉尔河

诺盖部落

阿斯特拉罕汗国

克里米亚汗国

萨莱

咸海

巴克契萨莱

阿斯特拉罕

土库曼人

卡法

黑海

里海

高加索山

奥斯曼帝国

地图 1　16 世纪的俄国和鞑靼人

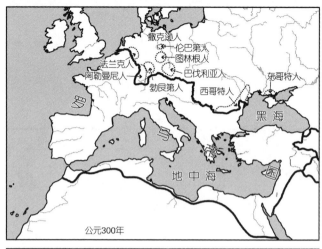

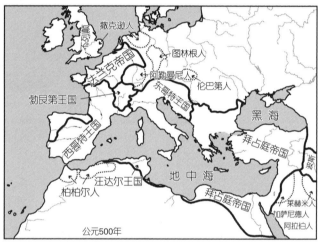

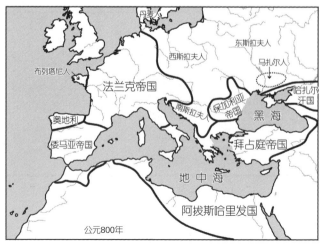

地图 2　罗马帝国及其继承国

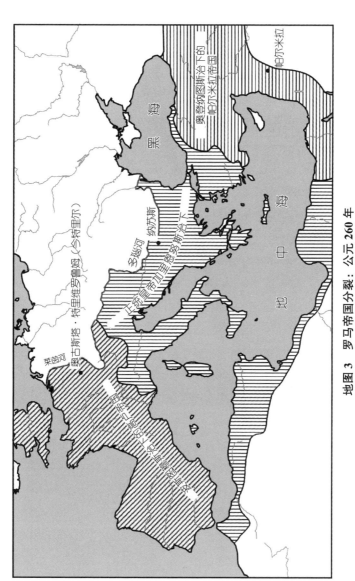

地图 3 罗马帝国分裂：公元 260 年

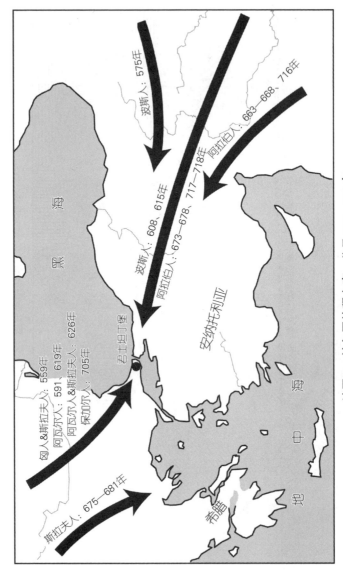

黑 海

波斯人：575年

阿拉伯人：663—668、716年

波斯人：608、615年

阿拉伯人：673—678、717—718年

空纳托利亚

君士坦丁堡

匈人&斯拉夫人：559年

阿瓦尔人：591、619年

阿瓦尔人&斯拉夫人：626年

保加尔人：705年

斯拉夫人：675—681年

希腊

地 中 海

地图 4 被包围的拜占庭：公元 559—718 年

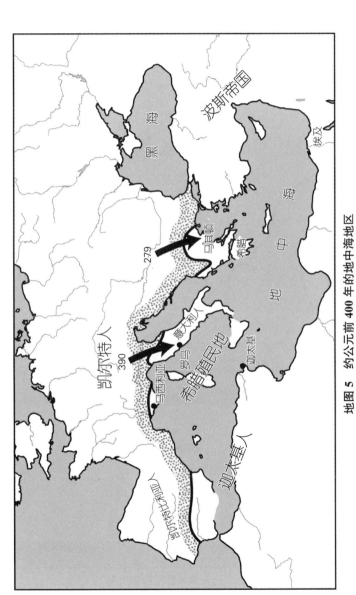

黑海

波斯帝国

埃及

马其顿

希腊

地中海

意大利

罗马

希腊殖民地

迦太基

凯尔特人

马西利亚

凯尔特比利亚

迦太基人

279

390

地图 5　约公元前 400 年的地中海地区

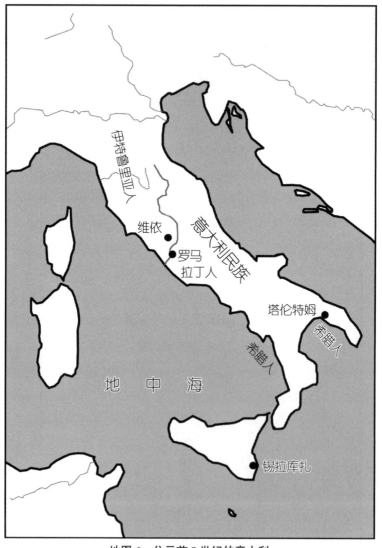

地图 6　公元前 8 世纪的意大利

目　录

导论

"所以，和久必战，战久必和"

　　帝国最终将所有的文明都统一起来了。在经历了几代人的战争之后，最后的敌人已经被击败了。帝国的公民们似乎可以期待永久的和平与繁荣了。但是，有个名为哈里·谢顿①的特立独行的数学家带来了令人不安的消息。他新创立的心理史学（psychohistory），也就是建立在整合了无数个体行为的方程式之上的科学，预测了大范围的社会趋势。当这些方程式向将来运行时，它们预测中央权力会衰败，并且最后走向瓦解，地方贵族和暴戾的将军会发起叛乱，

---

　　① 哈里·谢顿（Hari Seldon），艾萨克·阿西莫夫（Isaac Asimov，1920—1992）所创作的《基地》（Foundation）系列小说中的虚构人物。他是贯穿这一系列科幻小说的关键人物，作为年轻有为的数学家，他创立了心理史学，预测银河帝国终将毁灭。——译者注

最终，一场激烈的内战会将帝国的首都从拥有数千亿人的热闹大都市变成只剩下几千名幸存者的鬼城，而这几千人只能在残垣断壁中苟且偷生。在接下来的几个世纪里，帝国正如这位谦恭的数学家所说的那样走向衰亡和落败。

这一情节出自艾萨克·阿西莫夫的《基地》三部曲，描绘的是发生在未来的川陀星球（planet Trantor），也就是强大的银河帝国（galactic empire）首都的景象。在阿西莫夫的科幻作品中，人类历史是可以被理解和预测的，就像物理学家对行星轨迹或生物学家对基因表达的理解和预测那样。对预测人类社会至关重要的就是心理史学，它是"数学的一个分支，研究的是人类群体对于特定的社会和经济刺激的反应"。然而，心理史学家进行精准预测的能力并不是绝对的。心理史学并不能精准预测某个独立个体的行为，而且，必须向那些被预测集体行为的人们隐瞒这种预测知识。正如哈里·谢顿所解释的，"知道了的话，你们的行动自由会增加，由此引入的附加变数会远远超过我们的心理所能应对的程度"。对人类社会的预测可能也会出于另一个原因而变得无法做到："蝴蝶效应"。从长远来看，复杂的动态系统在本质上是难以预测的。微小的原因可能会产生巨大的影响。例如，一只蝴蝶在澳大利亚扇动翅膀，会在大西洋引起一场飓风。再者，正如一首童谣所说的，"只因缺少一枚铁钉……一个国家灭亡了"。不过，阿西莫夫不可能知道蝴蝶效应，因为他是在 20 世纪 50 年代写下三部曲的，那时尚未发现这一数学混沌现象。

阿西莫夫的科幻作品激发了数百万读者的想象，其中包括很多科学家和历史学家。然而，他的见解与大多数专业科学家和历史学家的大相径庭，而后者的观点通常是我们文化中所普遍接受的。几个世纪以来，哲人们一直就有关历史的科学研究前景进行仔细思考。尽管有些持异议的声音，但人们的一致看法是不可能对人类社会进行科学研究，因为人类社会非常不同于物理体系和生物体系，人类社会太复杂了。它并不是由简单的全同粒子，如原子和分子构成的，而是由人类个体构成的，每一个个体都是独一无二的，都具有自由意志，都能采取有目的的行动。定论就是任何一种科学式历史肯定都只是科幻小说，而不是一门真正的科学。有些人可能认为这是最好的结果。

历史科学听起来又冷又硬——难道它不会破坏我们享受非常丰富多彩的过去吗？从更黑暗的角度来看，一些阴暗的阴谋集团会不会借助这样一种科学来操纵社会，从而达到邪恶的目的？但是，我们已经不再能享受明媚夏日的蓝色天空或绚烂落日的五彩缤纷了吗？毕竟，自牛顿开始至爱因斯坦为止的物理学家们完全研究出了天空的颜色是如何由阳光和大气的相互作用产生的。就邪恶地利用历史科学这点来说，诚然，任何一种知识都可能产生好的或者坏的结果。但是，阿西莫夫的第二基地（Second Foundation）概念——一群心理史学家在某个秘密中心进行幕后操纵——一直是他的科幻小说中最不太可信的部分。

《历史动力学：帝国的兴衰密码》解决的就是阿西莫夫（和许多在他之前的人，包括马克思和托尔斯泰）提出的问题：历史能成为一门科学吗？我们能构建起一种解释强大帝国崩溃的理论，且这种理论并不会比我们对地震发生原因的理解差到哪里去吗？地震学家在解释地震发生的原因方面大有进步。他们甚至能在某种程度上预测地球上的哪片区域可能遭受下次地震的袭击。不过，他们还无法精准地预测地震的时间和震级。相似地，历史科学能解释国家为什么崩溃，并可能预测到哪些社会正濒于崩溃的边缘吗？

本书聚焦于帝国。为什么有些——起初规模小且无足轻重的——民族会建立起强大的帝国，而另一些未能建立呢？为什么成功的帝国建立者总是会在长年累月后失去他们的帝国呢？我们能解释帝国权力是如何崛起与为何衰落的吗？

帝国是大型多民族领土国家（territorial state），有着复杂的权力结构。关键的可变因素是规模。在规模足够大时，国家总是会包含不同民族的人，这使它们成了多民族国家。鉴于前工业时代的通信困难，大型国家不得不想出各种特定的方式来将遥远的区域和中心紧密地结合在一起。一种典型的变通方法就是将规模较小的毗邻区域合并成独立的单位，强迫它们进贡并接管它们的外交关系，但是除此以外不干涉它们的内部运行。这种零散累积的过程通常会导致一个国家内出现复杂的指挥链和混杂领土并存的现象。

帝国并不是历史科学所研究的唯一对象。历史学家写了大量关于所有文明兴衰的著作，比如阿诺德·汤因比[①]。还有些人被世界宗教的传播、艺术风格的演变、科学技术的进步或经济和人口的变

---

① 阿诺德·汤因比（Arnold Toynbee, 1889—1975），英国历史学家、哲学家。他的 12 卷本著作《历史研究》讨论了世界各种文明的兴衰。——译者注

化吸引。这些课题都是有价值的。然而，不可能在一本书中囊括所有的主题。帝国的兴衰是一个很好的起点。

和文明这样的实体不同，就领土国家而言，无论是互相之间，还是和对照单位［城邦国家（city states）、部落联盟等］之间，它们都是更容易界定和划分的。在如何将一种文明和另一种区分开来的问题上，历史学家们仍有争论。不同的权威人士有可能把阿契美尼德王朝治下的波斯（Achaemenid Persia）视为叙利亚文明或者伊朗文明的一部分，也有可能视为美索不达米亚文明的一部分。与这种存在大量争议的观点形成对比的是，无论查阅哪本历史地图集，你都会发现阿契美尼德帝国的边界几乎是在相同的地方。

虽然帝国的所作所为在历史记载中占据着主导地位，但是我们不应该就此断定这些就是人类历史的常态。在 19 世纪之前，地球上大部分的（直到 6 000 年前为止是所有的）居住空间都被划分成了小规模且无国界的社会，而不是帝国。历史上的帝国本身往往处于衰落甚至解体的状态。内部保持和平的大型稳定帝国在历史上是罕有的。从这一角度来看，需要解释的最根本问题不是帝国为什么衰落和崩溃，而是帝国最初是如何成功建立起来的。帝国是如何成为可能的？

帝国的故事是极度诱人的。想象一下，一个 18 世纪的英国人在世界旅行的途中，站在保存完好的有 2 000 年历史的古罗马废墟（在现代化大都市淹没它们之前）中间的感受吧。如今，人们在墨西哥的奇琴伊察①会有相似的感触（一定要在那天的旅游巴士到达

---

① 奇琴伊察（Chichen Itza），玛雅古城遗址。——译者注

之前早点儿去那里）。建造了这些雄伟的神殿和金字塔的人是谁？他们为什么不在了？从雪莱的"奥斯曼狄斯"到达斯·维达①，帝国的故事一直吸引着我们。

以下是关于本书的中心理论论据的非常简要的概述，可以作为通向接下来内容的指南。

许多历史进程都是动态的——帝国的崛起和衰落、人口和经济的繁荣与萧条、世界宗教的传播或收缩。历史动力学领域研究的就是这种历史上的动态过程。大部分研究都是针对农业社会进行的，这些社会中的绝大多数人（常常超过 90%）都参与了粮食生产。

这几年来，我一直在阐述的理论框架并不是着眼于人类个体，而是长期以来的社会群体。从根本上而言，一个群体的行为是由其个体成员的行动所决定的。然而，社会群体并不是简单的全同粒子集合体，不能轻易地以统计物理学来描述，它拥有更复杂的内部结构。

群体结构的一个重要内容就是不同的人拥有不同程度的权力和财富。农业社会的少数成员（一般是大约 1%或者 2%）将大部分的权力和财富集中到了自己手中，这一群体由精英或者贵族构成，而平民构成了人口的剩下部分。

---

① 奥斯曼狄斯（Ozymandias），即拉美西斯二世（Ramesses Ⅱ，前 1304—前 1237），古埃及第十九王朝的法老，其执政时期是埃及新王国的最后强盛时代，雪莱曾写过一首同名长诗《奥斯曼狄斯》。达斯·维达（Darth Vader），出自《星球大战》系列电影中的一个人物，是天选之子，在银河系的历史上留下了不可磨灭的印记。——译者注

　　社会结构的另一个重要内容是族群（ethnicity）。族群是一个利用文化的各方面内容来创造内部凝聚力及与其他群体之间区别的群体。一条想象中的分界线将族群中的成员和其他人区分开来。比如，希腊人就在他们自己和不讲希腊语的蛮族人之间划了一条分界线。族群分界线可以利用各种象征标记（symbolic markers）——语言和方言、宗教和仪式化行为、人种、服饰、行为举止、发型、饰物、文身。重要的并不是使用了哪些标记，而是族群内成员和族群外成员之间的区别，也就是"我们"和"他们"的区别。

　　人们通常有相互嵌套的多个族群身份。一个达拉斯①的居民可以同时是一个得克萨斯州人、一个美国人，还可以是一个西方文明的参与者。将多个族群联结起来的最广泛的群体通常被称为文明社会，但是我更喜欢将这种实体称为"元民族群落"［metaethnic communities，出自希腊语"*meta*"和"*ethnos*"，也就是"beyond"（超出）和"ethnic group"（族群）、"nation"（民族）］。我的定义不仅包括通常的文明——西方文明、伊斯兰文明和中国文明，还包括广泛的文化群体，如凯尔特人和突厥-蒙古草原游牧部落。一般而言，隶属于不同元民族群落的群体之间的文化差异非常大。有时这种差异是如此之大，以至于人们会拒绝承认那些处于元民族断层线另一侧的群落的人性。

　　可以将历史动态理解为群体之间竞争和冲突的结果，其中一些群体统治着另一些群体。然而，统治之所以成为可能，是因为群体

---

　　① 达拉斯（Dallas），美国得克萨斯州的一个城市。——译者注

通过其成员之间的合作在微观层面整合起来了。群体内合作是群体间冲突的基础，这些冲突包括战争甚至种族灭绝这样的极端形式。

不同群体的成员之间的合作程度不同，因此，会产生不同程度的凝聚力和团结性。依照 14 世纪的阿拉伯思想家伊本·赫勒敦[①]所说的，我将这种群体特性称为族亲意识（asabiya）。族亲意识指的是一个社会群体进行协调一致的集体行动的能力。族亲意识是一种动态参量，会随着时间的流逝而增强或减弱。就像许多理论构想——比如牛顿力学中的力———一样，集体行动能力不能直接观察到，但是能从可观察到的结果中估量出来。

每个帝国的核心都有一个占支配地位的民族（imperial nation）（有些帝国在某段时间内会有不止一个占支配地位的民族，但是这种结构显然是不稳定的）。一个帝国扩张其领土以及抵御内外敌人的能力在很大程度上是由占支配地位民族的特质，尤其是族亲意识所决定的。因为只有拥有高水平族亲意识的群体才能构建起大型帝国，所以问题就是这些群体是如何获得这种族亲意识的，以及最终为什么会失去它？

有高水平族亲意识的群体会在元民族边境（metaethnic frontiers）崛起。"元民族边境"是帝国的边界和两个元民族群落之间的断层线重叠的一片区域，所有的元民族边境都是群体竞争非常激烈的地方。奉行扩张主义的帝国会对超出它范围的其他民族产生极

---

① 伊本·赫勒敦（Ibn Khaldun，1332—1406），阿拉伯学者，社会科学家、历史学家和哲学家，被称为现代历史学、社会学、经济学和人口学的创始人。代表作《历史范例》（*The Muqaddimah*）是一部有关伊斯兰历史的重要著作。——译者注

大的军事压力。不过，边境族群也会被帝国的财富吸引，会试图通过贸易或劫掠来获得这些财富。外部威胁和获利前景都是培育族亲意识的强大整合力量。在元民族边境这种剑拔弩张的形势下，无法整合的群体会崩溃和消失，而以强力合作为基础的群体则会繁荣和扩张。

为了与旧帝国的力量相匹敌，一个有高水平族亲意识的边境群体——发端中的占支配地位民族——需要通过兼并其他群体来扩张。在元民族边境上，位于断层线同一侧的相似民族群体会因一个非常不同的"他者"——另一侧的元民族群落——的存在而变得更加容易整合起来。跨越边境的巨大文化差距让同一侧民族群体之间相对较小的差异变得微不足道了。实证证据显示，大型的侵略性帝国并不会崛起于以政治分界线来区分文化上相似民族的区域。

因此，我的主要论点是，起源于断层线边境的民族以合作和极高的集体行动能力为特征，这反过来促使它们能建立起强大的大型领土国家。我在第一部分阐释了这一论点，并举了以下例子进行说明：俄国和美国（第一章和第二章），在罗马边境的日耳曼人和阿拉伯人（第三章和第四章），罗马的起源（第六章）以及欧洲大国的崛起（第七章）。

我论点中的关键假设就是合作为帝国权力提供了基础。这一假设与社会科学和生物科学中占主导地位理论的基本假设——经济学中的理性选择理论和进化生物学中的自私基因——并不一致。然而，在实验经济学和多层级选择这些新兴领域的最新研究表明，基于利己主义假设的标准模式是有很大缺陷的。这无法解释有关人类超级社会（human ultrasociality）——我们将数百万不相干的个体联合为协作群体的能力——的谜题。而且，行为实验也驳斥了这一点。

两个关键的调适促成了超级社会的进化。第一个调适是道德家（moralist）策略：在合作时，群体中有足够多的成员也在进行配合，并惩罚那些不配合的人。一个群体中，如果有足够多的道德家可以将其群体行为推向合作均衡状态，那么它就会胜过甚至消灭那些未能合作的群体。第二个调适是人类能使用象征标记来定义合作的群体，这使社会性的进化突破了面对面互动的限制。人类社会的规模出现了一系列飞跃式的扩大，从乡村和宗族到部落和部落联盟，再到国家、帝国和文明。第五章探讨了这种新兴的合作的科学。

第一部分关注的是帝国诞生——解释帝国崛起的原因，而第二部分把注意力转移到了帝国病变——帝国衰落的原因。

强大的帝国所建立起的稳定与内部和平本身就蕴含着未来混乱的种子。稳定与内部和平会带来繁荣，繁荣会使人口增加。人口增加会导致人口过剩，人口过剩又会造成工资降低、土地租金升高以及平民的人均收入下降。起初，低工资和高租金会为上层阶级带来空前的财富，但是随着人数和欲望的上涨，上层阶级也开始遭受收入下降之苦。生活水平下降会滋生不满和冲突。精英转而向国家寻求雇佣和额外收入，由此国家的支出增加了，而与此同时，因为人们的穷困日益严重，其税收收入下降了。当国家财政崩溃时，精英阶层的冲突升级为内战，而穷人的不满则爆发成民众叛乱。

秩序的崩溃带来了紧随其后的天启四骑士①——饥荒、战争、瘟疫和死亡。人口减少，工资增加，与此同时租金下降。随着平民的收入恢复，上层阶级的财富却跌到了最低点。精英的经济困难和缺乏有效的政府管理滋养了持续不断的内战。然而，内战削弱了精英阶层。有些精英死于派系斗争，还有些亡于和邻人的宿怨，许多人干脆不再努力维持自身的贵族地位，悄悄地滑入了平民阶层。精英内部的竞争平息下来，秩序得以恢复。稳定与内部和平带来繁荣，于是开始了另一个循环。正如一位16世纪的评论者所说的，"所以，和久必战，战久必和"。

一个完整循环的典型周期大约是二到三个世纪，包含一个良性的整合阶段（integrative phase）和一个混乱的崩溃阶段（disintegrative phase）。我将这些农业社会的人口、经济和社会结构方面的巨大波动称为长周期（secular cycles）。第八章和第九章将详细阐述用于解释长周期的人口结构理论，其中会以中世纪和近代早期的法国和英国历史为例进行说明。

长周期阶段会影响经济和社会不平等的趋势，这反过来又影响着族亲意识的动态。发端中的占支配地位民族是相对平等的。群体成员之间巨大的财富差异会削弱合作，这样的群体将亡于有更高水平族亲意识的竞争对手之手。除此以外，元民族边境常常人口稀少，因此会有足够多的土地（农业社会的主要财富形式）供想要耕

---

① 天启四骑士（the four horsemen of the apocalypse），又称"末日四骑士"，出自《圣经·启示录》，四位骑士是饥荒、战争、瘟疫和死亡的化身，被派来作为世界末日的先兆。——译者注

种的人耕种。然而，占支配地位的民族在领土扩张方面的成功会导致边境移动到远离其核心的位置，这样一来，就消除了一股会阻碍不平等加剧的重要力量。和平导致人口增加，而人口过剩会给农民群众带来贫穷。穷人越来越穷，富人越来越富——这一推移被称作马太定律（Matthew Principle）。穷人和富人之间逐渐增加的差距使社会共识面临压力。与此同时，财富分配的差距不仅在贵族和平民之间，而且在每个社会群体内都有所扩大。精英内部对逐渐减少的资源的争夺导致了派系斗争，削弱了国家的团结。在长周期的崩溃阶段，地区和派别认同比整个国家或帝国的认同更为突出，于是，占支配地位民族的族亲意识遭到腐蚀。因此，马太定律在帝国病变——帝国的衰落中扮演着重要的角色。

族亲意识的衰退并不是始终如一地呈线性发展的。在长周期的整合阶段，不平等趋于缓和，精英内部的竞争以及精英和平民之间的冲突逐渐减弱，整个帝国的身份认同一度重获力量。正如第十章中进一步讨论的，需要几个崩溃阶段积累起来的影响才能将占支配地位民族的族亲意识削弱到无法维系帝国的程度。

一个典型的占支配地位民族的生命周期会延续超过两个、三个，甚或四个长周期。帝国每次进入长周期的崩溃阶段时，其核心民族的族亲意识都会明显遭到削弱。因此，几个长周期会嵌套在族亲意识兴衰的大周期内。不过，崩溃阶段也不是始终如一地糟糕的。内战会像森林大火或瘟疫一样开始——暴力导致在不断升级的谋杀和复仇中出现更多的暴力。然而，最终，人们会厌倦持续的战斗，内战就"熄火了"。直接经历过冲突的内战幸存者和他们的孩子们，都不想要再让敌对状态升级。因此，他们对自相残杀的暴力行为都"免疫了"。下一代人，也就是内战战士们的孙子辈并没有直接经历过战争的恐怖，他们并没有免疫。如果导致冲突的社会条件（主要是精英过剩）仍旧在运行，那么孙子辈们会进行另一场内战。结果，在崩溃阶段再次发生的内战会持续 40 年到 60 年。我将这种动态称为"父与子周期"（fathers-and-sons cycles）。父与子周期嵌套在长周期内，长周期转而嵌套在族亲意识周期内。我会在第十一章中以罗马帝国的衰退来解释这些"轮中嵌轮"的动态。

因此，在本书中，我讨论了三个中心概念：元民族边境理论——解释族亲意识周期；人口结构理论——解释长周期；社会-心理学理论——解释父与子周期。这些理论构成了新兴的历史动态科学的一部分，我还是更喜欢称之为"历史动力学"［cliodynamics，该词来自"Clio"（克里奥）和"dynamics"（动态），前者是"历史女神"，后者是"对随着时间变化的进程所进行的研究"］。

历史动力学大量借鉴了自然科学中的两个学科。对群体而非个体的关注类似于统计力学的路径，该路径通过整合无数微粒的运动来预测如温度或压力这种系统的特性。然而，对人类群体的研究和预测是更具挑战性的任务，因为人类各不相同（比如在权力和民族身份认同方面），人类还拥有自由意志。我会在第十二章中讨论这些复杂因素对人类社会研究的影响。

历史动力学要更为感谢的是非线性动力学这门学科。人类社会和国家可以被建模成动态系统，该系统是由相互作用的各部分组成的。而且，国家是国际体系的一部分，这又增加了复杂程度。此处的关键概念是动态反馈（dynamic feedback）。系统中一个组件的状态所发生的变化会影响到另一个组件，但是第二个的变化还可能反过来影响——反馈到——第一个组件。当一个动态系统包含这种循环的非线性反馈时，它会变得对振荡非常敏感。简明扼要地讲，"所以，和久必战，战久必和"。

然而，历史上的社会和国家所表现出来的周期与物理学中高度周期性、可重复的现象——比如行星运动或钟摆摆动——不同。社会系统是更为复杂的。众所周知，在非线性动力学这门学科中，两个或两个以上的循环行为彼此完全叠加在一起，可以产生非周期动态——换句话说，就是混沌。族亲意识、长周期、父与子周期之间的相互作用会导致这种复杂、混沌的动态。在一个混沌系统中，其中一个元素的一个小行动——某个人行使他或者她的自由意志——可能会产生巨大的影响。外部来源也扮演着重要的角色——比如，气候变化会导致谷物歉收，随机突变会引起新的可怕瘟疫和灾难性的火山喷发。因为混沌行为、自由意志和自然灾难的本质，所以不可能精准地预测出真实人类社会在遥远未来的动态。哈里·谢顿错了。

尽管预测遥远的未来是不可能的，但鉴于我们对社会和非线性动力学的了解，这并不意味着增进对社会如何运转的理解是纯粹的学术知识。了解将社会推到内战边缘的过程，可能会促使人们提出避免这样一场战争的策略。当然，这种社会工程仍旧在遥远的未来。我们对动态，即便是农业社会动态的理解都远非完美，非常复杂的现代工业和后工业社会对于社会学家来说则是更大的挑战。许多在农业社会运转中扮演决定性角色的进程，在现代社会都没那么重要了，甚至根本不重要了。例如，在现代西方社会，饥荒在很大程度上已经被根除了。同时，人性并没有完全因工业革命而改变。在本书的最后两章中，我思索了历史动力学能给我们及我们"战久必和、和久必战"的未来时代带来什么样的训诫。

第一部分

帝国诞生：

帝国的崛起

第一章

一群冒险者击败一个王国：叶尔马克 及其手下战无不胜的哥萨克人

1581 年 10 月 22 日，率领着几百名哥萨克人（Cossacks）的勇士叶尔马克·季莫费耶夫（Ermak Timofeev），也就是哥萨克人的首领决定在额尔齐斯河（Irtysh River）岸边扎营。哥萨克人已经深入乌拉尔山（Urals）另一侧的敌对领土，周围都是野蛮的游牧部落。夜幕已经降临了，他们点亮了一圈篝火，以防备偷袭，同时可以让受伤的同伴们暖和一些。在扎营之后，叶尔马克将没受伤的人和不站岗的人集合到一起，讨论接下来该怎么做。他们几乎没什么选择，而且每一个选择看起来都很糟糕。

将这些俄国战士带到额尔齐斯河的一系列事件开始于几十年前的 1558 年，当时，沙皇伊凡四世（Tsar Ivan Ⅳ）将乌拉尔山以西的上卡玛（Upper Kama）地区的一大片旷野给予了雅各·斯特罗加诺夫和格列高利·斯特罗加诺夫（Jacob and Gregory Stroga-nov）。俄国的斯特罗加诺夫家族就等同于在东印度和西印度建立了贸易公司的荷兰和英国的商人冒险家与帝国建立者。早在16世纪初，斯特罗加诺夫家族就在俄国东北部边境发展起大规模的工业——盐业、毛皮贸易和渔业——因此，他们有开辟新领地的必要经验和资本。斯特罗加诺夫兄弟立即开始吸引移民，并建立定居点和军事要塞。这片上地人烟稀少，居住着各种芬兰-乌戈尔语族的部落，尽管这些土著对入侵充满了愤恨，但却无法进行有效的抵抗。更严重的威胁来自居住于乌拉尔山另一侧的干草原和森林草原的鞑靼人（Tatars）。鞑靼人是俄国人对突厥-蒙古草原游牧部落的通称。这些特定的游牧部落是由成吉思汗（Chinggis Khan，更为人熟知但是不准确的拼写是"Genghis"）的后裔古楚汗（Kuchum）所统治的，他自称西伯尔汗［Khan of Sibir，"西伯利亚"（Siberia）的名字就由此而来］。当古楚汗意识到俄国人正在建立起对上卡玛地区的稳固控制时，他就派遣了一些鞑靼人和他们当地的盟友，在他的侄子马赫美特·库尔（Mahmet Kul）的率领下突袭新的定居点。鞑靼人屠杀了俄国人（和俄国人在当地的盟友），俘虏了很多女人和孩子，然后带着战利品翻山越岭地撤退了（见地图1）。

斯特罗加诺夫兄弟的回应是，进攻是最佳的防御。第一步就是从沙皇那里得到将他们的领地延伸到越过乌拉尔山的正式许可。沙皇批准了，但是有个条件，就是斯特罗加诺夫兄弟要完全依靠他们自己——不能指望政府的资金或兵力。幸运的是，他们有其他的征兵来源——哥萨克人。哥萨克人是粗犷的俄国边境居民，住在不受法律约束的草原地区，这些地区位于俄国与由克里米亚的、喀山的和阿斯特拉罕的鞑靼人所控制的领地之间的边境地带。他们的确切起源不详，但是在 16 世纪时，他们的队伍主要是由逃亡的农民、贫穷的贵族侍从和其他来自俄国中部的逃亡者及他们的后裔组成。哥萨克人和俄国的关系并不稳定。在宗教信仰上，哥萨克人信奉东正教，他们总是同沙皇的敌人开战，经常为政府服务。然而，哥萨克人认为自由高于一切，众所周知，他们曾领导反抗中央政府的叛乱。而且，在草原边境，进行和平贸易的机会相当有限，许多哥萨克人团伙都以抢劫为生。

当斯特罗加诺夫兄弟开始想方设法地招兵买马时，他们了解到了这群驻扎在伏尔加河（Volga）的法外之徒，其领袖包括叶尔马克·季莫费耶夫和伊凡·科尔特索（Ivan Koltso）。科尔特索（林格）因领导了一次对诺盖部落（Nogay Horde）首府的成功突袭而在国际上声名狼藉。诺盖人当时和俄国结盟，当他们向伊凡四世抱怨的时候，伊凡四世在科尔特索缺席的情况下判处了他死刑。斯特罗加诺夫兄弟送了一封信给哥萨克人，向他们提供了一个保卫基督教王国东部边境、抵挡"异教徒"的机会，与此同时，他们还可以得到沙皇的宽恕。哥萨克人接受了。

1579 年，叶尔马克一行人到达斯特罗加诺夫领地，在这里，他们第一次作为军事守卫服役。举例来说，1581 年夏季，他们击败了由 680 名沃尔古人（Voguls，一个来自乌拉尔地区的好战的乌戈尔部落）发动的突袭，并且抓住了他们的领袖。然而，他们的主要任务是向敌人开战。同时代的《斯特罗加诺夫编年史》（*Stroga-*

nov Chronicle）叙述了后来的事情是如何展开的。

1582 年 9 月 1 日，也就是我们的神圣教父西门·斯泰莱特①的节日，塞门·斯特罗加诺夫、马克西姆·斯特罗加诺夫和尼基塔·斯特罗加诺夫派伏尔加河的哥萨克首领和哥萨克人，也就是叶尔马克·季莫费耶夫及其手下人从城镇出发，去抵挡西伯利亚苏丹（古楚汗）。他们还从城镇和利特瓦（Litva）召集了 300 名自己手下的士兵（这些人是立陶宛和德意志战俘，得到了只要成功地完成这项事业便可获得自由的承诺），以及一些鞑靼人和俄国人随同哥萨克人前往，所有人都勇敢无畏。他们连同伏尔加河的哥萨克首领和哥萨克人，作为一个整体出发了。合计有 840 名勇敢无畏的士兵。他们向满怀慈悲的三位一体的上帝、圣母以及所有神圣的力量和圣徒歌唱祈祷。哥萨克人把供给品和武器装满了船，其中包括火绳钩枪（arquebuses）和轻型加农炮，开始沿着楚索瓦亚河（Chuso-vaya River）划船，朝乌拉尔山驶去。在沿着河流航行到尽可能远之后，他们转到路上运输，穿越了乌拉尔山（该山脉在这片区域比较平缓），然后沿着额尔齐斯河的支流漂流而下。

1582 年 9 月 9 日，也就是神圣教父约阿希姆和安妮②的节日，勇猛的战士们到达了西伯利亚陆地，进攻了许多图拉河

---

① 西门·斯泰莱特（Simeon Stylite, 309? —459），叙利亚苦行僧，是第一位在柱子上生活的僧侣，也被称为"柱头修士"。——译者注

② 约阿希姆和安妮（Joachim and Anne），根据基督教传说，约阿希姆和安妮是圣母玛利亚的父亲和母亲。——译者注

（Tura River）沿岸的鞑靼人和当地人定居点。他们英勇地挺进到塔夫达河（Tavda River），并且在河口处抓获了鞑靼俘虏。其中包括一个名为坦赞克（Tauzak）的人，他是首领（此处是指古楚汗）集团中的一员，他向他们讲述了所有关于西伯利亚的各位首领、大公、骑士以及古楚汗的事情。在从坦赞克那里了解到这一切之后，他们放走了他，让他告知古楚汗他们到来的消息以及他们的实力和勇猛……

邪恶的古楚汗派遣他的儿子（实际上是侄子）马赫美特·库尔和大量的战士出发，命令他们勇敢地抵抗入侵的俄国人。古楚汗命令他们在楚瓦什（Chuvash）的额尔齐斯河沿岸砍倒树木，建起铁丝网，用泥土加固，并且用防御武器加强筑防。这是个牢固的防御工事。

马赫美特·库尔及其手下的众多战士们抵达了名为巴巴塞（Babasan）的地方。看到有这么大一群异教徒，俄国战士、哥萨克首领和哥萨克人大感震惊，但是他们信靠上帝，于是，他们从军营出发，朝着异教徒攻去。马背上的异教徒残忍地袭击涌来的士兵，用他们的长矛和利箭刺伤了哥萨克人。俄国战士用他们的火绳钩枪和轻型加农炮反击回去，杀死了一大群异教徒。他们和鞑靼战士进行了激烈的战斗，双方都有大量的人员伤亡。异教徒看到他们的很多战士都在俄国人面前倒下了，于是就逃跑了……

当哥萨克人到达卡拉恰（Karacha）的领地时，另一场针对这位首领（古楚汗）的战斗开始了。他们占领了他的领地，并且夺走了他的情人和其他财产，装到了他们自己的船上。异教徒们或骑马，或徒步，一直追击他们到了额尔齐斯河。哥萨克首领和哥萨克人勇敢地进攻在河岸边聚集的异教徒，在这场激烈的战斗中，双方都死了很多人。看到他们中很多人被俄国战士杀死时，异教徒们开始了最后的逃亡。在那场战斗中，叶尔马克的军队仅仅丧生了几个人，但几乎每个人都受伤了。

当古楚汗看到他的战士们被打败时，他让一些幸存者撤退回来，在名为楚瓦什山的山顶上安营扎寨。他的儿子马赫美特·库尔和一支大型后备军依旧驻扎在铁丝网处，在此期间，哥萨克人沿着额尔齐斯河继续前进。

当俄国军队来到一个属于阿提克穆尔札（Atik murza）①的小规模定居点时，他们占领了这里，并且在此处安营扎寨，此时夜晚已经降临，天已经黑了。哥萨克人看到一大群异教徒聚集在铁丝网处，非常惊慌。他们对彼此说道："我们怎么能抵挡得住这么一大群人呢？"他们想了想，然后围成一圈，一起商讨（这是哥萨克民主制度中达成决定的传统方式）。他们讨论着："我们是应该撤退，还是团结一致地抵抗？"一些人沉思之后，认为"对于我们来说，最好还是撤退吧"。但是其他人坚定且果断地说道："哦，拿着武器的兄弟战友们，我们怎么能撤退呢？秋天已经到来，河里的冰雪正在融化。我们不能逃走，不能令自己蒙羞。不如让我们信靠上帝吧，胜利并不是

---

①　穆尔札（murza），鞑靼人的贵族头衔。——译者注

因为士兵人数众多，而是因为高高在上的上帝的帮助。就算是走投无路的人，也有可能得到上帝的帮助。兄弟们，难道我们自己没听说过，这个在西伯利亚土地上不敬神的、可恨的异教徒——古楚汗为我们俄国的土地彼尔姆（Perm）带来了什么样的邪恶，如何毁坏我们君主（俄国沙皇）的城镇，谋杀和奴役东正教徒吗？我们不知道他已经摧毁的斯特罗加诺夫要塞的数量吗？全能的上帝会惩罚那个让基督徒流血的可恨的人。兄弟们，让我们回想一下我们的誓言，也就是我们在真诚的人们（斯特罗加诺夫家族）的见证下，在上帝面前许下的誓言。我们给出了保证，并且亲吻了十字架，承诺如果全能的上帝帮助我们，我们就不会退却，即便我们战死到最后一人。我们不能撤退。我们不能令自己蒙羞，不能打破已经许下的誓言。如果全能荣耀的三位一体的上帝帮助我们，那么，即便我们失败了，我们的记忆也不会在这些土地上消亡，我们的荣耀将会永存！"

听了这话，哥萨克首领和哥萨克人在精神上得到了鼓舞，他们的勇气恢复了。他们异口同声地喊出誓言："我们准备为了上帝的神圣教会而死。我们将会为了真正的正统信仰而忍受一切。我们将会服务于虔诚的至高无上的沙皇和全俄罗斯大公伊凡·瓦西列维奇（Ivan Vasilevich，即伊凡四世）。我们将会坚定地抵抗异教徒，直到流尽最后一滴血，直到死为止。兄弟们，我们不会违背誓言，我们将会团结一致，坚定不移！"……

10 月 23 日，也就是我们主的兄弟圣徒雅各的节日，他们从自己的营地出发去战斗。所有人异口同声地大喊着："上帝与我们同在！主啊，帮助我们，帮助您谦卑的仆人！"

他们勇敢无畏地朝着铁丝网前进，和异教徒展开了一场激烈的战斗。异教徒从铁丝网的顶部和射击孔射出了无数箭。他们射伤了叶尔马克手下许多勇敢的士兵，还杀死了一些人。看到这些勇敢的人倒下时，异教徒们从三处突击，穿过铁丝网，想逼迫哥萨克人逃跑。在此期间，他们进行了激烈的肉搏战。

哥萨克人团结一致地向异教徒发起进攻，在这些蒙羞的、不敬神的异教徒面前证明了他们的勇敢和凶猛。最后，异教徒的力量变弱了，上帝让哥萨克人战胜了他们。哥萨克人继续逼近，压制住了异教徒，杀死了很多人。他们把异教徒从铁丝网逼退回去，将他们自己的战斗旗帜安插在了那里。马赫美特·库尔受了伤，他手下的战士们用小船带着他渡过了额尔齐斯河。

在山上扎营的古楚汗看到了他的鞑靼人被打败，以及他的儿子马赫美特·库尔受伤和逃离。他下令手下的毛拉①大声念出他们那"糟糕"的伊斯兰教祷文。他请求他"邪恶"的神来援助他，但是并没有得到什么帮助。与此同时，奥斯蒂阿克（Ostiak）的亲王们（鞑靼人在本地的盟友）带领他们手下的士兵撤退了，虽然他们还能……

可怜的可汗飞奔回了他的西伯尔镇，带走了他的部分财产，然后继续逃亡，舍弃了西伯尔镇。10 月 26 日，也就是神圣的殉教者萨洛尼卡的德米提里奥斯（Demetrios of Salonika）

---

① 毛拉（mullah），伊斯兰教的教职称谓，相当于"阿訇"。——译者注

的节日，勇敢的叶尔马克及其手下人来到西伯尔，也就是后来被称为托博尔斯克（Tobolsk）的地方。他们对上帝表达了感谢，因为上帝让他们战胜了不敬神的、可恨的异教徒们，他们感到非常欣喜。他们夺取了大量的金银、金线织物、宝石、貂毛、貂皮和珍贵的狐裘，并且自行瓜分了这些东西。

　　这是一段令人愉快的叙述，如实地颂扬了全能的三位一体的上帝，他让规模虽小但是坚定的俄国战士战胜了异教徒，打败了自负的古楚汗。古楚汗召集起了一支数量远超过哥萨克人的军队，人数对比是10—20：1，甚至是30：1。那个可恨的可汗为他手下倒下的大量战士们悲痛不已。就这样，上帝打倒傲慢的人，庇佑谦卑的基督徒。

正如同时代的编年史家所说的，这个叶尔马克征服西伯利亚的故事生动有趣，不仅是因为所陈述的事件，而且是因为所讲述的方式。编年史家讲述这个故事的意识形态导向让我们得以一窥俄国人是如何看待他们和鞑靼人之间的冲突的，以及向俄国边境挺进的民族的动机是什么。但是让我们先关注一下这些事件的基本概况。一支由几百名勇敢的欧洲冒险家组成的队伍击败了本地的游牧部落，征服了一个王国，并且获取了一大堆战利品。叶尔马克的哥萨克人和在新世界的西班牙征服者科特尔斯或者皮萨罗①惊人地相似（不

---

　　① 科特尔斯，即赫尔南·科特尔斯（Hernán Cortés，1485—1547），西班牙探险家和殖民者，曾带领西班牙人征服了阿兹特克帝国（Aztec Empire），导致中美洲的美洲土著文化走向衰落。皮萨罗，即弗朗西斯科·皮萨罗（Francisco Pizarro，1475—1541），西班牙殖民者，曾带领西班牙人征服印加帝国。——译者注

过，可以肯定的是，皮萨罗获取的战利品数量远少于叶尔马克可能
在西伯尔得到的）。

　　他们是怎么做到的呢？贾雷德·戴蒙德（Jared Diamond）最
近解释了科特尔斯和皮萨罗的惊人壮举，他认为西班牙人有枪炮、
病菌和钢铁，而在 1492 年之前和欧亚大陆没有任何交流的美洲原
住民却没有。这种解释对于弄清楚西班牙征服美洲是有意义的，但
是无法帮助我们理解俄国征服西伯利亚。我们立刻就能驳倒戴蒙德
的这三个因素中的两个，因为几个世纪以来，俄国和西伯利亚双方
都暴露在同样的病菌和钢铁之下。至于枪炮，俄国人用之对付持弓
箭的游牧部落，非常有效。但是，为什么俄国人能用枪炮武装他们
自己，而鞑靼人不能呢？两个民族都不是枪炮的发明者。（如果说
有什么不同的话，那就是鞑靼人比俄国人更能直接地从火药发明者
中国人那里得到火药。）那种强调欧洲人和非欧洲人之间区别的种
族主义解释是无法令人满意的，因为其他的突厥民族——奥斯曼人
和莫卧儿人——都急切地采用了枪炮，并且利用枪炮很有效地建立
起了强大的帝国。大约 1530 年，在位于其西伯利亚亲戚西南方一
千英里①处的克里米亚鞑靼人就开始使用攻城炮和手持枪支了。不
管怎么说，枪炮在西伯尔决战中的作用是相当小的。哥萨克人所使
用的简陋的火绳钩枪开火太慢了，缺乏精准性，而且在潮湿的天气
无法使用。毕竟，15 世纪和 16 世纪火药革命的主要影响在于火炮
摧毁中世纪防御工事的能力。直到 17 世纪，随着燧发枪的发明，

---

　　① 英里（mile），英制长度单位，1 英里约合 1.61 千米。——译者注

手持枪支才开始真正变得有效起来。

　　当我们思考在叶尔马克之前的三个世纪东欧所发生的事情时，谜团加深了。1236 年，由成吉思汗的孙子之一拔都（Batu）所率领的草原入侵者大军聚集在额尔齐斯河以西的干草原，正是这片区域在三个世纪后成了西伯尔汗国。尽管我们称他们为蒙古人，但是蒙古族人大概只占了军队人数的十分之一，剩下的是一个部落混合群体，由各种突厥民族所主导，如克烈人（Keraits）、鞑靼人（俄国人将这一名称扩大至涵盖了所有突厥-蒙古草原民族）、回纥人（Uigurs）、花剌子模人（Khwarizmians）、土库曼人（Turkomans）等。蒙古对东欧的征服开始于伏尔加保加利亚人王国的灭亡。从1237 年开始，在接下来的三年里，蒙古人系统性地征服了几乎整个俄国。〔只有西北部的诺夫哥罗德（Novgorod）避开了直接袭击，但还是不得不臣服于拔都，同意向其纳贡。〕这次征服中最令人印象深刻的是，尽管每个公国都勇敢地抵抗入侵者，但是俄国人未能团结一致地对抗蒙古威胁。统治着莫斯科东南部的梁赞公国（Ryazan principality）的尤里（Yurii）和罗曼（Roman）这两兄弟的故事生动地说明了这种无法团结一致的现象。当蒙古军队迫近时，尤里将自己关在了公国首都梁赞城内，在此期间，罗曼并没有来帮助他的兄弟，而是待在了位于梁赞西北部大约 50 英里的一个更小的城镇——科洛姆纳（Kolomna）。蒙古人首先攻下梁赞城，杀了尤里，屠杀了所有人，然后去了科洛姆纳，在要塞前击败并杀死了罗曼，攻下了科洛姆纳。

　　同样的故事一遍又一遍地重复着。俄国分裂成若干小公国以及俄国人无法团结一致地对抗外部威胁，是蒙古人能在 13 世纪征服俄国的主要原因之一（也许是最主要的一个原因）。俄国人自己也很清楚这一缺点，正如在蒙古征服之后不久所写的《俄国大地衰亡颂》（*Ode on the Downfall of the Russian Land*）中所阐明的那样。

相比之下，蒙古人是非常擅于团队合作的。历史学家普遍认同的是，蒙古人摧毁他们对手的能力并不是因为武器上的技术优势，也不是因为他们的人数优势（他们经常对抗和摧毁人数上更占优势的敌人）。一定要在别处寻找蒙古人获得成功的原因。

蒙古军队具有一种运转良好的社会机制，其纪律和内部凝聚力达到了自罗马时代以来的欧洲前所未有的程度。蒙古军队会在一种可怕的沉默中进行部署、前进和调动，甚至没有指挥官大声呼喊的声音，因为每组骑兵的行动都是由持旗手所发出的旗帜信号控制的。在适当的时候，整支军队会突然冲锋，像恶魔一样喊叫。这种策略尤其令其对手紧张不安。

蒙古人喜欢的策略之一就是佯装撤退，引诱不谨慎的敌人，伏击并歼灭他们。以 10 万人的军队进行这种行动需要精准的时机和无摩擦的合作。另一种策略是教皇特使普莱诺·卡皮尼（Plano Carpini）如下所述的这种。"他们以由战俘和外国雇佣兵组成的前锋迎击第一批骑兵，与此同时，他们的大部分士兵占据两翼的阵地，以包围敌人。他们非常有效地做到了这一点，以至于会被人认为其人数远比实际上更多。如果对手一力拒守，他们就会放开自己的队形，让对手逃跑，接着他们会迅猛地追击，尽可能地屠杀逃亡者。"历史学家威廉·麦克尼尔（William McNeill）指出："蒙古人能在各种地形上以广泛分散的纵队形式行动，同时在各个独立的纵队间保持联络，以确保在决定性的时间和地点集中起所有的力量。1241 年负责入侵欧洲的指挥官速不台（Subotai）认为，就算有喀尔巴阡山屏障（Carpathian barrier），但是，让在波兰作战的纵队和其他进攻匈牙利的纵队相互配合并无不妥。直到 19 世纪后期，欧洲军队才获得类似的在这种距离协同作战的能力。"

蒙古人的目标一致性从大规模的军事单位行动一直延伸到人际关系中。正如来自法国王庭的大使鲁布鲁克的威廉（William of Rubruck）所说的，"在整个世界，没有比鞑靼人更顺从的臣民了，无论是在平民中还是在僧侣中。他们比其他民族更为尊敬他们的首领，几乎不敢对首领说谎。他们绝少互相辱骂，就算这么做了，这种纠纷也不会导致打架。战争、争执、施加肉体伤害以及杀人不会发生在他们之间，他们中也没有大批的盗贼和强盗"。正是这种非凡的社会凝聚力，解释了蒙古人在对抗从朝鲜到匈牙利这些其他的欧亚军队时所取得的巨大成功。

对蒙古人的特性描述强调了他们的协作能力，这对于许多读者来说听起来可能很怪异。协作是一个"友好的"词汇，而蒙古人肯定不是友好的人。实际上，他们屠杀了数百万男性、女性和孩子，使数百万幸存者成了奴隶。他们将几十座富有且美丽的城市变成了废墟。他们对那些不幸落入他们手中的人进行残酷的处决和难以言说的折磨。在这样一个社会里，怎么可能谈论协作精神呢？

这是一个非常重要的问题，因为正如接下来的章节所讨论的，协作或者更为普遍地说集体行动能力是帝国崛起的关键因素。必须立即指出的是，"东方专制主义"的概念，就算是意味着某个个体对整个社会的绝对控制，也是社会学上的无稽之谈。单独的一个人，无论有多强大的力量，都不能违背全体臣民的意愿进行统治。一旦他睡着，受他压迫的人民中的一员就会用一刀刺死他的方式来结束他的暴政。在现实生活中，暴君能进行统治只是因为他们得到了某个特定人群的支持——王宫卫队、贵族，也许还有上层官僚。只有群体能够压迫其他群体和整个社会，而要做到这一点，"压迫者"群体必须有内部凝聚力。换句话说，压迫只能在协作的基础上实现，虽然这听起来是自相矛盾的。

西方社会的社会矩阵（由诸如教育、大众媒体，甚或鸡尾酒会闲聊这样的内容交织而成）让我们认为社会权力的唯一合法来源是"我们人民"。按照推论，我们倾向于认为非民主社会只是由武力维系在一起的。这种普遍的文化偏见最近的例证就是 2003 年入侵伊拉克的美国策划者的隐含假定，即只要萨达姆·侯赛因被美国军队推翻，伊拉克人民就将与占领当局一起建立一个民主社会。

萨达姆·侯赛因的阿拉伯复兴社会党政权无疑是使用暴力和恫吓来镇压持不同政见的群体的，萨达姆的追随者所犯下的许多罪行都有详细记录。然而，这并不是故事的全部。除武力之外，该政权还依赖于某些其他群体的协作：核心支持来自萨达姆的家族，更广泛的权力基础则由伊拉克的逊尼派阿拉伯人提供。另外，一个更为分散的群体——起源于伊拉克人中的其他民族（什叶派阿拉伯人以及逊尼派库尔德人和土库曼人）——开始认为自己首先是"伊拉克人"，其次才是本民族的成员。尽管这一群体的成员——让我们宽泛地称他们为国家主义者——并没有积极地支持阿拉伯复兴社会党政权，但是他们默许了它的统治。尽管他们并不认为萨达姆政权的正当性非常高，但是他们中的许多人都认为占领国的正当性是更低的。

我们现在都知道，从实证主义的角度来看，萨达姆政权并不只是以武力为基础的，因为很多在他当权时支持他的人仍旧愿意为了袭击抓捕他的人而牺牲自己的生命（即便是在萨达姆自己失去权力之后）。甚至有更多的人参与了示威游行和其他非暴力抵抗行动，这种行动虽然不像直接进攻装备精良的美国军队那样是自我毁灭的，但绝不是没有风险的。最终，大多数伊拉克人只是选择尽可能少地与美国当局扯上关系。在占领的第一个月，各种各样的评论家都将这种冷漠归于残留的恐惧，人们担心萨达姆可能重新掌权并且惩罚那些和美国人合作的人。然而，萨达姆在 2003 年下半年被抓并没有明显地改变伊拉克人的态度。

因此，阿拉伯复兴社会党的伊拉克的例子很好地说明了压迫和协作并不是互相排斥的——为了镇压持不同政见者，萨达姆必须在其社会权力基础内部进行协作。对于布什政府而言，萨达姆是一个凶残的暴徒、一个差劲的独裁者、一个失败和无能的希特勒模仿者。但是，他也会被视为一个不屈服且老谋深算的部落领袖，他会给予他的人民丰厚的奖赏，与此同时对他们的敌人施加严厉的惩罚。他的特工处、他的儿子们以及他自己行为的残暴性可以被视为一种力量。当然，这就是相当一部分伊拉克人对他的看法。他们也准备着和他进行合作。

在 16 世纪的欧亚草原，鞑靼人合作得怎么样呢？要记住，西伯尔汗国的鞑靼人是突厥-蒙古部落的直系后裔，而该部落曾于三个世纪前在拔都的率领下征服东欧。例如，古楚汗就是成吉思汗家族的，其祖先可追溯至拔都的兄弟昔班尼（Shaybani）。然而，这些后来的鞑靼人非常不同于他们的祖先。尽管有着很大的人数优势，但他们还是不能打败叶尔马克的哥萨克人。

更为重要的是，在 16 世纪，鞑靼人的各个公国无法团结一致地与复兴的俄国对抗。当蒙古帝国被成吉思汗家族中的四个分支瓜分时，拔都和他的后裔得到了最西端的部分，他们定都于伏尔加河下游的萨莱（Sarai）。历史学家们所熟知的拔都的王国，也就是金帐汗国（Golden Horde），除 14 世纪末出现了一段内战之外，保持了 200 年的统一。在 15 世纪中期，该汗国分裂成了数个独立的公国：喀山（Kazan）汗国、阿斯特拉罕（Astrakhan）汗国、克里米亚汗国、西伯尔汗国和诺盖部落。这些金帐汗国的继承国都不太稳定，直到 16 世纪一直饱受内战的折磨。喀山的贵族派系经历了一次又一次的政变。其中一位参与竞争的亲王沙赫·阿里（Shah Ali）经历了起初获得王位，之后又失去了三次的过程！西伯尔汗国也经历了一系列内战。最后一场内战发生在 1563—1569 年，在俄国入侵前 12 年才结束，当时，古楚汗击败并杀死了前任西伯尔可汗。因此，我们在这里看到的情况与三个世纪前出现的完全相反。此时，在面对俄国这一庞然大物时，轮到鞑靼人经历社会分裂了。

　　正如俄国编年史所记述的，在金帐汗国分崩离析的同时，莫斯科领导下的俄国领土正在缓慢而不可阻挡地"聚拢起来"。这一过程基本上是在 1485 年完成的，当时最后一个独立的俄罗斯公国特维尔（Tver）被莫斯科兼并了。分裂的趋向，也就是之前蒙古征服俄国时的特征彻底改变了。莫斯科公国在得到一片领土时，会一直保有该领土。甚至在莫斯科公国征服喀山汗国和阿斯特拉罕汗国（1545—1556），并扩张到核心的俄国领土之外以后，这种集中化、一体化的趋向依旧存在。对获取领土的执着可以用西伯尔战役之后所发生的事情来加以说明。

　　在西伯尔过冬之后，叶尔马克派遣他的副手"林格"伊凡·科尔特索带着他们大获全胜的消息回到了乌拉尔山。俄帝国又增加了一个王国的消息迎来了民众的热烈欢呼。科尔特索得到了对其罪行的赦免，还从沙皇手里获得了丰厚的奖赏，在一批政府军队的陪同下动身前往西伯尔。不过，征服西伯尔一开始只是作为一项私人行动，无论是叶尔马克还是斯特罗加诺夫兄弟都没想过在西伯利亚为他们自己建立独立的诸侯国。他们将西伯利亚献给沙皇不管是出于忠诚还是算计，接下来的事态发展都显示了这种处理方法的聪明之处。

　　尽管输了西伯尔之战，但是古楚汗并没有放弃战斗。不过，鞑靼人却遭到了异议的困扰。几名鞑靼贵族和他们的追随者背弃了古楚汗，转投了前任可汗（也就是古楚汗在内战中杀死的那位可汗）的儿子。由于缺少驱逐哥萨克人的强大军队，古楚汗转而采取游击战术。他的侄子马赫美特·库尔成功地给俄国人造成了一些伤亡，但最终还是被俘获并被送到了莫斯科。然而，第二年冬天，哥萨克人耗尽了物资，开始遭受坏血病和饥饿之苦。接着在1584年夏天，灾难降临了：夜晚时分，鞑靼人袭击了叶尔马克及其战友们睡觉的营地。大部分哥萨克人被杀了，叶尔马克自己在试图游到河里的小船时溺死了。叶尔马克的死讯是压垮西伯尔守卫军的最后一根稻草。因鞑靼人持续不断的攻击，他们的人数大为削减，他们显然熬不过下一个冬天了。俄国士兵被迫撤退到乌拉尔山另一侧的斯特罗加诺夫领地，而古楚汗重新占领了西伯尔。

不幸的是，对于鞑靼人来说，他们最终的战败只是有所推迟而已。两年后，俄国人再次进入西伯利亚。他们以一种系统性的方式展开行动，首先是建造防御性城镇秋明（Tyumen，1586），然后是托博尔斯克（Tobolsk，1587）——位于被重新占领的西伯尔原址附近，塔拉（Tara，1594），最后是鄂毕河（Ob River）畔的苏尔古特（Surgut，也是在1594年）。古楚汗坚持战斗了数年，但还是在1598年鄂毕河的决战中被击败了。他逃到诺盖避难，于1600年在这里被刺杀。

本书的首要问题是大型帝国为什么会崛起和衰落？因此，从建立了世界历史上前所未有的两个最大领土帝国的民族之间的斗争开始才是恰当的。当我们客观地从长远角度来看这一斗争过程时，我们会对这两个民族完全颠倒过来的命运大感震撼。13世纪，分裂成诸多争斗不休的公国的俄国难以抵挡蒙古人的碾压。16世纪，则轮到俄国这个庞然大物碾压内讧四起的鞑靼人汗国了。为什么鞑靼人会失去他们的社会凝聚力呢？俄国人又是如何获得凝聚力的呢？

　　当然，社会凝聚力并不是我们解释帝国兴衰的唯一因素。历史太复杂了，难以用单一的因素加以解释。然而，在长达几个世纪的俄国-鞑靼之争中，社会凝聚力或者说缺乏社会凝聚力显然在这一惊人的命运反转里扮演了重要的角色。是什么使俄国从一群争斗不休的诸侯国进化为高度集中化的国家的呢？

第二章

命悬一线：俄国和美国的转变

影响俄国历史最重要的因素之一是其位于欧洲大草原边境这一地理位置。几个世纪以来，从西南部的基辅（Kiev）到东北部的喀山一线将两个截然不同的世界分隔开了。该线的北部和西部是林地，居住着斯拉夫民族、波罗的海民族和乌戈尔民族，主要从事农业，以狩猎和采集为辅助。该线的南部和东部是草原，居住着游牧部落及其牲畜群。第一批牧民——基美利亚人（Cimmerians）、斯基泰人（Scythians）和萨尔马提亚人（Sarmatians）——是说印欧语的人。然而，从3世纪开始，一波又一波起源于中亚的突厥和蒙古民族取代了这些印欧语系部落。

林地农民和草原游牧民因深层的文化分歧而分裂。对于游牧民而言，农民是肮脏的挖掘者、做女性工作的人、笨拙的骑手以及在战斗中胆小怯懦的对手。然而，农民拥有许多游牧民渴望的东西——游牧民自己无法种植的谷物、贵族和神职人员积累的财富，以及最后但同样重要的就是可以在黑海奴隶市场贩卖的大量人力。

从农民的角度来看，游牧民是邪恶的骑手、未开化和未受教育的野蛮人、谋杀犯、奴隶商人和掠夺者。农民和牧民之间的敌意可以追溯至人类历史最开始的阶段，比如《圣经》中有关该隐及其田地与亚伯及其羊群之间的冲突的寓言故事（因为早期的希伯来人都是牧民，故事里的邪恶家伙自然就是该隐）。在东欧，从 10 世纪开始，定居的耕种者信仰基督教，而游牧民相反地倾向于伊斯兰教，这进一步加深了文化分歧。俄国编年史中最常用来描述草原游牧部落的措辞，比如不敬神或者异教徒，就反映了这一宗教分界线。顺便说一句，在现代俄国语言中，"异教徒"这一词语已经失去了其原来的宗教意义，现在仅仅意味着"糟糕"或"邪恶"。正如前一章所讨论的，在《斯特罗加诺夫编年史》中描述叶尔马克的哥萨克人和西伯利亚的鞑靼人之间的战斗时所使用的语言，显然体现了俄国人和鞑靼人在宗教信仰方面的冲突。

草原和林地之间的气候和生态界限在两种截然不同的文明之间确立起了一条重要的断层线。断层线上的相互作用是由两个草原生活的基本事实所决定的。第一，游牧民有着丰富的畜产品，但是缺乏种植产品。人们不能只靠肉生存。第二，他们的军事能力强大。马术和箭术都非常高超，因为他们每天都跟着畜群，要保护它们免受捕食者的伤害，所以，游牧民族相对于定居民族而言享有巨大的军事优势。游牧民对谷物的需求和他们以武力来夺取的强大能力，必然会在他们和农民之间造成敌对状态。但这一事实并不意味着游牧民与农民之间的交往一直是好斗的。在某些条件下，游牧民可以通过和平贸易得到他们所需要的东西（尤其是在农民得到一个强大的国家庇护时）。农业文明和游牧文明之间的交易有各种各样的形式，甚至会出现通婚的情况，但通常发生在贵族阶层。

然而，在东部斯拉夫人和他们的草原邻居之间的断层线上，主导因素是冲突。几个世纪以来，冲突的强度起伏不定，但是偶尔会达到种族灭绝的程度。其中相对和平的一段时期是 11 世纪上半叶，当时基辅公国达到了权力巅峰。强大和统一的国家会将来自草原的威胁降到最低。不幸的是，到了 11 世纪末，该公国开始分裂，这一进程和俄国草原上一股新的突厥游牧民族浪潮——库曼人（Cumans）的到来相一致。根据俄国编年史的记录，在 1061—1200 年，库曼人曾 46 次入侵公国。在 12 世纪，由于内部争斗和库曼人入侵，基辅和周边地区的人口急剧减少。蒙古在 1240 年的劫掠造成了致命打击。从那时起直到 17 世纪，基辅国的核心地带几乎就是一片荒原。任何愚蠢地踏入这里的乌克兰农民都会立即被杀死，他们的家人也会被遇见的第一批鞑靼强盗带到克里米亚奴隶市场。

13 世纪的人口减少不只影响了基辅，也影响了整个林地-草原过渡带。随着来自草原的压力日增，文化断层线向西北推进了 100 英里以上。在俄国的梁赞公国（也就是尤里和罗曼这两兄弟无法团结一致击退蒙古人的地方），其都城梁赞城离草原太近了，以至于不得不被遗弃，都城被迁移到了该公国西北角的佩列亚斯拉夫尔-梁赞斯基（Pereyaslavl-Ryazansky）。

金帐汗国统治下的生活安定了一些，其统治者对得到贡品比对谋杀和劫掠更为感兴趣。尽管鞑靼人进行了几次远征，以惩罚那些反抗他们的征税官的城市起义，但俄国北部的人口还是得到了极大恢复。然而，随着 15 世纪金帐汗国开始分裂，其统治者限制下级酋长进行劫掠的能力减弱了。当金帐汗国最终在 1500 年左右崩溃时，莫斯科公国的领地（Muscovite lands）开始面临越来越多来自鞑靼继承国的劫掠〔莫斯科公国（Muscovy）就是历史学家所说的，自金帐汗国独立以来至开启帝国时代的彼得大帝统治之前那段时期的俄国〕。最大的威胁是来自喀山汗国和克里米亚的鞑靼人，前者直到 1552 年才被征服，后者直到 18 世纪末一直被俄国人视为眼中钉。

鞑靼人的袭击造成了巨大的灾难。1521 年，克里米亚可汗穆罕默德-克雷伊（Mohammad-Girey）带领一支 10 万人的军队突破了奥卡河（Oka River）沿岸的俄国防线，侵入了莫斯科公国的中心地带。他没有试图进攻牢固的城市，而是摧毁了乡村。最严重的损失是鞑靼人带走了大量的俘虏。根据一份记录所载，俘虏总计 30 万人。神圣罗马帝国使节西吉斯蒙德·冯·赫伯斯滕（Sigismund von Herberstein）报告说，损失的总人数达 80 万，有些被杀了，有些被卖给了在卡法（Caffa，位于克里米亚）的突厥人。赫伯斯滕的报告一定是过分夸大了，但是，即便损失人数为 20 万或 30 万，对当时总人口只有七百万的国家来说也是一个非常严重的打击。1533 年，克里米亚鞑靼人未能突破奥卡河防线，只能满足于摧毁梁赞的土地。不过，鞑靼人再次带走了大量的俘虏。在一封给沙皇的信中，可汗吹嘘说俄国损失的人数不少于 10 万；每个鞑靼贵族都得到了 15 至 20 名俘虏，普通的战士每人拥有 5 到 6 个"人头"。

这两次入侵并非特例，只是许多次袭击中更为成功的两次。16世纪上半叶，莫斯科公国很少有不遭受来自南部的克里米亚人和来自东部的梁赞鞑靼人袭击的时候。比如，仅仅在 16 世纪 30 年代，就发生了不少于 13 次克里米亚袭击和 20 次梁赞袭击。再加上来自诺盖部落的袭击。还有在西部边境上，莫斯科公国卷入了和立陶宛的旷日持久的冲突。

莫斯科公国只有通过全体人民——从强大的波雅尔①到最底层的农民——的共同努力，才能抵抗来自草原的猛攻。关于外部威胁如何帮助社会统一起来的典型例子就是柳比姆（Lyubim）这一要塞城镇的建造，其位于面对喀山的边境上，在鞑靼人袭击期间，这一地区连可供农民藏身的堡垒都没有。中央政府没有能使用的资源，于是允许使用地方资源进行建造。每个人都参与了采石、建墙、挖壕沟和制作抵挡骑兵的防御性木桩的工作。人们愿意为更大的社群牺牲的另一个标志就是定期筹集资金，以买下俄国俘虏。通过这种方式筹集了大量资金，因而，成千上万的俘虏才能返回家园。

然而，建立防线的主要角色还是落到了国家身上。政府首先沿着奥卡河的南部边境修筑防御工事，以迎击克里米亚的袭击。还在关键的防御点建造起了岩石堡垒。所有鞑靼骑兵可以过河的渡口和其他地点都被木栅栏封锁了，还配备有士兵和火炮。每年夏天都会

---

① 波雅尔（boyar），俄国的上层贵族，地位仅次于大公，彼得一世时期被废除。——译者注

有大批武装士兵聚集在几个指定地点，他们可以从这些地点冲向任何受到威胁的边境区域。哥萨克人会在奥卡河对岸的土地上巡逻，以提前对迫近的袭击者发出警告。至 16 世纪 20 年代中期，防御系统已经建立起来，所有部分都配合得很好。1527 年，在俄国的整支克里米亚军队的征战彻底失败了，因为鞑靼人无法穿过奥卡河屏障。

东部边境没有像奥卡河那样的天然屏障，因此抵挡喀山的防御工事是没什么效果的。鞑靼人只是绕过了堡垒，摧毁了田地和村庄，杀死或者带走了那些在野外被抓住的人。许多幸存者向西迁移，以躲避不断到来的危险。鞑靼人的袭击使莫斯科和喀山之间广阔地带的人口逐步减少。显然，要避免重蹈三个世纪前基辅的覆辙，唯一的方法就是从根源上解决问题。因此，在南部边境的防御工事开始正常运转时，政府将其所有资源都投到了东部。持续的战争和最后的漫长围困耗费了 20 年的时间，但是莫斯科公国成功地在 1552 年吞并了喀山汗国。

尽管吞并了喀山，接着在 1556 年吞并了阿斯特拉罕，解决了东部边境的问题，但是南部的奥卡河防线只是暂时得到了解决。首先，该防线就在莫斯科以南 50 英里处，因此草原袭击者一突破这里，中心地带就会暴露在掠夺和破坏之下。其次，此时为莫斯科俄国一部分的两个前基辅俄国的公国——梁赞和诺夫哥罗德-谢尔维斯基（Novgorod-Secerski）仍旧在防线外，很容易受到鞑靼人的袭击。最后，也是一个经常出现的问题，就是一旦建立起安全的防线，俄国农民就会开始迁移到防线前的区域（尽管当局会试图阻止这种自发移民，因为他们无法有效地保护这些开拓者）。对于当局而言，这种超出防线的人口流动会带来许多挑战，而且就税收来说，并不会产生直接利润（至少一开始是这样）。然而，阻止移民的努力收效甚微。随着超出防线的人口的增多，这里吸引了进攻的鞑靼群体，保护"基督徒的灵魂"这样的呼声高涨起来。政府被迫提供资源，在南部建立新防线，以保护新的移民领地。在确保领地安全之后，政府官员会统计人口，并向每家的户主分配他应承担的税额和在边境防御部队的服役期限，这样一来，移民运动最终会对政府有利。然而，随着农民开始缓慢地越过新防线，这一进程再次开始了。结果出现了一种奇怪的自我推进动态，在这种动态中，普通民众和国家合作（并不一定是有意为之），通过一系列步骤将莫斯科俄国的领土向南延伸至草原。这一过程以两个半世纪后最终征服克里米亚而告终。

在草原边境的生活是什么样的？文献资料提供了一个很好的视角，在 16 世纪和 17 世纪，那些资料变得越发详尽了。我们有幸读到了一本由德·博普朗先生（Sieur de Beauplan），也就是纪尧姆·勒·瓦瑟尔（Guillaume le Vasseur）所写的书，1630—1647 年，他一直生活在乌克兰边境地区（当时是波兰-立陶宛的一部分）。博普朗给我们留下了许多关于俄国人和乌克兰人与他们的对手进行的长达几个世纪的艰苦战斗的珍贵资料。

克里米亚汗国享有地理优势，这就解释了为什么它和莫斯科俄国之间的对抗耗费了三个世纪才解决。其首都巴克契萨莱（Bakh-chisarai）位于克里米亚半岛，只有越过容易防守的皮里柯普地峡（Isthmus of Perekop）才能进攻这里。更为重要的是，克里米亚人控制着俄国南部的草原地带。这些草原创造出了纵深几百英里的缓冲地带，鞑靼骑兵很容易越过这一区域，但是对于一支主要由步兵组成，且带着沉重补给车的欧洲军队而言，是特别难以深入的。

尽管巴克契萨莱是克里米亚汗国的政治首都，但是克里米亚在经济上的重要城市是卡法。卡法和欧洲历史上最黑暗的一些篇章有关。1346 年，卡法还在热那亚人手里，当时蒙古人围攻了这里。当围攻者开始死于从中亚传来的一种新疾病时，他们将几具因病而死的尸体弹射进了城镇里，然后就离开了。不到一年，这种疾病就从卡法传到了所有主要的地中海港口。在接下来的三年间，有一半的欧洲人口死于腺鼠疫，也就是众所周知的黑死病。

乌克兰人将卡法称为"饮俄国人鲜血的吸血鬼"，因为这座港口城市无论是在热那亚人控制下还是被突厥人征服时，都是黑海奴隶贸易的主要转口港。实际上，几个世纪以来，有数百万定居在草原北部森林区的东欧斯拉夫人和其他民族的人口被贩卖到卡法，并被用船运送到地中海的各个目的地。在卡法贩卖的绝大多数男性奴隶最后可能都是在桨帆船上划船。在 17 世纪的任何时候，这个城市都有 3 万甚至更多的奴隶，奴隶供应非常充足，以至于在卡法都没有自由的家庭佣工了。

在 15 世纪下半叶，热那亚人把卡法拱手让给了奥斯曼帝国。突厥人直接控制着卡法，也间接控制着半岛的其他地方，因为 1475 年时克里米亚汗国成了苏丹的附属国。然而，突厥提供的大炮和士兵只参与了抵挡俄国和波兰 - 立陶宛的大规模军事行动，平时的草原突袭完全交到了鞑靼人手里。克里米亚军队包含 4 万到 5 万名骑马勇士，在其他游牧部落和各种其他志愿掠夺者加入这支军队时，其规模膨胀至100万人以上。不过，一次更典型的突袭是由可汗的一位穆尔札（鞑靼贵族）率领"仅仅"1.5万到2万人所进行的。

博普朗记录道，每个鞑靼战士都有两匹备用马匹，这样一来，一支8万人的军队就有超过20万匹马随行。"在这种时候，森林里的树木都没有草原上的马匹密集，从远处看，它们就像从地平线升起的云朵一样，越升越大，就算是最勇敢的人，如果不是常常看到这么大一群马匹聚集到一起的话，也会感到胆战心惊。"在乌克兰的波兰-立陶宛边境上，也就是缺乏由俄国人建立起的系统防御工事的地方，鞑靼军队的一贯策略是首先迅速地深入定居地。在深入腹地60或80里格（league，1里格等于3英里）后，军队会掉转方向，将两翼向右和向左延伸8至12里格，开始系统地扫荡这片区域，以获得战利品。所有抵抗的人都会被杀死，其他人都会被抓住并带走（包括除猪之外的牲畜）。

在一次成功的行动后，当鞑靼人到达距离边境足够远的草原，不用担心被追赶时，他们就会停下来休息和整顿。"在这个为期一周的休息时间内，他们会把包括奴隶和牲畜在内的战利品都集中到一起，在他们之间分配。看到夫妻分离、母女分离，彼此再也没有见面的希望，连最冷漠的心都会被触动。他们将成为伊斯兰教异教徒们可怜的奴隶，受到这些异教徒的残酷虐待。（这些鞑靼人的）残忍使他们犯下了无数肮脏的罪行，比如蹂躏年轻女孩，在女性的父亲和丈夫面前强奸她们，甚至就在父母眼前给他们的孩子行割礼，以便将孩子们献给穆罕默德。"

当鞑靼人的军队遇到波兰士兵时，他们会避免开战，因为"这些盗匪（鞑靼人应该被这么称呼）从不是出于战斗的目的来袭击（乌克兰），而是要出其不意地掠夺和盗窃"。草原骑兵的最大优势就是行动鬼祟、灵活性和出其不意。抵挡他们的劫掠是尤为困难的，实际上，与俄国人不同，乌克兰人和波兰人在抵挡克里米亚人方面没能取得进展。当鞑靼人的压力在 16 世纪加剧时，乌克兰人甚至失去了一些土地。例如，1578—1583 年，在波多利亚〔Podolia，位于德涅斯特河（Dniester River）和第聂伯河（Dnieper River）之间〕省有三分之一的村庄被摧毁或遗弃了。

莫斯科俄国边境战略的主要特征是在草原构筑起绵延数百英里的坚固防线。我已经讨论过奥卡河沿岸的第一条防线了。为了保护梁赞和诺夫哥罗德-谢尔维斯基，还有北方农民开拓的新领地，16 世纪 60 年代和 70 年代建造了第二条防线。该防线穿过一系列要塞城镇，其功能不是经济性的，而是纯粹防御性的。在要塞之间的林区，倒下的树木成了障碍物。树木在离地 2 码①高的地方被砍倒，树冠指向南方。交错的树枝和树干，再加上 2 码高的树桩挡着，对骑马者来说是难以穿过的障碍。拆除这一障碍需花费数个小时，这就给了哥萨克人和士兵们更多的时间去为这些不受欢迎的宾客组织一场像样的"欢迎会"。这种鹿砦②的主要目的并不是阻止进入，而是要抵消入侵者在机动性上的优势。这些障碍物也阻碍了满载着战利品、牲畜和俘虏的鞑靼人的迅速撤退，减慢了他们的逃离速度，

---

① 码（yard），英制长度单位，1 码约合 0.91 米。——译者注
② 鹿砦（abatis），用砍倒的树木设置的，形似鹿角的障碍。——译者注

即便只减慢几个小时也能让追捕者追上他们，对那些突袭期间在野外被抓的不幸者来说，这是自由和奴役的区别。

在没有森林的区域，俄国人把原木敲进地里，建造为木桩。只要有可能，河流就会被利用为障碍物（不幸的是，附近没有从西流向东的大型河流，比如奥卡河那样的，旧防线就是以奥卡河为基础建造的）。沿着防线生长的森林会受到严格的保护，不会被砍伐。无论多么微不足道，人们采取了一切措施来阻止突袭者。例如，在秋末的霜冻之后，防线南部的草地会被烧毁，以防其成为鞑靼人马匹的饲料。

第二条防线的长度超过 600 英里，相当于俄国的"长城"，它实现了同样的功能，不过使用了非常不同的建造方法，劳工投入非常大，成千上万的人参与了施工，其中大部分都是来自边境地区的人。边境人民付出了巨大的努力，但是如果没有中央政府的全力支持，这也是不可能完成的，中央政府在草原上建造起要塞城镇，从莫斯科俄国的中心区域招募守卫军，并且配备了整体的组织结构。在防御失败时，中央政府的关键作用就会凸显出来，这种失败总是发生在当局忙于西部边境的战争或者动乱时代（中央政府崩溃时期）。1571 年，鞑靼人突破防线，成功地烧毁了莫斯科。鞑靼人最后一次成功到达莫斯科并且烧毁其城郊是在 1592 年。17 世纪上半叶，有几次突袭成功到达了俄国的中心地带，但是在 17 世纪 50 年代之后，鞑靼人的突袭没能再突破防线，当时防线已经转移到了更南边的位置。

边境部队的组织在 16 世纪得到完善。第一条防线由深入到草原的哥萨克巡逻队组成。有一种典型的方法是，两名哨兵在草原上的一棵高大树木附近站岗，其中一个哥萨克人爬上树进行监视，而另一个则随时准备着一看到敌人就骑马回去。监视者在从树上爬下来之后会跟着鞑靼人，以查明他们的行动方向。这项任务非常危险，因为鞑靼人会追捕哨兵，既是要阻止他们发出警报，也是要得到关于当前防御情况的信息。现存的一封写给诺夫哥罗德-谢尔维斯基的驻军指挥官的信中，讲述了一个这种监视者——来自普季夫利（Putivl）的哥萨克人雅库什（Yakush）的不幸遭遇。1523 年秋天，雅库什奉命带领一群贵族侍从去追赶某次突袭后带着战利品和俘虏逃跑的鞑靼人。这支俄国小队追上了鞑靼人，成功地解救了俘虏。接着，雅库什带领人们返回边境，其后他回到草原上的监视岗位。不幸的是，对空手而归感到恼怒的鞑靼人决定返回，搜查哥萨克人一直监视的区域。他们抓住了雅库什，将他带回给了克里米亚的可汗。雅库什之后的命运不得而知，但是这一小段历史记录可以让我们一窥边缘地带的日常生活：持续存在的鞑靼人突袭的威胁，组织起来追击强盗的"武装队"，以及作为边境地区监视者和保卫者的哥萨克人那朝不保夕的生活。

在第一章中，我问道，一个国家——俄国——如何将其自身从受害者转变为帝国？这一问题的答案的轮廓开始浮现了。从在草原上巡逻的哥萨克人，到边境的农民，再到莫斯科的波雅尔，全体俄国人本能地认为他们必须协作起来抵挡游牧部落的威胁。这并不是一种理性的算计，而是一种缓慢的长达几个世纪的文化变迁的结

果，这种文化变迁是文明冲突所导致的。毕竟，早在 1237 年面对
临近的蒙古威胁时，他们也可以做出同样的算计。基辅时期的俄国
人已经在 1223 年直接经历过和蒙古人的战争了，当时一支由两名
成吉思汗麾下的将军——哲别（Jebe）和速不台率领的远征队，在
卡尔卡（Kalka）战役中战胜了俄国-库曼联合军队。1236 年，伏
尔加保加利亚人的灭亡充分证明了蒙古人打算进行一场有计划的征
服；然而，俄国人并没有联合起来。自相矛盾的是，每个公国在独
立考虑的时候，都是以一种完全理性的方式行事。每个大公都等着
其他人联合起来，击败蒙古人。因为每个大公都只控制着一支小规
模的军队，他的付出对共同成功并不是至关重要的。同时，他的潜
在成本可能是巨大的（例如，他可能会被杀）。不幸的是，同样的
逻辑支配着他这一阶层所有人的行动，因此，并没有试图抵抗拔都
军队的共同行动。这种个体理性，但却是集体愚蠢的反应为社会学
家和经济学家们所熟知，它被称为"公地悲剧"（the tragedy of the
commons）。

　　长期暴露于边境环境下导致俄国文化发生了巨大的改变。对这
种改变负有责任的普遍社会机制，我们稍后再讨论，因为现在，我
们只是想要证实文化转变这一事实。和他们的先祖不同，莫斯科时
期的俄国人以集体精明的方式行事，即使这样会给个体带来困难甚
至更加糟糕的结果。正如前面提及的，团结一致感和愿意为公共利
益牺牲并不是基于一种理性的算计，而是有着更深的基础。"我们
对他们"这一边境逻辑塑造了将世界划分为"善良"和"邪恶"两
个对立阵营的观点。一边是代表世界上所有体面正派的基督教社

群。另一边是"邪恶"的骑手，他们崇拜"邪恶"的神并且对基督徒犯下了难以言说的暴行。在第一章中摘录的出自《斯特罗加诺夫编年史》的长引文和 19 世纪由俄国艺术家瓦西里·苏里科夫（Vasily Surikov）所画的《叶尔马克征服西伯利亚》完美地捕捉到了这种关于冲突的非黑即白的观点（注意，我已经详细叙述了俄国人是如何理解这一重要问题的，鞑靼人自然也有他们自己的独特观点）。

宗教信仰是维系俄国社会的胶水。某些准则，比如愿意"为了信仰而忍受一切"——也就是牺牲某人的舒适，甚至生命本身，为了做正确的事情而忍受——深深地植根于这个民族。虽然这种受信仰鼓舞的行为并不具备明显的社会生存功能，但这些行为却总是间接地有助于这一功能。让我们再次转向《斯特罗加诺夫编年史》，其中描绘了在关键战役之前哥萨克首领是如何劝诫哥萨克人"为了真正的正统信仰而忍受一切"的。在与异教徒的战斗中牺牲自己的生命是一种虔诚的行为。俄国人进行合作并不是因为这是理性的做法，而是因为这是正确的。

无私的合作并不是敦促叶尔马克手下的哥萨克人去同鞑靼人作战的唯一动机。更确切地说，他们有很多动机，其中，想要得到战利品显然既不是最后的也不是最不重要的。一般而言，人们的行为受到自私、害怕惩罚和准则——从社会角度而言就是行为规则——的综合影响。很多时候，人们是以一种自私的方式行事的，但有时人们做事并不是要得到物质奖励或者避免惩罚，而只是因为这么做是正确的。做正确之事的奖励是非物质的——例如，内在的满足感，也许还有社会上的称许。

现在想象一下两支同等规模的军队。两支军队的士兵薪水相同，对玩忽职守的惩罚方式也相同。然而，在第一支军队中，士兵们只有一些物质刺激的激励，而在第二支军队中，他们相信与敌人作战是正确的。例如，他们可能是为了他们的宗教信仰和国家而战，他们可能认为自己的人生目标就是消灭邪恶的敌人。当这两支军队交战时会怎么样呢？除非有奇迹发生，否则的话，第一支军队将会土崩瓦解，将被第二支军队痛打。一般来说，在一场两群人进行的战斗中，拥有更强的促进合作的规则以及绝大多数人都遵循这些规则的群体，更有机会获胜。

回到俄国边境上，我并不是说其守卫者只受到非物质奖励的激励。相反，俄国边境的服役者会收取现金、谷物和土地作为服役回报。那些不服役的人会被惩罚。例如，如果有人离开他的岗哨，而没有鞑靼人突破防线，他会受到鞭笞。如果鞑靼人在他擅离职守期间穿过防线，那么这个玩忽职守的看守人就会被处死。尽管奖励和惩罚的刺激确实存在，但是俄国边境居民的动力不能被简化为这些纯粹的物质刺激。他们也受到为沙皇和祖国，尤其是为宗教信仰而战的鼓舞。

正如所有复杂的农业文明一样，俄国社会也是按照等级制度建立起来的。从国家的角度来看，主要存在两类人：交税的人（农民和镇民）和服兵役的人。服役种类包括为俄国军队提供骑兵的世袭乡绅，以及步兵、炮兵和哥萨克人这类非世袭的服役阶层。在 16 世纪和 17 世纪，俄国的核心地区形成了严重的社会经济不平等，大地主占据了社会顶层，而奴隶和无地的农民居于底层。

　　相比之下，边境的社会等级结构要平缓得多，因为这里缺少金字塔的顶端和底端。大地主只存在于边境的北部区域，相比之下，居住在更接近防线的下级军人的数量要多得多。边境地区长期人口不足，因此土地充足。没有无地的农民，任何人想要耕种多少土地就有多少土地。人口稀少也意味着军事指挥官很难找到足够的驻军来守卫边境。对士兵的需求如此迫切，以至于他们愿意征召任何社会背景的人。久而久之，劳动力从交税的农民变成了世袭军人。绝大多数军人都是自己耕种土地，他们中很少有农民。因为这意味着能收到的税更少，所以中央政府不希望边境地区有这么少的农民和那么多的军人，但首要的是必须维持抵挡鞑靼人的防御工事。在 17 世纪 40 年代，当局没收了边境地区为大贵族所有的土地，解放了农民，征召他们加入驻守的龙骑兵兵团。这些新入伍的军人以从之前主人那里没收的土地来维持生计。与此同时，政府也邀请所有中心区域的贫穷军人迁移到南部，在那里给予他们土地，征召他们加入边境防御部队。

　　由有兵役义务的小地主所主导的独特社会结构，是促进边境区域合作精神的另一个重要因素。等级和财富的巨大差异会造成分裂。对于地位相当的人来说，达成统一的目标和形成共同的行动方针是更容易的。平等主义使合作成为可能。

　　再一次地，一些读者，尤其是那些读过关于俄罗斯历史的著作的读者，可能会问我对其边境社会图景的描述是否太过乐观了。史

书告诉我们的难道不是莫斯科公国是一个"东方专制国家"？农民
们难道没有受到严厉的压迫？即便是贵族也没什么权力，会被用皮
鞭抽打，甚或因沙皇的一时心血来潮而被处死？在这样一个社会
里，真的有可能谈论合作，尤其是平等主义吗？

　　对历史进程的认知常常受到我们的文化和意识形态偏见的影
响，俄罗斯历史就是证明之一。我们所知的关于近代早期俄罗斯历
史的大部分内容都是通过西欧人的视角传递给我们的，例如之前提
及的来自神圣罗马帝国的使节西吉斯蒙德·冯·赫伯斯滕。这些人
并没有受过人类学家的培训，当读到他们的描述时，我们一定要考
虑到他们各自的文化偏见。例如，西欧访客可能会对俄国人每周洗
澡，连周日甚至冬天也不例外持反对意见（每个人都知道洗澡有
害健康）。西方人也会抱怨俄国人不是绅士。当受到冒犯时，他
们不是挑战决斗，而是在法庭上起诉！（不幸的是，随着时间的
推移，这种情况发生了改变，19 世纪的决斗灾难夺走了成千上万
的俄国贵族的性命，包括两位最优秀的俄语诗人——普希金和莱
蒙托夫。）

　　即便在 20 世纪，俄罗斯历史也一直忍受着评论者的偏见。在
冷战时代，美国作家经常引用俄罗斯人固有的独裁统治倾向来解释
斯大林时代的极权主义。令人意外的是，苏联历史学家赞同这种观
点，虽然是出于一个完全相反的理由。他们将沙皇的压迫和革命后
共产主义者建立的工人们的乐土进行了对比。直到 20 世纪 80 年代
中期，尤其是在 1990 年和冷战结束后，俄罗斯和西方历史学家才
能自由地查阅档案，由此我们开始看到一种新的、更加公正的学术

研究。在本书末尾的"资料来源"中，我列出了其中的一些作品。

在俄国，正如包括西欧国家在内的其他前现代国家一样，农民当然是受到压迫的。然而，下层阶级所受到的压迫程度在空间上各有不同，也会随着时间而改变。我已经指明，边境社会比俄国的中心区域要更为平等一些。不过，在中心区域，从 15 世纪到 18 世纪，贵族和农民之间关系的总体特征发生了相当大的变化。

农奴制度在俄国发展起来的时间相对较晚。17 世纪上半叶，农民离开地主的权利逐渐被剥夺。这一进程以《1649 年法典》为终，该法典确立了农奴制度的法律框架。对农民阶层的经济压迫逐渐增强，在 18 世纪末达到顶峰。因此，在 15 世纪的自由农民（当时的莫斯科公国是一个边境社会）和 18 世纪的非自由农奴（他们会像家畜一样被主人贩卖）之间存在着很大的差别。然而，我不该给读者留下边境的地理位置是决定下层阶级受压迫程度的唯一因素这种印象。情况要复杂得多，我会在第二部分"帝国病变"中回到这一问题上。在第二部分，我们将会看到，无论在什么社会中，不平等和压迫的程度都是一个动态的变化因素，这一变化因素在长达几个世纪的周期中有增有减。

最后，必须要指出的是，合作并不都是"愉快和光明的"。人类既有令人难以置信的自我牺牲精神，也有惊人的自私性。因此，真实社会中的合作不可能只基于"库姆巴耶①精神"［*Kumbayah*

---

① 库姆巴耶（*Kumbayah*），原是非裔美国人所唱的一种圣歌，最初是祈求上帝来帮助有需要的人。自 20 世纪 90 年代起，美国政治中常常出现"库姆巴耶"或者"唱着库姆巴耶"这种说法，用以指过于温和或者迫切要妥协的人。——译者注

spirit，用政治科学家罗伯特·帕特南（Robert Putnam）的话说]，必须加入诸如公共监管和惩罚这样令人不快的内容。之前我提到过，如果一名看守人离开他的岗哨，他或者会被鞭打，或者会被处死，这取决于他玩忽职守的结果。在俄国，人的生命就像在其他前现代社会一样廉价，因此，折磨拷问以及如刺刑那种残忍且侮辱性的惩罚是普遍存在的。尽管在克里米亚和莫斯科公国的漫长对战中，绝大多数恶行都是鞑靼人对俄国人犯下的，但这在很大程度上是因为机会的不对称性。在一片领土被吞并后，任何对中央政府的反抗当然都会被严厉镇压。在合作和残酷行为之间并不存在固有的矛盾。实际上，在前现代社会，甚至在现代社会，诸如大屠杀这样的大规模暴行只能通过有内部凝聚力的群体完成。例如，想一想纳粹组织针对犹太人、吉卜赛人和塞尔维亚人的精准的大屠杀。

我已经试图说明，在莫斯科公国社会发展中的主导因素是边境。来自草原游牧民族的压力塑造了莫斯科公国的制度和文化。我认为，莫斯科公国的边境位置和其向强大的中央集权国家的转变之间存在着因果关系，其中，不同的社会阶层会在领土防御和扩张期间进行合作。这是一种假设，因为一个论据充足的理论不可能只基于一个案例，但在进行更全面的检验之前，让我们暂时继续探索这一想法吧。

到目前为止，我一直关注的是地方层面的合作，哥萨克人、乡绅阶层的军人、农民和政府官员共同努力捍卫草原边境的特定部分。顺带提一句，在这种社会背景下，更容易理解为什么叶尔马克手下的哥萨克人在西伯尔之战中能抵挡住鞑靼人而没有溃败了。然而，我们的最终目标是了解大型领土帝国是如何聚拢和维系在一起的。当然，来自中央的高压政治是答案的一个方面。但是，边缘和中央之间的合作会使帝国更容易扩大其影响力。认为帝国只是基于武力是错误的——大型帝国通常会包含某种程度上的合作（在合作减弱时，帝国会崩溃）。俄帝国并不例外。

虽然东欧的林地-草原断层线将游牧民和农民分隔开了，但是其整合了位于边境同一侧的人们。定居于前基辅俄国区域内的农业人口说非常相似的东欧斯拉夫语言（实际上就是方言），属于同样的基督教分支。因极小的方言差异而产生的微弱文化差异，在边境另一侧非常不同的"他者"——突厥人、游牧民、穆斯林——的面前显得微不足道。在文化上有着类似目标、价值观和行为习惯的人们，更容易实现合作。

实际上，在莫斯科向东部斯拉夫的土地扩张的过程中，征服所发挥的作用远不如王朝继承、购买，甚至金帐汗国可汗的特许等非暴力措施。特别有趣的是各个公国的统治者自愿加入莫斯科军队的情况。例如，1500 年，诺夫哥罗德-谢尔维斯基、切尔尼戈夫（Chernigov）和斯塔罗杜布（Starodub）的大公抛弃了立陶宛，带着他们的土地加入了莫斯科公国。值得注意的是，这些公国都位于莫斯科的西南部，正好在草原边境一带。形成对比的是，强烈抵制俄国扩张的力量来自特维尔公国和自由城市大诺夫哥罗德，它们都位于莫斯科西北部，并没有暴露在鞑靼人的突袭之下。诺夫哥罗德和特维尔都在漫长的武力斗争之后被莫斯科征服了。

历史在 1654 年重演，乌克兰背叛波兰-立陶宛，归顺了俄国。当波兰和立陶宛于 1569 年合并时，其贵族阶级迅速被波兰语和天主教信仰同化，这在居住于前立陶宛土地（今乌克兰和白俄罗斯）上的东正教农民阶层中引起了骚乱。第聂伯河的哥萨克人带头反抗波兰当局。这些乌克兰哥萨克人在第聂伯险滩下游的一个岛上建立了他们自己的大本营，称为"谢契"（Sech）。他们的生活方式和俄国的哥萨克人非常相似，都是时而加入波兰政府的军队，时而突袭克里米亚鞑靼人和突厥。谢契哥萨克人建立了他们自己的军事民主制度，在这一制度中，选举官员和所有重要的决策都由全体哥萨克人在集会上决定。这是边境地区有平等主义倾向的另一个例子。

在 17 世纪早期，改信天主教的压力增加，与此同时，波兰的地主们对乌克兰农民施加了严厉的经济压迫。从 1624 年开始，由哥萨克人率领的一系列农民起义横扫乌克兰。波兰人一直在镇压这些叛乱，但是遇到了非常大的困难。最后，在 1653 年，乌克兰人派代表到莫斯科，寻求沙皇的庇护。莫斯科政府起初犹豫不决，因为接受这一提议就意味着和波兰开战，俄国对此还没有准备好，但最终还是做出了决定。合并的最后一步是 1654 年在佩列亚斯拉夫尔（Pereyaslavl）召开的议会（rada，或者说是"全体大会"）上迈出的。议会的代表详细讨论了他们的行动方案。之前对抗波兰的战斗让乌克兰人清楚地明白，他们不够强大，无法建立起独立的国家，因此，他们只能选择要么屈服于波兰，要么转而效忠于突厥或俄国。最终决定的关键因素是宗教兼容性，乌克兰议会投票决定臣服于东正教沙皇。

　　对于一个美国人来说，"边境"和"边境居民"这两个词立刻会让人想起蛮荒西部、印第安人、牛仔……但是，在美国和俄国的边境之间有任何相似之处吗？对于把他们的小家园安置在美国草原上的欧洲定居者来说，边境有什么样的影响呢？

　　1607 年，第一批去美国的欧洲殖民者到达了弗吉尼亚的詹姆斯敦（Jamestown），紧随其后的荷兰人到了曼哈顿岛（Manhattan Island），清教徒到了科德角（Cape Cod）。这里的边境是一条真正的断层线，两种截然不同的文明在此交汇，很快就会发生冲突。其中一侧是欧洲农民，他们起源于城市化的文化社会，信奉一神论宗教（主要是基督教的新教徒各派）。在断层线另一侧的各种印第安社会，除某些印第安人也从事农业生产外，两侧几乎是完全相反的。鉴于存在如此深的文化差异，两群人发生冲突是难以避免的。实际上，殖民者和印第安人之间的第一场战争爆发于 1662 年，在 1890 年正式宣布关闭西部边境之前，横跨断层线的敌意几乎一直没有中断过。因此，这场冲突差不多持续了三个世纪。

　　近代史没有强调这方面的冲突，但冲突非常激烈，有时还有大屠杀。1970 年，迪伊·布朗（Dee Brown）在《魂归伤膝谷》（*Bury My Heart at Wounded Knee*）一书中有力地叙述了 19 世纪 60—90 年代这 30 年的冲突中美国军队对印第安人的屠杀历史。然而，印第安人和欧洲人都犯下了大屠杀等暴行。印第安人在想出酷刑方面是更有创造力的，但是最终，殖民者在消灭印第安人方面是更为成功的。

　　我们也常常忘记，按比例而言，印第安战争所造成的伤亡比美国历史上任何一场其他战争都要高。1622 年，弗吉尼亚殖民者和包哈坦部落联盟（Powhattan Confederacy）之间进行的第一场印第安战争的第一天，印第安人就屠杀了 347 名男性、女性和孩子，而当时的殖民者人口只有 1 200 人。这就是 30％的伤亡率！相比之下，美国在第一次世界大战（以下简称"一战"）和第二次世界大战（以下简称"二战"）中的伤亡分别仅为美国人口总数的 0.1％和 0.3％。在第二次包哈坦战争中，印第安人杀死了 8 000 名殖民者中的 500 人。在 1675—1678 年间的"国王腓力之战"[①] 中，大约有 800 名清教徒被杀，而其总人口为 52 000 人。新英格兰的 90 个城镇中有一半以上遭到了印第安人的袭击。正如纳撒尼尔·索顿斯托尔（Nathaniel Saltonstall）在 1676 年所写的，"在纳兰甘赛特（Narranganset），一所房子都没有留下。在沃里克（Warwick），只留下了一所。在普罗维登斯（Providence），留下了不超过三所"。该区域耗费了数年时间才得以恢复。

　　印第安人对白人的暴力行为不仅仅限于滥杀无辜和财产损失。在"国王腓力之战"中，印第安人的暴行包括"强奸女性并撕剥女性的头皮，砍掉男性的手指和脚趾，剥掉白人俘虏的皮肤，剖开怀

---

　　① "国王腓力之战"（King Philip's War），又称"第一次印第安战争"或"梅塔卡姆战争"（Metacomet's War），是 1675—1678 年发生在印第安人和英国殖民者及他们在当地的盟友之间的武装冲突。这场战争是以印第安人一方的主要领袖梅塔卡姆的名字命名的，英国人当时将其称为"国王腓力"。——译者注

孕女性的肚子，割掉男性的阴茎"，等等。1675 年，万帕诺亚格
（Wampanoag）印第安人袭击了兰开斯特镇和马萨诸塞镇，他们在
这里杀死了 12 名居民，抓获了 24 名居民。其中一个俘虏玛丽·罗
兰森（Mary Rowlandson）是一名牧师的妻子，她后来写了一本关
于这段经历的书。在袭击期间，印第安人放火烧了她的房子，还迫
使居住者离开他们简陋的住处："我们刚走出房子，我的小叔子就
倒在地上死了（之前在保卫房子的时候，他的喉咙处或喉咙附近受
伤了）；接着印第安人轻蔑地大喊大叫起来，他们马上扑到他身上，
扒光了他的衣服。一阵枪林弹雨中，一颗子弹射穿了我的肋骨，
（看起来是）同样的一颗子弹射穿了躺在我怀里的孩子的内脏和手。
我姐姐的一个孩子威廉当时腿骨折了，印第安人发觉后，打了他的
头（也就是说，杀了他）。就这样，我们惊愕地站在那里，被那些
残忍的异教徒残害，鲜血都流淌到了我们的脚后跟。"在袭击期间，
罗兰森的孩子、姐姐、小叔子和外甥都被杀死了，她的另一个孩子
死于这次袭击之后的强制押送途中。抓住她的人把她卖给了另一个
印第安人做奴隶，但是在经历了 3 个月的俘虏生活后，她最终被赎
回了。她的书出版于 1682 年，成了畅销书。

　　印第安战争的一个特征是折磨俘虏，白种人对此尤为反感。
1729 年，本杰明·富兰克林在《宾夕法尼亚公报》（*Pennsylvania Gazette*）上发表了有关肖尼人（Shawnee）酷刑的描述："他们让
囚犯唱唱跳跳一会儿，在此期间将六个枪筒放在火上，烧得通红；
之后，他们开始在那不幸可怜人的双脚上烧煤炭，直到骨头都露了
出来，他们继续慢慢地烧这个可怜人，直到他的私处，他们在这里

费了很大的劲儿……他们的这种暴行持续了大约六个小时，尽管他的双脚已经是这种情况了，他们还是把他驱赶到了火刑柱上……他们把松木碎片插在他身上，并且点燃了这些碎片……然后，他们剥掉他的头皮，把热灰烬扔到他的头上……最后，他们使用两个枪筒，一个接着另一个，把他的臀部烫得通红，就这样（他）死了。"

殖民者自己当然也不是畏首畏尾的人，他们的行为常常像他们的对手那样残忍。在包哈坦战争期间，总督怀亚特（Wyatt）邀请了几百名印第安人来参加和平会议，他打算在会上把他们全都毒死。有大约 200 人严重不舒服，被弗吉尼亚人屠杀了，剩下的人（包括印第安人领袖）逃跑了。在"国王腓力之战"期间，清教徒对平民进行了大规模屠杀。当他们抓住了国王腓力（印第安军队领袖）的妻子和 9 岁的儿子时，他们把这两人连同几百名其他的俘虏一起卖为了奴隶。荷兰人也犯下了同样的暴行。1643 年，荷兰士兵袭击了一个沃平格（Wappinger）印第安人的村庄，该村庄位于今奥尔巴尼（Albany）附近。这个村庄已经遭受了一次莫霍克人（Mohawks）的袭击，他们杀死并奴役了许多男性，但是放过了女性和孩子。荷兰人杀死了包括女性和孩子在内的所有剩下的居民。他们带着 80 个被砍下的印第安人的头颅回到新阿姆斯特丹，在城镇的街道上用这些头颅进行了一场可怕的足球比赛。除此之外，为了供大众消遣，有 30 名囚犯被折磨致死。

这些仅仅是说明北美的印第安人与殖民者之间冲突非常激烈的许多故事中的几个。最近的一份汇编显示，在 268 年的冲突期间，白人对印第安人、印第安人对白人以及印第安人对其他部落的印第

安人犯下了 16 000 多次暴行。这相当于平均每周发生一次以上的
暴行！实际的次数更多，因为并不是每次事件都会留下历史记录。
当这些事件在报纸上（比如本杰明·富兰克林在报纸上描述的酷刑
故事）和书上（比如玛丽·罗兰森的畅销书）被报道出来时，它们
对殖民者社会所产生的影响比在文字出现以前更大。我们难以想象
持续不断的这类报道对殖民者的集体心理产生的影响。设想一下我
们在 CNN（美国有线电视新闻网络）听到昨天又有一个美国城镇
被"敌对分子"摧毁了（我们还是不要透露敌人的确切身份了），
所有的男性都被杀死了，女性被强奸并且被奴役，那些没有立即被
杀的孩子被带走，在器官黑市上被贩卖。或者，敌对分子再次把一
名美国士兵折磨致死，还用录像带记录了下来，在敌对分子的频道
反复播放。再或者是一个对被赎回俘虏的采访，其中谈到了她在敌
对分子手里的可怕经历。在你的生活中，每周会听到一次这样的故
事，而在你的父母和祖父母成长的过程中也会发生同样的情况。无
疑，任何世世代代承受这种压力的社会都会发生转变。

　　对北美断层线的生活所产生的影响之一就是形成了著名的美国
熔炉。实际上，当面对满面油彩、嗜血又野蛮的红皮肤印第安人这
些显而易见的外人时，即便是两个来自不同国家的殖民者，也不禁
会觉得他们是血脉相连的。于是，在旧欧洲，尽管爱尔兰人讨厌英
格兰人，法国人和德国人争斗不休，但是在新世界里所有人都会相
互协作，一起对抗印第安人。这种共同的归属感所产生的结果就是
他们和他们的祖先快速地被一种共同的美国文化和语言同化了。也
请注意熔炉的限制。因为断层线是从种族层面来定义的，所以，属

于非白人种族的移民，比如黑人和中国人就不被认可为"美国人"（这种认知在 20 世纪开始有所改变）。

美国人的另一个特征是他们形成自治组织的特殊能力，机敏的法国人阿历克西·德·托克维尔（Alexis de Tocqueville）对此做了详尽的评论。"各种年龄段、各种社会地位和各种性格的美国人一直都在结成各种协会。不仅有所有人都会参与的商业和工业协会，还有上千种不同类型——宗教的、道德的、重要的、琐细的、非常普遍的、非常受限的、超大规模的、非常小型的。"这种结社倾向的结果就是，美国人能迅速且有效地组织起同心协力的集体行动。"如果有一些障碍物阻碍了公共道路，使交通不顺畅，那么周围的人会立刻结成协商团体，这种临时集会将创造出解决问题的执行机构……在美国，公共安全、贸易和工业，以及道德和宗教都为这些组织提供了目标。人类不顾一切地想要达到的所有目的，都可以通过个体的联合力量所采取的自由行动来完成。"或者说，"只要有几个美国人产生了想要在世人面前提出的观点或想法，他们就会互相寻找，一旦找到，他们就会联合在一起。此后，他们就不再是孤立的个体，而是一股从远处看很显眼的力量，他们的行为会被视为榜样，当他们发言时，人们会听着"。

从 13 世纪的蒙古人，到 16 世纪和 17 世纪的俄国人，再到 17 世纪至 19 世纪的美国人，我们轻松地穿越了时间和空间。令人惊讶的是，它们竟然有这么多的共同点。首先，也是最明显的一点是，它们都是帝国的缔造者。毫不夸张地说，它们建立起了世界历史上最强大的三个帝国。其次，没那么明显的一点是，虽然这三个民族都有自己独特的文化方式，但是它们都有极高的采取协调一致的集体行动的能力。实际上，这种能力似乎是建立成功帝国的必要条件。反过来，社会层面上一致行动的能力是以个体合作能力为基础的。最后，这三个民族都起源于形势紧张和持续时间很长的断层线边境。（我还没有讲述蒙古人的边境起源，现在你们只能相信我的话。）

尽管每个社会都有高度的一致行动能力，但必须要强调的是，为此而利用的具体文化机制对每个社会来说都是完全独一无二的。断层线边境对社会的某些方面有强烈的影响，但对另一些的影响却是不确定的。例如，让我们比较一下美国人和俄国人。在美国人之间，合作的基础是自愿公民协会。因此，美国人的政治组织是民主制的，在从英国独立出来之后，他们立即建立起了一个共和政体来管理他们的事务。其社会权力的意识形态来源深深地植根于民众意愿（著名的"我们民众"[①]）。但是，美国人对中央政府深表怀疑。与之相反的是，俄国人将中央政府视为他们社会的基本组织原则，其管理形式是君主制或者独裁统治，其社会权力的来源并不是民众，而是上帝的意愿。因此，就理论上而言，沙皇并不为他的行为对普通民众负责，甚至不对波雅尔负责。他只在上帝面前对自己的行为负责。（至少在莫斯科公国，这就是权力被合法化的方式。当

---

① "我们民众"（we the people），白宫请愿网站的名字，同时也是出自联邦宪法的第一句话："We the people of the United States……"（我们美利坚合众国民众……）——译者注

然，实际上如果统治者不认真考虑其臣属的意愿，他的统治就不会长久。）

对于我们而言，自然会认为美国方式是"好的"，而俄国方式是"糟糕的"。实际上，在世俗民主制下的生活要比在有强烈神学因素的独裁统治下的更令人愉快。然而，我们的意识形态偏见不应该让我们无视基本事实，即这两个社会都以它们自己的方式极其有效地解决了所面对的问题。

俄国和美国社会之间的另一个巨大差别就是区分"我们"和"他们"的主要方法。总体而言，深层的文化差异可以通过各种各样的"标志"——包括语言或方言、宗教信仰、外形（种族、服饰、视觉符号或象征）的差别——显示出来。然而，通常有一个主要标志可以将断层线上对立的两个民族区分开来。就俄国而言，这一标志是宗教信仰，因此冲突主要在东正教徒和穆斯林之间。俄国编年史在描述这场冲突时所使用的带有浓厚宗教色彩的语言就表明了这一点。因此，其边境的整合作用仅是针对那些东正教群体的。俄国人对波兰-立陶宛（乌克兰人、白俄罗斯人）的东正教徒有一种强烈的亲近感，但是对天主教徒（波兰人）却没有。实际上，对于俄国人来说，东正教的乌戈尔民族比天主教的斯拉夫人更像"我们"。使用宗教信仰作为主要标志的一个有趣推论就是，来自其他社会文明的人也可以加入俄国社会——通过皈依。各个阶层的鞑靼人皈依东正教，成为俄国人眼中的"我们"的例子比比皆是。许多哥萨克人起源于受洗的鞑靼人，17世纪的俄国贵族中有17％是鞑靼人或者鞑靼人的后裔。

　　美国社会利用种族标志来将自己和印第安人区分开来。印第安人是基督徒还是异教徒是无关紧要的，不管怎么说，他一直都是外人。有很多有欧洲血统的人和印第安人通婚的情况，但是跨越断层线结婚的人常常会发现自己被排斥了。当一个白人女性嫁给印第安男性，或者和印第安男性发生性关系时，这种不同种族间的联姻遭到的反对尤为激烈。这样的女性会被排除在群体之外，而且在大多数情况下，就算她恢复了单身，也无法再找到伴侣了。边境的整合作用仅限于有欧洲血统的民族。此时，人们可能会试图谴责种族主义的美国人，赞扬更宽宏大量的俄国人，但是这种价值判断并不能帮助我们理解帝国的兴衰。为了本研究的目的，我们不会将历史上的各个民族划分为好家伙与坏家伙。

　　回到本书的主要问题上，我们已经发现了一种强有力的宏观历史概论。发源于断层线边境的民族以合作和高度的集体行动能力为特征，这反过来使它们能够建立起强大的大型领土国家。换句话说，我们拥有了解释占支配地位民族如何崛起掌权的理论开端。但是，断层线和发源于断层线的强大国家之间的联系是偶然的吗？毕竟，到目前为止我们只有三个例子。下一项议程是找出假定的关系是否普遍成立。为此，我们将会在最初几个世纪的莱茵河和多瑙河沿岸游历。

第三章

森林中的屠杀：罗马帝国的边境地区

在公元后的第一个千年期间，欧洲和地中海地区是检验边境理论的绝佳地点，因为在这一时期之初，该地区的世界完全由一个大型国家所统治（见地图 2）。因此，我们只需要考虑一组相对固定的帝国边境，这就简化了追踪它们在本千年的后半段对继承国的后续发展所产生的影响这一任务。如果前几章提出的概论是正确的，那么所有居于后罗马地区的大型国家都应该是由起源于罗马边境的民族建立的。我们的推测是，无论是旧帝国核心区域的居民还是那些居于远离边境的帝国"腹地"的人都不会成功建立起大型国家。

罗马帝国必须要打交道的各种边境民族可以大致分为以下几类。第一是北欧森林的居民，主要是日耳曼人和（后来的）斯拉夫人。第二是南部边境受到的威胁：非洲和阿拉伯沙漠居民（柏柏尔人和阿拉伯人）。第三是来自欧亚草原的游牧民族侵略者［匈人（Huns）、阿瓦尔人（Avars）等等］。第四是罗马东部边境的一个文明国家——帕提亚帝国（后来被萨珊波斯取代）。

罗马帝国崩溃后（传统上认为是在 476 年，也就是西罗马的皇帝罗慕路斯·奥古斯都被罢黜的那一年），它被欧洲的许多国家取代。我们感兴趣的是大型领土国家，所以我只列出那些巅峰时期的领土为 10 万平方英里（30 万平方千米）以上的罗马继承国。客观地看待这一门槛的话，这就等同于意大利或波兰这种中型现代欧洲国家的领土大小。

在 476—1000 年，欧洲有七个大型国家：法兰克人的帝国（800 年时在查理曼治下达到最大规模）、东哥特人的王国（500 年时达到巅峰）、西哥特人的王国（600 年时达到巅峰）、阿瓦尔人的汗国（600 年时达到巅峰）、保加利亚人的帝国（1000 年时达到巅峰）、匈牙利王国（1000 年时达到巅峰），以及拜占庭帝国（1000 年时达到巅峰）。除这七个欧洲国家之外，还有两个大型国家在北非和阿拉伯半岛的沙漠地带崛起：阿拉伯帝国（750 年时达到巅峰）和法蒂玛帝国（960 年时达到巅峰）。最后，还有三个国家值得一提：勃艮第王国（600 年时达到巅峰）和伦巴第王国（600 年时达到巅峰），这两个国家的规模小于 10 万平方英里这一分界点（而且它们最终都被法兰克帝国吞并了）；以及规模庞大但是存在时间很短的匈人所建立的帝国（400 年时达到巅峰），在其建立者阿提拉（Attila）去世之后不久，该帝国就崩溃了。在所有这些例子中，即便是那三个处在临界点的例子，边境民族都建立起了帝国：

日耳曼人（法兰克人、东哥特人、西哥特人、勃艮第人和伦巴第人）、沙漠游牧民族（阿拉伯人和柏柏尔人），以及草原游牧民族[匈人、阿瓦尔人、保加尔人（Bulgars）和马扎尔人（Magyars）]。换句话说，第二章提出的宏观历史概论都得到了很好的证实。唯一的例外是拜占庭人，但是正如我们稍后将在本章中讨论的，拜占庭帝国实际上很符合这一理论的推测。

现在让我们仔细看看那些生活在罗马边境的族群，并追溯它们在罗马帝国崩溃后的命运。仅仅知道它们位于边境和帝国崛起之间有很强的关联是不够的，我们还需要考察这些民族在建立帝国时所使用的具体技巧，以及合作（如果有的话）在这一过程中所扮演的角色。本章将关注从莱茵河到多瑙河的北部边境，第四章会涉及南部边境——沙漠的发展状况。

罗马人将他们的边境称为"limites"（单数形式就是"limes"）。英语单词"limit"就源于这一拉丁单词，该词最初意味着田地间的小径，而不是想象中的一堵墙或一条边界线。在帝国早期，边境仅仅是方便军队行动的交界路。随着时间的推移，罗马军团的营地变成了防御性的堡垒，边境的某些部分建起了围墙。（最著名的例子就是不列颠北部的哈德良长城的城墙。）不过，道路保留了下来，并且在民族、货物和思想沿着边境地区流动的过程中发挥着重要的整合作用。此外，罗马帝国的欧洲边境主要是沿着两条河流——莱茵河和多瑙河——延伸开来的，这进一步促进了交流。

莱茵河沿线的罗马边境开始形成于公元前1世纪，就是在公元前58年由尤利乌斯·恺撒率领的罗马军团进行了一系列征服高卢的战争之后。随着公元前 51 年对由维钦托利（Vercingetorix）率领的高卢起义的镇压，罗马人牢牢地控制住了莱茵河西部和南部的全部领土。起初，罗马人可能并不打算在莱茵河沿岸建立永久边境。恺撒自己曾将莱茵河作为一条前沿防线，他曾两次越过这里，入侵到日耳曼部落居住的区域。至公元前 1 世纪末，罗马军团再次与日耳曼部落开战，皇帝奥古斯都很可能计划着将边界向东移至易北河（Elbe River）。这些计划在公元 9 年突然终止了，当时一个名叫阿米尼乌斯（Arminius）的酋长率领的日耳曼人伏击并歼灭了总督普布利乌斯·昆克提尼乌斯·瓦卢斯（Publius Quinctilius Varus）麾下的两万名罗马士兵。在这次灾难后——称为条顿堡森林之战（battle of the Teutoburg Forest）——奥古斯都决定在莱茵河沿岸建起一系列永久的防御性堡垒，于是就设立了莱茵河边境。在接下来的四个世纪里，这一边境基本上保持不变（来回的波动非常小）。

罗马人使用"日耳曼人"（Germans）这一总称来称呼所有住在莱茵河以东的非国家民族，但是日耳曼人自己却并不认为他们是一个单一的民族。反之，他们的民族身份集中在更小的部落单位上，比如切鲁西人（Cherusci）、卡狄人（Chatti）、布鲁克特里人（Bructeri）、苏刚布里人（Sugambri）等等。一个部落会将许多村庄和农场联合起来。更大型的部落会部署由几千名战士组成的军队。每个部落都由一群自由成年男性组成的议会——称为"庭"（Thing）——统治，会定期召开会议以决定部落事务。然而，日耳曼社会并不是人人平等的——拥有贵族血统的人比平民拥有更多的权力和财富。正如罗马历史学家科尔涅利乌斯·塔西佗（Cornelius

Tacitus）在他关于日耳曼人的专著中所写的，"小问题由重要人物商议，大问题则由全体部落成员商议；虽然这些决定会由平民做出，但是会事先由精英进行讨论"。在战争时期，部落议会将指定一名战争领袖，这个人通常是某个世袭贵族的成员，在之前的战斗中表现优异，展现出了领袖品质。战争领袖在战时有相当大的权力，但是在战争结束后就得交出政治权力。另一种领袖——称为"提乌丹斯"（thiudans）——主要发挥宗教作用。提乌丹斯和日耳曼众神之首提瓦兹（Tiwaz，是在奥丁崛起之前的众神之首，本章稍后将会讨论）有关。提瓦兹是典型的印欧语系中的天父（等同于希腊神话中的宙斯），是创造、秩序、正义和世界的自然循环之神。他也是议会之神，除其他宗教职责之外，提乌丹斯还主持各种会议。

罗马人使用同一个词语"rex"（国王）来指代日耳曼人的军事和宗教领袖。然而，这两种类型的领袖都不像我们在几个世纪之后所看到的君主那样，拥有永久而广泛的权力。塔西佗指出，"人们倾听国王或领袖讲话，更多的是因为他有说服力，而不是因为他有命令的权力"。

和条顿堡森林之战相关的事件很好地说明了日耳曼人的政治组织形式，以及它是如何开始受到与罗马帝国之间冲突的影响的。希腊历史学家卡西乌斯·狄奥（Cassius Dio）讲述了这些事件的基本概况。在瓦卢斯成为莱茵兰的总督时，

> 除了把他们［日耳曼人］当作罗马人事实上的奴隶那样向他们发布命令，他还从臣服部落那里榨取钱财。对此，他们都不想要顺从，他们的领袖渴望着以前的统治地位，民众也更喜欢他

们习惯的规则，而非外人的统治。现在，他们不会公开反叛，因为他们看到在莱茵河附近有很多罗马军队，还有许多在他们自己部落的边界线内。相反，他们接受了瓦卢斯，假装会做所有他要求他们做的事情，就这样把他从莱茵河引开，引入切鲁西人的领地，朝着威悉河而去，在那里的人表现得非常和平友好，让他以为不需要士兵，他们就会顺从地生活……

　　其中最深陷于阴谋的人，即整个密谋的主使是阿米尼乌斯和赛吉米罗斯（Segimerus），他们是他忠诚的伙伴，经常分担他的烦扰。因此，他变得信心十足，以为不会受到危害，不仅拒绝相信所有质疑正在发生的事情并建议他保持警惕的人，而且还指责他们这种不必要的愤怒，说他们是在诽谤他的朋友们。之后爆发了起义，首先是那些住在距离瓦卢斯较远之处的人，故意这么安排是为了让他朝那里进军，这样一来在行进至他认为友好的区域时，他不会像往常一样假设所有人都对他有敌意而立刻保持警惕，也就更容易制服他了。一切都是这么进行的。在他出发时，他们护送在其身边，之后提出请求，获准不再一同行动，因为他们声称要集结盟军，其后会迅速来援助他。接着，他们接管了已经等在某处的军队，在每个部落都处死了他们之前要求派来的分遣队士兵之后，他们突袭了正处在森林中的瓦卢斯，此时他几乎寸步难行。在那里，就在他们揭露了自己是敌人而非臣属的时候，他们制造了极大的可怕灾难。

　　群山的表面凹凸不平，沟壑纵横，树木长得又密又高。因此，罗马人甚至在敌人进攻他们之前，就在这个需要砍伐树木、铺设道路和架设桥梁的地方历经艰难。他们就像和平时期一样带着许多马车和驮畜。而且，许多女性、儿童和一大群仆从跟着他们——这是他们以分散团体的形式前进的另一个原因。其间，一场狂风暴雨袭来，将他们隔开得更远了，而到处都是树根和原木的地面也变得容易打滑，让他们面临着行走的危险，一直有折断的树梢落下来，引起了更多的混乱。在罗马人处于这种困境时，蛮族人就像穿过熟悉的小径一样穿过茂密的丛林，突然就从各个方向包围了他们。起初，蛮族人从远处齐射，然后，在罗马人都无法保护自己且很多人都受伤的情况下，他们朝着罗马人迫近。因为罗马人并不是以惯常的顺序前进的，而且马车和没有武器的人都慌乱地混杂在一起，所以在任何地方，罗马人都无法迅速地形成一体，每一处都比进攻者人数更少，他们遭受了巨大的损失，根本无法抵抗。

因此，他们尽可能地在树木繁茂的山里找到一个合适的地点，之后就在该地扎下营来，而后，他们烧毁或者遗弃了大部分的马车以及不是绝对必要的其他东西。第二天，他们前进的秩序稍微好了一点儿，甚至到了一片开阔的区域，不过他们并没能毫发无伤地脱身。从这里出发后，他们再次陷入丛林中，不仅要抵挡进攻者，与此同时还遭受了最为严重的损失。为了让骑兵和步兵一起迎击敌人，他们得在狭窄的空间内列队，因而经常彼此相撞或者和树木相撞。第四天的黎明时分，他们仍旧在前进，但倾盆大雨和狂风再次袭击了他们，让他们无法继续，而且还无法使用武器了。因为他们连弓箭和投枪都握不住了，盾牌也完全淋湿了。同时，他们的对手大部分都带着轻型装备，能自由地前进和后退，暴风雨对他们造成的损失较少。而且，敌人的兵力增加了很多，那些起初摇摆不定的人都加入了——主要是希望抢夺战利品。因而，他们可以更容易地包围和杀死罗马人，罗马人的队伍现在大为缩减，许多人都惨死在了初期的战斗中。

瓦卢斯及其手下的大部分军官们都认为没有希望了，他们不想被敌军活捉，于是就自我了结了，而其余的士兵们也都失去了战斗的意愿（或者在战场上被屠杀了，或者之后被献祭给了日耳曼众神）。罗马军队全军覆没了。

关于在条顿堡森林之战中摧毁了瓦卢斯及其麾下三个军团的日耳曼战争领袖，我们有相当多的信息。阿米尼乌斯属于切鲁西最显赫的家族，该家族是定居在威悉河地区的最重要和最有影响力的宗族之一。在卡西乌斯·狄奥所描述的事件之前，他曾经和罗马人一起服役，担任辅助部队的首领。也许，在罗马人和由马罗博杜斯（Maroboduus）率领的日耳曼部落联盟——苏维汇人（Suebi）所进行的战争期间，他统率着自己的切鲁西人分队。[公元 6 年，这场战争发生于潘诺尼亚（Pannonia）的多瑙河流域。] 贵族血统和军事经验让他成了切鲁西人战争领袖的合适候选人。关于罗马征服对战败部落的影响，他有第一手了解，这可能为他提供了抵制罗马征服其家乡的动力。阿米尼乌斯也是一个非常优秀的政治家和有魅力的领袖，这是一个重要的因素，因为切鲁西人的军事力量最多只能匹敌一个罗马军团（在战争期间，罗马人一度率领 11 个军团在日耳曼作战）。阿米尼乌斯说服了几支其他的部落加入他的反罗马人联盟。（正如卡西乌斯·狄奥的描述，有一些摇摆不定的人在看到日耳曼人正在取胜时才加入了阿米尼乌斯。）

将许多部落联合成由阿米尼乌斯或者马罗博杜斯这样有魅力的领袖领导的联盟，对于日耳曼人来说是一种新颖的政治组织形式，只有在直接和罗马帝国交锋时才会出现这种联盟。罗马人和日耳曼人的第一次交锋出现在辛布里人（Cimbri）、条顿人和其他部落入侵罗马领土时，大约是在阿米尼乌斯时代的一个世纪之前，当时日耳曼人被强大的罗马将军马略（Marius，前 157—前 86）打败了。这次入侵具有多群体劫掠的特点，并不是后来那种强大的统一联盟入侵。在罗马资料中，第一个被称为国王的日耳曼领袖是恺撒的对手阿里奥维塔斯（Ariovistus），公元前 59 年，他带领日耳曼人迁移至高卢。

确切地说，马罗博杜斯率领的苏维汇人是一个部落联盟，而不是一个部落。塔西佗写道："苏维汇人和卡狄人或腾克特里人（Tencteri）不同，并不是一个独立的部落：他们占据着日耳曼尼亚的大部分地区，以他们各自的名称划分为不同的民族，不过他们都被统称为苏维汇人。这一部落的特点是将他们的头发梳到一边，紧紧地扎成一个发髻。这将苏维汇人和其他的日耳曼人区分开来了，也将他们内部的自由人和奴隶区分开来了。"在许多罗马作品中都会发现苏维汇人这种与众不同的发型（例如，在罗马的图拉真①纪

---

① 图拉真（Trajan，53—117），古代罗马安敦尼王朝（Nervan-Antonian Dynasty）的第二任皇帝，罗马五贤帝之一。——译者注

念柱上）。考古学家在沼泽里发现的一些尸体也是这种发型。保存最完好的是在石勒苏益格-荷尔斯泰因的奥斯特比（Osterby）发现的日耳曼战士的头颅。这种发髻是个很好的例子，说明了人们如何利用外形来表明"我们"和"他们"之间的象征界限。实际上，"苏维汇人"这一名称基本上就意味着"我们"（"那些属于我们团体的人"）。顺带一提，像瑞典人和瑞士人这种现代民族国家的名称有着完全相同的起源。后来的阿勒曼尼人（Alamanni）这一名称也表达了相同的想法，但却是以不同的方式。阿勒曼尼人意味着"（真实的、真正的）人们"，显然是"我们"对"他们"这一主题的变体。哥特人这一名称的根源更加难以说清楚，但是有些权威人士认为它只意味着"人们"。然而，另一个大型联盟"法兰克人"的名称有着不同的逻辑：它意味着"凶猛""勇敢"。

　　像苏维汇人这样的部落联盟在马罗博杜斯和阿米尼乌斯时代仍旧是脆弱的政治组织形式。个别的部落很容易从效忠这一个领袖转向效忠另一个。例如，伦巴第人（后来在意大利历史上扮演了重要的角色）最初是马罗博杜斯联盟的一部分，然而，在条顿堡森林之战后，随着阿米尼乌斯的声望达到顶峰，他们转而效忠于他。而且，王权体制还没有根植于日耳曼人的文化中，个别部落成员对他们战争领袖所标榜的国王身份有所质疑，对给予他们太多的权力有所警惕，认为他们也许会使用这样的权力来镇压平民。塔西佗描述了部落联盟崩溃的过程，以及其领袖的惨死，具体如下：

　　　　此时罗马人已经走了，外部威胁已经不存在了，民族习俗和争权夺利让日耳曼人相互对立起来。两个部落（由阿米尼乌斯领导的切鲁西人及其盟友和由马罗博杜斯领导的苏维汇人）实力相当，他们的领袖同样能干。但是苏维汇人不喜欢他们的领袖马罗博杜斯的国王头衔，而作为自由战士的阿米尼乌斯大受欢迎。因此除之前的士兵——切鲁西人及其盟友——之外，两个来自马罗博杜斯王国的苏维汇部落也加入了阿米尼乌斯阵营［就是塞姆诺内斯人（Semnones）和伦巴第人］。这些新增力量看起来会改变局势。然而，音吉奥美路斯（Inguiomerus）及其手下一群人叛逃到了苏维汇人那边，这只是因为这个老人自尊心太强了，不能在他年轻的侄子手下服役。

在准备战斗时，每支军队都怀有很高的期望。日耳曼人旧有的那种混乱的战斗体系和杂乱无章的冲锋陷阵方式都是过去的事情了。在长期对抗罗马的战斗中，他们学会了跟随旗帜指挥、保留后援部队和听从号令。

塔西佗之后描述了阿米尼乌斯和马罗博杜斯激励手下士兵们进行战斗的讲话。

除了这些讲话，士兵们还有激励他们自己的动机。切鲁西人要为捍卫过去的荣耀而战，他们的新盟友［伦巴第人］则是为了刚刚从苏维汇人那里获得的自由。他们的敌人的目的是扩张。从未有过如此难以预料的结果。双方的右翼都溃不成军了。然而，马罗博杜斯并没有像预料的那样重新开战，而是将其营地转移到了山丘上。这表明他已经被打败了。之后，接连不断的逃兵削弱了他的实力，于是他撤退了……

一两年后，被所有人背弃的马罗博杜斯渡过莱茵河，向他的旧敌人寻求政治庇护。罗马人将他关在拉文纳（Ravenna）。"每当苏维汇人变得难以驾驭时，他们就会受到他复辟的威胁。但是 18 年间，他从未离开过意大利，随着年岁渐长，他因贪生怕死而名誉扫地了。"

阿米尼乌斯的胜利是一时的。"罗马人从日耳曼尼亚撤退和马罗博杜斯倒台，引诱着阿米尼乌斯企图称王。但是他那些热爱自由的同胞们坚决抵制。这场对峙的命运跌宕起伏，最终，阿米尼乌斯死于自己亲戚的背叛行为。"

出自塔西佗的这些段落非常生动有力（更不用说那句诗意的"他因贪生怕死而名誉扫地了"）。只要有强大的外部力量威胁日耳曼人，各个部落就会联合起来，击败它。然而，当眼前的威胁结束时，联合也就结束了。个别部落（比如伦巴第人）或者某些部落的部分人（比如音吉奥美路斯及其在切鲁西的追随者们）会从一位领袖转投到另一位领袖。个别部落成员会对领袖积聚起来的强大权力有所警惕，当战争结束时，就想要限制这种权力甚或除去领袖本人。

条顿堡森林之战对日耳曼人来说无疑是一场令人惊叹的成功。一位历史学家甚至称其为"中断了罗马的战争"。然而，罗马人在其漫长且辉煌的帝国生涯中输了很多战役，却总是能在最后占据上风。（换言之，直到其在 3 世纪开始衰落之前都是这样。）我们难以避免地会觉得，如果罗马人真的有兴趣吞并日耳曼尼亚，那么就算日耳曼人抵抗，他们也能做到。毕竟，罗马人刚刚赢得了和高卢人之间的"四百年战争"（会在第六章进行讨论），高卢人独特的军事技能和组织形式非常类似于日耳曼人。从公元 14 年开始，罗马将军日耳曼尼库斯①就带领 8 个罗马军团在莱茵河以东的领土上进行了一系列战争，最终在一场战役中，阿米尼乌斯和他的切鲁西人被彻底击败了。公元 74 年，皇帝维斯帕先②决定优化边境防线，于是吞并了莱茵河以东和美因河以南的领土，没有遭到当地居民的强烈抵抗。不管是有意还是无意，罗马人都认为北欧不值得征服。作为阳光明媚的地中海之子，他们极其讨厌北欧寒冷又潮湿的气候。在一片满是沼泽和"树木长得又高又密"的寸步难行的森林里，他们永远不会感觉舒服。（这种厌恶在卡西乌斯·狄奥所描述的瓦卢斯注定要惨败的罗马军团的挣扎中表现得非常明显。）他们认为几乎无法从这片土地上榨取什么利益，这里居住着落后而纷乱的民族。罗马人想要的主要是安全，他们逐渐意识到，通过前沿边境政策而非完全的吞并，会更容易获得安全。于是，罗马人开始"驯化"日耳曼部落。他们决定为马罗博杜斯提供隐退资助只是这项政策的一部分。结果，莱茵河边境稳定下来了。

讽刺的是，就长远来看，建立稳定边境的这一决定极其失败。在接下来的三四个世纪，边境改变了日耳曼的社会和政治组织。公

---

①　日耳曼尼库斯（Nero Claudius Germanicus，前 15—19），杰出的罗马帝国将军，以在日耳曼尼亚进行的一系列战争而闻名。他的全名很可能和他的父亲尼禄·克劳狄乌斯·德鲁苏斯（Nero Claudius Drusus，前 38—前 9）一样，德鲁苏斯也是罗马帝国的一位著名将军，曾在日耳曼尼亚取得一系列的胜利，在其于公元前 9 年去世后，为纪念其功绩而在其子的全名中加入了"日耳曼尼库斯"这一名字。——译者注

②　维斯帕先（Vespasian，9—79），罗马帝国皇帝，是四帝共治时期的最后一任皇帝，建立起弗拉维王朝。——译者注

元前 1 世纪的小型部落，比如切鲁西人和卡狄人在 3 世纪和 4 世纪都屈服于像法兰克人、阿勒曼尼人和哥特人这样强大的部落联盟了，这些部落联盟开始以牺牲老化的罗马帝国为代价向外扩张。最终，这些联盟之一的法兰克人发展成为欧洲历史上唯一成功统一了西欧大部分地区的国家——加洛林帝国（Carolingian Empire）。

　　罗马边境对早期日耳曼民族产生的影响有几种不同的类型。首先也最明显的就是军事压力，这种压力在边境存在的最初几个世纪尤为强大。公元前 55 年，恺撒率众进入苏刚布里人的领地，在所经区域，罗马人烧毁了村庄，毁掉了庄稼。面对着挺进的罗马军队，居民们只能逃跑保命。公元 15 年，遭到日耳曼尼库斯进攻的卡狄人却没那么走运了。"日耳曼尼库斯打了卡狄人一个措手不及。无助的女性、孩子和老人立刻就被屠杀或者抓住了。年轻些的男人游过了埃德尔河（Eder River）……"在日耳曼尼库斯进入他们的领地时，部落成员们"撤离了他们的城镇和村庄，分散开来，逃进森林。日耳曼尼库斯烧毁了他们的首府，毁坏了旷野，才开始动身回莱茵河"。罗马人的暴行得到了报应。例如，在条顿堡森林之战后，日耳曼人挑选了 500 名俘虏，献祭给众神。根据彼得·威尔斯（Peter Wells）的重述，这些不幸的人以各种方式被杀害：有些被吊死在橡树上，还有些被砍了头，钉在树干上，另有些被带到沼泽地，被割开喉咙，鲜血都流进了水里，他们的尸体随后被扔进了深潭里。

　　在边境上的罗马一侧，富有且文明的社会创造出了许多"蛮族"觊觎的东西：青铜和金银装饰品、器皿，精良的武器，精美的布料，金属货币，陶器，葡萄酒，橄榄油。人们珍视这些物品，不只是因为它们本身的价值，而且是因为它们带给其主人的声望。于是，喝葡萄酒不只是因为葡萄酒味道好而感到愉悦，而是因为这是一种"炫耀性消费"行为，显示了喝酒者极高的社会地位。精美的金酒杯强化了这种信息。据人类学家推测，声望商品（prestige goods）在国家形成过程中扮演了非常重要的角色。当然，一个打算成为国王的酋长会奖赏他的扈从，比如说赏家畜。但是，照顾奶牛对于一名职业战士来说是非常痛苦的（而且这并不是一项特别享有声望的活动），而具有同等价值的金臂环则便于携带，无须养活，且是明显的地位象征。

军事压力是一个"推力"因素，它摧毁了弱者，进一步巩固了强者，而声望商品则是"拉力"因素。不过，其影响是一样的：为增加军事实力增添了选择压力（selective pressure）。日耳曼人可以通过劫掠、贸易或者补贴（因表现良好的奖赏）的方式从罗马帝国那里获得声望商品。从公元 3 世纪开始，随着罗马帝国的衰落，劫掠成为一项越来越可行的选择。即便如此，也只有非常大型的部落联盟有机会获得大量战利品。贸易是一种获得物品的和平方式，但是也会导致冲突增加。控制着边境间贸易的部落（因为他们位于更接近边境的位置，或者也许他们和罗马人达成了贸易协议）会被那些无法直接和罗马商人进行交易的部落憎恨。显而易见的解决方法就是击败并且取代这些幸运的中间商。因同样的逻辑，帝国的补助也造成了冲突。结果，推力因素和拉力因素共同作用，形成了一个极易发生冲突的地带，这一地带从边境朝着两个方向延伸达 100 英里。在这一地带，有一种"狗吃狗"的道德准则，强壮的狗在吃掉小狗时会变得更为强壮。

边境也对日耳曼社会产生了更为微妙的影响。罗马帝国不仅是声望商品的来源，也是思想、技术和其他类型文化要素的来源。可以回想一下塔西佗对日耳曼人多么迅速地从罗马人那里学会了纪律价值观的评论。在法兰克人于公元5世纪开始扩张到罗马领土时，他们已经认识到了记录和官僚制度的价值，所以他们雇佣罗马的行政官员，将他们视为新生帝国的贵族阶层成员。

有趣的是，罗马人有时会在不经意间助益这一最终导致他们亡于日耳曼征服的进程。罗马边境的官员鼓励几个小型部落联合在一个领袖的统治之下。（以礼物或者恫吓）控制一个"小王"远比控制一群酋长，甚至更麻烦的和许多部落议会打交道更为容易。然而，这一政策的副作用就是让日耳曼人适应了王权制度，给后来的帝国带来了极其可怕的影响。另一个不经意间促进了日耳曼酋长间合作的机制，就是他们经常在边境省份的首府——比如科隆、美因茨和奥格斯堡——见面。

尽管日耳曼人从罗马人那里学到了很多，并且承袭了很多罗马人的文化习俗，但是他们和罗马人之间的文化差异并没有变得模糊不清。如果说有什么变化的话，那就是随着时间的推移，这种差异实际上加剧了。这种两极分化最明显的证据是边境每一侧的宗教信仰变化。在最初几个世纪的往来中，两个民族都信奉对其他民族的信仰非常宽容的多神教。然而，自君士坦丁统治时期（306—337）起，罗马人皈依基督教——一种一神教信仰，将所有其他信仰（最好的情况是）视为一种错误，（最坏的情况是）视为魔鬼崇拜。日耳曼人的信仰也在逐步发展，这在某个方面增加了他们和罗马人之间的距离。

　　在和罗马人往来时，日耳曼人的众神之首是提瓦兹，他是印欧语系中创造、秩序、正义和世界的自然循环之神——一个适合农业人口崇拜的神。然而，边境上加剧的不安全性和军事冲突不断的环境，有利于战争领袖及其扈从的崛起。战争日益成为成年自由男性的主要活动，而生存任务则被留给了女性和奴隶。（后者经常是以大量的战俘来补足。）结果，提瓦兹的崇拜者减少了，许多日耳曼部落转向了奥丁［Odin，沃登（Wodan）］。奥丁很可能是一个不太重要的风神，也许像墨丘利①一样，他会将灵魂引导到另一个世界。（至少，罗马人经常认为奥丁等同于墨丘利，不过这可能是因为奥丁和墨丘利都被描绘成了戴着宽边帽子，并且拿着一根权杖或者一根长矛的形象。）在公元 50 年至 200 年间，奥丁被转化为诸神之父、众神之王，成了新兴战争领主及其扈从的守护神。根据新的神话故事，奥丁为了得到智慧和力量而将自己献祭给自己。在出自《老埃达》② 的一首诗歌《天主之言》（*The Words of the High One*）中，奥丁说道：

　　　　我知道我吊在

---

　　① 墨丘利（Mercury），罗马神话中众神的使者，对应希腊神话中的赫耳墨斯。——译者注
　　② 《老埃达》（*The Elder Edda*），又称为《诗体埃达》（*The Poetic Edda*），是北欧英雄和神话叙事诗集，其中的大部分内容创作于约公元 800—约公元 1200 年，很可能是在冰岛或者挪威创作的。——译者注

> 狂风中摇曳的树上，
>
> 整整九日九夜，
>
> 被一根茅刺伤，
>
> 献给奥丁的祭品，
>
> 我自己献祭给自己，
>
> 在那棵树上，
>
> 那棵无人知晓
>
> 其根在何处的树。

"狂风中摇曳的树"就是世界之树"尤克特拉希尔"（Yggdra-sil）。在这九天的折磨中，奥丁领悟了如尼文①的神奇之处，后来，他献出了一只眼睛，喝下了密米尔之泉（Well of Mimir）的水，这给予了他大量的智慧。这些经历将一个不太重要的神变成了战争、死亡、智慧和魔法之神，成了众神之首。尽管奥丁所受的折磨和基督受难存在有趣的相似之处，但很难想象还有比基督教和奥丁崇拜这两个更加不同的宗教信仰了。拿撒勒的耶稣牺牲了自己以拯救人类，而奥丁是为了他自己寻求智慧和力量。奥丁所传达的信息并不是慈悲或者希望。通常人类祭品会被献给奥丁，尤其是在战斗中被抓住的俘虏。吟唱诗人称奥丁为"吊死者之神"或者"绞刑之主"，因为惯常的献祭方式就是在一棵树上吊死受害者。11世纪的历史学家不来梅的亚当（Adam of Bremen）叙述道，在瑞典乌普萨拉

---

① 如尼文（rune），又译"卢恩文"，指古日耳曼字母表中的音符，源自罗马字母表，在公元3世纪至中世纪末一直在斯堪的纳维亚地区使用，每个字母都被认为具有神奇意义。——译者注

(Uppsala)的神圣树林里，有许多人的尸体被吊在圣树的树枝上。

奥丁渴望战争，甚至会在没有战争的时候引发战争。他是一个阴沉、残忍且不诚实的神。奥丁注定会死在诸神的黄昏（Ragnarok）中，这是诸神和巨人之间的最后一场战争。就算知道了自己的厄运，奥丁还是召集起了战死英雄们的灵魂，为诸神的黄昏做准备。在等待最终决战时，这些英雄们在奥丁的大殿——瓦尔哈拉殿堂（Valhalla）内消磨时间，他们要么放纵吃喝，要么互相厮杀。瓦尔哈拉殿堂是真正的日耳曼战士理想化样式的生活形态。

奥丁崇拜适合于莱茵兰地区那暴力、动荡和危险的环境。要在那里存活下来，需要和信任的伙伴团结在一起，共同跟随一位能够带来确定性胜利的战争领袖。因此，新的神圣王权体制的发展是与奥丁崇拜的增加同时发生的。新兴的战争领主敬奉奥丁为战场上胜利的赐予者，并且声称自己是他的直系后裔以使他们的政治权力合法化。例如，所有的盎格鲁-撒克逊王室家系都声称自己是奥丁的直系后裔。

概括地说，当罗马人和日耳曼人在公元前1世纪进行第一次直接接触时，他们之间的宗教信仰在基本的印欧语系主题上并没有太大的差异。然而，公元400年时，文化差异深化成了两种文明之间的鸿沟。这两种宗教信仰在意识形态方面产生了严重的对立。两者都为划定"我们"与"他们"提供了象征性的"标记"。此外，奥丁崇拜将日耳曼神圣国王的军事和政治权力合法化，将之前松散的部落联盟巩固为高度团结的战士国家。于是，罗马人和日耳曼人之间的边境成了一条主要的断层线，其激烈程度类似于俄国人-鞑靼人和美国殖民者-印第安人的边境。

"文化断层线"的概念是由政治科学家塞缪尔·P. 亨廷顿（Samuel P. Huntington）在他于 1996 年所写的书《文明的冲突》（*The Clash of Civilizations*）中普及开来的。亨廷顿认为在苏联解体后，不同的国家开始不再以共产主义和自由主义之间的意识形态分歧来结盟，而是回到了大范围身份认同这一更古老的来源上，其所根据的是不同的世界文明。亨廷顿的理论引发了强烈的争议，我自己对他所提出的许多观点也有质疑。然而，自他写这本书以来的十年已经充分证明了他的主要观点是正确的。"9·11"事件以及美国接连在阿富汗和伊拉克发动的战争正是他所推测的那种"分界线战争"。

亨廷顿只关注当代政治，但是在我们分析过去的时候，"文明的冲突"这一概念也是有启发性的。然而，用"文明"这个词来描述日耳曼人或者欧亚游牧部落这些历史群体并不太妥当。我更喜欢使用"元民族群落"（出自希腊语"*meta*"，意为"超出"，和"*ethnos*"，意为"族群"或"民族"）来描述这种大型超民族实体。这一术语既包含了传统上的文明，又包含了通常不包括在文明标准列表中的文化群体。另一个元民族群落的例子就是公元前 1000 年的凯尔特人世界，其通常不被视为一种文明。每一个元民族群落都是被某种共同的身份认同统一起来的，这种认同通常是基于宗教信仰或者另一种意识形态（比如，儒家思想）。然而，元民族身份认同的最重要内容是"我们"和"他们"之间的分界线。直到面对非常不同的群体时，元民族群落才会联合起来。日耳曼尼亚在罗马边境的崛起就是这种例证。现代的例子则是"非洲文明"的形成。在西方力量于19世纪征服撒哈拉以南的非洲之前，非洲人并没有共同的身份认同感。但是共同的经历——第一次殖民地化，之后的殖民地自治化，以及世界上的其他地区现在将他们归并于一起的倾向——为非洲群体的逐渐形成创造了条件。这一元民族身份认同仍旧是相当脆弱的（并不是所有的权威都认同撒哈拉以南的非洲具有成为独立文明的资格），但是看起来却在慢慢地增强。

如果我们将罗马人和日耳曼人的第一次近距离接触确定为恺撒征服高卢时期（公元前1世纪中期），那么在可察觉的相互作用迹象——由神圣国王领导的大型而有影响力的部落联盟——出现之前，边境一直是稳定的，并且对日耳曼部落产生了大概三个世纪的变革性影响。位于莱茵河上游的阿勒曼尼人于公元213年出现在历史记录中，哥特人（位于多瑙河下游）是在公元238年。法兰克人（莱茵河下游地区）第一次被提及是在公元257年。法兰克人东部和北部的撒克逊人是自公元286年才被谈起的。撒克逊人处于"第二排"——并不是直接在边境上，而是在法兰克人的后方。类似的是，汪达尔人（于公元270年首次出现在多瑙河中游）位于哥特人的背后，勃艮第人排布在阿勒曼尼人的后方。

这些联盟的出现与罗马帝国的政治不稳定时期——公元235年皇帝塞维鲁·亚历山大（Severus Alexander）被刺杀——相一致（或者更有可能是由其引起的）。50年来，各种僭越者之间的内部争斗使帝国四分五裂。公元259—268年是"三十僭主"[Thirty Tyrants (pretenders)]时代。僭越者们将罗马军团调离了边境地区，将其用于内战中，日耳曼的参战者越过边境纷至沓来。法兰克人深入高卢地区劫掠，甚至越过比利牛斯山（Pyrenees）进入了西班牙。哥特人开始袭击巴尔干半岛和小亚细亚。公元 251 年，他们消灭了罗马军队，杀死了皇帝德西乌斯（Decius，他并不是最后一个被哥特人杀死的罗马皇帝）。阿勒曼尼人征服了莱茵河以东和美因河以南，并在那里定居下来，罗马人不得不永久地遗弃了跨多瑙河流域的达契亚（Dacia）省。

公元 285 年，戴克里先重新统一罗马帝国，在接下来近乎一个世纪的时间里，帝国得以保卫其边境，抵抗逼近的日耳曼人。但是 4 世纪中期，匈人来到欧洲大草原，引发了一系列事件，由此导致了罗马人和西哥特人之间的阿德里安堡之战（battle of Adrianople，378 年，也译"哈德良堡战役"）。（此时，哥特人已经分裂为两个联盟——西哥特人和东哥特人。）哥特人再次击败了罗马军队，另一位皇帝被杀了。阿德里安堡之战标志着西罗马帝国的最终衰落。5 世纪，日耳曼人占领了罗马帝国的拉丁省份，并将它们划分为多个部落王国——西哥特人在高卢南部和西班牙，汪达尔人在北非，东哥特人在意大利，而勃艮第人在高卢东部。

最为成功的日耳曼人帝国就是法兰克帝国。第一波日耳曼入侵者（汪达尔人和哥特人）在没落的帝国内横冲直撞，寻找唾手可得之物，而第二波入侵者（法兰克人、阿勒曼尼人和巴伐利亚人）包含了大量的农民，他们以更为持久的方式静静地在边境地区建立殖民地。在墨洛温国王（Merovingian king）希尔德里克（Childeric）

及其子克洛维（Clovis）的统治下，法兰克人从莱茵兰扩展到高卢北部。公元 497 年，法兰克人决定性地击败了阿勒曼尼人，接下来的十年间，阿勒曼尼人臣服于法兰克人的统治。阿勒曼尼人的领地被重新整顿为法兰克帝国内的一个公国。

有趣的是，尽管罗马人不断在战争中击败阿勒曼尼人，但是他们却没能征服阿勒曼尼人。相比之下，在被迫加入法兰克帝国之后，阿勒曼尼人非常忠诚地为其服务。最可能的解释就是法兰克人和阿勒曼尼人之间的民族隔阂与阿勒曼尼人和罗马人之间的隔阂相比不值一提。法兰克人和阿勒曼尼人都说日耳曼方言，可以辨认出这些方言是有关联的，而且很可能他们互相听得懂。两个民族都尊奉奥丁（在他们皈依基督教之前），有着相似的政治组织。似乎他们几个世纪以来一直位于边境的同一侧，这对其发挥了常见的整合作用（正如第二章所讨论的）。这一整合进程无疑是由两个族群之间顺畅的交流促进的——它们都位于莱茵河沿岸，莱茵河是一条重要的贸易路线。

然而，说阿勒曼尼人被同化且变成了法兰克人是不正确的。这两个有关联但是有区别的民族几个世纪以来依旧说着不同的方言。阿勒曼尼语的直系后裔是德语中直至今天仍旧在说的阿尔萨斯方言（Alsatian dialect），而法兰克语的直系后裔是佛兰德斯语（Flemish）。

在吞并阿勒曼尼亚之后，克洛维迅速地处理了高卢地区的另外两个日耳曼王国——勃艮第王国和西哥特王国。至克洛维于公元 511 年去世时为止，法兰克人已经吞并了勃艮第，夺走了西哥特人的阿基坦（Aquitaine）。除布列塔尼半岛（Bretagne Peninsula）和普罗旺斯（Provence）仍旧为西哥特人所有之外，法兰克人此时已经控制了整个高卢地区。在加洛林时代（8世纪和9世纪），法兰克人进一步扩大了他们的帝国（见地图2）。在巅峰时期，除斯堪的纳维亚人和英国人之外，法兰克帝国囊括了所有的日耳曼民族。最重要的一次扩张是查理曼吞并了撒克逊人和巴伐利亚人的领土。日耳曼民族在加洛林皇帝治下的政治统一，为现代德国的形成奠定了基础，不过并非所有法兰克帝国的构成要素最终都传给了现代德国。（在命运的捉弄下，法兰克人的直系后裔——佛兰德斯人——现在各自处于不同的国家。）但是，在查理曼帝国内的共存显然为泛德意志身份认同创造了基础。尽管加洛林帝国在9世纪陷入了四分五裂，不过一个世纪后，撒克逊皇帝按照和法兰克人王国大致相同的路线重建了帝国（但不包括法兰西）。

　　创造了中世纪德意志身份认同的整合进程——体现在所谓的德意志民族的神圣罗马帝国身上——是在罗马边境生活的直接结果，其发展分为三个阶段。在第一阶段（前100—100），如阿米尼乌斯或马罗博杜斯这样的酋长将独立的日耳曼部落联合为松散的联盟。这些联盟非常不稳定，他们的领袖面对着严重的合法权问题。在第二阶段，随着奥丁崇拜和神圣王权的崛起，联盟更为紧密地团结在一起，逐步发展出高度的一致行动能力。在第三阶段，联盟之一的法兰克人将大部分其他部落统一在了一个单一的领土国家内。其他部落主要是通过武力被迫加入的，但是在被吞并之后，他们显然将自己的忠诚转向了帝国级别的政治组织（不过并不一定会失去他们作为阿勒曼尼人、撒克逊人或巴伐利亚人的次级身份，两种身份认同是共存的）。

　　本章的大部分内容都聚焦于西北欧帝国的发展。莱茵河沿岸的罗马边境为边境上的"民族诞生"（ethnogensis）和"帝国诞生"（imperiogenesis）提供了一个非常明显的例子。它就是两种截然不同的文明（实际上是元民族群落）相互冲突，同时又相互影响的交界处：罗马帝国内说罗马语的基督徒公民对抗无国家的社会内的日耳曼异教徒。多瑙河边境是更为复杂的，相应地，要理清这里的各种相互作用需要花费更多的工夫。在边境上的帝国一侧，西方是说拉丁语的人，而东方是希腊人。在"蛮族"一侧，首先是起源于欧洲森林区域的民族（先是日耳曼人，后来是斯拉夫人），其次是各种来自欧亚草原的游牧部落入侵者（萨尔马提亚人、匈人、阿瓦尔人、保加尔人等）。这两种群落以各种扑朔迷离的方式混合在一起，所以经常难以分辨其中哪个是哪个。因此，承袭了很多草原习俗的东哥特人被罗马人称为"斯基泰人"（Scythians），虽然他们和历史上同一名称的那个民族根本毫无关联。5 世纪时的匈人联盟在族群构成上尤为多样化。有趣的是，"匈人"阿提拉却有着一个哥特名字（"阿提拉"在哥特语中意味着"父亲"）。在大草原最西端的延伸领域内，多瑙河中游和下游的地理位置显然使其民族历史复杂化了。第七章将再次探讨这一问题，因为要理解这一区域的历史必须考虑在几千英里以外的东方，也就是草原和中国（Sinic）元民族群落之间的交界处所发生的事情。

　　然而，我们在这里能做的是设法解决中世纪欧洲史上最大的谜题之一：为什么东罗马帝国（也就是我们所说的"拜占庭"）能在罗马衰亡之后继续存活一千年？（传统上认为，西罗马帝国于 476 年结束，而拜占庭帝国于 1453 年灭于土耳其人之手。）

解决这一谜题的第一步就是要认识到这一问题是提法不当的——这种表述是没有意义的。即便在受过良好教育的西方民众中，拜占庭帝国的历史也是鲜为人知的，为人所知的那部分在很大程度上被神话化了——拜占庭帝国被描绘为处于一种漫长衰落状态中的东方专制统治。将某样东西定性为"拜占庭"当然不是一种赞美！对拜占庭持消极态度的根源可以一直追溯到十字军时代。1204 年，西方骑士并没有进攻穆斯林，而是背信弃义地进攻并劫掠了君士坦丁堡。然后，又落井下石地传播了关于"背信弃义的希腊人"的故事。非难拜占庭人的学术传统开始于 18 世纪爱德华·吉本（Edward Gibbon）的《罗马帝国衰亡史》（*The Decline and Fall of the Roman Empire*）。吉本以安东尼皇帝的黄金时代（2 世纪）开始了他的描述，根据他所说，拜占庭自那时起一直在走下坡路——超过十二个世纪！这么长时段的"衰落"失去了其作为一个分析概念的效用。正如研究拜占庭的历史学家沃伦·特里高德（Warren Treadgold）所指出的，甚至直至今日，大多数历史学家都倾向于关注拜占庭的前三分之一和后三分之一的历史，这两个时段最适合衰落这一观点。中间的三分之一得到的关注少得多，而在这三个多世纪里，内部凝聚力和强大的军事实力使拜占庭帝国将其领土从 23 万平方英里扩张到了 46 万平方英里（60 万至 120 万平方千米）。吉本匆忙地以一个章节叙述了这一时期，剩下的三大卷致力于描述"衰败"时期。

　　不要问为什么罗马帝国的一部分在其中心地带崩溃后还能继续留存千年以上，这是没有什么意义的。反之，我们应该问的是，为什么当一个旧帝国崩溃时，一个新兴的帝国在巴尔干-安托利亚地区诞生。出现困惑是因为，在拜占庭帝国核心区域的民族称他们自己为"罗马人"（希腊语的"*Romaioi*"），称他们的国家为"罗马帝国"。然而，稍微思考一下就会明白，中世纪的拜占庭人和古代罗马人完全是不同的民族。（这就是现代历史学家创造"拜占庭"这一名称的原因——出自"*Byzantion*"一词，这是位于拜占庭帝国首都君士坦丁堡的一个希腊城镇的名字，建于 4 世纪。）然而，他们自称为"罗马人"并不是将这个后来的民族等同于罗马人的充分理由。例如，有一个现代国家，其居民仍旧自称为"罗马人"：罗马尼亚。总而言之，挪用古老且辉煌的民族名称（ethnonym）在历史上是常见的。法国人称他们自己为"法兰克人"，但是德国人也自认为继承了法兰克人的遗产（德国有个省叫作法兰克尼亚）。俄罗斯人认为自己是基辅罗斯的直系后裔，乌克兰的民族主义者对这一主张表示强烈抗议。

　　除名称以外，我们现在所称的拜占庭人和罗马人及其国家几乎没有什么共同之处。他们说不同的语言（拉丁语和希腊语），有不同的宗教信仰（异教信仰和基督教信仰），他们的核心领地位于欧洲的不同地区，他们还有着不同的政治组织——拜占庭是由专制君主（avtokrator）统治的，至少在理论上他独揽生死大权，而罗马人是共和政体的民族。[即便是在帝国时期，法律拟制也认为皇帝只是一个元首（princeps）——"元老院中的首位"。] 权力在实质上可能并没有太大的改变，但是其外在标志和意识形态基础确实变化很大。元首通过元老院的选举取得合法授权，而专制君主的合法地位则来自神圣授权。拜占庭人和罗马人甚至在穿着上也大不相同——至公元 500 年，在拜占庭帝国内，罗马托加袍被东方风格的长织锦外衣取代。

两个民族的集体心理也截然不同。罗马人是世俗的和非常务实的民族，而拜占庭文化有着非常强烈的超尘脱俗和极度神秘的因素。实际上，在 5 世纪和 6 世纪，整个地中海世界从古希腊文明的自然主义和理性主义转向了中世纪基督教的超验主义和神秘主义。如果中世纪的拜占庭和古典时期的罗马经由时间机器汇聚到一起，那么它们的会面一定是无法相互理解的，就像是本丢·彼拉多①和拿撒勒的耶稣相遇那样。简言之，不容置疑的是，拜占庭人是一个全新的民族，因此他们的帝国也是新兴的，并不是罗马帝国的残余。那么，拜占庭这个民族是如何崛起的呢？

一个民族的诞生并不是一件瞬时完成的事情，而是一个常常要花费多个世纪的进程。对于拜占庭人而言，这一进程的开端可以追溯到 1 世纪，当时下多瑙河以南的巴尔干半岛北部的狭长地带〔包括伊利里亚（Illyria）、达尔马提亚（Dalmatia）、默西亚（Moesia）和色雷西亚（Thracia）在内的罗马行省——大致相当于现代塞尔维亚、保加利亚和土耳其的欧洲部分〕成了罗马边境的一部分。就

---

① 本丢·彼拉多（Pontius Pilate），将耶稣钉死在十字架上的古罗马总督。——译者注

像罗马人的压力影响了边境以北民族的形成那样，来自"蛮族人"的压力也影响了"文明"一侧的边境社会的形成。我们可以用各种指标来衡量这种社会变化，但是最值得注意的也许是罗马军团新兵的地域来源。在 1 世纪，意大利提供的士兵大约是下多瑙河行省的 10 倍。至 3 世纪，情况完全颠倒过来了——来自巴尔干地区的新兵是来自意大利的 10 倍。意大利人对军事服役失去了兴趣，吃苦耐劳的多瑙河边境居民填补了空缺。实际上，正如历史学家拉姆塞·麦克莫兰（Ramsay MacMullen）在《罗马的腐化和衰亡》（*Corruption and Decline of Rome*）中所写的，某一群人享受安全状态的时间越长，其年轻一代被征召入军团的可能性越低。其他的边境区域——上多瑙河、莱茵兰、非洲北部和叙利亚——也提供了大量的士兵，而意大利和诸如西班牙这样的非边境行省提供的士兵越来越少。这一过程难以避免的最终结果就是权力从中心地带渗透到边境地区。

3 世纪，罗马帝国经历了灾难性的政治分权阶段，其标志是长达数十年的各个贵族派系间的内战、民众起义、毁灭性的时疫以及蛮族入侵。在本章的稍前部分，我描述了日耳曼入侵者是如何突破莱茵河边境并且劫掠高卢，甚至向南深入西班牙的。在 3 世纪 50 年代、60 年代和 70 年代的东方，哥特人越过多瑙河，劫掠了默西亚和色雷斯（Thrace，包括以后的拜占庭帝国首都所在的区域）。之后，他们乘船越过博斯普鲁斯海峡和达达尼尔海峡，进入了爱琴海，劫掠希腊和亚细亚沿岸。

随着中央权威的崩溃，只能由边境各行省收拾残局，保家卫民。为了让他们的权力合法化，拥有部队的军事指挥官自立为帝。在"三十僭主"时代的皇帝加里恩努斯（Gallienus，253—268）统治时期，社会解体的进程达到了巅峰。我们至少知道这些篡位者中的 18 位，历史没能保留下其余 12 人的姓名。大多数篡位者在取得权力之后不久就被杀了，往往还是被他们自己手下的士兵杀死的。获得权力最长久的通常是那些根据地位于边境行省的人，这在某种程度上是因为罗马军团的位置，但更重要的是因为定居在边境地区的人比定居在中心区域的有着更高的集体团结性。例如，在公元 260 年，加里恩努斯只控制着帝国的中间三分之一（见地图 3）。帝国的西部三分之一由波斯图穆斯（Postumus）的高卢帝国（Gallic Empire）所控制，其首都位于莱茵河畔的特里尔（Trier）。东部三分之一是奥登纳图斯（Odenathus）治下的帕尔米拉帝国（Palmyrene Empire）的一部分，在其死后，由女王泽诺比亚（Queen Zenobia）继承。这也是一个发端中的边境国家，因为帕尔米拉是一个边境城市，位于和帕提亚/波斯交界的边境上。

　　加里恩努斯是意大利元老院阶层的成员之一，据说是一名还不错的皇帝。然而，至 3 世纪，就建立权力的基础而言，意大利人已经变得软弱无力了。公元 268 年，加里恩努斯自己手下那些来自多瑙河边境行省的军官们策划了一场阴谋，刺杀了他，并从他们的队伍中推举了一系列能干的皇帝（所谓的"伊利里亚士兵皇帝"），这些皇帝逐渐为帝国带来了秩序。其中最为著名的是皇帝戴克里先，他于公元 245 年出身于达尔马提亚一个贫穷的农民家庭，在多瑙河边境服役，并晋升为高级军事指挥官。公元 284 年，戴克里先被罗马军团推举为皇帝。在接下来的十年间，他和手下的将军们击败了所有僭越者，将罗马帝国重新统一起来。然而，在戴克里先于公元305 年退位之后，帝国再次陷入了内战，而再次统一帝国的任务被留给了戴克里先的继任者君士坦丁大帝（Constantine the Great）。

君士坦丁于公元 280 年出生在纳苏斯［Naissus，今塞尔维亚的尼什（Nish)］，是一个旅馆主人的女儿海伦娜（Helena）和［苍白者（the pale)］君士坦提乌斯·克洛卢斯（Constantius Chlorus）之子。他的父亲像戴克里先一样，出身于多瑙河地区一个贫穷的家庭，他在军队服役，成了戴克里先的亲信，接着在戴克里先于公元305 年退位后被任命为"奥古斯都"（帝国的两个联合统治者之一)，直至公元 306 年去世为止。因此，君士坦丁大帝是伊利里亚士兵皇帝的第二代。除重新统一帝国之外，君士坦丁还留下了两个影响拜占庭历史进程的成就：他把基督教定为国教，并建立了拜占庭的首都君士坦丁堡。

在拜占庭的历史上，必须重点强调基督教的重要性。基督教信仰弥漫在整个社会、思想体系和艺术中。最为重要的是，它提供了一种凝聚力，将最初构成拜占庭这一国家的多样化民族要素团结在了一起：巴尔干地区和北非诸行省内说拉丁语的居民；希腊、安纳托利亚（Anatolia）以及罗马帝国东半部分，诸如亚历山德里亚（Alexandria）和安提俄克（Antioch）这样的大型城市内说希腊语的居民；以及埃及和黎凡特（Levant）内说科普特语和阿拉姆语的居民（Coptic and Aramaic speakers)。

于公元 324 年建立君士坦丁堡（今伊斯坦布尔）是一项明智之

举，它在拜占庭帝国随后的生存和繁荣中扮演了重要的角色。就地理位置而言，君士坦丁堡位于博斯普鲁斯海峡，黑海经这里流入马尔马拉海，然后穿过达达尼尔海峡进入地中海，这使君士坦丁堡成了南北和东西交通的交叉中心点，确保了它在接下来的几个世纪一直是重要的贸易中心。这也便于拜占庭人在欧洲和亚洲发动军事战争。与此同时，将君士坦丁堡变得几乎坚不可摧是相对容易的。其坐落于一个岬角，两面受到海洋的保护，第三面是坚固的陆地堡垒。只要拜占庭人控制着海洋，君士坦丁堡就不会因围困而陷入饥荒。不过，更为重要的是，将首都迁出了意大利中部，因为意大利中部一直由自私且易怒的罗马贵族控制，至4世纪时，这些贵族已经失去了所有合作行动的能力。在多瑙河边境的色雷西亚建立首都，将帝国的权力中心转移到了其招募军事力量的地区。

　　理解4—6世纪地中海沿岸世界的关键因素是罗马这个国家的"帝国病变"，它被一个全新的、尚未完全成形的帝国取代了，这一帝国是沿着下多瑙河边境逐渐建立起来的。从某种意义上来说，这一时期是罗马和拜占庭之间的过渡阶段，罗马真正走向衰落是在3世纪，而拜占庭是在阿拉伯征服的冲击之后才完全成形的。像绝大多数过渡阶段一样，这一时期是非常不稳定的。首先，早期的拜占庭民族仍旧处于形成过程中。其次，类似于多瑙河边境所发生的事情正在影响着其他边境区域，尤其是高卢北部和叙利亚。任何拥有一个以上占支配地位民族的帝国都是不稳定的，因为每个权力集团都不愿意屈从于另一个，就算具有必要的内部凝聚力，也会有抵制的手段。因此，古典时代晚期是一个普遍内战的时期，其间，敌对的权力中心争夺着对帝国的控制权。再次，新兴的占支配地位民族——法兰克人、哥特人和其他人——正在罗马边境之外崛起。因为内部分裂削弱了帝国，这些新兴的侵略民族就以牺牲帝国为代价进行扩张。

当西哥特人在阿德里安堡之战（378）摧毁了皇帝瓦伦斯（Valens）及其军队时，由君士坦丁建立起来的脆弱平衡被打破了。这场灾难引发了一系列事件，从而导致了欧洲的边境防守失败，西罗马帝国被蛮族部落吞没。476年，当最后一任皇帝被罢黜时，西罗马帝国唯一还掌握在罗马人手里的区域是罗马贵族西格里乌斯（Syagrius）治下的高卢北部。如果放任不管，西格里乌斯的王国最终会发展成一个高卢帝国，就像下多瑙河边境变成了拜占庭帝国一样，但是结果证明新兴的日耳曼民族相对于它来说太过强大了。486年，克洛维击败西格里乌斯，将其初露头角的王国并入了法兰克帝国。最终，说罗马语的高卢北部居民与说日耳曼语的法兰克殖民者融合在了一起，并在五个世纪后造就了法兰西王国（将在第七章进行讨论）。

与此同时，东罗马帝国抵挡住了蛮族的压力，虽然其皇帝曾一度落入蛮族铁腕人物的操纵下。但不管怎么说，在皇帝查士丁（Justin，518—527），尤其是他的儿子查士丁尼（Justinian，527—565）统治之下，拜占庭帝国夺回了大部分地中海西岸的领土：北非、伊比利亚南部和意大利。在此期间，当萨珊波斯试图以损害拜占庭人为代价向西扩张时，查士丁尼击败了他们。尽管有这些令人印象深刻的功绩，但是宗教信仰方面的争议仍旧是困扰罗马帝国晚

期的一个结构性问题，并且最终在其失去非洲和中东地区的领地方
面扮演了关键性角色。

　　宗教信仰方面的争议集中在基督的两种性质上。聂斯脱利派①
认为基督存在两个独立的性质，一是人性，一是神性，在同一个人
身上，但并没有混合在一起。反之，一性论派（Monophysites）声
称基督的两种性质是完全合而为一的。最终，迦克墩派②持中间立
场，认为基督既有完全的人性，又有完全的神性，基督只有一个位
格，但是有两种性质，且这两种性质没有混淆或交换，没有分裂或
分割。对于大多数读者而言，这可能听起来完全是胡言乱语，对我
而言也是这样。除少数沉浸在自己神秘学问中的神学家之外，很难
相信会有人能理解这种区分。一个士兵、一个农民或者一个靴匠怎
么可能对这一问题充满浓厚的兴趣呢？而当457年支持迦克墩派的
主教被安置到一性论派的亚历山德里亚时，这里的人发生了骚乱，
以私刑处死了他，并且让一位一性论派人士取代了他的位置。

　　弄清这一问题的一个方法是要记住宗教信仰往往向人们提供了
用于区分"我们"和"他们"的象征性标记。这种用法的一个现代
例子是发生在南斯拉夫的战争，这是一场塞尔维亚东正教徒、克罗
地亚天主教徒和波斯尼亚穆斯林之间的战争——实际上就民族来

---

　　①　聂斯脱利派（Nestorians），基督教派之一，因其创始人聂斯脱利（Nestorius）
而得名。该教派提出基督的二位二性说，于公元431年的以弗所会议上被认定为异端。
该教派曾于唐太宗年间传入中国，即景教。——译者注
　　②　迦克墩派（Chalcedonians），指接受迦克墩会议内容的人。公元451年，基督教
会在迦克墩召开会议，确定了关于基督的人神二性定义，会上制定的《迦克墩信经》一
直是基督教信仰中的基本信条之一。——译者注

说，他们属于同族，基本上说相同的语言（塞尔维亚-克罗地亚语），但他们却想要对彼此实施种族灭绝。在拜占庭帝国，举例来说，说阿拉姆语的叙利亚人和说希腊语的安纳托利亚人信奉同样的宗教。然而，他们一定觉得他们是不同的民族，并且不想要"合在一起"。在安提俄克的叙利亚靴匠是否能理解迦克墩派和一性论派信条之间的细微区别是值得怀疑的，但是他非常清楚希腊人是"他们"，不是"我们"，他想要重视的是这种差别。基督一性论派教义所提供的身份认同感源头不同于主导着帝国的那种。关于基督性质的争论是一种深层离心倾向的外在表现，这种倾向瓦解了帝国的社会结构。各教派的地理分布证实了这一推论。一性论派和迦克墩派的主教辖区并没有混杂在一起——巴尔干地区、希腊和安纳托利亚是坚定的迦克墩派，叙利亚、巴勒斯坦和埃及是一性论派。萨珊波斯这一独立国家是聂斯脱利派的大本营。

在 6 世纪下半叶，拜占庭帝国进入了长周期的崩溃阶段。内战连同波斯人——一度征服了整个黎凡特和埃及——的反复入侵，消除了对离心力的最后约束，使迦克墩派和一性论派分道扬镳。即使拜占庭于 630 年重新从波斯手中夺回了埃及和黎凡特，但这些领土留在帝国内的时间还不到十年。636 年，阿拉伯人在雅穆克之战（battle of Yarmuk）中击败了拜占庭军队，叙利亚落入阿拉伯帝国之手。第二年，耶路撒冷投降。640—642 年，阿拉伯人征服了埃及。几十万虔诚的基督徒（主要是迦克墩派教徒）移民到了拜占庭，而没有顺服伊斯兰教。绝大多数一性论派成员对拜占庭帝国没有特别的忠诚感，他们顺从了阿拉伯人统治。拜占庭永远地失去了埃及和黎凡特。

　　阿拉伯征服使拜占庭帝国缩小到了巴尔干半岛和安纳托利亚半岛的核心区域（再加上意大利南部的一些领土），居住在这里的人说希腊语，并且信奉迦克墩派。整个帝国或者说帝国剩下的部分成了一个边境区域（见地图4）。在东面，它受到阿拉伯人的压迫，在西面，受到草原游牧部落的压迫——阿瓦尔人和保加尔人，还有从东欧移居而来的斯拉夫人。入侵军队多次抵达君士坦丁堡。例如，阿拉伯人先是在678年，后又在717年从陆地和海洋围困了君士坦丁堡。这些反复的捶打锻造了拜占庭民族。当这种压力在8世纪末减弱时，拜占庭人重新开始建立他们的帝国。在接下来的三个世纪，拜占庭帝国的领土增加了一倍。当加洛林帝国在9世纪陷入分裂时，拜占庭成了欧洲最强大的国家。有50万居民的君士坦丁堡成了欧洲最大的城市。拜占庭统治者拥有巨额财富，吸引了远至挪威的雇佣兵，他们加入了精锐的瓦兰吉卫队（Varangian Guard）。至1025年，拜占庭的国库已经积累了1 440万诺米斯玛塔[①]的巨额盈余——也就是超过60吨黄金，以今天的价格计算整整有10亿美元！拜占庭辉煌的文化成就可以与同时代的伊斯兰文明和中国文明相媲美，让所有看到的西方人大为赞叹。在《第一次十字军东征编年史》（*Chronicle of the First Crusade*）中，沙特尔的富尔彻（Fulcher of Chartres）写道："哦，多么优秀和美丽的城市啊！在这里，怎么会有这么多的修道院和这么多的地方都是用精巧的技艺

---

　　① 诺米斯玛塔（nomismata），拜占庭帝国的一种金币。——译者注

塑造出来的啊！在街道上和镇区里怎么能看到这么多了不起的建筑啊！详述在这里能够看到的各种各样的丰富物品是多么麻烦的事情啊；有金，有银……还有圣物。"

我们对罗马边境对后罗马时代欧洲政治发展所产生影响的考察，有力地证实了第二章中所提出的假设。在第一个千年的后半段，所有新兴国家都是在罗马边境区崛起的。让我们以定量术语来讨论这一观察结果。欧洲的总面积为 380 万平方英里。从莱茵河河口到多瑙河河口的罗马边境长度是 1 200 英里多一点儿。假定边境对每一侧的影响可以延伸至 100 英里，那么，边境区域的总面积为 24 万平方英里，不到欧洲总面积的 7%。后罗马时代的七个大型欧洲国家（以及三个规模较小或存在时间较短的国家）都是在这片狭长的区域内崛起的。

在罗马帝国的非边境地区——意大利、希腊、西班牙和高卢南部——没有任何早期帝国形成的迹象。这和边境区域形成了对比。在莱茵河以南的高卢北部，曾经有两次试图建立起帝国：3 世纪，波斯图穆斯的高卢帝国；5 世纪，西格里乌斯的王国。然而，这两次都以失败而告终（被更强大的对手摧毁了）。在多瑙河以南的巴尔干地区，建立帝国的尝试成功了，诞生了辉煌且长久的拜占庭帝国。

相似的是，唯一产生帝国的非罗马领土就是那些在边境区内的。莱茵兰诞生了法兰克帝国，其深刻地影响了随后整个欧洲史的进程。其他没那么成功的日耳曼人，比如阿勒曼尼人和勃艮第人被法兰克人吞并。多瑙河边境甚至产生了更多的帝国。中多瑙河流域以北和以东的匈牙利平原诞生了一系列国家：达契亚，短命的匈人帝国；强大的阿瓦尔汗国；最后还有匈牙利王国。向东，沿着下多瑙河流域和位于黑海的大草原的是联合在一起的哥特民族，之后其分裂成西哥特人和东哥特人。东哥特人在意大利中部建立起一个短命的帝国，但是后来归顺了拜占庭人。西哥特人走得更远，越过整个罗马帝国，在高卢南部和西班牙建立起一个王国，在被入侵的阿拉伯和柏柏尔游牧部族攻陷之前，他们又延续了两个世纪。

　　与边境民族狂热的建立帝国活动相比，在远离边境的非罗马帝国的欧洲区域完全没有这种努力。对于居住着芬兰和波罗的海民族的欧洲东北部四分之一地区，我们所知甚少，但能确定的是他们生活在小型群落中。在第一个千年里，那里没有任何早期国家出现的迹象。在边境区和冷清的东北部四分之一地区（大致相当于今丹麦、德国北部、波兰、白俄罗斯和乌克兰西部）之间的广阔领土内，开始出现有趣的发展，这对未来产生了很大的影响。这片领土并没有受到罗马边境的直接影响，但是却间接感受到了其影响（主要是通过贸易）。（在 10 世纪之前）这里并没有出现建立国家的活动，但部落正在迁移中。撒克逊海盗威胁着不列颠和高卢海岸。在罗马帝国放弃不列颠之后，成群的撒克逊人、朱特人（Jutes）、盎格鲁人（Angles）和弗里西亚人（Frisians）从东面和南面入侵了这里，并开始在这里定居。以相似的方式，规模小但数量多的斯拉夫人开始向南推进到前罗马帝国边境的巴尔干地区，并在那里定居下来，远至希腊南部。其他的斯拉夫部落朝着各个方向扩张——西面、东面和北面。所有这些行动逐渐重塑了欧洲的民族地貌，但是由此产生的真正影响要到这一千年末才开始显现。

第四章

沙漠中的族亲意识：伊本·赫勒敦发现了历史的关键

　　在伊本·赫勒敦 17 岁的时候，黑死病席卷了北非，带走了他的双亲。他的全名是阿卜杜勒赫拉曼·阿布·扎伊德·伊本·穆罕默德·伊本·赫勒敦（Abd-ar-Rahman Abu Zaid Ibn Muhammad Ibn Khaldun），于 1332 年 5 月 27 日出生在突尼斯。他出身于一个政治家和学者的贵族家庭。直到 13 世纪初，赫勒敦家族一直住在伊斯兰教治下的安达卢西亚（Andalusia）的塞维利亚（Seville）。当塞维利亚显然将要落入基督徒的收复失地运动①之手时，他们带着财产从安达卢西亚迁移到了非洲西北部（今摩洛哥、阿尔及利亚和突尼斯）的马格里布（Maghreb）。出身于非凡特权家庭的伊

---

　　① 收复失地运动（Reconquista），基督徒军队从摩尔人手中重新夺回伊比利亚半岛的一系列军事行动，始于公元 8 世纪，终于 1492 年的格拉纳达之战。——译者注

本·赫勒敦，过着一种充满了戏剧性且具有惊人知识创造力和传奇冒险精神的人生。在 14 世纪下半叶，马格里布地区因为两个王朝——马林王朝（Marinids）和哈夫斯王朝（Hafsids）——之间的争权夺利而一直处于动荡中。伊本·赫勒敦的职业生涯反映了其生活的那个动荡时代。宫殿里的国王和地牢里的老鼠都款待过他。个人的不幸一直纠缠着他。1384 年冬天，伊本·赫勒敦的妻子和 5 个女儿在从突尼斯乘船去开罗与他会合时，在一场海难中失踪。但是，伊本·赫勒敦并不是自暴自弃的人。

作为一个显赫家族的年轻继承人，伊本·赫勒敦被期望着为政府服务，他确实在 20 岁时进入了政府。然而，他并没有为自己的出生地突尼斯的统治者工作，反之，他搬到了菲斯（Fez），开始为摩洛哥的马林王朝首脑阿布·伊南（Abu Inan）苏丹服务。不幸的是，1357 年，阿布·伊南怀疑伊本·赫勒敦的忠诚，将其投入了监狱，一年半后阿布·伊南去世，他才重获自由。伊本·赫勒敦一度为马林王朝的下一任苏丹服务，之后移居到格拉纳达（Granada），这里是当时西班牙仅存的最后一个穆斯林王国。1364 年，他被委任负责派往卡斯提尔的"残暴者"佩德罗（Pedro the Cruel of Castile）那里的外交使团。国王对这位突尼斯人的印象非常深刻，因而主动提出让他为自己服务，并且归还他在塞维利亚的祖传财产，但是这位哲人拒绝了国王。1365 年，伊本·赫勒敦回到马格里布，作为首相在阿布·阿卜杜拉（Abu Abdallah）的宫廷内服务，后者是贝贾亚（Bougie）地区新任的哈夫斯王朝统治者。接下来的十年，北非因马林王朝和哈夫斯王朝之间的冲突而分裂，伊本·赫勒敦能存活下来简直是个奇迹。在阿布·阿卜杜拉倒台后，伊本·赫勒敦召集起大批沙漠中的阿拉伯人，为特莱姆森（Tlemcen）的苏丹服务。然而，几年后，特莱姆森也被马林王朝征服了，伊本·赫勒敦被新的马林苏丹阿卜杜勒·阿齐兹（Abd-al-Aziz）的军队抓住。幸运的是，这一次，他只被囚禁了一晚，之后就被允许到一个修道院隐居。

在经历了许多命运变迁之后，伊本·赫勒敦离开了马格里布，前往麦加（Mecca）朝圣。那时，他作为一名学者已经声名远播，因此在他经过开罗时，埃及统治者主动向他提供首席法官的职位，伊本·赫勒敦接受了。他人生中剩下的大部分时间都住在开罗，除了有几次去完成朝圣的旅行，还有去耶路撒冷以及巴勒斯坦和叙利亚的其他城市的短途旅行。1400 年，当大马士革被中亚帝国的缔造者帖木儿［Timur（Tamerlane）］围困的时候，他就在城内。帖木儿想要见伊本·赫勒敦这位了解社会内部运作的著名思想家。伊本·赫勒敦很快就被一个大篮子从被围困城市的城墙上放了下来。他在帖木儿的营帐里待了七个星期，在那里，他为这位著名的暴君做了一系列关于历史理论的讲座。

罗马帝国的南部边境从位于西部的毛里塔尼亚-廷吉他纳（Mauretania Tingitana，今摩洛哥）行省延伸至东部的巴勒斯坦和叙利亚。这一边境的位置几乎完全是由环境影响决定的。北非和阿拉伯半岛的旱作农业需要每年至少有 25 厘米（10 英寸）的降水量，罗马边境差不多正好沿着有可能发展农业的区域和沙漠区域之间的过渡线展开。这一规律的唯一例外就是埃及，在这里，因为有尼罗河，罗马的领地深入到了沙漠区域。

边境以南的"蛮族人"是北非的柏柏尔人和中东的阿拉伯人。顺带一提，"柏柏尔人"（Berber）这个词的起源和"蛮族人"（barbarian）相同（因为对希腊人和罗马人而言，这些外族人的语言难以理解，听起来就像是"bar-bar-bar"）。在后罗马时代，这些"贝都因人"［Bedouins，该词来自阿拉伯语"沙漠居民"（desert dwellers）］建造了一些帝国，其中最辉煌的无疑当属阿拉伯帝国。柏柏尔人为伊斯兰教征服西班牙提供了人力资源，他们也建立了法蒂玛（Fatimid）、阿尔摩拉维德（Almoravid）和穆瓦希德［Almohad（Muwahhidun）］等帝国，以及许多更小的国家。

第三章考察了以种植农作物为生的农业社会。但是如果财富不是来自一片麦田，而是来自一间工厂或一群骆驼会怎么样呢？经济基础设施是如何影响帝国建设的特征的呢？关于游牧部落的牧民生活问题，最权威的就是伊本·赫勒敦，他是一位具有实践经验的政治家，也是一位理论社会学家，还是解释国家兴衰的群体团结论这一非凡理论的创始者。

群体团结或阿拉伯语中的"族亲意识"概念是伊本·赫勒敦对于我们理解人类历史最重要的贡献。他的不朽著作《历史范例》（*The Muqaddimah：An Introduction to History*）阐述了这一理论。一个群体的族亲意识是指其成员团结一致，进行合作的能力。它让该群体能保护自己，抵挡敌人，并且将其意愿施加于他人。有着高水平族亲意识的群体在面对族亲意识水平较低的群体时通常会获胜。而且，"王权和广泛的王朝权力只能通过一个群体及其族亲意识来获得。这是因为进攻和防御的力量只能通过……共同的情感以及愿意为彼此战斗和牺牲来获得"。换句话说，国家只能围绕着有高水平族亲意识的核心群体建立起来。通过团结一致的行动方式，核心群体的成员将他们的集体意愿施加于国家的其他民众，因而阻止了国家四分五裂。

但是，将群体团结认定为对国家力量负责的主要因素并不够。为什么某些群体拥有充足的群体团结性，而其他群体却没有呢？伊本·赫勒敦的理论提供了一种解释。该理论尤为关注马格里布的情况，但其天才之处就在于它极大地跨越了时间和空间。

根据前文讨论过的降水量分布情况，马格里布被一条环境边界线划分为两片区域。在北部，地中海沿岸有一片区域，这里降水量充足，适合农业生产。这片区域（罗马帝国的一部分）是北非所有城市和集镇的所在地，也是所有普通国家和帝国的所在地。伊本·赫勒敦将其称为"文明社会"。在文明社会以南的是贝都因部落所居住的半沙漠和沙漠地区。"文明化"（也就是我们现在所说的"城市化"）社会和贝都因社会之间的区别对伊本·赫勒敦的理论至关重要。

在沙漠地区，为了在恶劣的环境和其他部落的劫掠下生存下来，每个部落都只能依靠自己。伊本·赫勒敦强调，"只有通过族亲意识团结在一起的部落才能在沙漠地区活下来"。一种自然选择机制在沙漠中运转起来，由此消灭了缺乏内部团结的部落。相比之下，城市以城墙来抵挡外部敌人，其内部和平是由国家强制推行的。因此，和沙漠地区不同，在文明区域内，没有培养和维持高水平族亲意识的那种持续不断的生存斗争。

而且，正如第二章所讨论的，游牧部落的牧民生活提供了更好的军事训练。城市里每天花费数小时埋头工作的鞋匠将会是一名糟糕的战士——懦弱、懒惰且有近视眼。所以，任何贝都因人都是比普通的城市人更好的战士。这种个体优势再加上沙漠居民高度的群体团结性，他们的军事优势就是压倒性的。

文明区域分为普通国家和帝国，不管怎样，它们通常都很擅长保卫自己，抵挡非国家的群体。一则，文明社会可以支撑起比沙漠更大的人口密度，因此和"蛮族人"相比，文明社会的军队规模更大。文明社会也有技术优势，例如防御工事、弹弩、更好的装备和盔甲。只要国家保持内部凝聚力，它就能保卫自己，抵挡游牧部落（也有例外——没人能抵挡得住成吉思汗的蒙古军队）。然而，当国家失去团结，陷入内乱时，它立刻就会成为贝都因人易于捕获的猎物。

伊本·赫勒敦注意到，马格里布地区的政治动态常常是周而复始的。当处于文明区域内的某个国家陷入内乱时，它会容易受到来自沙漠地区的征服的攻击。迟早都会围绕着某个有高水平族亲意识的群体建立起一个贝都因部落的联盟。当这一联盟征服文明区域时，它会在那里建起一个新的国家。主导群体会建立起统治王朝，而其他贝都因人会成为统治阶层——新的贵族阶层。

征服一代的成员，甚至是他们的孩子都会维持他们的沙漠习俗。他们会一直磨炼自己的军事技能，更重要的是，他们的群体团结性很高。然而，随着一代代地传承下去，文明生活的环境开始削弱贝都因人高水平的族亲意识。一般来说，至第四代时，建立者们的后裔和居住在城市中的国民已经没什么区别了。这时，王朝就走向永久性的衰落了。该王朝会在"衰退"状态下再持续几代人，但是迟早会被另一个崛起于沙漠的贝都因联盟取代，周而复始。衰退王朝的成员们会被剥夺财产，有些会被杀掉，还有些会被流放。

伊本·赫勒敦理论中的一个重要因素就是"奢侈"对群体团结的腐蚀性影响。他认为随着前部落成员们放弃沙漠那种粗放的生活方式，习惯于崭新的奢侈生活，在某种程度上，他们就变得"软弱了"。这一内容实际上是该理论中最牵强的部分。"奢侈"对群体的军事效能产生损害的原因还完全不清楚。诸如美味的食物、既可以抵挡恶劣天气又可以酣睡的住所，以及淋浴等"奢侈的"生活习惯，应该会促进身体健康，从而对军事实力产生积极影响。甚至像无节制的宴饮狂欢这种公认的"过分奢靡行为"，似乎都没有削弱诸如野蛮的法兰克人或者后来的维京人的军事效能。相反，集体宴会可以创造出一种同志情谊感，会加强集体凝聚力。古代作家经常猛烈抨击所谓的奢侈会令人萎靡不振的影响，但是看起来这并不是有说服力的社会学研究。有趣的是，伊本·赫勒敦也在这一主题上花了大量篇幅，但他的观点却是模棱两可的。他说："奢侈起先会给予一个王朝额外的力量。其原因是获得了王权和奢侈享受的部落是富饶的，会生许多孩子，这样一来该社会就发展起来了。于是，群体就发展起来了。而且，可以获得很多食客和追随者。新一代就是在繁荣和奢侈的氛围中成长起来的。""当第一代人和第二代人逝去，王朝开始变得衰老时"，奢侈享受才开始扮演一种消极的角色。伊本·赫勒敦关于统治王朝是如何失去其族亲意识的解释是没什么说服力的，因为他依赖了太多不合适的生物学类比："王朝就像个人一样拥有自然寿命。"我们需要更好地解释社会解体的进程，但这是一项庞杂的任务，直到本书第二部分，我才能完全展开我的解释。

伊本·赫勒敦的理论中最后一个对我们有用的部分就是宗教信仰的作用。伊本·赫勒敦指出，除族亲意识之外，宗教信仰给予了王朝另一种力量。它"消除了拥有同一种族亲意识的民众之间对彼此的嫉妒"。当民众因宗教信仰团结在一起时，"没什么能抵挡得住他们，因为他们只有一种展望，他们的目标也是完全一致的。他们愿意为达成自己的目的而死"。尽管伊本·赫勒敦并没有直接说，可看起来宗教情感也是某种族亲意识，不过它是能将更广阔的群体团结起来的族亲意识，而不是部落层面的。这是非常重要的见解，尤其是对北非和阿拉伯半岛的贝都因社会而言，在这些地方，宗教信仰在建立帝国的过程中发挥了特别重要的作用。

了解伊本·赫勒敦的理论可以帮助我们更好地理解公元后第一个千年期间，位于罗马沙漠边境上的各个族群的历史。

在耶稣诞生后的前六个世纪里，两个大型帝国控制着政治局势，因而，中东的地缘政治格局保持着相对的稳定。在西部，地中海沿岸地区（大致包括今以色列、黎巴嫩和叙利亚）是罗马帝国及其后继者拜占庭帝国的一部分。幼发拉底河以东的领土，直到 3 世纪初一直属于帕提亚人，而后则属于萨珊波斯的继承国。在两个帝国的边境之间分布着一大片干草原和沙漠，一直向南延伸到阿拉伯半岛。这一干旱地带的北部被称为叙利亚沙漠，但是它和南部的阿拉伯沙漠并没有任何有形分界线。当时（现在仍旧如此）定居于这里的人就是阿拉伯人。阿拉伯人能够适应沙漠里的生活主要是因为骆驼的驯养和骆驼鞍的发明。骆驼可以在绵羊和山羊无法生存的地方繁衍生息，还可以为其主人供应骆驼奶、肉、皮和毛。但和其他家养动物相比，骆驼最重要的优势在于能驮着人和货物穿越叙利亚和阿拉伯的无水荒凉地带。在公元前第一个千年期间，骆驼是阿拉伯人能够扩张到整个叙利亚和阿拉伯沙漠的关键"技术力量"。

并不是所有的阿拉伯人都是游牧民。有一些人的营生是长途贸易（有几条有利可图的商队路线是穿过沙漠的）。另有一些人深入罗马帝国和波斯帝国的边陲地带，转变成半游牧的生活方式，甚至定居下来专事农业（阿拉伯半岛的绿洲地区也在从事农业生产）。最后，新月沃土[①]上的一些城市，比如帕尔米拉（Palmyra）、埃德萨（Edessa）和希拉赫（Hira）[②]都是由阿拉伯王朝统治的，这些王朝是按照伊本·赫勒敦理论中的方式发展起来的。

尽管拥有共同的语言和文化，但是在穆罕默德出现之前，阿拉伯人在政治上从未统一过。诸多部落在沙漠上割据一方，不断地互

---

① 新月沃土（Fertile Crescent），中东地区的一片新月形区域，包括今伊拉克、叙利亚、黎巴嫩、巴勒斯坦、以色列、约旦和埃及，以及土耳其东南部地区和伊朗的西部，有些人认为还应将塞浦路斯算在内。——译者注

② Hira 即 Al-Hirah，可译为"希拉赫"，曾是莱赫米王国（Lakhmid Kingdom）的首都。——译者注

相征战（大部分的作战都采取了劫掠牲畜和反劫掠的形式）。持续
的冲突状态有助于使部落的族亲意识保持高涨，但是也阻碍了各部
落联合成一个强大的联盟。如果听其自然的话，各个游牧部落永远
也无法团结起来，部落间的战争状态也会一直持续下去。实际上，
这正是伊斯兰教征服破除了帝国边境之后发生在阿拉伯半岛上的情
况——沙漠再次分裂成诸多交战部落。然而，在公元后的前六个世
纪里，贝都因人并没有听之任之。他们的社会受到两个帝国边境的
强烈影响——西北部的罗马-拜占庭边境和东北部的帕提亚-波斯边
境（以及波斯人吞并阿拉伯半岛南部之后的东南部边境）。除此之
外，还有一股帝国力量，就是埃塞俄比亚的阿克苏姆王国（Kingdom
of Axum），该王国在 6 世纪期间征服了也门，对阿拉伯人造成了冲
击。570 年，也就是穆罕默德出生的那年，一支埃塞俄比亚军队甚
至试图攻占他的家乡麦加，但是没能成功。因此，阿拉伯人受到了
来自四面八方的帝国的"挤压"。

　　在这里，帝国的压力和我们在莱茵河边境上所看到的，呈现出
很多相同的形式。例如，拜占庭人利用外交策略和慷慨的援助，在
他们的巴勒斯坦边境区（大致相当于今约旦和叙利亚）精心安排了
一个强大的部落联盟——加萨尼德人（Ghassanids）——的崛起。
加萨尼德王国保护了拜占庭边境免受沙漠掠夺者的侵袭，还为拜占
庭—波斯战争提供了后备骑兵。但是，就像出现在欧洲西北部的情
况一样，其副作用是将政治技能引入了阿拉伯半岛，使其联合并团
结成了一个超部落组织。幼发拉底河出现了类似的发展，在这里，
波斯人积极鼓动在边境上建立莱赫米王国，并定都希拉赫。另一个

帝国的影响是富裕的文明社会对奢侈品贸易的需求。阿拉伯半岛南部的两种产品——乳香和没药——的需求量尤其大。可以对商队贸易的利润进行征税，所产生的现金创收正如古希腊人喜欢说的那样，是"国家的支柱"。与阿拉伯半岛地缘政治模型紧密相关的最后一个要素，是每一个附近的帝国都拥有自己的一神论宗教信仰：拜占庭人和埃塞俄比亚人（Ethiopians）是基督教，而波斯人是琐罗亚斯德教（Zoroastrianism）。在阿拉伯半岛内，犹太教的影响很大。叙利亚的许多阿拉伯人都皈依了聂斯脱利派，还有些部落信奉犹太教。不过在穆罕默德时代，很多贝都因人仍旧信仰多神论的部落崇拜。

　　和日耳曼人类似的是，前伊斯兰教时代的阿拉伯部落有两种类型的首领——军事的和宗教的。不同的贵族世系专司其中一项职能，但通常不会兼任。统治着拜占庭边境的加萨尼德部落联盟的首领就是贵族战士世系的一个例子。同时，古莱氏（Quraysh，伊斯兰教未来的先知穆罕默德就属于这一氏族）是和前伊斯兰教时期神圣的麦加圣地相关的宗教首领氏族。对于一个首领来说，要成为一种使其追随者们能建立起帝国的促成团结的强大力量，他必须将所有形式的权力——宗教信仰、军事和经济——都集中到自己手中。日耳曼和阿拉伯社会最终都在边境环境的影响下出现了这样的首领。不过，在日耳曼尼亚，这种发展走的是将神圣合法性授予军事首领的路线，而在阿拉伯半岛，则是宗教首领获得了军事权力。所采取的这两条路线的终点是一致的，但是却反映了文化特异性。

　　尽管这一演化的过程慢慢地改变了阿拉伯社会，进而为 7 世纪阿拉伯半岛的爆发创造了条件，但是触发事件却发生在公元 600 年前后的几十年间。在 6 世纪下半叶，拜占庭帝国和萨珊帝国深受长期以来的分裂趋势之苦。他们的贵族阶层分裂成多个派系，每个派系都追随各自的王位觊觎者，由此导致的内战削弱了两个帝国。更为糟糕的是，每个帝国都会干预对手国家的内战，在内战的基础上增加了国际冲突。君士坦丁堡、亚历山德里亚和忒息丰（Ctesi-phon，萨珊帝国的首都）之间的整片区域因一系列战争而动荡不安。军队反复劫掠所经之处，城市被洗劫，有时还是一而再再而三地被洗劫。较小的国家，比如加萨尼德人和莱赫米人的国家也崩溃了。以公元 540 年的大流行为开端，瘟疫至少夺走了该区域内三分之一的农业和城市人口（但是，就我们所知，阿拉伯牧民基本上没受到其影响）。

　　中东的混乱环境在两方面有助于伊斯兰教的崛起。首先，周围地区并没有强大的帝国，如果有的话，这样的帝国会推行一种预先的边境策略，在穆罕默德领导的早期伊斯兰教运动规模还小且没什么影响力的时候就会采取镇压行动。在一个世纪前，对于拜占庭人来说，派他们的委托人加萨尼德人去解决麦地那（Medina）新兴的危险异教组织还是很容易的。尽管阿拉伯半岛幅员辽阔，但是骆驼运输可以让沙漠军队横跨数百英里去进攻。在其全盛期，加萨尼德人成功地开展了针对 500 英里甚至更远处的强大部落的军事行动。其次，当民众连年面对几十年的动乱时，他们会开始渴望安定，任何传达希望的信息，甚至只是提供更好的来世生活，都会变得有吸引力。一神论的宗教信仰可以有效地解决根深蒂固的人类需求。而且，穆罕默德宣扬的新的一神论宗教信仰为这个世界提供了希望，因此，毫不意外地，穆罕默德将各个部落团结了起来，阻止了它们的自相残杀。

对于那些刚刚经历了混乱和灾祸的社会群体而言，伊斯兰教看起来是一种特别吸引人的宗教信仰。直至今日，伊斯兰教的特征依旧有助于其传播。在经历了内战和种族灭绝的恐怖的十年后，许多卢旺达人正在转投伊斯兰教。自1995年以来的数十年间，卢旺达的清真寺数量翻了一番，达到了500座，现存的清真寺无法容纳所有想要祈祷的人——许多信徒不得不将他们的跪垫铺在清真寺外的地上。据估计，现在其人口中有15％信奉伊斯兰教。

鲜为人知的是，穆罕默德只是7世纪初活跃在阿拉伯半岛的至少六位一神论先知中的一位（固然他是最成功的）。自然，其他五位宗教领袖现在都被视为"伪先知"（false prophets），因为他们败给了伊斯兰教。不过，整个阿拉伯半岛突然出现这种相似的宗教信仰运动，表明可以让诸如伊斯兰教这类活动出现的社会政治条件已经成熟。

正如前文提到的，穆罕默德是古莱氏一族的成员，该族照管着麦加的多神教神龛。6世纪时，麦加逐渐变成西阿拉伯宗教政治联盟的中心。在休战月期间，各个阿拉伯部落会前往麦加，朝拜神龛，处理各种事务，比如贸易交易或解决世仇。麦加是一个中立的地方，甚至在这里偶遇敌人也不用担心会遭到突然袭击。因此，麦加成了重要的贸易枢纽，古莱氏的大部分生计都依靠贸易。需要注意的是，麦加并没有足够的水源可以从事农业生产。

　　我们都知道穆罕默德一生中的主要事件——得到神圣的启示（610），迁至麦地那（622），与麦加人斗争及麦加人投降（630），并且在去世之前征服了阿拉伯半岛的其他部落（632）。但是，他是如何成功地将所有部落打造成一个伊斯兰教"元部落"的呢？答案显然在于穆罕默德的宗教要旨的性质。阿拉伯人旧有的多神教信仰只是一种存在于部落层面上的整合力量，不能成为所有部落联合而成的联盟的基础。接受任何一个特定部落的宗教信仰，对其他部落都意味着要服从这个被选中部落的贵族阶层，对于那些热爱自由的游牧部落而言是特别难以接受的。并不是说部落成员们对改变他们那种特有的宗教信仰尤为在乎，毕竟，宗教信仰的一个主要功能是区分"我们"和"他们"。相比之下，伊斯兰教是一种全新的、一神论的且要改宗的宗教信仰。皈依伊斯兰教意味着服从真主（God），而不是任何特定的世俗统治者。实际上，直至今天，伊斯兰教的大多数人仍旧对"国王们"持有厌恶感。因为伊斯兰教是一神论宗教，服从于单一的真主，自然而然地就将所有穆斯林统一进了拥有单一军队的单一国家。最后，伊斯兰教欢迎来自各个部落的皈依者（甚至是来自非阿拉伯人部落的）。皈依者属于哪一个部落并不重要，现在所有人都是兄弟，都在全能的、唯一的真主的影响下。穆罕默德的中心思想的一个重要组成部分就是，所有的穆斯林都属于一个紧密结合的社区——"乌玛"（Umma），任何人都不会因为社会地位或部落出身而被排除在乌玛之外。伊斯兰教的这种普遍性标志着与前伊斯兰教异教崇拜传统的彻底决裂，这对其最终的成功是必不可少的。

乌玛的理念对每个信徒都有很强大的控制力。脱离乌玛要比离开一个出于各种物质原因而建立起来的部落联盟更困难。和伊斯兰社区决裂就是叛教。根据伊斯兰教的要求，叛教者不仅会被杀死，而且他/她的灵魂还会受到诅咒，在地狱之火里备受煎熬。

因此，穆罕默德能够控制大量的部落，将这些内部团结一致却无法合作的部落打造成一个元部落——乌玛。在这一过程中，前部落成员，也就是现在的穆斯林转变了他们的身份，效忠于新的超部落层面的政治组织。新的凝聚力使穆斯林能够战胜敌人。在 622—630 年，穆罕默德只是麦地那的一小片绿洲社区的统治者，当时穆斯林远比他们主要的敌人——麦加人更弱小。例如，在壕沟之战（battle of Trench，627）中，有 10 000 名麦加士兵对战 3 000 名穆斯林，穆斯林还一直遭受着军备短缺之苦，比如盔甲，尤其是骑兵的马匹，尽管如此，他们还是获胜了。630 年，麦加投降，被并入穆罕默德治下初具规模的伊斯兰帝国。麦加人输了，因为他们以典型的松散部落联盟的形式与穆罕默德对峙，该联盟是由只对自己的部落极为忠诚的部落成员组成的，因此，其中的某个成员部落可能会在关键时刻决定不加入战斗，甚至被买通加入另一方。相比之下，对于穆斯林来说，部落起源并不重要，最重要的是他们属于单一的伊斯兰社区——乌玛。在穆罕默德的生涯末期，他会把一支部落骑兵小队交由一名副将来指挥，而这名副将并不属于他统率的部落——这种事情在传统的部落联盟中是难以想象的。

新兴伊斯兰军队的纪律严明体现在穆斯林和麦加人之间斗争的最后阶段。630 年，穆罕默德出其不意地率领大批军队出现在麦加。麦加人很清楚，他们能抵挡住这位先知的可能性非常小。他们试图进行谈判，但是穆罕默德只向使节承诺所有待在自己屋子里的人都会被赦免。第二天，穆罕默德的军队分成四个纵队，从各个方向同时进入麦加。只有一个纵队遇到了一些顽固的反穆罕默德势力的抵抗，这些抵抗者很快就被镇压了。没有任何一所房子被闯入，没有任何一个麦加人被杀。有人偷走了艾布·伯克尔（Abu Bakr，后来他成了第一任哈里发）的姐妹的银项链，但是之所以发生这种事情，是因为她当时和父亲离开屋子，去看穆罕默德进入麦加。没有发生任何劫掠，穆罕默德禁止进入麦加人房屋的命令得到了严格的执行。鉴于穆罕默德军队的起源——劫掠陌生人一直是贝都因人生活方式的一部分，这种服从的程度是尤为引人注目的。

在人生的最后两年（630—632），穆罕默德的政治影响力在整个阿拉伯半岛扩大开来。然而，当穆罕默德去世时，有许多阿拉伯部落背叛了他的继承者——第一任哈里发艾布·伯克尔（阿拉伯语是"*khalifa*"，意味着"继承者"）。在 632 年即位后，艾布·伯克尔能够依靠的忠诚的穆斯林士兵大概有 6 000 人。尽管部落士兵的数量远多于穆斯林士兵，但是他们各自为政，所以，艾布·伯克尔能够迅速地镇压所有的叛乱。如此快速的成功理所当然地被视为这一新信仰真诚可靠的另一种证明。可是，阿拉伯半岛的统一引发了一些意料之外的问题。

据我们所知，艾布·伯克尔原本只打算将所有阿拉伯人联合在新信仰下，并没有计划向西和向东征服任何大帝国。因此，他派了两支军队去叙利亚和伊拉克，向定居在拜占庭帝国和波斯帝国边境上的阿拉伯群体传播伊斯兰教。然而，在所有阿拉伯人都被纳入伊斯兰社区之后，他们不能再相互攻击了，他们的军事力量必须对准其他地方。再者，相比劫掠其他游牧部落而言，进攻富有的拜占庭和波斯城市有更多可捞的油水。于是，伊斯兰教对阿拉伯半岛的统一就算没有任何人为目标的干预，也几乎必然会导致征服世界的尝试。这种情况的逻辑就是阿拉伯人要么得征服一个大帝国，要么得分裂成诸多交战部落。从非线性动力学的角度来说，阿拉伯半岛的统一只是一个不稳定的交点，由此，其轨迹可能朝着这个方向，也可能朝着另一个方向。

被派去伊拉克使当地阿拉伯人皈依伊斯兰教的军队由哈立德·伊本·瓦立德（Khalid ibn al-Walid）率领，他是早期最优秀的伊斯兰教军事领袖之一，后来被称为"安拉之剑"。633年，他率领2 000名士兵从麦地那出发。在朝着伊拉克行进时，他的军队吸收了各部落中皈依伊斯兰教的贝都因人，因而逐渐壮大起来。一位参加了在伊拉克南部征服乌剌（Ubullah）的人后来叙述道："哈立德·伊本·瓦立德带着他的骑兵朝我们攻来，但是我们告诉他，'我们是穆斯林！'于是他相安无事地放过了我们，我们和他一起去了乌剌，征服了乌剌。"当哈立德到达伊拉克时，他的军队已经有10 000名战士了。下幼发拉底河的波斯总督对这支庞大军队的出现感到担忧，于是召集起他手下的士兵，前往沙漠，想要阻拦哈立德的去路。根据后来的编年史家所说，哈立德送了一封信给波斯人，向他们提出要么成为穆斯林，要么在保有他们信仰的同时进贡。

"如果都不的话，后果自负。我统率的这些人就像你们热爱生命一样热衷于死亡。"

在穿行无水的沙漠时，哈立德不得不选择两条路线中的一条，要么经过卡斯马（Al Casima）井，要么经过哈菲尔（Al Khafir）井。波斯的指挥官首先在卡斯马截断哈立德的路。因此，哈立德改变方向，转而去了哈菲尔。有经验的波斯指挥官得知这一行动，先到达了哈菲尔。哈立德的士兵们陷入了绝境——他们的马匹筋疲力尽，如果再不快点儿给它们水喝，它们就会渴死。不顾一切的哈立德留下所有的辎重，让手下的士兵们都下马，徒步朝着敌人发起进攻。对于阿拉伯人来说，幸运的是下雨了，缓解了他们的口渴（这被视为安拉与他们同在的迹象）。战斗尤为激烈，阿拉伯人孤注一掷地战斗着。当哈立德杀死了波斯人的指挥官时，波斯人都扔下他们的辎重逃跑了。

值得注意的是，这场战斗和西伯尔之战有很多相似之处。一群孤注一掷的战士们深入敌人的领土，击败了具有压倒性优势的敌人。但是，哈立德的阿拉伯人和叶尔马克的哥萨克人之间的相似之处还不止于此。这两个群体都是断层线边境生活的产物，因此，他们比敌人享有更多的族亲意识优势。他们族亲意识中的一个关键组成部分，同时也是让每个群体具有高度凝聚力的强效"胶水"就是非常有影响力的一神论宗教信仰。

7世纪时出现的一系列令人赞叹的阿拉伯征服依旧引人好奇。人们提出了很多解释，但是其中大多讲不通。相对于其敌手而言，

阿拉伯人并没有数量上或技术上的优势；实际上，情况正相反。对
拜占庭治下叙利亚的征服仅由大约 24 000 名士兵实行，而拜占庭
帝国的士兵数量是他们的 10 倍。阿拉伯人唯一拥有的技术优势就
是骆驼，这增强了他们在沙漠或半沙漠环境中的流动性。骆驼主要
被用为交通工具。在战斗之前，阿拉伯人会下马，然后徒步战斗。
早期的伊斯兰军队也遭受着马匹不足之苦。实际上，在吾侯德之战
（battle of Uhud，625）中，穆罕默德还没有自己的骑兵。两年后，
他才拥有了 30 名骑兵。问题是在阿拉伯半岛干旱的气候条件下，
养马和喂马是非常昂贵的，只有富人能供养得起。阿拉伯人在努力
获得足够的盔甲方面遇到了相似的问题，只有一小部分战士拥有锁
子甲。他们早期所取得的对拜占庭人和萨珊人的胜利并不是像人们
认为的那样，通过可以担任马上弓箭手或进行冲锋的骑兵来获得
的。反之，阿拉伯人是徒步战斗。阿拉伯人拥有的唯一优势就是他
们的战斗精神和战斗至死的意愿。

　　阿拉伯人击败了拜占庭人和波斯人，因为阿拉伯人的族亲意识
远远高于其对手。几个世纪以来，在两个帝国边境之间的挤压生活
改变了阿拉伯社会，使穆罕默德有可能将其打造为一个统一的强大
实体。与之相比，就在穆罕默德统一阿拉伯部落之时，拜占庭帝国
和波斯帝国正在经历权力分散阶段。例如，630—633 年，波斯历
经了七任皇帝（万王之王①）和一任女皇，他们中没有任何一人成
功地在位半年，其中一位仅仅在位几天。阿拉伯人在战争方面的成

---

　　① 万王之王（shah-in-shahs），中东地区的君主所使用的头衔，尤其是阿契美尼德
王朝和萨珊王朝时期的波斯统治者。——译者注

功是相较于对手的族亲意识而言具有相对优势的结果。拥有高度群体团结性的国家可能会输掉很多战斗，但是最终还是会取胜。这就是汉尼拔战争（Hannibalic wars，将会在第六章进行讨论）期间发生在罗马人身上的事情。汉尼拔一次又一次地击溃罗马军队，但是罗马总是能组建起一支新的军队。在摧毁汉尼拔并赢得战争之前，罗马人已经失去了人口中的三分之一。相比之下，拜占庭人输掉一场主要的战斗，整个巴勒斯坦和叙利亚就都被阿拉伯人攻陷了。类似的是，只在卡迪西亚（Qadisiyya，637）大败了一次，波斯人就将他们的首都忒息丰和整个伊拉克拱手让给了阿拉伯人。

愿意以信仰的名义献出生命这一理念已经成了伊斯兰教历史上最经久不衰的组成部分之一。最著名的一个例子就是哈萨辛派（Hashishim sect），它从 8 世纪起一直存在，直到被蒙古人镇压为止。"哈萨辛"［即"刺客"（Assassins）］这一名称实际上是敌人对他们的称呼，因为据说他们会使用毒品来向其成员强行灌输理念。他们称呼自己为"*fedayeen*"（费达因），这在阿拉伯语中意味着"准备为奋斗目标献出生命的人"。哈萨辛派反对阿拔斯[①]哈里发，认为他们是不虔诚的篡位者。他们发动了一场主要针对逊尼派穆斯林统治者的刺杀行动（但是他们也在耶路撒冷杀害了至少一位十字军国王）。因为哈萨辛派不屑于用毒药或者远距离武器，而依靠匕

---

① 阿拔斯王朝（Abbasid Dynasty），扩张了伊斯兰帝国的一个阿拉伯王朝（750—1258），以先知穆罕默德的叔叔阿巴斯·伊本·阿卜杜勒·穆塔里卜（al-Abbas ibn Abd al-Muttalib，566？—653）的名字命名。——译者注

首，所以刺杀行动通常以刺客之死为终。这些就是自杀式任务。这和如今出现在中东地区的自杀性爆炸事件有着明显的相似之处。我之前引用过哈立德·伊本·瓦立德所说的话，"我统率的这些人就像你们热爱生命一样热衷于死亡"。十四个世纪后，巴勒斯坦、马德里、莫斯科和巴格达的恐怖分子使用了完全相同的话。

之前的两个章节考察了特定时段（公元后的第一个千年期间）的特定区域（欧洲和地中海沿岸）内的所有大型国家。我们发现在第二章中提出的实证主义概括，即未来的帝国诞生于昔日帝国的边境和文明断层线相重叠的区域，得到了经验证据的支持。实际上，这一假设很有效，在罗马的欧洲边境区，情况尤为明显，所有大型国家都起源于边境区的狭长地带（也就是说，兴起于不到欧洲总面积7％的区域）。没有任何一个大型国家诞生于罗马帝国内陆或者欧洲北部和东部的非帝国腹地。当我们检视南部——沙漠——边境区的时候，会得到相同的结果。显然，这种异乎寻常的模式不可能只是碰巧出现的。

这里揭示的是一个有影响力的世界历史的普遍准则：断层线边境区和新兴的扩张主义国家之间存在着紧密的联系。然而，我提出的用于解释这种实证主义概括的具体机制——边境在培育高度合作方面，或者用伊本·赫勒敦的术语来说就是族亲意识方面的作用怎么样呢？这种解释和20世纪社会科学的"公认智慧"背道而驰，当时的主流是轻视合作和利他主义的重要性，而推崇利己和"理性"的行为动机。一些有影响力的思想家，比如卡罗尔·奎格利（Carrol

Quigley）在他的《文明的演变：历史分析导论》（*The Evolution of Civilizations：An Introduction to Historical Analysis*）中、约瑟夫·泰恩特（Joseph Tainter）在他的《复杂社会的崩溃》（*The Collapse of Complex Societies*）中轻蔑地驳斥了伊本·赫勒敦等人的理论，认为这些理论是"纤维软化"（the softening of the fiber）或"神秘主义的"解释。大多数社会科学家都认为合作和集体团结在某种程度上是"软弱的"和不科学的，他们对"理性选择"理论大加颂扬（对经济学家来说尤其如此），该理论通过假设所有人都会以纯粹的利己主义方式行事来解释人类大众的集体行为。

　　如果这种普遍的智慧是正确的，而且通过假设团结和合作具有重要作用来解释历史进程的理论是没有科学价值的，那么我们需要在其他地方找到对边境和帝国之间关系的解释。然而，普遍的范例最近受到了激烈的挑战，它正在我们眼前崩溃。我们正处于重要的科学革命的进程中，这场革命会确保 21 世纪的社会科学非常不同于 20 世纪的。下一章节会回顾一些最近的发展，可以让我们最终能够将合作置于坚实的科学基础之上。

第五章

利己主义的神话与合作的科学

1914 年 6 月 28 日，在波斯尼亚的萨拉热窝，塞尔维亚民族主义者加夫里洛·普林西普（Gavrilo Princip）冲向奥匈帝国继承人弗朗茨·斐迪南大公及其妻子索菲亚夫人所乘坐的车。普林西普开了两枪，射中了索菲亚的腹部和弗朗茨·斐迪南的脖子。在中枪后不久，他们就去世了。在完成了任务之后，普林西普吞下了一粒氰化物胶囊，但是，毒药有问题，只是让他呕吐而已。之后，他试图用枪自杀，但是枪从他手里被夺走了。普林西普受到审判，被判处终身监禁（他当时年龄还小，不能被判处死刑），四年后因肺结核死于狱中。

在弗朗茨·斐迪南被刺杀一个月后，以这件事为借口，奥匈帝国向塞尔维亚宣战。与塞尔维亚签订了防御条约的俄国开始动员起来，而这被德国视为一种敌对行为。8月1日，德国向俄国宣战，并将俄国的盟友法国和英国卷入战争。一战就此开始了。

我们都知道接下来的杀戮和社会创伤，但是通常却不太了解欧洲民众是如何大力支持其各国政府的参战决定的。在维也纳、柏林和伦敦，大批爱国人士为战争举行示威游行活动。更为明显的是，全欧洲有成千上万的人志愿参军。例如，在大英帝国，1916年之前都没有必要实行征兵制度。在战争开始的第一个月，有30万人入伍，第二个月有超过45万人。就连在世界另一端的澳大利亚人也会跋涉几天前往城镇，在那里，他们可以入伍，开启去欧洲的长途旅程。

至战争结束时，有超过850万人死于子弹、炮弹、毒气或者战壕病。在法国，有六分之一被动员参战的士兵阵亡了，有超过一半人受伤，每三名战士中只有一人能在身体（并不是心灵）毫发无损的情况下逃脱绞肉机。

英国人、法国人和德国人为了他们自己的国家而战的意愿，只是人类拥有为了非常广泛的共同利益而牺牲自我利益这种能力的诸多引人注目的例子中的一个。没那么显眼的例子是，我们交税、花时间投票、参加工会和游行示威活动。从更隐秘的角度来看，加夫里洛·普林西普愿意以生命为代价谋杀弗朗茨·斐迪南，或者说巴勒斯坦自杀式炸弹袭击者渴望牺牲自己来给以色列人造成恐慌，都属于同样的范畴。"共同利益"并不是指全人类，而是指人类中的一部分，也就是为之做出牺牲的群体，可以是塞尔维亚人、巴勒斯坦人，也可以是英国人。

为了共同利益而牺牲自我利益的能力是合作的必要条件。没有这种能力的话，是不可能进行协调一致的集体行动的，正如我在前面章节所强调的。对于古典时期和中世纪的思想家，比如亚里士多德、托马斯·阿奎那以及其中最重要的伊本·赫勒敦来说，合作显然为社会生活提供了基础。然而，自近代早期开始，这种必然性逐渐被大多数有影响力的社会思想家摒弃了。至 20 世纪末，"理性选择理论"——假设人们完全按照利己主义的方式行事——成了社会科学中的主导模式，任何援引合作是历史前进的动力的理论都会被嘲笑为非科学的。如果人们完全是被利己主义驱动的，那么唯一重要的力量就是奖赏和惩罚。

要追溯这种模式转变的发展进程，我们可以从杰出的佛罗伦萨政治哲学家和政治家尼科洛·马基雅弗利（1469—1527）的人生和作品开始。在他最精彩的作品《君主论》（*The Prince*）中，马基雅弗利提出了一个著名的问题，一名统治者"究竟是被人爱戴比被人畏惧好一些呢，还是被人畏惧比被人爱戴好一些呢。答案当然是最好既被爱戴，又被畏惧。但是两者很少能结合到一起，被迫做出选择的人将会发现，被人畏惧比被人爱戴安全得多。因为就人类的共性来说：他们是忘恩负义的、反复无常的、善于掩饰的、急于逃离危险的，而且是贪得无厌的。只要你有利于他们，他们的一切就都属于你，正如我之前所说的，他们会向你提供他们的热血、财产、生命，甚至子女，但这是在远远不需要这些时。然而，在需要的时候，他们却会转而反对你。将自己的安全基于他们所说之话的君主，如果缺乏其他准备，就会在劫难逃……比起冒犯那些他们畏惧的人，人们不太会在乎冒犯那些他们爱戴的人。爱戴是因一条纽带而延续的，而那些卑鄙无耻的人在对自己有利的时候会割断这条纽带；但是畏惧是以对痛苦的害怕为支撑的，会一直存在"。

马基雅弗利的观点与流行的政治意识形态完全不同，他的同时代人都惊恐地拒绝接受这些观点。更符合传统的普遍看法是法国国王路易九世（1226—1270）在去世之前所说的。当他生病的时候，他对自己的儿子，也就是他的继承人说道："好儿子，我希望你能被自己的民众爱戴；因为说真的，我宁愿一个来自苏格兰的苏格兰人忠诚地治理好这个王国，也不愿你治理不好。"他那个时代的人显然都同意这种观点，路易九世于 1297 年被封为圣徒，但是从我们这个持怀疑态度的时代的角度来看，相对于马基雅弗利提出的尖锐而缜密的论据，他的话听起来是无可救药的天真。同时，尽管路易九世算不上什么政治思想家，但他实际上却是一个非常成功的政治家。虽然遭遇了一些明显的挫败，比如在埃及的灾难性的十字军东征（1248—1254），但在其漫长的统治生涯中，法国成了欧洲的霸权国家，因其战士们的品质（和数量）、大学的知识以及哥特式大教堂的魅力而闻名。路易九世的统治时期是中世纪法国的黄金时代。

相比之下，马基雅弗利作为一名政治家完全是失败的。他曾担任执政团（Signoria）第二秘书厅（Second Chancery）的秘书长，也是共和国的正义旗手（gonfalonier，佛罗伦萨的最高行政官）皮耶尔·索德里尼（Piero Soderini）最信任的副手之一。马基雅弗利的公职生涯持续了 14 年，在此期间，他代表共和国执行了几次外交任务。在 1509 年佛罗伦萨人成功地征服比萨一事中，他扮演了重要的角色。然而，1512 年，西班牙军队进攻普拉托（Prato）这一要塞，该城市守卫着通往佛罗伦萨的北部通道。马基雅弗利征募的佛罗伦萨民兵组织只进行了短暂的战斗，就四散奔逃了。佛罗伦萨没有进一步抵抗就投降了，西班牙人建立起以美第奇家族为首的新政府，美第奇家族曾经在那之前 18 年被赶出佛罗伦萨。索德里尼被迫辞职并且被驱逐，马基雅弗利被免职并且被赶走。他返回其父亲留给他的小农场，在那里写了让他成名的著作。《君主论》（1513）是献给"豪华者"洛伦佐·德·美第奇（Lorenzo the Magnificent de Medici）的，马基雅弗利的愿望是恢复他在政府的职位。然而，他的请求一直没有得到回复，他被迫在乡间度过余生。

马基雅弗利政治生涯的失败并没有驳倒他的逻辑。他在自己的人生中发现的任何逻辑建构的真理都和政治成功无关，无论其推论多么精准，都只取决于其论点所依据前提的有效性。在《君主论》中，其论点的主要前提是所有人一直都以完全的利己主义方式行事——他们只受到渴望好处和害怕惩罚的驱动。这正确吗？

尽管"利己主义公理"遭到了马基雅弗利同时代人的严词拒绝，但是随着现代时期的展开，其逐渐在欧洲哲学家、经济学家和其他社会科学家的思考中占据了一席之地。在《利维坦》中，托马斯·霍布斯（1588—1679）认为在"自然状态下"——在没有国家维持秩序的情况下——社会将四分五裂，退化到所有人对所有人的战争状态。一个世纪后，伟大的苏格兰哲学家大卫·休谟（1711—1776）写道："政治作家们将其确立为设计任何政体时的一条准则……每个人都应该被视为无赖，他的所有行为除自己的利益之外别无其他目的。"虽然如此，但这一可悲的真理（所有人都是无赖）也许并不那么糟糕——它甚至可能有利于整个社会。至少伯纳德·曼德维尔（Bernard Mandeville，1670—1733）在《蜜蜂的寓言：私人恶习，公共利益》（*The Fable of the Bees：Private Vices，Publick Benefits*）一书中是这么认为的："因此，每个部分都充满了恶习，但是整体上却是一片乐土。"这确实听起来耳熟。这不就是 20 世纪 80 年代和 90 年代生气勃勃的名言——"贪婪是好事儿"吗？

追溯至 18 世纪，曼德维尔的观点（像他之前的马基雅弗利的观点一样）仍旧面对着公众极大的敌意。1723 年，米德尔塞克斯（Middlesex）的大审判团甚至判定曼德维尔的书犯有"妨害他人罪"。然而，至 18 世纪末，"私人恶习，公共利益"的概念成了科学主流的固定组成部分，这在很大程度上要归功于亚当·斯密（1723—1790）的作品。在他的杰作《国富论》（*The Wealth of Nations*）中，斯密写道："我们期待的晚餐不是出自屠夫或者面包师的仁慈，而是出于他们对自身利益的考虑。"斯密最广为人知的贡献是他的"看不见的手"的理论。"每个人都必然会努力使社会的年收入尽可能地增多。通常，他既不打算促进公共利益，也不知道自己正在多大程度上促进这种公共利益……他只为自己的利益做打算，在这种情况下，就像很多其他情况一样，他被一只看不见的手引导着，去促成一个并非他本意的目的。这一目的虽然并非他本意，但通常不会有害于社会。在追求自己的利益期间，他经常会比真正打算这样做时更有效地促进社会利益。"

在 20 世纪，曼德维尔、斯密和许多其他人的观点得到了发展，系统化为现在所称的"理性选择理论"。该理论的核心是假定人们——行为主体——会按照将他们的"效用功能"最大化的方式行事。从原则上而言，效用功能几乎可以是任何事情，但在实践上，主流经济学中几乎所有关于该理论的应用都将效用等同于物质私利。在最基础的版本中，效用只是一个行为主体期望从某项行为中获得的美元数额。然后，行为主体会在能产生最大收益时采取行动——这就是效用功能最大化的含义。以这种将效用功能最大化的方式行事的行为主体就是"理性的"。

所有人都只追求自身利益这一前提是一种悭吝的假设，具有非常惊人的意义。结果证明，一个面包或一辆二手福特汽车的价格、一位训练有素的护士的薪水、必须支付的按揭贷款的利息，甚至离婚率或有多少人想接受大学教育——各种各样的经济和社会现象都可以用理性选择理论来充分地解释。所有知识领域中的科学家都高度重视能以最少的假设来解释大量事实的理论，理性选择理论在这方面尤为突出。

然而，有一个理性选择理论彻底失败的领域——解释人们为什么合作。当你的祖国被袭击时，你会志愿参军。成本——受伤或死亡的风险——是巨大的，效益——阻止可能会需要支付战争赔款的战败以及被赶出家园、被奴役，甚或被杀——也是巨大的。然而，参军的成本由你直接承担，效益却在每个人之间平均享有（也就是经济学家所说的公共利益）。你参与或者不参与数百万人组成的军队，并不会对战争的结果产生明显的影响。不参加军队的话，你将可以在不承担任何成本的情况下收获所有胜利的效益。根据理性选择理论，这确实是一个理性行为主体会做出的选择。当然，如果每个人都按照这种理性方式行事，没人会志愿参军，入侵者将会获胜。然而，如果没人志愿参军，你就更有理由不参军了——一个人的军队当然会被击败。换句话说，无论其他人怎么做，对你有利的就是不参军（就是"背叛"）。在一个由理性行为主体组成的社会中，每个人都会背叛，结果就是集体行动总是失败。经济学家曼瑟·奥尔森（Mancur Olson）将这种逻辑推论称为"集体行动困境"（collective-action problem）。

　　强迫人们合作会怎么样呢？例如，我们可以建立执法队，去城市和村庄，射杀每个不愿意参军的人。当面对是在此时此地被射杀，还是参军去碰碰运气时，理性行为主体当然会"志愿参军"。但是谁来组成这支执法队呢？当然不是理性行为主体。从个人角度来说，加入执法队的成本是巨大的（可能会被骚乱的逃避兵役者杀掉），而效益（聚集起一支军队，抵制入侵者）又是在所有人中平均分配的。换句话说，和原先的参军适用同样的逻辑。[用专业术语来说，就是所谓的"二阶集体行动困境"（second-order collective-action problem）。]也许，我们应该惩罚那些没有参与惩罚任务的人？这就是 1795 年一名反对《杰伊条约》（*Jay's Treaty*）[①]的人在波士顿乱写的著名涂鸦所暗示的："该死的约翰·杰伊！那

[①] 《杰伊条约》，1794 年，英国和美国为解决悬而未决的争端而签署的条约，由约翰·杰伊负责谈判协商。该条约使美国失去了一些在领土和贸易方面的利益，因而引发了一些美国人的不满。——译者注

些没有谴责约翰·杰伊的该死的每个人!! 那些没有在他家窗上装灯，整夜坐着谴责约翰·杰伊的该死的每个人!!!"但并不是这样的，强迫利己主义者加入执法队也无济于事——它会导致无限地回溯下去，三阶集体行动困境，然后是四阶集体行动困境，等等。结果证明，如果每个人都是理性行为主体，那就不可能出现合作，即便是使用武力。

理性的利己主义行为主体无法在一个效用社会中联合起来——这是社会学的基本原理之一。在一个所有人都严格地按照理性行事的世界中，众军会在第一声枪响时就逃跑（甚至一开始就不会聚集起来）。没有人会投票或者交税。美国国税局（IRS）的官员会接受贿赂，而不起诉逃税者，然后将贿赂中的一部分交给参议院监督委员会的成员，以买通他们。法院做出的判决会有利于付钱更多的人，或者有更大的权力来恐吓法官和陪审团的人。警察会放走罪犯，以换取他们的部分赃物。实际上，我把这幅景象描绘得太美好了——当所有人都按照纯粹的利己主义方式行事时，将不会有国税局、法院和警察，只会有一场所有人对所有人的霍布斯式的战争。

在社会科学家正在完善理性选择理论的同时，生物学家也在完善自然选择的进化理论，两者得出了非常相似的结论。效用在生物学上对应的是"适应度"（fitness）——一个有机体为未来的世代所提供的可存活后代的预期数量。就像理性行为主体将效用最大化一样，进化也会将适应度最大化：赋予其携带者更强的存活和繁衍能力的基因，凭借它们能比竞争对手复制更多的自己这一必然的事实，它们会在种群中增加。

自然选择的进化理论是生物科学中最成功的理论。实际上，没有这一理论，现代生物学是难以想象的。然而长时间以来，从查尔斯·达尔文自己开始，就有一个困扰着进化生物学家的谜题——社会性是如何进化的。以蜂巢为例。如果你试图掠夺其蜂蜜，你立即就会面对一群生气的嗡嗡作响的蜂群，如果你没有保护性的衣物，你将会被蜇很多次。蜜蜂无法从受害者的皮肤上撤回伤人的刺，于是，其进攻所产生的必然结果就是刺从它的腹部扯出来，蜜蜂死了。因此，其捍卫蜂巢的行为实际上就是一种自我牺牲。此处就存在谜题。自然选择会淘汰这种"利他的"基因——当你牺牲自己的时候，你的适应度会降低到零。

捍卫蜂巢的牺牲行为是蜜蜂非常显见的特征，但是它们以及像胡蜂、蚂蚁和白蚁这样的其他群居昆虫以更沉默的方式做出了更令人困惑的事情——它们放弃了自己的繁衍能力。在蜂巢内，只有蜂后可以繁衍后代，所有的工蜂都是无生殖能力的雌蜂。（蜂巢内也繁衍雄蜂，但是所有的雄蜂都不参与蜂巢的运作。）因为放弃了它们的繁衍能力，工蜂将它们的适应度降低到了零。再一次，从表面上看，这种特征应该在进化过程中被淘汰掉。

1964 年，英国生物学家威廉·D. 汉密尔顿提出了亲缘选择理论，给我们带来了在理解非人类有机体的社会性进化方面的决定性突破。我们知道，在一个蜂巢内的所有蜜蜂都是姐妹，由于膜翅目（也就是包括胡蜂和蚂蚁在内的群体）奇特的基因构造，蜜蜂和它在蜂巢内的同伴们有四分之三的基因是相同的。（在包括人类在内的大多数其他动物身上，兄弟姐妹之间只有50%的基因是相同的。）
现在设想一下，一只蜜蜂无私地捍卫蜂巢的行为是以生命为代价
的，而这能保留下足够的蜂蜜，可以养活比如说四个新姐妹。在进
化过程中，设定了蜜蜂这种行为的利他基因是有利的，因为通过牺
牲防卫蜂的一个副本，将会在新的蜜蜂中再产生三个副本。从自然
选择的角度来看，消耗一个副本而得到三个是一桩极划算的交易，
所以，这种利他基因会在种群中传播。

　　在和人类社会性有关的进化研究中，第二个重要的内容是"互
惠利他主义"观点，该观点是由生物学家罗伯特·特里弗斯（Robert
Trivers）和政治科学家罗伯特·阿克塞尔罗德（Robert Axelrod）
提出的。考虑一下下面的情况。威尼斯商人乔凡尼（Giovanni）将
一笔钱委托给一艘船的船长洛伦佐（Lorenzo），洛伦佐承诺航行至
开罗，在那里购买东方香料，把香料带回给乔凡尼，乔凡尼会把香
料卖了获利，并支付给洛伦佐一笔可观的费用。再设想一下没办法
签订可强制执行的合同（也许威尼斯共和国对开罗实行封锁，这样
一来交易就是非法的）。如果洛伦佐是一个理性的行为主体，他会
接受乔凡尼的钱，但是返回的时候只会自己把香料卖了获利。而乔
凡尼也是一个理性的行为主体，那么他会想到洛伦佐将会欺骗他，
于是，乔凡尼会留下他的钱。这样就不能达成合作，所有的"行为
主体"都因此更穷了。如果乔凡尼和洛伦佐之间的互动是一次性
的，那么对双方来说，理性的策略就是"背叛"（未能达成合作）。
这种未能达成合作实际上是集体行动困境的一个特殊案例，但并不
是一个大群体，而只涉及两个个体。

　　然而，如果说乔凡尼和洛伦佐保持着长期联系，这些年来，他们有机会进行多次合作，那么这种情况的逻辑就完全转变了。现在，乔凡尼可以通过采用所谓的"针锋相对"（tit-for-tat）策略而事半功倍：在第一轮中合作，而之后按照对方所做的去做。因此，乔凡尼把钱交给洛伦佐，如果洛伦佐履行了其角色，下一年乔凡尼还这么做（一次接着一次）。如果洛伦佐欺骗了乔凡尼，乔凡尼就切断和他的联系，带着他的生意去其他地方。但是洛伦佐不会欺骗乔凡尼，因为洛伦佐估算出，从未来的许多次合作中获得的利润远比在一次合作中欺骗获利更多。因此，在这种一再有联系的情况下，一对理性行为主体可以通过互惠机制维持合作。在动物中存在很多互惠利他主义的例子，比如猴子相互之间梳理毛发，你给我抓背，我也会给你抓背。

　　亲缘选择和互惠利他主义的理论转变了我们对动物社会如何进化的理解。而人类社会是怎么样的呢？20 世纪 70 年代，进化生物学家因成功地理解了非人类的社会性而兴奋不已，于是决定涌入社会科学家的传统势力范围，创造了新的科学——"社会生物学"，其中最著名的进化生物学家就是哈佛大学的爱德华·O. 威尔逊（Edward O. Wilson）。1976 年，广受欢迎且极有影响力的《自私的基因》（*The Selfish Gene*）一书的作者理查德·道金斯（Richard Dawkins）声称："我们是生存机器，是机器人车，被盲目地设定好了程序，以保存所谓的基因这种自私分子。"举例来说，亲缘选择确实帮助我们理解了很多人类行为，比如裙带关系。无疑，亲缘选择和互惠利他主义在人类社会性进化的早期阶段扮演着重要的角色。但即便是"原始的"人类社会，比如一群狩猎者和采集者也不是只由亲属组成的。对于亲缘选择来说，他们中有太多的非亲属了，以至于无法解释他们的行为。当人们一丝不苟地在这群成员中分配大型动物的肉时，许多接受者和带来猎物的狩猎者都是远亲，甚至根本没有亲属关系。社会复杂性的另一个极端是，当一个法国人在 1914 年应征入伍时，他那四千万同胞中的男男女女，绝大多数都跟他没有丝毫的血缘关系。汉密尔顿的观点并没有真正地帮助我们理解人类"超级社会"——在一大群毫无亲属关系的个体中进行广泛地合作。在所有生物中，人类与非亲属合作的程度似乎是极不寻常的。

互惠利他主义怎么样呢？会有助于我们理解如何解决涉及许多人的集体行动困境吗？不幸的是并没有。正如大卫·休谟在 18 世纪所注意到的："两个邻人同意将他们共有的一片草地中的积水排出，因为他们很容易就能了解对方的想法，而且每个人都意识到，不参加的直接后果就是放弃整个计划。但要使一千个人就此类行动达成一致，却是非常困难的，而且实际上也是难以实现的。他们很难协调好如此复杂的计划，对于他们而言，执行就更加困难了。每个人都在寻找借口，让自己免于麻烦和花费，把所有的负担都甩到别人的身上。"使用规范数学模型的现代研究证明了这一客观事实。当群体规模变得足够大时，理性行为主体之间的合作就会因为猎獭的坐享其成行为而崩溃，集体行动困境再次出现了。

归根结底，尽管社会生物学家为这一辩论作出了有价值的贡献，但是他们未能解释人类超级社会。在《自私的基因》的最后一章中，道金斯自己承认道："亲缘选择和有利于互惠利他行为的选择很可能对人类基因起过作用，促成了我们的许多基本的心理特征和倾向。这些想法就其本身而言似乎是合理的，但我认为它们并没有正视像文化、文化进化以及世界各地人类文化之间的巨大差异这类棘手的问题。"

这就是大约十年前，也就是 20 世纪 90 年代的情况。主流理论——社会科学中的理性选择和生物科学中的自然选择——并不能解释很多没有亲属关系的个体之间的合作。根据这一时代的科学理解，我们要遗憾地说，人类超级社会是不可能存在的。例如，像一战那样的反常现象通常就被忽略了。一些科学家试图为这种大规模的合作进行辩解。也许应征入伍是一种返祖的合作冲动，在原始人类以亲属群居的方式生活时，这种冲动是通过亲缘选择的方式进化而来的，而现在在某种程度上则是由民族主义的战争宣传所触发的。换句话说，无论就字面意思还是常理而言，志愿参军的行为都是非常非理性的，这些人是以某种方式"被愚弄了"。或许他们被有目的地愚弄了——被马基雅弗利式的精英们操控，为了资本家的利益而抛洒热血。

还有一群科学家既没有忽略，也没有尝试解释这类异常现象。这些生物学家、人类学家、社会学家和经济学家以真正跨学科的方式工作，终于找到了解决人类超级社会谜题的方法。他们并非弄清了所有的问题，但是答案的大致轮廓正在变得非常清晰。

在试着解释之前，我们需要确定要被解释的这种现象是真实存在的。一战开始时的志愿参军浪潮是人类拥有牺牲自身利益这一能力的显著案例，但这是个别且极其复杂的事件，可以有各种解释。进行科学研究的最佳方式是通过实验——在控制甚或操纵外部条件的同时，为证明一项假设为真或为假而进行的研究。在 20 世纪 90 年代，有几位经济学家——其中最著名的是苏黎世大学的恩斯特·菲尔（Ernst Fehr）和他的同事们——决定用实验方法验证理性选择理论的假设。就经济学的科学文化方面而言，这是非常大的突破，因为该领域内的大多数研究者，或者构建起抽象且严谨的数学模型，或者将统计方法应用于如通货膨胀和经济增长这样的大数据集上。

其中一种实验叫作"公共物品博弈"（public goods game），现在已经有很多调查团队实践过了。实验对象被分成四人一组，每人的初始本金（initial endowment）为 10 美元。这场博弈会进行十轮。每一轮中，每个参与者都会向公共账户贡献部分钱，从 0 美元到 10 美元不等。实验者首先将贡献给公共账户的总金额翻倍，然后在各个参与者之间进行平均分配。于是，一位参与者每贡献 1 美元到公共钱罐，只能收回 50 美分。同时，其他人每贡献 1 美元，他或她也能得到 50 美分。如果所有参与者都贡献最大数额（10 美元），结束时，他们每人会得到 20 美元，是他们初始本金的双倍。

显然，一个理性的、利己主义的玩家不会对公共钱罐有任何的贡献，只会留下初始本金，再加上来自其他人的合作行为的所有收益。最好的情况下，其他三人都贡献最大金额，那么，"搭便车者"除了初始本金，还能得到 15 美元，他的总额就是 25 美元。然而，其他人也会做出同样的估计，也不贡献，那么，每个人都剩下 10 美元，而不是最大的合作报酬 20 美元。因此，理性选择理论预测将不会出现合作。

真实的人并不会按照利己主义理论所预测的方式行事。在前几轮中，公共钱罐的平均贡献大约是初始本金的一半。换句话说，人们处在完全合作和完全利己主义的立场之间。然而，在接下来的几轮中，合作逐渐瓦解，在最后一轮中，有四分之三的人根本不会贡献，而剩下的大部分人只会贡献 1 美元或 2 美元。发生这种情况，是因为参与者太愚蠢，以至于多轮过后才想起理性策略吗？不，因为在实验后的采访中，许多实验对象告诉研究者，他们对那些不贡献的人感到越来越生气，而他们唯一能惩罚那些人的方式就是减少对公共钱罐的贡献。

为了验证这是不是真正的原因，研究者又对这个基本博弈进行了修改。现在，在每轮结束之后，参与者都会得知其他小组成员贡献多少，他们可以以自己为代价来惩罚这些搭便车者。惩罚者每掏出 1 美元，被惩罚者会被罚 3 美元。正如前面所讨论的，惩罚无法强迫理性行为主体进行合作，因为这是二阶集体利益。在带有惩罚的公共物品博弈中，不为个人利益而付出罚款完全是不理性的。因此，利己主义理论预测道，惩罚这一选项无论如何应该都不会改变博弈的结果。然而，增加惩罚完全扭转了合作下降的趋势。就像之前一样，参与者一开始平均贡献他们初始本金的一半。但是这一次，存在明显的针对搭便车者的惩罚活动，在进行了几轮之后，贡献给公共钱罐的平均金额几乎升到了最大值，并且一直保持到了最后一轮。

这些实验和许多类似的实验所揭露的是社会包含各种类型的人。他们中的一些——也许是实验中四分之一的美国学生——是利己主义者，是理性行为主体——"无赖"。这些人不会为公共利益而有所贡献，将会选择搭便车，除非通过向他们施加罚金的方式强迫他们。相反的类型——大约也是四分之一——是无条件合作者，或者叫作"圣人"。这些圣人会一直向公共钱罐贡献，即便对于每个人来说显而易见的是，若未能达成合作，会赔钱（不过他们中的大多数人会减少贡献金额）。最大一群人（在大部分的实验中都是40％到60％）是有条件的合作者，或者叫作"道德主义者"。道德主义者优先考虑的是向钱罐贡献，每个人才能更富有。然而，在缺乏惩罚不贡献者的机制的情况下，搭便车者激增，道德主义者会对这种投机取巧的行为感到厌恶，因而取消合作。同时，当存在惩罚时，他们会用其惩罚无赖。为了逃避罚金，无赖会勉强开始贡献。一旦搭便车行为消失，圣人和道德主义者就会遵循他们的亲社会偏好，贡献最大金额，该群体会实现合作性均衡。但自相矛盾的是，道德主义者所做的几乎和无赖一样，因为他们现在几乎很少（就算曾经）需要花钱来惩罚搭便车者。

现在，许多国家的许多研究团队都进行过使用公共物品的实验和类似的博弈实验。在一些研究中，本金非常高——等同于3个月的薪水。通常的结果总是相似的。相当大一部分的道德主义实验对象总是按照合作而非理性的方式行事，许多人宁愿遭受个人损失，也要惩罚背叛者。然而，这并不是说所有的社会群体在关于无赖、圣人和道德主义者的组成方面都是一样的。例如，大学生会比来自受教育更少和更穷的社会阶层的实验对象更有合作性。同时，相比其他学科的学生而言，经济学的毕业生会以更为利己的方式行事（可能是因为他们在上课时学了太多关于理性选择的内容！）。更有趣的是，合作的程度在不同国家也是各不相同的。"最后通牒博弈"（ultimatum game）的研究更好地证明了这种跨文化差异，这一博弈比公共物品博弈更容易发起，也更便宜。

最后通牒博弈是在两人——提议者（proposer）和回应者（responder）——之间进行的。匿名的实验对象被匹配成一对，进行一次互动（这就排除了出现基于已存的长期关系的互惠利他主义的可能性），任务是分配 10 美元的"公共资金"。提议者主动向回应者提供一定比例的公共资金（该提议必须用整数美元来表示）。如果回应者接受，那么提议者可以留下剩余的钱。如果回应者拒绝，两人什么都得不到。如果参与博弈的是纯粹的利己主义行为主体，那么该理论预测的是，回应者会接受任何非零金额的提议。了解到这一点时，理性的提议者将会提供最小的非零金额，也就是 1 美元。同时，如果回应者是道德主义者，他就会拒绝任何被视为不公平的提议。在一个有着强烈公平准则的社会里，道德主义的回应者将会坚持以 50：50 来划分公共资金，他们必然会拒绝 1 美元或者 2 美元的提议。了解到这一点时，甚至是一个无赖的提议者都会给出一个公平的提议。到这时为止，在一个并非实际存在的社会里，也就是在按照最后通牒博弈进行研究的情况下，人们会按照利己主义假设的预测行事，这一点并不足为奇。

当参与博弈的是来自工业社会的大学生时，跨文化差异并不是很大，不过仍是可以看出来的。例如，一项研究发现，美国的和斯洛文尼亚的学生通常的提议正好是公共资金的一半，而在以色列和日本，典型的提议金额却更低，大约为公共资金的 40％。在以色列，还出现了大量低金额的提议（公共资金的 10％ 到 30％），这在其他三个国家是非常罕见的。在美国和斯洛文尼亚，低金额提议会被拒绝的可能性最高，在日本的可能性居中，在以色列的可能性最低。因此，回应者拒绝不公平提议的可能性较低，就压低了提议者给出的平均金额。

研究者去往世界各地，在 15 个小规模的传统社群——包括狩猎者和采集者、牧人和农民——进行最后通牒博弈游戏。在这些小规模社会中，跨文化差异要比现代社会更大（不过在任何社会，人们都不会像利己主义公理预测的那样行事）。秘鲁的马奇根加（Machiguenga）部落提出了最低的金额，有四分之三的提议是公共资金的 25％或更少，只有一次拒绝低额提议的情况。马奇根加的经济完全以家庭为中心，在家庭成员之外，几乎没有任何需要合作的生产活动。厄瓜多尔的盖丘亚（Quichua）部落的情况相同——整合性低的社会，在最后通牒博弈中提议的金额较低。相比之下，巴拉圭的阿切（Aché）部落在社群中进行了广泛的肉类分享和合作。"阿切的狩猎者回到家时，会静悄悄地把他们的猎物放在营地的边缘地带，同时常常声称这次打猎毫无收获。之后，他们捕获的猎物会被其他人发现并取走，接着会仔细地在营地的所有人之间分享。"阿切人平均的提议金额是本金的 51％，几乎正好是合理对价所预测的 50∶50 的分配。印度尼西亚的拉梅拉若（Lamelara）捕鲸者会乘着由十几个甚至更多人操纵的大型划艇出航。紧密的合作对于一次成功的捕猎而言至关重要。在最后通牒博弈中，拉梅拉若部落是超级公平的——其平均提议金额是本金的 58%。

　　总体而言，在这 15 个社群中，平均的提议金额和拒绝低提议金额的可能性有关。但是有一个例外。新几内亚的奥（Au）部落和格瑙（Gnau）部落拒绝的大部分提议都是金额高的（远高于公共资金的一半）提议。在这些群体中，接受一份大礼会将接受者置于一种强烈的人情债之下，使其相对于给予者而言处于附属地位，因此，这种恩惠经常会被拒绝。这种文化怪癖反映在人们参与最后通牒博弈的方式上。在实验环境下，证明文化是如何反映在行为方式上的另一个例子是奥玛（Orma）部落。这一肯尼亚的牧人族群践行广泛的合作，当他们决定建立一个新的学校或者一条新的公路时，社群成员们会被要求捐款，其中更富有者（那些有着更大畜群的人）所捐助的比例更高。这一体制被称为“哈兰比”（harambee）①。当向奥玛人解释公共物品博弈时，他们很快就将其称为哈兰比博弈。有趣的是，他们在博弈中的贡献金额和他们在真实世界中的财富有很大关系，就像在哈兰比的情况一样。

　　公共物品博弈和最后通牒博弈的行为实验决定性地证明了马基雅弗利的利己主义前提是错的，认为所有人都完全按照利己主义方

―――――――

　　①　该词为斯瓦希里语，意为“同心协力”，此处从音译。——译者注

式行事是不正确的。有些人——无赖——就是那样。然而，其他种类的人，也就是我所说的圣人和道德主义者会按照亲社会的方式行事。而且，不同的社会混杂着不同的利己主义个体和合作个体。文化习俗（例如哈兰比体制）和社会制度对集体行动是否会持续以及如何持续下去有着强烈的影响。

这些实验也表明了道德主义者的关键角色。善良的圣人在阻止合作走向崩溃时完全不起作用。在缺乏有效的针对搭便车者的处罚时，投机取巧的无赖会浪费圣人对公共利益的贡献。自以为正直的道德主义者不一定是好人，他们推动"道德主义惩罚"的目的并不一定是亲社会的。他们也许并不会尝试让每个人都参与合作，但会对那些违反社会准则的人感到生气。他们会报复那些打破准则的人，并且会从剥夺他们的不义之财中得到一种冷酷的满足感。这是一种情绪化，并且让人感觉不太舒服，但是能确保群体进行合作。

在苏黎世，菲尔及其同事们最近进行的一项实验，证明了情绪在道德主义惩罚中扮演着重要的角色。正如其他研究一样，该实验中的实验对象参与了一种不同版本的公共物品博弈。新变化是研究者扫描检查了那些正在盘算着是否惩罚背叛者的实验对象的大脑活动。大脑扫描显示，当一个参与者决定进行惩罚时，在被称为"尾状核"的大脑区域内，会出现神经活动的激增。细胞核的活动越激烈，实验对象对违反规则者施加的处罚越严重。尾状核被认为和处理奖赏有关，更为确切地说，它在整合与目标导向行为相关的奖赏信息方面扮演着重要的角色。因此，实验结果表明，实验对象正在期待着通过惩罚背叛者来得到满足感，从报复中获得更多愉悦感的人（他们的尾状核会特别活跃）愿意支付更多的钱来对背叛者施加更重的处罚。

在新泽西、得克萨斯和加利福尼亚的其他组的研究者们也忙于扫描那些盘算着社会选择的实验对象的大脑——信任还是不信任？惩罚还是不惩罚？最近几年，一门全新的热门学科——所谓的"神经经济学"（neuroeconomics）诞生了。不同研究组费力得出的结论是异乎寻常的，它们表明信任和道德主义惩罚的能力与我们的大脑相关，在某种程度上，它们就像我们获得食物或者寻找伴侣的能力一样是基本能力。这并不意味着所有人都会一直按照合作的方式行事。人们各不相同——有些是无赖，还有些是道德主义者。社会维持集体行动的能力各不相同，但是合作的能力（即便很多人并没有使用过）是使我们成为人类的各种能力的一部分。马基雅弗利是错的。

对于我们的社会和经济动力学，这意味着什么呢？首先，并不需要将理性选择理论付诸流水。科学通常是在早期成功的基础上循序渐进地发展起来的，各种关于合作的观点的发展也不例外。要记住，该理论认为，理性行为主体会将"效用功能"最大化，而通常情况下，"效用功能"并不一定只是物质私利，将一些个体的亲社会倾向纳入效用功能是非常直截了当的，实际上理论经济学家已经开始这么做了。这一研究表明，在某些情况下，亲社会倾向并不重要，我们得到的结果与建立在利己主义假设基础上的经典理论完全一致。以市场中价格的形成为例，这是由亚当·斯密提出的最成功

的经典理论之一。道德主义个体也许会就没有得到"公平价格"而
发牢骚，但是市场这一"看不见的手"会冷酷地按照供需情况来设
定价格。

在其他情况下，部分人奉行的亲社会准则将会导致完全不同于
标准理论的结果。以本章的开头为例。从利己主义假设的角度来
看，大规模的志愿参军是不可思议的。但是对于熟悉公共物品博弈
和类似实验结果的人来说，很容易理解所发生的事情。最开始涌现
的志愿参军者全都是圣人和道德主义者。在足够多的道德主义者加
入之后，他们会对无赖施加很大的压力，让他们也加入。在一战期
间的英格兰，发挥了很大作用的是女性道德主义者，她们自己无法
在军队服役，但会让她们的丈夫和儿子参军。于 1915 年加入军队
的威廉·布鲁克斯（William Brooks）这位目击者的叙述如下："战
争一爆发，国内的情况就变得糟糕了，因为人们不想看到达到服役
年龄的成年男性或者男孩子穿着平民衣装或者不穿制服之类的闲
逛，尤其是在像伍尔维奇（Woolwich）这样的军事城镇。女性们
尤为可怕。在街上，她们会直接走向你，给你一根白色羽毛，或者
把它插在你外套的翻领上。白色羽毛是怯懦的象征，因此她们的意
思就是你是一个懦夫，你本应该在军队里为了国王和国家尽一份
力。情况糟糕到连出门都不安全了。因此在 1915 年，17 岁的我在
德比勋爵计划①的影响下，志愿参军了。一旦你申请加入，并不会

---

① 德比勋爵计划（Lord Derby scheme），1915 年秋季，新任征兵总干事，也就是
第 17 任德比伯爵爱德华·斯坦利（1865—1948）提出的一项志愿征兵计划，并以其名字
命名。——译者注

立刻被征召，而是会得到一个可佩戴的带有红王冠的蓝色臂章。这是告诉其他人你正在等着被征召，那就保证了你的安全或者说相对安全，因为如果有人看到你戴了很长时间的臂章，街头辱骂很快会再次出现。"

为了不使这一引用的意思被误解，有必要重申的是，纯粹的强迫并不能解释一战期间有如此多的英国人参军的原因。有些人无疑是因上一段中所描述的策略而被迫参军的，但是另有些人完全是出于爱国主义，还有些人是受到了爱国主义和对骚扰的恐惧的混合刺激。而且，英国女性对逃避者的骚扰显然并不是一种利己主义行为，劝诱另一名男性入伍，并没有明显地增加她们的丈夫或者儿子的生存机会。这些女性向男性施加参军的压力，并不是出于私利，而是因为她们所在的社会的期望，一般而言，或者更确切地说就是社会准则。

合作倾向在解释大规模志愿参军方面发挥了很重要的作用，但是认为整个国家是自发且一致地奋起去摧毁敌人的，就过于简单了，也是错误的。认为所有的英国士兵都是被迫加入，也是太过简化和错误的。这种解释需要更细致且动态的理解。

每个社会都会存在相当一部分人，他们除寻求物质利益之外，也受到，至少部分地受到社会准则的激励。那么，遵循这些准则是如何在人类中广为流传的呢？自然选择理论不是预测这种利他主义行为永远不会进化吗？为了进行解释，我们需要注意一些进化生物学和人类学方面的最新发展。

　　实际上，达尔文自己也关心着呈现在他的进化理论面前的利他主义行为这一显而易见的问题。"自私和爱争吵的人无法团结一致，不团结一致的话，无法发挥任何作用。一个部落拥有……更多勇敢、表示赞同和忠诚的成员，他们总是准备着互相警告危险的到来，互相帮助和互相保护……会扩张并战胜其他部落。"达尔文提出的这一机制现在被称为"群体选择"——在群体中的合作会因各个群体的竞争而进化。在 20 世纪期间，群体选择经历了令人眼花缭乱的变化，首先被广为接受，然后被完全否决，现在又重获声望，不过是以一种不同的、更为成熟的形式。问题是在不加批判地接受的第一阶段期间，这一概念的拥护者提出了很多非常糟糕的理论，比如著名的奥地利动物行为学家康拉德·劳伦兹（Konrad Lorenz）在他的《论侵略》（*On Aggression*）一书中所提出的理论。

　　群体选择理论最初的粗略版本的一个主要问题就在于此。想一想两种类型的人——利他的"圣人"和利己的"无赖"。确实，有许多圣人的群体会比有许多无赖的群体更好。然而，除群体间竞争之外，还有圣人和无赖之间的群体内竞争，在这种竞争中，圣人必然会输。这又是一个集体行动困境。从圣人的亲社会行为中所获得的利益会在群体成员之间平均分配，其中包括无赖，但是成本却完全由圣人承担。结果，和无赖相比，圣人将会遭受更高的死亡率和更低的繁殖率。总体而言，圣人的数量将会因两种对抗趋势而发生变化：群体间竞争（导致圣人数量增加）和群体内竞争（导致圣人数量减少）。如果不进行计算的话，很难说哪一进程会获胜。对于群体选择理论而言，不幸的是，数学模型证明，除非是在非常不同寻常的情况下，否则的话，（群体内的）个体选择几乎总会战胜群体选择。

至 20 世纪 70 年代，这一数学模型的结果已经广为人知，取笑那些"天真"拥护群体选择的人成了一种流行。这些拥护者们垂头丧气地落荒而逃［也有一些例外，最著名的就是宾汉姆顿大学（Binghamton University）的大卫·斯隆·威尔逊（David Sloan Wilson），他几乎在完全孤立的状态下继续埋头苦干］。正如我们所见，"个体选择主义"的观点成了进化生物学的信条，如理查德·道金斯的《自私的基因》。

尽管道金斯和其他人宣称，自然选择只对一种主导单位——个体——发挥作用，但道金斯在自己的书中至少讨论了三种不同的选择单位。这三种单位就是基因（正好反映在标题中）、个体和相关群体（汉密尔顿的亲缘选择）。毕竟，个体不是单一的、无结构的"原子"［尽管其名字——个体（individuum）——意味着"不可分割的"］。个体是由器官、组织和细胞组成的，每个细胞都包含了许多基因。对于基因来说，进行合作以确保细胞正常运行可能是符合共同利益的，但也可能有自私的基因在这一集体努力的基础上搭便车的刺激。相似的是，细胞通常会合作，以促进有机体的存活和繁殖，但有时这种合作会崩溃，有一群无赖细胞会以损害那些合作细胞为代价开始增多，我们知道这就是癌症。简而言之，事情并不像道金斯和其他拥护个体选择的人所暗示的那么简单。近年来，威尔逊及其同事们对个体选择主义信条发起了一次成功的攻击。现在变得广为接受的观点是，自然选择在各个层面——基因、细胞、有机体、亲缘群体和单群——同时运行。

确实，在非人类有机体中，绝大多数情况下，群体选择水平都是相当弱的。自然界中群体选择的实证主义例证很少。同时，人类在生物界中是独一无二的，拥有思考、交流的能力和文化习俗，这使群体选择水平具有了非常大的影响力。现在，关于人类超级社会是如何进化的最合适的解释就是文化群体选择理论。该理论是由加利福尼亚大学洛杉矶分校（UCLA）的人类学家罗伯特·博伊德（Robert Boyd）和彼得·里切尔森（Peter Richerson）提出的。

人类和其他有机体之间最重要的区别可能就是人类行为的文化传播的独特重要性。这并不是说基因在影响人类行为方面是不重要的。有关从出生起就分开的双胞胎的研究已经明确证明了，基因的组成对从智力到政治倾向这样的行为特征有强烈的影响。在有关"先天与后天"的古老争论中，两种极端观点都不对，真相正好在两者之间，而且，先天和后天在决定人类行为方面会进行合作。基因并不会真的告诉人们投票给共和党。更确切地说，某些基因组成会使人们倾向于保守观点，但是他们是否会成为正式的共和党员，将在很大程度上取决于其成长的家庭和一生中的意外经历，比如读到某本特别的书或交了某个特别的朋友。

文化传播真正不同于基因继承的地方是，人们可以从其他人而不止是他们的父母那里学到东西。年轻人通过模仿他们部落里特别成功或者有超凡魅力的个人来承袭某些行为。部落里的长者也会教他们很多事情，从捕鱼到讲实话。重点是，行为实践可以通过文化传播这一进程迅速地在群体内传播，比只由基因决定的传播过程快得多。当然，任何种类的行为，无论是对群体有益还是有害的，都能通过模仿和教学来传播。这就是为什么群体之间的竞争非常重要——它淘汰了那些专注于有害做法的群体。例如，以新几内亚的福尔（Fore）部落食用已故亲属的大脑这一仪式为例。结果证明，这是个糟糕的做法，因为它导致一种神经变性疾病——库鲁病（Kuru）的传播。如果雪莉·林登鲍姆（Shirley Lindenbaum）和丹尼尔·加德赛克（Daniel Gajdusek）没有发现这一疾病的原因，福尔人最终会病情加重，并且被其他不食用去世亲属的部落取代。

人类有容量很大的大脑和非常发达的认知能力。显然，人们能在脑海中记住一个百人以上群体的交易历史的信息，记得那些守信者和背叛者。而且，进化心理学家勒达·考斯米德斯（Leda Cosmides）和约翰·图比（John Tooby）坚称存在专门的"探测背叛者的回路"，这让潜在的合作者可以识别出搭便车的人。简言之，在涉及社会联系时，人们会非常聪明。人类这种与众不同的能力让我们能变成非常有效的道德主义者。要记住，一个道德主义者不只是会按照准则行事，也会识别和惩罚背叛者——打破社会规则的人。一个"二阶"道德主义者也会追踪那些不惩罚背叛者的逃避者，并且惩罚他们（"该死的约翰·杰伊！那些没有谴责约翰·杰伊的该死的每个人！！"）。

就我们所知，我们逐步进化的遥远祖先们的社会组织和黑猩猩的没有太大区别。然而，和喜欢吃肉却只能捕获小猎物的黑猩猩不同，我们的祖先们学会了如何在非洲的热带稀树草原捕获大型猎物。人类最终学会了（也许是太擅长）如何捕杀大型哺乳动物，包括大象和猛犸这样的大型哺乳动物。当史前的人类从他们祖居的非洲向其他大陆扩散时，他们消灭了大多数居住在那里的大型动物。这就是西伯利亚的猛犸和南美的巨大树懒不再与我们共存的原因。和非洲的物种不同，其他地方的大型动物并没有随着人类共同进化，因此，无法抵御人类的捕食。是什么使原始人类成了这种可怕的杀手呢？显然，并不是因为他们的牙齿或者爪子，而是因为他们合作捕猎的能力。

捕猎大型猎物将早期人类暴露在了群体层面的激烈选择面前。对于捕猎大型猎物而言，合作不只是成功的关键，也是迁移到这种猎物所在区域的关键，因为迁移时人类会暴露在可怕的捕食性动物面前。只有集体警戒和合作防御才能保护人类免受剑齿虎和穴熊的伤害。人类再次变得非常擅长解决这些捕食性动物，最终把它们全都消灭了。

更为重要的是，随着人类越来越擅长捕猎大型猎物，他们也更擅长捕杀其他人类了。在某种程度上，战争（也就是任何类型的组织起来的战斗，从伏杀几只黑猩猩和杀死不同队伍的成员到一战期间涉及百万人的堑壕战）成了最重要的群体选择力量。有几项证据表明，早期人类进行了广泛的战争。例如，我们知道，在人类与和我们关系最近的进化亲戚黑猩猩之间，群间战争是非常常见的。在由狩猎者—采集者和农民组成的小型社会中，战争也几乎无处不在。人类学家劳伦斯·H. 基利（Lawrence H. Keeley）所提供的证据表明，在这些社会的某些地方有 20％到 60％的男性死于战争。因此，按照"插值法"（interpolation）的论证，如果说黑猩猩和现代国家形成之前的人们都进行了广泛的战争，那么我们的人类祖先也一定是这样。还有直接证据——洞穴壁画描绘了成排的战士互相射杀、中石器时代定居点周围的防御性城墙、嵌入骨头里的箭头，以及大量埋葬着处于战斗年龄的男性的墓地（他们中的许多人都是头部受重击而死）。

很容易想象出对群体有利的亲社会行为在早期人类中是如何进化的。例如，考虑一下以下道德惩罚进化的理论场景。假设我们的类人猿祖先已经进化出了我称之为"家庭道德主义"的行为——与近亲合作，惩罚任何试图搭便车者。惩罚的部分很重要，因为我们知道亲戚们并不都会自动合作。任何家庭都会有"害群之马"或败家子，或者会有一个女儿拒绝为了家族利益而牺牲她自己，其时，她会拒绝一个年老且令人厌恶，但却富有的求婚者。需要使用处罚才能保证家庭成员循规蹈矩，从打淘气的孩子到剥夺不听话的女儿或缺乏管教的侄子的继承权，这种行为的进化是无可争议的，因为其受到亲缘选择的驱使。相比那些和亲属合作却不惩罚不合作者的人组成的群体，家庭道德主义者组成的亲缘群体会实现更高水平的合作，也有更高的适应度。因此，家庭道德主义将在人群中传播开来。

现在，设想一下，在家庭道德主义人群中出现一种认知突变。这种突变者并没有将合作（和对不合作者的惩罚）仅限于亲戚，而是——"误解地"——和他们认识的无血缘关系的人，也就是朋友们合作。尽管我在此处所描述的是一种假设场景，但是人类的社会性很可能正是通过这种突变而逐步进化的。试想一下，当我们想要促进合作的时候，亲属关系术语是如何轻而易举地就进入我们的谈话的——一群兄弟（a band of brothers）、国家之父（the father of a nation），或者我们的母国（our motherland）。

一旦真正的（相对于家庭的）道德主义行为出现，包含道德主义者在内的群体就会获得培养更大型的战争团体的能力，因为他们并不局限于亲属。在扩大的参战方内的合作可以通过对搭便车者的道德惩罚来维持，这样一来，他们就和那些由家庭道德主义者组成的规模更小的参战方具有同样的凝聚力了。于是，群体层面的选择会有利于真正的道德主义行为的传播。与此同时，群体内（个体）的选择对道德主义者的反对尤为薄弱，因为在道德主义者使群体倾向于合作性均衡时，惩罚变得少见了，以至于几乎不会给道德主义者带来任何代价。慢慢地，但却是必然地，由道德主义者控制的大型团体取代了以亲缘关系为唯一合作基础的小型团体。

在如上所述的群体选择场景中，其实没有必要假设所有被击败的团体成员都在肉体上被毁灭了。更为可能的是，被击败的团体只是分裂或者解散了，其成员们会试图加入其他尚存的团体。而且，相比基因群体选择，文化群体选择会在更快的时标基础上运行。如果道德主义个体是非常成功的狩猎者或特别有魅力的人，他或者她会被群体中的年轻成员模仿。之后，道德主义行为会在群体内快速传播开来。然而，其他群体也在注视着成功的群体所做的事情，也能够模仿其各种做法。比如说，出自穆罕默德的宗教戒律形式的道德主义快速地传播到了其他群体。当然，文化上的模仿传播的不仅是对群体有利的做法，还有有害的做法。最初由道德主义者控制的团体很可能包含了一个非常有个人魅力的无赖，他会影响其周围的人。但是随着无赖行为在团体内通过文化模仿这一进程传播开来，群体会失去其内部凝聚力，灭于附近的道德主义团体之手。换句话说，正是群体之间的竞争确保了亲社会行为的传播和繁荣，文化传播有利于并且加快了进化。

回想一下在欧洲西北部的罗马边境上的情况。当第一次接触的时候，罗马人的军事能力显然强于各种各样的日耳曼部落。罗马人做了很多不同的事情。那么，部落成员应该模仿些什么呢？罗马人是不穿裤子的，但是任何愚蠢到模仿这一罗马文化的日耳曼人都活不过下一个冬天，更别想第二天晚上和其他人出去寻欢作乐了。还有，罗马人纪律严明，在战斗中紧密团结。当日耳曼人模仿这种特别的文化实践时，他们发现这对他们也有用。重点是，我们甚至不必假设模仿者知道他们正在做什么。通过充分模仿一个成功群体的文化要素，他们最终将会发现那些带来成功的要素。在这一过程中，他们很可能也会承袭许多不相关但是无害的实践（有害的实践最终将会被群体选择消灭）。人类相当聪明，因此常常能确切地辨别出他们需要模仿的行为。

文化上的进化远比基因上的进化更快，这也是因为它不需要一代代的发展。再看一看罗马边境，我们能看到文化上的群体选择在有魅力的领袖及其扈从（比如阿米尼乌斯或者马罗博杜斯）的兴衰过程中所发挥的作用。通过类似于基因突变和重组的进程，每个新的士兵群体都会接受某种不同的组织方式，其成员将会吸收不同的准则。在边境的情境中，群体选择的压力尤为强烈，群体会迅速地崛起和消失。只有最成功的那些，也就是与偶然发现或者设计出最有利的文化要素组合的那些才能存活下来。这里所讨论的文化要素不只是和战斗能力有关的那些。不善待女性的军事团体永远不会成为运转正常的社会，他们本身也无法持续下去。

当人类进化出和没有血缘关系的个体合作的能力时，他们依赖的是面对面的交流以及在群体中将朋友、熟人与敌人或不可靠者区分开来的记忆力。就科学作家马尔科姆·格拉德威尔（Malcolm Gladwell）所称的"社会信道容量"（social channel capacity），即处理生活在大型社会群体中复杂情况的能力来说，一定有很大的选择压力。毕竟，要进行合作，你需要记住的不仅是每一个群体成员对你所做的事情，还得记住他们对彼此所做的。如果玛丽欺骗了简，她也可能欺骗你。当鲍勃在站岗时睡着了，而约翰并没有如应该做的那样让鲍勃避免这种情况，这就意味着约翰在集体制裁任务中未能合作。让社会运转起来是一件复杂的事情。

但是，社会信道容量不能超越一定的限度——我们无法记住地球上的每个人，更不用说他们对彼此所做的事情了。随着群体规模的增加，要记住的人际关系数量也急剧增加。如果你属于一个 5 人组成的群体，你只需要记住 10 种独立的人际关系。然而，如果这一群体有 20 人，你就需要记住 190 种双向人际关系。群体规模增加 4 倍，人际关系的数量几乎会增加 20 倍。在灵长类动物中，人类生活在规模最大的群体中，有着容量最大的大脑，但是极限是无法避免的。"150 这一数字,"据英国人类学家罗宾·邓巴(Robin Dunbar)估计,"似乎代表了我们能与其建立起真正的社交关系的最大个体数量,这种关系是指知道他们是谁以及他们如何与我们有所关联。换言之,就是如果你碰巧在一家酒吧里碰到他们,未被邀请就加入他们喝一杯也不会感到尴尬。"结果证明,150 这一"神奇的数字"非常接近狩猎者-采集者社会中乡村的平均规模。格拉德威尔已经引用了许多例子来说明这一神奇的数字是如何一次又一次地出现的——从军队单位到哈特莱特教派(Hutterite sect)认可的农业定居点的最大规模(哈特莱特教派于 16 世纪起源于中欧,之后于 20 世纪传入美洲)。

尽管我们的社会信道容量对我们能与之保持面对面关联的人数有所限制,但是,群体选择依旧有利于那些能派出比其对手的军队规模更大的社会群体(或者能发展起规模更大、更高效的经济的群体)。进化必须找到另一种方式,让人类能够区分哪些人可以合作,哪些人应该被当场杀死。确实如此。

关于人类认知,还有一个我不曾触及的内容就是我们进行象征性思考的能力。人类独特的发明能力和操纵符号的能力是超级社会进化的一个重要内容。实际上,正如俄国心理学家利维·维果茨基(Lev Vygotsky,1896—1934)及其学派所坚称的,所有更高级的人类认知形式都有其社会根源。

想一想在群体内有关合作这一想法的心理困境。很容易就能想象到和一个具体的人(比如鲍勃或者简)或者一小群人(比如一个家庭)进行合作(你也可以设想为一群人坐在一张桌子旁共进晚

餐）。然而，当这个群体开始遇到很多人时，其"物性"（thingness）
就变得模糊了——其构成随着时间而变化，其确切的物理界限也是
不清楚的。如何能使其更为确切呢？在进化的过程中，人类发展出
了用有形的物体来代表这种模糊实体的能力。以一种象征来代表一
种社会群体的例子就是美洲印第安人的图腾。正如伟大的法国社会
学家埃米尔·涂尔干（Emile Durkheim）在近一个世纪前所认识到
的那样，图腾是"被称为氏族的特定社会的象征。它是这一社会的
旗帜，也是每个氏族将自己和他者区分开来的标志，是其特征的明
显标志"。另一个例子就是罗马军团的军旗——所谓的鹰旗。鹰旗
是罗马军团的神圣象征，就大部分的意图和目的而言，鹰旗就等同
于罗马军团，就算是死也不能让敌人拿到鹰旗。

因为我们使用象征符号的能力，一个社会群体（"我们"）的想
法会对人类的想象力有特殊的控制力。由于我们的心理构成，我们
会倾向于认为像民族这样的社会群体比"现实中"的他们更为真
实。而因为人们视民族为真实的，他们的行事方式相应地同时也是
相矛盾地让民族变得真实了。

为了证明我们所想象的民族比"其真正的样子"更为真实，想
一想"美国"（America）会引发出什么样的想象吧（可随便替换成任
一国家）。美国是什么？星条旗、国歌、白宫和国会大厦、自由女神
像、山姆大叔、在总统办公室的总统、牛仔裤、可口可乐、苹果派、
美国宪法、效忠誓词、"自由世界的领袖"、"天定命运论"、"机会之
地"、美国地图的视觉图像（或者仅仅是本土 48 个州的轮廓）……
这都是强调美国"物性"的象征。这个国家的居民有很大一部分人

出生在海外，许多人甚至连英语都说得不太好，或者在最近的选举
中，有一半的投票者厌恶总统办公室内的在任者，而剩下的大多数
人同样非常厌恶挑战这一职位的人，以上这些事实都是无关紧要
的。当人们被激励着为他们的国家而战时，就算他们的国家是想象
中的也没关系——牺牲行为是足够真实的。正如涂尔干所说的：
"社会生活就其所有内容和每一个历史时期而言，只有大量的象征
主义才使其成为可能。"

象征性思维的能力是使人类超级社会成为可能的最伟大的演化
革新。现在，人们不必亲自了解另一个人，以确定是要和他合作，
还是要将其作为敌人来对待。特别有效的判断特征是宗教活动和仪
式行动。不过，人们也会看他的穿着和纹饰的细节（包括如文身或
种姓标记这类一直存在的标志）。人们可以听他说的方言并观察他
的行为。

"那是 1992 年，我正坐在津巴布韦的哈拉雷的一家酒吧里，"
帕特里克·内特（Patrick Neate）在《你身在何处》（*Where You're
At*）中写道，"当时，一个穿着一件湖人队背心和奇比牛仔裤的家
伙走进来，他的头发整洁地编成了骇人的发型，他以说唱男孩那样
左右摇晃的姿态大摇大摆地走着。他注意到我穿着卡尔·卡尼①外
加一双飞人乔丹篮球鞋，便直接走了过来。'哟，兄弟，近来如
何？'"这是两个陌生人，一个是津巴布韦的黑人男孩，另一个是来
自英国的切本哈姆（Chippenham）的白人男孩，但是他们马上辨

---

① 卡尔·卡尼（Karl Kanis），一个服饰品牌，以嘻哈文化为主要设计元素。——
译者注

认出彼此就是"我们"，是同样的嘻哈文化的成员——从他们的穿着打扮，从他们的走路姿态甚或坐姿，从他们都"直言不讳"的行为方式（实际上，我不能假装理解最后一条的含义——我只是个门外汉）。

群体的象征性界限使得与被明确标记为"我们中一员"的陌生人之间的合作成为可能。象征符号让人们有可能认同非常大规模的"我们"的群体，该群体包含比任何个人能够见到并亲自了解的小圈子都多得多的人。换句话说，象征性思维的进化使得人们能将"我们"定义为任何规模的群体。

当然，拥有数千万人口的大型国家并不是一下子崛起的。这一进程是渐进的、分阶段发生的。受到强大敌人威胁的几个村庄会联合为一个部落，会创造标志和强调他们联盟的象征方法。在接下来的一个阶段，几个部落会联合为地区规模的社会，然后地区社会变成民族，最后变成超民族的联盟，比如大型帝国和完整的文明。每一阶段都会创造出划分族群界限的新象征，或者是将旧象征延伸到更大型的社会。

人们的族群身份就像俄罗斯套娃那样是拥有许多嵌套层面的，由此，我们会发现社会规模和复杂性逐步增加的迹象。来自印第安纳州的某个人（某个"胡希尔人"①）也是中西部人、美国人，还是西部文明的成员之一。新英格兰人（"扬基人"②）和南方人（"雷布

①　胡希尔人（Hoosier），指美国印第安纳州的山地人或居民。——译者注
②　扬基人（Yankee），"Yankee"一词从广义上可指"美国人"，也可专指美国的北方人或者新英格兰人。——译者注

人"①）是其他可立即识别出的次族群身份。地区身份认同可能是相当
强烈的。许多得克萨斯人对"孤星州"② 比对他们的国家更加自豪。

美国是一个现代国家，是因大量移民涌入这一熔炉而崛起的，
所以族群的嵌套性质在这里并不像许多其他传统社会那样清晰可
见。相比之下，在许多农牧社会中，嵌套的、分层次的组织是显而
易见的〔人类学家将这些社会称为"裂变式的"（segmentary）〕。
裂变式社会组织的基本原则用阿拉伯谚语来表达就是："我对抗我
的兄弟们，我和我的兄弟们对抗我的远亲们，我、我的兄弟们和我
的远亲们对抗这个世界。"

罗马边境的日耳曼民族也有着裂变式社会组织。几个乡村社区
一起构成一个部落，比如卡狄人。几个部落联合为一个部落联盟，
比如法兰克人和阿勒曼尼人。最后，当法兰克人组建起一个帝国
时，他们联合起了许多日耳曼部落联盟。帝国边境的存在是驱使日
耳曼社会规模扩大的关键力量。远离罗马边境的威胁和机遇的部落
几乎不需要联合为一个部落联盟。然而，在罗马边境，几个部落结
合为一个部落联盟，然后几个部落联盟再合并为一个帝国联盟是生
死攸关的事情。

在本章中，我们从人类超级社会——我们能结合为由数百万人

---

① 雷布人（Reb），"雷布"实际上指的是美国内战期间南方联盟的一个普通士兵
约翰·雷布（John Reb），在 19 世纪 60 年代，雷布逐渐成为南方联盟士兵的民族化身，
后来则用以指美国的南方人。——译者注

② 孤星州（Lone Star State）是得克萨斯州的绰号，这里曾经是独立的共和国，孤
星的标志可在其州旗和州徽上见到。——译者注

组成的合作群体的能力——的谜题开始，总结了许多不同的观点。两个关键的适应性变化使超级社会的进化成为可能。第一个适应性变化就是道德主义策略。当群体中有足够多的成员也在进行合作时才合作，并且惩罚那些不合作的人。有足够多的道德主义者的群体使其集体行为倾向于合作均衡时，这一群体就会胜过甚或消灭那些未能合作的群体。第二个适应性变化就是人类使用象征性标记来定义合作群体的能力。这使得社会性的进化突破了面对面交流的限制。人类社会的规模逐步扩大，从乡村、氏族到部落、部落联盟，然后是国家、帝国和文明。

　　在社会复杂性上升到一个新的层面时，组织的较低层面并没有完全消失。因此，人们通常拥有共存的身份，这些身份彼此嵌套在一起。他们能感受到对自己的故乡、地区、国家，甚至是超国家组织的拥护和忠诚。对某一身份的认同度和忠诚度，在任何特定层面的差别都很大。现代德国人和法国人对他们的地区、国家和超国家身份的认同态度完全不同。法国人很喜欢他们的地区身份，但是他们首先是法国人。比起法国性，他们作为欧盟成员的超国家身份也较次要一些。形成对比的是，多项社会学研究已经证明了战后德国人的身份认同主要是他们的地区和超国家身份，不再强调国家身份。于是，德国南部的一个居民将会视他/她自己为巴伐利亚人和欧洲人，倾向于略过中间的德国层面。因此，德国人是欧盟最积极的推动者。这一例子也证明了对国家身份的认同程度是如何随着时间变化而改变的。当然，直至二战时期以及二战期间，德国人一直都是热忱的民族主义者——"德意志高于一切"，但是，战败的打击和紧随其后的反纳粹宣传让他们中的大多数人都对这一身份产生了怀疑。虽然是出于不同的原因，但是从加泰罗尼亚人（Catalans，他们中的许多人都强烈反对被称为"西班牙人"）或在英国信奉天主教的爱尔兰人这样的少数族群身上，我们可以看到类似的淡化与国家相关的身份认同的现象。这种民族群体也常常是欧洲一体化的热心拥护者。总而言之，不同层面的社会身份认同能唤起或强或弱的忠诚感，感觉的强度会随着历史的发展而变化。

尽管道德主义或无赖行为的倾向有可能包含了大量的基因成分，但是族群情感的强度会随着时间而变化，而且这一变化显然是以文化为基础的，比如族群情感的主体从地区性层面转移到国家性层面，反之亦然。正如本章之前所指出的，文化进化会发生在比基因频率变化快得多的时标上。在道德主义者和象征性思考者通过基因进化的过程而进化之后，对更高层面身份的认同感和忠诚感的上升（与下降）会发生得更快。那就是说，和基因进化的缓慢速度相比，是非常快的。到目前为止，我们所检验的实证案例表明，即便是文化进化，也需要几个世纪才会产生能进行大规模合作的社会。

第六章

生而为狼：罗马的起源

关于帝国的兴衰，没有任何理论可以避开罗马帝国这一话题。罗马在如此辽阔的区域实现了和平——罗马治下的和平（Pax Romana），给欧亚西部的民族如何想象一个理想的国家留下了不可磨灭的印记。甚至于"帝国"（empire）这一单词就是来自拉丁语 *imperium*（意味着"军事权力"）。无数民族以罗马为模型来建立自己的国家，甚至以罗马来命名自己的国家：我们现在称之为拜占庭的东罗马帝国、日耳曼民族的神圣罗马帝国（根据卡尔·马克思所说，既不神圣，也不是罗马，甚至不是帝国）、莫斯科的"第三罗马"（Moscow the Third Rome）、罗姆的塞尔柱突厥人（Rum Seljuks，也就是 Roman Turks），还有现代罗马尼亚人。基督教的神学理论家将他们的上帝之国视为更好、更洁净并且更公正的罗马帝国。罗马帝国的"衰亡"是任何有抱负的历史理论家都必须要解释的。

我的兴趣并不是罗马本身，而是要将其作为一个案例来研究，以检测前几个章节中概述的理论，也就是有关在元民族边境崛起的占支配地位民族的理论。我要以鸟瞰罗马崛起的地理政治和文化社会环境为开始。

一张约公元前 400 年的地中海地区的简图（见地图 5）显示了三个大致区域。在地中海东部，我们能看到古老文明的区域，该区域由辉煌的阿契美尼德王朝治下的波斯帝国所控制。小亚细亚、黎凡特和美索不达米亚直接由阿契美尼德人统治，埃及即将脱离并且重获独立，希腊是该世纪初唯一成功抵挡住了波斯入侵的区域。至公元前 4 世纪，这一古老的文明核心已经有了国家、城市和至少一千年的文化。

在公元前的一千年期间，文明也开始传播到地中海中部和西部。这一传播中的一部分是经由航海民族——希腊人和腓尼基人（Phoenicians）——对新地区的殖民完成的。此外，城市文化经扩散传播到了几个之前的野蛮民族，其中最值得注意的是意大利中部的伊特鲁里亚人（Etruscans）。

相比之下，欧洲和北非的大部分地区都居住着无国家的、不识字的部落民族。一种具有高度侵略性的文化群落，也就是人类学家所称的拉特尼凯尔特人（La Tène Celts）已经从其北欧的故乡扩展开来，开始和几个地方的文明区域接触了。这一扩张的独特之处在于，并没有指挥的中心。在每一阶段，扩张都是由他们自己酋长率领的独立战士团体完成的。这伙人有时会进行合作，联合他们的力量去对抗共同的敌人，但是更常见的是他们自己人之间的争斗。

最有趣的是欧洲的"文明"和"野蛮"之间的接触地带。这一地带沿着伊比利亚南部、法国南部、意大利中部和希腊北部的地中海海岸延伸开来（见地图5）。这一地带是典型的元民族边境，有两个非常不同的民族在这里接触并发生冲突。按照元民族边境理论的预测，新的进攻性帝国会起源于这一接触地带。实际上，在接下来的两个世纪，地中海会出现三个"强国"——迦太基（Carthage）、马其顿（Macedon）和罗马。至公元前1世纪结束时，它们中的一个：罗马将会击败其对手，首次（也是最后一次）统一起整个地中海地区。本章会追溯罗马的崛起，从公元前7世纪的温和开端到公元前2世纪的权力巅峰。解释罗马这一具体案例是检测元民族边境理论的关键，该理论可以从总体上解释占支配地位民族的崛起，以及它们的掌权是如何为难以避免的衰落埋下种子的。

罗马的一个显著特点是它经历了不是一个，而是两个不同的边境，一个接着一个。意大利的地理环境和铁器时代早期定居在这里的各种民族在很大程度上可以解释罗马的形成。适合集约农业的意大利平原被亚平宁山脉分为三片不同的区域：位于北部的波河河谷（Po Valley）、位于中间的第勒尼安意大利（Tyrrhenian Italy，位于第勒尼安海和群山之间），以及位于南部的意大利靴子的"脚跟和脚趾"。至公元前8世纪，第勒尼安意大利被北部的伊特鲁里亚人和南部说各种意大利语言（包括拉丁语在内）的人一分为二。伊特鲁里亚人的起源仍旧是历史上的未解之谜之一。我们都知道他们所说的语言并非印欧语系，他们的宗教信仰和文化不同于拉丁人和其他意大利部落的人（意大利的各种语言都属于印欧语系）。在公元前 8 世纪，希腊人开始在意大利南部开拓殖民地。他们和腓尼基贸易商将城市和文字文化传播到地中海中部地区。伊特鲁里亚人渴望接纳这种文化。就我们所知，伊特鲁里亚人并没有联合到一个独立的中央权威之下，而是以一个松散的 "12 个城市" 联盟的形式运转的，他们因共同的语言和共有的宗教崇拜而联合起来。公元前 7 世纪，伊特鲁里亚人控制了中部意大利，向北扩展到波河河谷。他们也在萨丁尼亚和坎帕尼亚（Campania）沿岸建立了殖民地，在那里，他们和希腊人针锋相对。

伊特鲁里亚文明的繁荣对附近野蛮的意大利部落产生了极大的影响，尤其是拉丁人，其领地拉丁姆（Latium）就在伊特鲁里亚南部，横跨台伯河。他们像伊特鲁里亚人一样，在政治上没有统一。不管怎么说，他们构成了一个与众不同的族群，该群体是由共同的名称和语言结合在一起的。他们有着相似的社会和政治机制，崇拜同样的神。考古学研究显示，在铁器时代早期，拉丁姆地区崛起了一种独特的物质文化形式。拉丁人是一个名副其实的民族，他们自己清楚地明白这一点。

沿着台伯河畔，也就是两个民族接触的地方，在更先进的伊特鲁里亚人和拉丁人文明之间形成了一条文化分界线。就边境而言，其在性质上还是非常地方性的，因此根据理论来说，不可能从这里诞生强大的帝国（罗马帝国是在第二个边境发展起来的）。但是，理论并没有预测到一种相对具有凝聚力的地区国家的形成，而这确实出现了。

罗马起初是作为边境城镇在伊特鲁里亚和拉丁文化交界处发展起来的。其位于台伯河的第一个浅滩，这里也是最容易登陆的地点。位于台伯河的地理位置为罗马后来的发展带来了极大的好处，因为在第勒尼安意大利，这条河为向内陆运输货物提供了最佳路线。但是，边境位置对未来帝国的影响是更为重要的。从罗马编年史的证据，同时也是考古学数据来看，罗马的崛起似乎是一个经典的边境民族形成过程。根据罗马的传统，早期的罗马人被划分为三个部落——罗姆奈斯（Ramnes）、梯提埃斯（Tities）和卢契列斯（Luceres）。它们的名字来自拉丁人罗慕路斯（Romulus）、萨宾人提图斯·塔提乌斯（Titus Tatius）和伊特鲁里亚人鲁库莫（Lucumo）。显然，拉丁、萨宾和伊特鲁里亚的民族元素融合导致了罗马民族的崛起。萨宾人被劫掠，也就是罗马人夺走萨宾人的妻子的故事和两个群体最终的统一也证实了罗马人的多民族起源。后来的罗马人都非常清楚自己的混合民族起源，实际上还为自己能吸纳有本领的外族人加入而感到自豪。公元前 504 年，萨宾人首领阿庇乌斯·克劳狄乌斯（Appius Claudius）带着由 5 000 名武装平民组成的私人扈从队移居到罗马。他被元老院认可为贵族，他的追随者们都得到了定居之地。克劳狄这一贵族世系在后来的罗马政治中扮演了重要的角色，罗马帝国的很多皇帝都出自这一世系。另一个向外族人开放的迹象是上古时期（Archaic period）的罗马统治者有着繁杂的民族起源，其中包括萨宾人提图斯·塔提乌斯和努玛·庞庇里乌斯（Numa Pompilius），以及伊特鲁里亚人塔克文（Tarquins）。当扩张至拉丁姆边界之外时，罗马人将外来起源的群体和个人整合进其社会架构的能力很好地满足了他们的需要。

根据李维（Livy）和其他古典时期的历史学家所说，罗马是于公元前753年由罗慕路斯所建立的。考古学证据显示，公元前8世纪时定居点所占区域超过100英亩，这表明这里大概有几千人。在大约公元前625年，罗马山丘间的乡村定居点变成了一个城邦。一个世纪后，罗马的面积扩大了6倍，城市人口超过了30 000人。李维和哈利卡尔拿索斯的狄奥尼修斯（Dyonisius of Halicarnassus）将最后一任国王"骄傲的"塔克文（前535—前510）治下的罗马描绘为拉丁姆的一个霸权国家。20世纪的历史学家驳回了这一说法，认为这是民族主义的杜撰，是将罗马后来的伟大投射到了上古时代，他们认为这些国王治下的罗马是个微不足道的地方，而且还是在伊特鲁里亚人统治下的。过去几年，在很大程度上得益于更精准的考古学数据，这些关于早期罗马的观点已经得到了修正，越来越清楚的是，古代历史学家并没有弄错，这些国王治下的罗马的重要性强烈地体现在其规模上，其他已知的拉丁城镇的面积都处于比罗马小的数量级。实际上，大约在公元前500年，罗马已经成了第勒尼安意大利最大的城市。五个最大的伊特鲁里亚城市的领土面积大约是罗马的一半。整个意大利半岛唯一在城市规模上超过罗马的是塔伦特姆（Tarentum）。另一个显示罗马重要性的标志是，公元前507年它和迦太基订立了条约，该条约的文本将罗马视为拉丁姆的统治力量和地中海政治的重要力量。

　　请注意，罗马并不在拉丁姆的中心，而在其边缘（见地图6）。罗马从拉丁姆边缘的一个小城镇崛起为重要的拉丁城市，是来自伊特鲁里亚-拉丁边境的压力的结果。在整个早期历史中，罗马人一直和伊特鲁里亚人的城市维依（Veii）处于交战状态，开始于罗慕路斯时代，结束于许多个世纪之后的维依征服。

　　罗马主要的伊特鲁里亚对手维依坐落于伊特鲁里亚领土的最边缘。尽管维依并没有统一起伊特鲁里亚，但是，考古学和历史学证据都证明在其与罗马的漫长争斗结束时，它成了最大、最富有和最有影响力的伊特鲁里亚城市。显然，伊特鲁里亚-拉丁边境以相似的方式影响着这两个竞争对手的发展。在跨越民族界限的冲突的影响下，两个民族都获得了更高程度的内部凝聚力，这使它们能够统治和整合边境同一侧规模更小且相似的族群。

　　如果说罗马在王政时代末期（前509）于意大利中部取得了如此超群的地位，那么为什么它没有在公元前5世纪期间继续扩张，并且早几个世纪统一地中海地区呢？答案有两方面。首先，伊特鲁里亚-拉丁边境并不是真正的元民族断层线。两种文化都深受地中海城市文明的影响，该文明是由希腊人和腓尼基人传播给他们的。边境那种有点儿温和的性质至多能产生地区性国家，而非世界性帝国。直到罗马人在第二个边境发现他们自己面对着更为格格不入和令人恐惧的"他者"时，才被锻造成为一个真正的帝国。其次，历史通常不是线性发展的，它还有一个强劲的循环成分。王政时代的长期发展创造出了此时促进罗马社会去中心化趋势的力量。本书的第二部分会进一步检视这些力量。但是在公元前5世纪期间，罗马经历了一个崩溃阶段，这段内部混战时期偶尔还会有爆发全面内战的危险，由此将罗马带到了毁灭的边缘。直到这种内部压力消退，罗马才能继续扩张。

动荡时代开始于一部分贵族对罗马最后一任国王"骄傲的"塔克文的反叛。他们成功地罢黜了塔克文，建立起在接下来五个世纪内统治罗马的寡头统治（称其为"共和国"是有点误导性的）。不幸的是，社会解体的过程并没有被罗马本身阻止，而是蔓延到了拉丁姆。屈服于罗马掌控的拉丁城市发动了叛乱，形成了抵制罗马的拉丁联盟。

说回到罗马，此时平民和贵族之间的动乱正在加剧。因为公元前6世纪的人口增长，土地变得不足，许多人陷入贫困。为了养家糊口，他们向富人大量借款。罗马法律对那些无力偿还的债务人非常严苛，债权人可以奴役无力偿还借款的债务人。土地不足和富裕债权人的压迫导致统治阶级的政策失去了平民的支持。贵族和平民之间的斗争并没有导致公开的革命，因为罗马此时腹背受敌，这种摇摇欲坠的形势确保了一定程度的合作。不过，平民偶尔会"脱离"——也就是说，他们会从城市撤退到阿文提诺山（Aventine Hill），当时该山在城市边界外。这种脱离是对上层阶级的一种威胁，通过拒绝入伍，平民试图强迫贵族解决他们关注的问题、减少债务并重新分配土地。

公元前5世纪见证了富裕贵族和贫穷平民之间的那种城市阶层斗争，以及罗马贵族派系之间的自相残杀，还有地方上拉丁臣民的反叛。实际上，公元前5世纪的危机不仅影响了罗马，还影响了整个第勒尼安意大利。内部衰弱也招来了居于亚平宁山脉的非文明部落的进攻。罗马遭到了萨宾人、沃尔西人（Volsci）和埃魁人（Aequi）这样的意大利山地部落的袭击和入侵。和伊特鲁里亚人的战争依旧会偶尔爆发。除接连不断的战争之外，人口过剩导致了流行病和生存危机反复出现。

据李维称，公元前 463 年，"在城镇和乡村都出现了很多疾病。牲畜像人一样遭受着疾病之苦，因为担心遭遇袭击，农民们带着他们的牲畜一起进入了城市，由此造成了过度拥挤，这又导致了疾病的发生率增加。这种动物和人混杂在一起的味道令不习惯于此的城市人感到苦恼。农民和庄稼汉挤在拥挤的住处，忍受着酷热和睡眠不足，照顾病人或任何形式的纯粹接触，都会使传染病持续传播。不幸的人们已经忍无可忍了，就在这时突然来报说一支由埃魁人和沃尔西人组成的联合军队……正在蹂躏乡村"。

侵略者涌入罗马的领地，"那里的农田不需要敌人来让它们荒芜。在所有的乡村，他们一个人都找不到，无论是武装的还是非武装的，并没有任何有守卫的迹象，也没有开垦的痕迹……在城市里，执政官阿普蒂斯（Aebutius）已经死了，他的同僚塞维利乌斯（Servilius）处于一种苟延残喘的状态，几乎绝望了。大多数领袖人物、元老院中的大多数人以及几乎所有达到服役年龄的人都得病了……罗马的力量消失殆尽，没人能引领它，它陷入了无助"。

"已经不指望人的援助的元老院开始让人们祈祷，嘱咐人们和妻子、孩子一起，祈求上天缓解他们的痛苦。这是官方的命令，但也不过是每个人迫于自己的痛苦而不得不做的：每个神龛都挤满了人，在每个神庙里，女人们都拜倒在地，她们的头发扫过地面，祈求着愤怒的神明能宽恕她们，结束这场瘟疫。"狄奥尼修斯写道，在公元前463年的瘟疫期间，穷人们的尸体都不得不被扔进了台伯河。然后又一次的，在公元前451年，尸体也被扔进了阴沟里。

由于瘟疫、饥荒和不停的战争，人口减少，空出了无主荒地。贵族变得更为贫穷了，在几代人之后，他们的后代已经习惯于不那么奢华的生活方式了，考古学证据显示，奢侈品的进口（主要是希腊商人引入的）急剧减少，豪华的葬礼消失了，财富不平等减少了。公元前500年前后被扰乱的社会体系缓慢而痛苦地恢复了平衡。促进这一进程的是来自埃魁和沃尔西的山地部落以及维依的伊特鲁里亚人的外部压力，这种压力使罗马人的心思集中到了共同的生存任务上，因此帮助他们统一了不同的秩序。至公元前5世纪末结束时，罗马基本上征服了山地部落。在经历了和维依之间的第一次和第二次战争败北后，罗马终于成功地于公元前396年一劳永逸地征服了这里。这是一次重大的事件，因为它标志着伊特鲁里亚-拉丁边境的终结。然而，安于所取得的成就并不是罗马的命运。短短六年之后，罗马就遭受了巨大的冲击，将其带到了悬崖边缘，但从长远来看，是将其带上了通往帝国之路。公元前390年，罗马被高卢人洗劫，这一痛苦不堪的事件就像纳粹的闪电战或恐怖分子的大规模谋杀一样可怕。

凯尔特人，或用罗马人称呼他们的名称高卢人，在公元前6世纪或者公元前5世纪期间的某个时间进入了意大利北部。凯尔特人并没有建立起一个集权的领土国家。反之，他们通常以独立的战士团队发挥作用，但不管怎样，当遇到重要的对手时，他们会联合在一名有号召力的领袖手下。波河河谷的伊特鲁里亚城屈服于高卢人的压力，意大利北部成了高卢人的（从此以后，罗马人将其称为阿尔卑斯山以南的高卢，以区别于阿尔卑斯山以北的高卢——今法国和比利时）。因此，在公元前 5 世纪，"野蛮-文明"边境向南转移到了亚平宁山脉，波河河谷和第勒尼安意大利被隔开了。威尼蒂（Veneti，差不多相当于今威尼斯）的一些城镇是亚平宁山脉以北的地中海文明仅存的前哨。

新边境的紧张程度让意大利半岛上的民族分歧——比如伊特鲁里亚人和拉丁人的——相形见绌。至公元前 400 年为止，这两个民族尽管说着不同的语言，拥有不同的民族身份和宗教崇拜，但却有着相似的社会和政治机制。两者都属于识字的和城市化的地中海文明。在经历了多个世纪的冲突之后，他们逐渐开始使用类似的作战方式。而"凶猛的高卢人"是完全不同的民族。

公元前 391 年，高卢部落之一森诺尼斯人（Sennones）越过亚平宁山脉寻找土地，围困了伊特鲁里亚的城市克鲁修姆（Clusium）。正如李维所描述的，"克鲁修姆的困境是非常令人惊恐的：在城门口有成千上万的陌生人，城镇中人从未见过这样的人，他们是拿着奇怪武器的异域战士，据传说，他们在波河两岸令伊特鲁里亚军团四散奔逃。糟糕的情况……"克鲁修姆向罗马求助，元老院派法比三兄弟［法比（Fabii）是罗马最著名的贵族家族之一］作为使节，去劝说高卢人罢手。"任务的目标完全是调和。然而，不幸的是，使节们的行事作风不像是文明的罗马人，反倒更像是野蛮的高卢人。"在谈判期间，高卢人要求克鲁修姆割让部分土地。"当（罗马）使节们问他们（高卢人），在暴力威胁的情况下是以何种公理来要求从合法主人手里得到土地的，以及高卢人究竟在伊特鲁里亚做了些什么时，他们得到的傲慢回复是，一切都属于勇者，勇者的剑会带来公理。群情四起，一场战斗开始了。"在混战期间，"昆图斯·法比乌斯（Quintus Fabius）骑马冲在队伍前面，直接冲向高卢酋长，就像他朝着伊特鲁里亚的旗帜冲过去时那样，他用长矛刺穿酋长的身体，开始剥下他的盔甲"。至少可以说，这严重违背了外交礼节。"和克鲁修姆的争吵被遗忘了，蛮族军队的怒火转向了罗马。"

高卢人派他们的使节前往罗马，要求交出法比乌斯兄弟，但是元老院不愿意放弃寡头统治下最有权势和最富有的家族之一的家庭成员们。高卢人一了解到元老院的决定，就"怒火中烧，这是他们民族的特征，他们以骇人的速度出发前往罗马。当复仇者们呼啸而过时，极度惊恐的村民们都急匆匆地拿起了武器，人们为了活命而逃离了他们的农田。这支庞大的队伍，或者骑着一大群散乱的马匹，或者步行，行进了数英里，大喊着'冲向罗马！'"

"谣言已经先他们而来，来自克鲁修姆和其他地方的消息已经到了罗马城，但是就算有警告，高卢人的行进速度之快也是令人惊惧的。急匆匆地进行大规模征兵的罗马军队行进了还不到 11 英里，就在阿里亚（Allia）河沿着克鲁斯图美伦（Crustumerium）群山中的一条深沟且在道路南部不远处汇入台伯河的地方遇见了敌人。前面和两边的地上都已经挤满了敌军士兵，空中回荡着这个生活即疯狂冒险的民族那可怕且激烈的战歌声和刺耳的呼喊声……"

高卢人的战争领袖布雷努斯（Brennus）率先带领他的士兵们发起了进攻，赶走了罗马的后备部队，然后带领他的全部军力扑向罗马的主力部队。"……主力部队几乎一听到两翼和后方传来的高卢人的叫喊声，就看到了来自天边的令人不安的敌人。他们没有进行抵抗，他们甚至没有勇气回应那大声的挑衅，在失去任何一个人之前，他们就逃跑了。没有发生战斗。在他们挣扎着想要穿过大批逃亡的同伴，挤上通往安全之路时，他们被从后面砍倒了。"

在阿里亚河被击败之后，一些幸存的罗马人逃到了维依，还有些人跑回了罗马，固守在卡皮托利尼山（Capitoline Hill）上的堡垒里。高卢人没有遭遇抵抗就进入了罗马，在这里洗劫，并且围困了堡垒。某个晚上，他们差点儿就要偷偷占领卡皮托利尼山了，但幸运的是，献给女神朱诺①的鹅发出了警报，高卢人的进攻被击退了。然而，罗马的情况正在变得令人绝望，他们开始和布雷努斯协商以黄金收买高卢人。在给黄金称重期间，布雷努斯把他的剑扔到天平上，说"战败者该遭殃！"与此同时，马库斯·富里乌斯·卡米卢斯（Marcus Furius Camillus，后来被视为罗马共和国的奠基人之一）集结了来自维依（也就是部分战败的罗马军队逃往的地方）和拉丁人的兵力。他及时赶到了罗马，阻止了丢脸的交易，在击败了高卢人两次之后，驱逐了他们。

---

① 朱诺（Juno），罗马神话中的天后，对应希腊神话中的赫拉。——译者注

　　即使在李维所描述的这些事件发生了四个世纪之后，在罗马人已经击败并征服了高卢人之后，高卢人仍旧能在罗马人心中激起强烈的厌恶感和恐惧感。高卢人是格格不入且令人恐惧的敌人。李维在多处强调了他们是多么不同于罗马人所知道的民族："拿着奇怪武器的异域战士"，"来自天边的令人不安的敌人"。高卢人在体型上也比罗马人更高大强壮。他们是凶猛的战士，有时会裸着身子战斗，这令他们那些文明开化的敌人更感恐惧。他们发出"像狼的嚎叫一样的呼喊声，高声唱着蛮族歌曲"。众所周知，他们会以敌人的头皮和头颅作为战利品。（在汪达尔人和匈人出现之前的时代）他们是唯一打进城市并且亵渎其圣地的敌人。整个经历给罗马人的心灵留下了深深的创伤。仅仅是高卢人的骚动会引发成群的无法无天的蛮族人对抗所有既定规则这一威胁，就足以引发人们的极度恐慌了。至少有三次，罗马人在面对高卢人入侵的威胁时，为避免城市遭险而举行活人献祭。著名的雄辩家西塞罗（Cicero）在自己的一次演讲中，以更为冷静客观的分析方式说道："在所有曾经深思熟虑过我们这个共和国的人看来，高卢人一直是自建国以来最大的威胁。"

　　许多现代历史学家常常会忽视高卢边境在罗马国家形成时期（我称之为"罗马的民族诞生"）和罗马成功地将地中海地区统一为一个帝国期间的重要性。毕竟，高卢人只是野蛮人，他们怎么能对罗马人产生这种影响呢？要抵消这种"文明偏见"，我们应该注意到历史学家波利比乌斯（Polybius，前 200—前 118）。波利比乌斯的一个优势是，他是希腊人，因此（至少在原则上）能不受罗马-

高卢争斗的影响。而且，他在罗马生活了很多年，能够直接观察到贵族的政治活动。他也曾多次去西班牙、非洲和高卢旅行。他对自己所写的内容有第一手经验。而且，在写他的史书之前，他一直担任亚加亚同盟①的官员，因此有实践政治经验。

　　波利比乌斯在其史书的开头就清楚指明了高卢人在罗马帝国崛起过程中的重要影响："我所选定的标志着罗马政权开始在意大利建立的日期，就是高卢人迅猛地攻取罗马并且占领了除卡皮托利尼山之外的整个城市的那一年。"而后，他写道："对于那些想要完整且全面地描述罗马如今的霸权发展过程的人来说，……他们必须熟悉罗马人在自己的土地上战败之后开始朝着更好的机遇前进的阶段和过程。"在名为"罗马和高卢人"的这一章节中，波利比乌斯描述了公元前 4 世纪和公元前 3 世纪期间，罗马人和高卢人之间接连不断的战争，他总结道："罗马人从这些战斗中收获了两个巨大的好处。首先，一旦习惯于在高卢人手上遭受的巨大损失，他们就不会经受或担心比这更骇人的经历了。其次，在他们不得不面对皮洛士②时，他们在作战中开始像训练有素且经验丰富的运动健将一样与其抗衡。"波利比乌斯在他的整部书中一直在强调高卢-罗马关系。"罗马人……目前认为来自北方的威胁是他们最紧迫的问题"，

---

① 亚加亚同盟（Achaean League），希腊化时期所形成的伯罗奔尼撒北部和中部的希腊城市的同盟。该同盟以伯罗奔尼撒西北部的亚加亚地区为名，该地也是同盟的核心地带。公元前 146 年，伯罗奔尼撒半岛被罗马人征服后，该同盟被解散。——译者注

② 皮洛士（Pyrrhos，前 319 或前 318—前 272），伊特鲁里亚国王。曾在赫拉克利亚（Heraclea，前 280）和奥斯库伦（Ausculum，前 279）击败罗马人，不过他自己也损失惨重。现在常用"皮洛士式的胜利"（Pyrrhos Victory）来形容以极大的代价而获得的胜利。——译者注

而且，"高卢人所激发出的由来已久的恐惧再也没能完全驱散"（至少就公元前 2 世纪，也就是波利比乌斯写下这些文字时来说，确实如此）。

　　罗马人注定要在接下来的四个世纪和高卢人一直斗下去，直到恺撒征服了阿尔卑斯山以北的高卢，罗马人才终于战胜了高卢人。在公元前 4 世纪和公元前 3 世纪期间，罗马人和意大利半岛上的其他民族一直受到来自意大利北部部族的小规模侵袭，不时受到大规模入侵。直到公元前 3 世纪末，罗马人才聚集起足够多的力量，逐步努力地"平定"波河河谷的高卢人。征服战争是成功的，但是结果证明，其效果是短暂的。

　　公元前 218 年，汉尼拔带领他的非洲和西班牙军队，以及 20 头大象越过阿尔卑斯山，在接下来的 17 年里，他大肆劫掠意大利中部和南部。常常被忽视的是，汉尼拔带来的士兵数量远超过他在波河河谷招募到的高卢士兵数量。实际上，进入意大利之前，他还在和阿尔卑斯山以南的高卢酋长通信，以确定他们会加入他和罗马的战争。随着时间的流逝，战争对汉尼拔的非洲和西班牙军队造成了严重的伤亡，而军队的高卢成分变得越来越普遍了。于是，汉尼拔战争就被视为罗马和高卢部落之间斗争的另一段插曲。罗马人对高卢人的恐惧是根深蒂固的，以至于尽管在公元前 201 年汉尼拔战争结束时，意大利已经一蹶不振，罗马的资源也几近枯竭，但罗马人还是在驱逐汉尼拔之后立即重新开始征服阿尔卑斯山以南的高卢。在公元前 190 年之前，他们每年都会发动战争，直到他们重新征服高卢人。

　　即便是在各方都经常犯下暴行的年代，罗马人对待高卢人的方式也是尤为残忍的。在击败其他意大利民族之后（正如本章前面所讨论的），罗马共和国都会认可其为盟友甚至公民，但不同的是，这种对待方式并没有延伸到高卢人身上。相反，当罗马人最终征服了波河河谷时，他们对这里的高卢人进行了"民族清洗"。在罗马的惯例中，这种对待被征服区域居民的方式是罕见的。就算是严苛地对待战败的迦太基人（罗马人极为愤恨的另一个民族），罗马人将他们美丽而富饶的城市夷为平地，将他们的土地盐碱化，却没有骚扰迦太基地区的农业人口。

　　高卢人侵入意大利和沿着亚平宁山脉建起元民族边境是罗马崛起过程中的决定性因素。第一个直接后果是罗马遭洗劫，这令贵族和平民都很震惊，使他们认为必须相互合作来解决外部威胁。当面对这些咆哮着残忍地取走头皮的野蛮人时，罗马社会不同阶层之间的内部分歧在某种程度上就无关紧要了。两个贵族派系之间一直存在的冲突在这次劫掠之后的一个世代内得到了解决。这两个派系是上层贵族（旧有的元老院贵族）和所谓的"平民"（在公元前5世纪期间从平民阶层中崛起的新的强大且富有的家族）。公元前367年的《李锡尼-塞克斯提乌斯法案》[1] 结束了各种针对下层平民的歧视（比如，向他们开放了共和国的最高职位——执政官），并且将

----

　　[1]　《李锡尼-塞克斯提乌斯法案》（*Licinio-Sextian Laws*），罗马共和国早期颁布的一项法案，由平民保民官李锡尼和塞克斯提乌斯于公元前376年提出，最终在公元前367年通过。该法案是平民与贵族斗争中的一次重大胜利。——译者注

上层贵族和高贵的平民合并为一个统一的统治阶级。该项法案可能还包括了某种债务减免。对于贫困者而言，土地问题的解决部分是因为过去一个世纪以来人口的减少，部分是因为公民们移民到了殖民地，但主要还是因为成功的战争导致了罗马领土的扩张（其中的第一次扩张就是公元前396年兼并了维依）。在公元前4世纪的上半叶，罗马国家的社会转型造就了一个更为统一和富于攻击性的社会，为领土扩张做好了准备。精英间的共识来得恰到好处。公元前367年之后的20年见证了高卢人对意大利中部接连不断的侵略，在此期间，罗马与高卢人进行了不少于四次战争。

除增加了罗马民族的内部凝聚力之外，高卢边境也使得统一意大利乃至最终统一地中海沿岸地区都变得更容易了。其他的意大利文明民族也害怕并且憎恨高卢野蛮人。直接暴露在高卢威胁之下的民族，比如伊特鲁里亚人和威尼蒂人基本上自愿地加入了日益壮大的罗马帝国。到公元前390年为止，罗马人和伊特鲁里亚人也几乎一直在交战，但是在他们发现自己身处高卢边境时，这些战争都结束了。实际上，正如前面所讨论的，克鲁修姆这一伊特鲁里亚城市在面对森诺尼斯人的威胁时，主动向罗马寻求保护，即便他们事先并没有达成保护协议。结果证明，最暴露在高卢人压力之下的威尼蒂人，是最忠诚的罗马盟友。甚至在汉尼拔战争最黑暗的那段时间，也就是罗马被许多盟友抛弃的时候，威尼蒂还一直忠诚地坚持着。在某种次要程度上，同样的逻辑也适用于意大利南部处于更受保护情况下的意大利民族。无疑，他们本会更愿意保持自己的独立性，但当面对是屈服于开化的外来者（由闪米特人将军所率领的高卢部落和其他外来军队），还是在文明上更为熟悉的罗马这一选择时，他们最终选择了罗马。这就是第二次迦太基战争期间罗马人占上风的主要原因。

波利比乌斯描述了高卢威胁的综合性影响。一听说高卢人即将入侵，罗马当局就开始征召军团并召集意大利盟友。"各方都迅速地提供了帮助，因为其他意大利居民都对高卢的入侵感到胆战心惊，所以，他们并不是将自己视为罗马的盟友，也不认为这是一场维护罗马霸权的战争。反之，每个人都认为这一危险威胁到了他们自己以及他们的城市和领土。所以，他们毫不犹豫地响应了罗马的号召。"

元民族边境的逻辑不只帮助罗马统一了意大利，而且还帮助它扩张到了地中海沿岸地区。至公元前 2 世纪，凯尔特人成了位于地中海文明的欧洲边境上的主要蛮族，从西向东，压力非常大。在伊比利亚半岛，入侵的凯尔特人和当地人混杂在一起，逐渐崛起为凯尔特比利亚人（Celtberian）。在法国南部，位于地中海沿岸地区的希腊城市［其中最主要的是马西利亚（Massilia），也就是今马赛］承受着来自凯尔特部落的强烈压力。在意大利北部，来自凯尔特人或高卢人的威胁一直存在。在巴尔干半岛，凯尔特人沿着多瑙河迁移，在整片区域建立起了殖民地，然后定居在了黑海的西部滨岸。公元前 279 年，凯尔特人涌入马其顿、希腊和色雷斯。马其顿人非常艰难地将他们赶出了马其顿，但是在色雷斯，这些入侵者建起了强盗王国。有三个部落进入了小亚细亚，从这时起，他们在安纳托利亚中部建立起自己的国家，也就是众所周知的加拉提亚（Galatia，意为"凯尔特人的土地"）。整个公元前 3 世纪，这些高卢人偶尔会劫掠其他安纳托利亚王国，比如比提尼亚（Bythinia）和蓬托斯（Pontus）。

在凯尔特边境上的文明程度较低的国家，比如马西利亚和蓬托斯并不需要通过武力来征服。它们首先会寻求罗马的保护，以抵御它们的敌人，然后会变成忠实的盟友，最终会以一种一致同意的、非强迫性的方式被兼并入帝国内。

罗马人是哪种人呢？是什么样的集体品质让他们能成为历史上最伟大的帝国之一呢？幸运的是，我们拥有大量的文本，从如李维这样的历史学家所写的多卷本著作到西塞罗的演讲，再到考古学家发现的短铭文。几千年来，文字图画的主题几乎没有变过。在庞培发现的一篇铭文写道："阿波罗多鲁斯（Apollodorus），皇帝提图斯的医生，在此玩得很开心。""你只要两便士。"一个卖淫者的广告写道。"这家商店丢失了一个铜壶。如果有人能把它带回来，将得到 65 塞斯特斯①的奖赏；如果有人能揭发小偷，让我们能拿回所有物，将得到 20 塞斯特斯。"

这些来自罗马社会中各个阶层——从最卑微的到最高贵的——的文本可以让我们深入了解罗马人的精神状态，但是我们必须理解其背景。西塞罗的演讲目的并不是告知我们关于罗马人的情况，他是利用其来谴责他的政治对手。李维的史书反映了他以及他那个时代（公元前 1 世纪）的罗马人的偏见。在改革家提比留·格拉古

---

① 塞斯特斯（sesterce），古罗马的货币单位。——译者注

（Tiberius Gracchus，前 162—前 133）担任护民官（tribuneship，前 133）至奥古斯都建立元首制（前 27）之间的这个世纪，罗马经历了一段世俗权力分散的时期。对于生活在骚乱和互相残杀的内战时期的李维来说，很难避免会以浪漫主义色彩来描绘早期的罗马历史，他将早期的罗马时代描绘为比他所处的时代更为爱国的、道德高尚的，并且在品位和个人消费上更为节制的。不管怎么说，就算有这些偏见，罗马的文本对于那些想要理解世界史的人来说也是非常有价值的，因为它们阐述了一种详尽的世界观，它们描绘了罗马的好公民理想。和其他种类的数据结合起来，它们也能告诉我们社会是如何随着时代而改变的。李维经常将他所处的那个时代，也就是公元前 1 世纪泛滥的奢侈和挥霍与祖先们更简单且艰苦朴素的习惯相对比——考古记录证明了公元前 4 世纪和公元前 3 世纪的罗马贵族过着非常斯巴达式的生活。当我们将丰富的文本和考古数据与现代理论相结合时，就会出现对世界历史本质的新理解。

　　早期罗马人逐渐形成了一系列价值观——被称为"祖先习俗"（mos maiorum），这些价值观主导着他们的私人和公共生活。最重要的价值观可能是美德（virtus），该词源自"男人"（vir），体现了作为一名真正的社会成员的所有品质。美德包括区分善恶的能力，以促进善的方式——尤其是促进共同的善的方式——来行事。它也意味着为某人的家族和社区作贡献，以及战争中的英雄主义。和希腊人不同，罗马人不会像荷马的英雄故事或奥林匹亚的斗士故事那样强调个人的英勇。英雄的典范是那种在危急时刻以勇气、才智和自我牺牲来拯救其国家的人。"在死亡、怨恨和惩罚都近在眼前的情况下，那些毫不犹豫地去捍卫共和国的人，确实可以被称为'男人'。"西塞罗说道。年轻人被教导着"为自己的祖国而死是幸福且光荣的"。

其他重要的罗马美德包括恭敬、忠诚、严肃和坚定不移。恭敬（pietas）是一种家庭美德，指男人和女人对其家庭的奉献和忠诚，愿意接受父母的威权。它也意味着尊敬神明，通过必要的宗教仪式和典礼来表达，比如向雅努斯①献祭公羊或者向朱庇特献祭小母牛。即使是臭名昭著的角斗也是从一项古老的宗教仪式中脱胎而来的，其中包括将囚犯献祭给死者。

忠诚（fides）意味着遵守诺言、偿还借贷，并且履行对人们和神明的义务。违背忠诚是对社群和神明的冒犯。严肃（gravitas）意味着守纪律、绝对的自我控制——一种对好运和厄运都庄严、严肃和冷静的态度。坚定不移（constantia）是一种和毅力相关的美德，即使在最难熬的情况下，也要做必要的和正确的事情。罗马人尤以他们自己的自制力为傲，会避免各种极端和无度，会对他们自己和其他人的不节制行为进行不赞成的评论。例如，回想一下之前李维对高卢人的特性描述，容易"怒火中烧，这是他们民族的特征"。真正的罗马人是不会这么行事的。高卢战争中的一段经历很好地说明了罗马人的严肃和蛮族人的无节制——至少是罗马人自己所认为的——之间的对比。这个故事很有可能是完全杜撰的，但其关键并不是它是否真正地发生过，而是罗马人如何将他们自己和

①　雅努斯（Janus），罗马神话中的门神，传说中有方向相反的两张脸。——译者注

"他者"对立起来。在罗马和高卢军队交锋的过程中，有一次，"一支大规模的高卢人军队"向罗马人发起单独打斗的挑战。当提图斯·曼利乌斯（Titus Manlius，一名贵族家庭的成员）接受挑战时，高卢人"得意忘形，甚至伸出舌头嘲笑"。两个参战者在两军之间对垒。"一个因身材高大且穿着五彩斑斓的衣服和镶金的彩绘盔甲，看起来光彩照人而惹人注目；另一个是中等身材的士兵，看起来没有什么特别之处，穿着合身而非华丽的盔甲。他并没有大声喊出战争的口号，或者无用地挥舞着武器摇摆晃动，但是他的胸中充满了勇气和静默的愤怒。在决斗的关键时刻，他克制住了自己的残暴……"无须多言，罗马人的坚定胜过了高卢人的野蛮力量。

罗马人的价值观是他们信仰的一部分——从字面上来说就是让整个群体团结在一起的纽带。古代人意识到了信仰在巩固国家方面的重要性。据说，苏格拉底曾经说过，"在战争中，以合唱来虔敬地赞美神的人是最优秀的人"。从个人角度对信仰的形而上学表示质疑的波利比乌斯认为，信仰在控制众人方面发挥着重要的作用。总体上而言，罗马的信仰赞美的是努力、自制力、责任感、忠诚和勇气的美德。信仰是将人们联合在一起的胶水，赋予了早期罗马社会高水平的族亲意识，社会凝聚力非常高，以至于直到公元前1世纪，罗马人都不需要警力来维持公共秩序。早期罗马人从内部激发出的自制力以及他们文化中正式化和仪式化的行为，足以维持公共秩序。对于许多违法行为的惩罚是公开宣布犯罪者的行为是卑劣的。例如，根据塔西佗所说，对于卖淫者的唯一惩罚就是在公共治安官面前公开她的姓名这一羞辱方式。

我们不应该过分强调早期罗马人的这些个人品质对其后来作为一个帝国崛起的重要性。值得注意的是，罗马人的美德是如何用来限制利己主义（严肃和坚定不移）、加强家族内部（恭敬）和社区内部（忠诚）的联系，并且为公共利益（美德）而牺牲的。罗马人相对于他们所征服的民族而言，并没有身材或者技术上的优势。一个普通的罗马人比一个普通的高卢人矮得多、弱得多。在一对一的决斗中，一个普通的罗马人很可能会输给一个普通的高卢人。然而，一百个罗马人实际上能抵挡得住一百个高卢人，一万个罗马人很轻易地就能击败人数远多于他们几倍的高卢军队。

但其实这种对比是有点儿误导性的，因为说来奇怪，罗马人几乎没怎么赢过战斗。就罗马人和他们的众多对手之间的战争而言，惯常的发展是罗马人会在战争初期输掉一些战斗，但不管怎样都会在之后赢得战争。按照李维所说，"在所有伟大的战争中，某些天意给予我们的命运是先被击败，但我们终会获胜。"就算第一场战斗失败了，罗马人也会一而再再而三地尝试，直至他们获胜（当然，这反映的是罗马人坚定不移的美德）。这就是罗马历史中充满了和维依、萨姆尼特人（Samnites）、迦太基以及马其顿等进行的"第一次""第二次"和"第三次"战争的原因。

也许最好的例证就是第二次布匿战争。汉尼拔是一个优秀的将军和卓越的领袖。他率领着由不同族裔组成的军队，其中一半是勇敢却不守纪律的高卢人，他粉碎了一支又一支罗马人的军队——在提契诺（Ticinus）、在特雷比亚（Trebia）、在特拉西梅诺湖（lake

Trasimene），最惨烈的是在坎尼（Cannae）。有五万罗马人在坎尼丧生，有三分之一的元老院成员被消灭。"世界上没有其他的民族，"李维说道，"可以承受这么巨大的一系列灾难，还没有被击垮。"

罗马人不同于他们对手的地方就在于他们能战胜这些灾难。在文化上根植于罗马人潜意识的是，只有愿意赴死，生命才能得到保障。后来成为独裁官的罗马将军苏拉（Sulla）曾经告诉手下的士兵们，"你们越少保留自己，就会越安全"。西塞罗在一次演讲中强调，"看起来最光荣的事情就是不顾肉体凡胎，以伟大且高尚的精神去做的那些事情"。

这种牺牲精神的终极表达也许就是罗马人的"献身"仪式。要是战况不利于罗马人，罗马的指挥官就会把自己和敌军都献给尘世的诸神。基本理念是将强效咒语施加在自己身上，然后带着诅咒冲到敌军中，以此拯救罗马军团。根据李维所说，这一仪式包括站在一根矛上，重复如下的话："雅努斯、朱庇特、祖先玛尔斯①、奎里努斯（Quirinus）、拉列斯（Lares）、新神、原生神、掌控着我们和其他敌人的神明，以及尘世的诸神：我祈求你们，我尊崇你们，我请求你们的帮助，我哀求你们，让罗马人战无不胜、攻无不克，让罗马人的敌人深受惊恐、担忧和死亡之苦。"这就是公元前295年普布利乌斯·德西乌斯·穆斯（Publius Decius Mus）所说的套话，当时，罗马军队在高卢人和萨姆尼特人联合军队的猛攻下即将溃

---

① 玛尔斯（Mars），罗马神话中的国土和战争之神，有传说认为他是罗马城的建立者罗慕路斯的父亲。——译者注

败。"在他说完例行的祷告之后，面前的恐惧、屠杀和血流满地，以及上上下下的神明的愤怒正在驱使着他，他要用狠毒的咒语来玷污敌人的旗帜、投射物和军备，他自己毁灭的地方就是高卢人毁灭的地方。他带着这些对自己和敌人的诅咒，骑马朝着高卢战线飞奔而去，他看准了高卢人最密集的地方，扑向敌人的武器，迎接自己的死亡。"

因此，"献身"是一种"自杀式爆炸"。范例并不是二战中日本的神风特攻队飞行员，而是现代的伊斯兰极端主义者。影响主要是心理方面的，而非身体方面的。毕竟，现代自杀式爆炸袭击者的主要目标远远不止是那些卷入实际爆炸中的不幸丧生者。这种无私的牺牲行为对罗马军队的影响是令人振奋的，与此同时，敌军变得灰心丧气，逐渐失去了战斗的意愿。继续李维的描述："从那以后，战斗几乎不依赖于人的努力了。罗马人在失去他们的将军之后（在其他情况下，这常常会造成恐慌），核查了他们的逃兵情况，想要重新开战。高卢人，尤其是那些挤在这名执政官尸体周围的人，一直漫无目的地扔着他们的标枪，他们似乎已经失去了心智，他们中的某些人呆若木鸡，既不想要作战，也不想要逃跑。但是在罗马人一方，主教（大祭司）李维乌斯（Livius）……大喊着，罗马人已经占了上风，他们因执政官的覆灭而获得了解脱。高卢人和萨姆尼特人现在属于大地母亲和尘世的诸神了。德西乌斯正在夺去他献身要对付的军队（也就是高卢人和萨姆尼特人）的生命，正在召唤这支军队效仿他，而在敌人一方，所有人都陷入了疯狂和恐惧。"

一个社会的不同阶层之间的融合，也就是平民和贵族之间的团结程度是解释其在帝国建立阶段所获成功的最重要的特征。为了研究罗马在这方面的具体情况，我们需要了解其社会结构，这一结构和罗马的军事组织紧密相关。并非偶然的是，"people"的拉丁语单词——*populus*——的最初意义就是"军队"。罗马公民中的大部分人都是在自己的土地上劳作的小型土地所有者。他们对国家的重大意义就是为罗马军团提供士兵。拥有价值 50 000 到 100 000 阿斯［阿斯（*as*）是一种青铜硬币。在此时期，罗马人不使用银质或者金质硬币］财产的公民是作为重装步兵服役的——戴着头盔、穿着盔甲、拿着长矛和剑的步兵。这些重装步兵是古代地中海沿岸地区军队的中流砥柱，在许多出自希腊人的描述中都很常见。更贫穷一些的，也就是拥有价值 11 000 到 25 000 阿斯财产的人是作为轻步兵服役的（装备一个投石器或者投枪）。处于社会底层的是不服役的人——无财产的公民［无产者（*proletarii*）］、外国人和奴隶。

更富有的公民是作为骑兵服役的，因此，罗马的贵族阶层是骑兵或者说骑士。一名骑士的财产资格是 400 000 阿斯。在罗马等级制度顶端的是元老院家族，他们作为骑兵和高级军官服役。元老院议员和他们的家族大约占人口的 1%，他们的平均财富可能接近100 万阿斯。换句话说，在共和国早期，罗马人中最富有的 1% 的人所拥有的财富仅仅是一个普通罗马公民的 10 到 20 倍。就前工业时代的人口数量而言，即便是对现代的民主社会来说，这种经济不平等的程度也很低。为了正确地看待这些数据，我们来讨论一下，在 2000 年的美国，一个中等收入的家庭所拥有的财富大约是 60 000美元。最富有的 1% 的家庭的平均财富是 1 200 万美元，大约是中等收入家庭的 200 倍。我们为美国是一个机会平等的国家而感到自豪，但糟糕的事实是我们的社会远不如早期的罗马共和国平等。

典型的古代或中世纪国家的经济不平等远比早期罗马，甚或当今的美国更加严重。大约公元 400 年时，也就是帝国即将崩溃时，财富不平等的程度达到了最大，元老院阶层中的一个普通罗马贵族所拥有的财产大约是 20 000 罗马磅黄金。并没有可以和公元前 3 世纪的小型土地所有者相对应的"中间阶层"，人口中的绝大部分是由无地农民组成的，他们在属于贵族的土地上劳作。这些农民几乎根本没什么财产，但是如果我们估计他们大约拥有十分之一磅黄金的话（这已经是非常慷慨了），财富差距将会是 200 000 倍！这种不平等的增长既是因为富人越来越富有（后来的帝国时期的元老院议员比他们的共和国先祖富有 100 倍），也是因为那些拥有中等财富的人变穷了，实际上成了赤贫者。

在早期罗马，元老院贵族的简朴生活也让他们和普通公民之间没有太大的差别。早期共和国的海外贸易还处于低谷，因此几乎没有进口什么可供挥霍的东方奢侈品。在衣着方面，唯一将元老院议员和其他公民区分开来的是他们的托加袍有宽的紫色饰边。后期的罗马历史学家都强调最为节制的生活方式，就连上层公民都过着清贫的生活。例如，当正在犁地的辛辛那图斯（Cincinnatus）被任命为独裁官时，据说他呼喊道："今年我的地还没播种，因此，我们有吃不饱的风险！"这并不是否认罗马社会对等级和地位的敏锐意识，像克劳狄家族的成员这种贵族，其许多祖先都是执政官，相比一个普通公民而言，他们拥有更多的财富、影响力和权势——

声望和尊重。罗马共和国并不是民主国家，极少的元老院家族将大量的政治权力集中在他们的手中。但不管怎么说，在少数富裕且有权势的人和失去财产的民众之间并没有巨大的壁垒，这一壁垒是在罗马共和国后期，尤其是罗马帝国的黄金时代逐渐发展起来的。

不同等级之间的融合——在贵族和平民之间缺少明显的障碍——看起来是成功的帝国在其早期阶段的普遍特征。再举一个古代的例子，在波斯征服之前，马其顿王室的生活方式也是非常节制的。国王的母亲和姐妹会烹煮食物并织布。当亚历山大征服波斯帝国时，他穿着其姐妹手织的布匹制成的衣服。在战争期间，亚历山大和手下的士兵们吃着同样的食物，在同样的条件下睡觉。

和后期那种自私自利的精英不同，早期共和国的贵族会为了公共利益而不惜生命或财富。正如前面所提及的，在 50 000 名罗马人——令人震惊地占罗马总人数的五分之一——丧生于坎尼之战时，元老院几乎失去了三分之一的成员。这表明在战争中，元老院的贵族会比普通公民更有可能被杀。再加上罗马特有的"献身"惯例，它常常是由贵族世系成员践行的惯例，我们很容易就能得出的结论是，罗马贵族通常会在战斗中率领平民，并且会率先赴死。

在需要的时候，富有阶层也是首先主动缴纳额外税款的人。关于这一行为最佳的例证还是来自第二次布匿战争，当时罗马的内部凝聚力受到考验，这种考验几乎是任何其他国家的崩溃极限。在国家的资金耗尽时，富有阶层同意支付额外的税款，为船上的船员提供薪资。所采用的标准是元老院议员支付大部分，其次是骑士，再次是其他公民。此外，军官和百夫长（并不包含普通士兵！）是无薪酬服役的，这为国家节省了一个军团工资总额的20%。最后，那些供养陆军和舰队的骑士商人同意接受以本票来代替实际付款，因为国家根本就没钱了。简言之，每个人都为了胜利而做出了牺牲，但是最大的负担落在了富人身上。

当领导者们不躲藏在队伍后面，并且承担起属于他们的共同责任时，平民更有可能服从。这也许就是在早期和中期共和国时，平民和贵族一直保持着相当和谐的关系的原因。甚至在公元前5世纪阶级冲突最严重的那几十年，平民也没有完全反叛。如果发动革命的话，他们本可以轻而易举地就干掉贵族。平民步兵的数量远远多于贵族骑士（典型的罗马军团有4 200名步兵和300名骑兵——比例超过了10∶1）。平民中的绝大多数人是退伍士兵，他们很容易就能组建起一支军队，从他们的行列中选出百夫长和高级军官，然后杀掉所有的上等阶层。但是他们从未这样做，反之，他们依靠的是和平的直接社会行动，他们拒绝应征入伍，以此提出他们自己的要求。在公元前4世纪解决了社会问题之后，直到下一个社会不稳定阶段后期共和国为止，贵族和平民之间的关系一直相当和谐。

有两个因素可以解释罗马帝国的崛起：罗马人民内部的高度凝聚力或者说族亲意识，这在约公元前200年时达到了顶峰；罗马人对吸收其他民族的高度开放性，这些民族常常是他们近来的敌人。对于打造一个世界性帝国来说，这两个因素都是必要的。没有高水平的族亲意识，一个发端中的帝国在其扩张初期是不可能在强敌的包围下存活下来的。没有真正地吸收被征服民族的能力，一个帝国是不能发展起来的。理论上而言还有一种选择：对被征服领土进行种族灭绝或者种族清洗，然后建立殖民地。许多帝国都在某种程度上利用了这一策略，但实际上所有成功的国家主要都是通过文化吸收来扩张的，而不是通过生物繁殖。对融合的开放性态度是解释罗马人，再比如说马其顿人，在帝国事业上和斯巴达人或雅典人不同的关键因素。

斯巴达人的内部组织证明了罗马所具有的高度内部团结并不是独一无二的。在所有的希腊国家中，斯巴达人似乎是最类似于早期罗马人的。斯巴达人严肃的举止、他们对无度和奢侈的憎恨会在罗马得到赞同。更为重要的是，这两个古代国家对于为国家服务有着相似的想法，甚至包括放弃生命。300 名斯巴达人在塞莫皮莱山口（Thermopylae Pass）牺牲就是最佳的例证。有些人会认为，斯巴达人比罗马人的族亲意识水平更高。

斯巴达的养育方式是要将每个斯巴达人培养成杰出的战士，但其中最重要的是要保持忠诚。7 岁的时候，斯巴达男孩就会被带离家庭，由国家来养大。公元 1 世纪的希腊历史学家普鲁塔克（Plutarch）所写的关于斯巴达教育体系的内容，强调了其军事纪律的严格。"他们为了基本的需要而学习阅读和写字，但是其所接受教育的其他内容是让他们训练有素，在艰难中坚定不移，在战斗中获得胜利。因此，随着男孩子们长大，斯巴达人会加强训练，把他们的头发剪短，让他们习惯于赤脚行走，并且大部分时候裸着身子玩耍。当男孩子们到了 12 岁的时候，他们就不能再穿束腰外衣了，而是会一年领到一件披风。他们的身体强健，不习惯于洗澡和各种洗液。他们只在一年中的几个特殊日子里享受这种奢侈。他们成群地睡在床上，这些床是他们自己用在欧罗达斯（Eurotas）河边发现的灯芯草茎做成的。这些都是他们徒手折的，并没有使用刀具。"

在 20 岁的时候，斯巴达的年轻人会通过被选为共餐会的一员来过渡到成年时期，共餐会是所有斯巴达公民隶属的一种"军用食堂"。没有被选入共餐会就意味着成了社会弃儿。共餐会成员一起吃饭，每人每月都要献出一定数量的大麦、葡萄酒、奶酪和无花果。就算他们的地位改变了，但国家对他们生活的管理还是没有改变。"他们的训练会一直持续到成年时期，没人能随心所欲地生活，整个城市就像一个军营一样，他们有着固定的生活方式，在公共服务方面有着固定的程序。他们完全相信，他们并不是自己的所有物，而是国家的。如果没有其他的任务指派给他们，他们常常会看着男孩子们，或者是教他们一些有用的东西，或者是自己向长辈学习。实际上，来库古①为其公民努力实现的美好且令人羡慕的一点就是让他们不以工作为生。他完全禁止他们进行任何的手动交易。因为财富已经变得完全不值得向往了，所以就没必要做麻烦的生意和努力赚钱了。希洛人②为他们耕种土地，提供一定数量的农产品。"

---

①　来库古（Lykourgos，约公元前 9 或公元前 8 世纪），传说中斯巴达的立法者，他所推行的改革包括为消除贫富不均而重新分配土地，规定元老院人数，实行共餐制度等。——译者注

②　希洛人（helots），斯巴达人将所征服区域的当地居民称为希洛人，他们是斯巴达社会的奴隶。——译者注

严酷的养育方式和纪律使斯巴达人成了不可战胜的战士。在公元前 800 年到公元前 371 年，斯巴达没有输过任何一场战争。实际上，他们的训练非常严苛，以至于战争都被视为一种休假。"在战争时期，军官们都放松了最严苛的纪律……他们的操练也没那么严酷了，还对年轻人实行更少限制和监督的管理，因此对于他们来说，只有战争是备战工作中的休息……令人印象深刻，同时也令人恐惧的景象是，他们会随着笛声前进，整个阵线不会留有任何空隙，他们的心里一点儿也不紧张，而是从容且愉快地伴着乐声进入危险的战斗。处于这种心态的人不太可能经历恐惧或过度的兴奋，而是会在他们的目标上更为坚定、自信且勇敢，似乎他们的神一直陪伴在他们身边一样。"

斯巴达人是如何逐渐形成这种不同寻常但极具效率的社会组织的呢？在公元前 8 世纪，也就是斯巴达在伯罗奔尼撒半岛南部统一了拉哥尼亚（Laconia）的时候，它还是一个非常典型的希腊城邦。转折点出现在公元前 8 世纪末，当时，斯巴达征服了美西尼亚（Messenia）的附近区域。斯巴达人将这片土地划分为配额地（allotment），将美西尼亚人变成了农奴（希洛人），让他们在地里耕作。每份配额地的租金养活着一个斯巴达家庭。换句话说，斯巴达人把他们自己变成了有闲暇时间（如果可以这么说的话）来进行军事训练的统治阶层。希洛人对这种状况并不太满意，在接下来的几个世纪里偶尔会发动试图脱离斯巴达人掌控的叛乱。在斯巴达的主宰者看来，希洛人叛乱这一持续不断的威胁（他们随时准备着在斯巴达陷入军事困境时起义），就是在提醒他们不能松懈训练，不能放松纪律。当斯巴达人最终于公元前 371 年被击败时，美西尼亚人立刻就脱离了他们，这也是斯巴达作为希腊政治中重要角色的终结。

在此值得注意的是，斯巴达人对美西尼亚的安排和罗马对待战败敌人的方式之间存在着极大的区别。在公元前 4 世纪、公元前 3 世纪和公元前 2 世纪，罗马依旧实行将前对手接纳入共和国的政策。在公元前 338 年最后一场拉丁战争结束之时，罗马吸收了所有的拉丁群体。至公元前 4 世纪末，拉丁姆和坎帕尼亚被合并为一个罗马-坎帕尼亚国家，其中，罗马和坎帕尼亚贵族签订了一项协议，同意创建一支共有军队。著名的坎帕尼亚家族被欢迎加入罗马元老院。至公元前 264 年，意大利半岛都在罗马的控制下了，合并的详细情况各不相同。有些群体和罗马紧密地合为一体，他们的贵族成员全都是罗马公民，平民除投票权之外享有罗马公民的所有权利。还有些群体成了结盟国家，他们管理自己的内部事务，向罗马军队提供士兵，但是不交税。在公元前的最后一个世纪，所有的意大利群体都获得了完整的公民身份。

然而，罗马吸收外来人的意愿是有限的。最为重要的是，他们的开放并不会扩展到元民族分界线之外。尽管"罗马身份"（Romanitas）的定义逐渐延伸并囊括了拉丁人、坎帕尼亚人、伊特鲁里亚人和希腊人，但是高卢人绝对是无法被接纳的，他们很可能会被相当严厉地对待。直到征服了阿尔卑斯山以北的高卢，并且用罗马文化和语言同化了高卢人之后，这些高卢人才被接纳为"我们"。一种新的、更极端的蛮族——日耳曼人——的出现也在高卢人失去其之前作为"他们"的地位方面发挥了作用。此处的重点是所有的民族差异都是相对的。当面对野蛮的高卢人时，罗马人感觉自己和塔伦尼人（塔伦尼姆的希腊居民）——两者都是城市文明和读写文明的载体——有一些共同之处，即便那些希腊人其实是奇怪的家伙，他们的一些习惯是很难接受的。然而，和嚎叫着收集头颅的野蛮人相比……

斯巴达人把美西尼亚人视为一个可以奴役的民族——因为斯巴达并不是位于元民族边境的。斯巴达人和美西尼亚人之间纯粹的民族区别远远小于罗马人和塔伦尼人之间的区别。斯巴达人和美西尼亚人都属于希腊民族，他们说着不同的，但是能相互理解的同一种语言的方言。然而，所有的民族区别都是相对的。在没有非常格格不入的"他者"的情况下，斯巴达人并没有将美西尼亚人视为"我们"，因此问心无愧地就将他们降至奴隶的地位。

实际上，斯巴达甚至做得更绝。每一年，在就职的时候，斯巴达的主要治安官，也就是监察官（ephor）都会正式地发表针对希洛人的宣战声明。因此，希洛人是被视为国家的敌人的，只要需要就可以杀死他们，都不用通过烦琐的法律程序。正如历史学家G. E. M. 德·圣克鲁瓦（G. E. M. de Ste. Croix）所指出的，向为自己劳作的人宣战在历史上是一种绝无仅有的行动。

斯巴达人和希洛人之间持续不断的紧张状态既是斯巴达国家的力量来源，而最后也是其衰败的原因。经常保持战争状态培育并维持着斯巴达人之间强大的族亲意识。但实际上缺乏团结一致，也就是统治阶层和生产阶层之间的严重冲突削弱了斯巴达的扩张能力。

结果，斯巴达并没能在希腊将其军事霸权发展到足够大的规模，以获得相对于邻国的某种程度的安全，于是，在斯巴达被削弱时，它就被推翻了。

尽管雅典人在社会组织上非常不同于斯巴达人，但是相似的逻辑影响了他们对待被征服民族的方式，使他们的短命帝国（前478—前404）没有很强的凝聚力或者扩张力。雅典帝国一开始是一个合作性项目——提洛联盟（the Delian League），这是爱奥尼亚人（Ionian）为更好地抵抗波斯帝国而成立的。值得注意的是，在公元前5世纪初期，波斯的入侵是极大的外部威胁，因此短暂地将希腊人团结在了一起。人们也许会认为，如果波斯边境在雅典时期稳定了很长一段时间，那么就不会是马其顿，而会是雅典建立起强大的帝国了。然而相反的是，波斯人在输掉萨拉米斯（Salamis）海战之后，很快就撤离了希腊中心地带。

当外部威胁消失时，雅典人开始利用提洛联盟来为他们自己的自私目的而不是公共利益服务。他们逐渐将联盟成员的捐赠，从船到人都转变为金钱，再用这些钱来建造雅典的船只，并且配备雅典船员。换句话说，雅典人自己以上等阶层的战士自居，由来自下等阶层——提洛联盟中的非雅典成员——的经济贡献来供养。与斯巴达人的相似之处是令人惊讶的，不过其对雅典"盟友"所施加的镇压程度并不像斯巴达人对希洛人那么严酷。尽管如此，爱奥尼亚人还是对他们所处的被征服状态感到愤愤不平，想方设法地要摆脱不公的雅典束缚。当雅典人在伯罗奔尼撒战争中输给斯巴达人时，其盟友都四散奔逃，雅典帝国就此终结了。

与斯巴达和雅典形成对比的是，在汉尼拔战争期间，就算罗马处于令人绝望的困境中，它也没有被所有盟友抛弃。汉尼拔只有以压倒性的力量来威胁时，才能让各个意大利群体从罗马脱离出来。只有意大利南部的山地部落布鲁蒂尼人（Bruttians）全心全意地投靠了汉尼拔（后来因此而被罗马残忍地惩罚了）。许多意大利城市都忠诚地为罗马而战，因汉尼拔而遭受了重大损失。有些城市从内部分裂成了支持布匿派和支持罗马派。贵族派系倾向于支持罗马，因为罗马人会以包容开放的方式对待他们。他们的忠诚后来得到了回报，他们和他们的后代都分享到了公元前 2 世纪和公元前 1 世纪颇为壮观的罗马征服的战利品。

本章节的最后一个对比是马其顿人和其他希腊人。马其顿作为一个典型的边境国家，崛起于希腊文明的边缘地带。马其顿人首先面对的是色雷斯游牧民，接着他们被波斯人征服了。在短暂地成为波斯帝国的边疆之后，他们重获独立，紧接着马上受到了来自扩张中的凯尔特人的强大压力。总而言之，这些反复的打击和在元民族分界线上的生活促使马其顿人形成了一种强烈的民族团结感。在最终被罗马征服后，罗马人将马其顿划分为四个单独的行省，零散地并入国家。马其顿人对这种对待方式非常愤怒，于是发动了叛乱。叛乱并没有让他们从罗马那里获得独立（马其顿人意识到这是难以成功的），但是他们想作为一个整体被并入帝国，因为马其顿人觉得他们是整体。罗马人认输了，建立了一个单独的马其顿行省。

和传统的希腊城邦不同的是，马其顿从一开始就是一个领土国家。这是一个明显的区别。雅典人在得到萨拉米斯岛时，没有将之并入阿提卡（Attica，"雅典人的领地"）。反之，他们在最好的地方安置了一些雅典人的殖民地，将萨拉米斯的当地人视为下等人，萨拉米斯依旧是阿提卡之外的一个单独的群体。类似的是，斯巴达人在征服了美西尼亚时，没有将拉哥尼亚的定义扩展开，而是继续以旧的名称来称呼这两个区域。对比之下，马其顿人每次征服一片土地，都会将其并入马其顿。他们一直都是这么做的，直到亚历山大大帝的父亲腓力二世时期。他们的包容性政策为马其顿人开始征服已知的世界奠定了坚实的基础。

我们现在已经追溯了从公元前的一千年到公元后的一千年之间欧洲帝国的命运。在每一阶段，我们都已经看到，历史记录证实了元民族边境理论的预测，世界性的帝国崛起于文明冲突的地域。这一模式适用于公元后的第二个千年，也就是我们所诞生的这个世界吗？这是下一章节要处理的问题。

第七章

中世纪黑洞：在加洛林边境崛起的欧洲强国

欧洲经历了三个帝国时代。第一个是罗马帝国。正如之前的章节所讨论的，罗马崛起于地中海文明和凯尔特"野蛮文明"之间的断层线。罗马帝国的地理核心是地中海沿岸地区，罗马人亲切地将这里称为"我们的海"（Mare Nostrum）。在罗马统治期间，由航运带来的快速通信以及廉价的军队运输和散装货物运输将地中海沿岸地区紧密地联系在了一起。例如，罗马每年吃的是从北非运来的大量粮食。然而，当罗马崩溃时，其核心区域（意大利、希腊以及西班牙和北非的沿海省份）变成了某种"族亲意识黑洞"——在规模大到可以建立起一个帝国的区域进行社会合作是难以实现的。与此同时，拥有集体行动天赋的新的占支配地位民族——法兰克人、阿拉伯人、柏柏尔人、拜占庭人和阿瓦尔人——在罗马边境崛起。

这些新势力建立起他们的帝国，并且为前罗马帝国的核心区域而争斗不休，在这片核心区域里，集体行动能力已经变弱了，政权已经四分五裂了。随着基督教在欧洲内部的传播，以及伊斯兰教在近东和北非的传播，地中海地区并没有成为一个连接点，而是变成了分隔两个充满敌意的武装阵营的护城河。

在第二个帝国阶段，法兰克帝国和其他日耳曼民族所建立的帝国控制着欧洲的西半部分。像所有前工业时代的大型国家一样，这个中世纪的日耳曼帝国经历了多个长周期，即交替的整合-崩溃阶段：墨洛温王朝统治下的法兰克王国（6 世纪和 7 世纪），加洛林王朝统治下的法兰克帝国（8 世纪和 9 世纪），以及奥托王朝和撒利王朝的皇帝们统治下的德意志帝国（10 世纪和 11 世纪）。这一帝国的核心区域集中在莱茵兰地区（位于欧洲西北部的前罗马边境）。从 12 世纪开始，这一核心区域逐渐分裂为由公爵、伯爵、帝国的骑士、主教、大主教，以及城镇议会所统治的诸多独立小国。这一政治解体标志着另一种"族亲意识黑洞"的形成，其在正好穿过欧洲中部的一片广阔的范围内蔓延开来。

在第三个帝国阶段，大约也就是最后五百年，没有任何一个单独的帝国控制着欧洲的政治形势，反之，总是有几个强国在争夺对欧洲的主导权。几个世纪以来，这个排他的民族俱乐部的组成发生了变化，偶尔它们中的一个或者另一个会获得霸权地位，但是这些霸权时刻转瞬即逝，没有任何一个欧洲的占支配地位民族能匹敌罗马人或者法兰克人获得的权力优势。欧洲历史的这一特点——自法兰克帝国统一了欧洲以来，所有的尝试均以失败告终——在学者中引起了很多讨论。解决这一疑惑是我们在本章节中的目标之一。要追溯强国的崛起并且理解"欧洲是如何形成的"，我们需要适时地回到法兰克人，甚至回到罗马人那里。欧洲强国是在元民族边境崛起的吗？

开始追溯欧洲形成的一个适当日期是公元 800 年的圣诞节，当时，查理曼被教皇加冕为新的"罗马人的皇帝"。这时，加洛林帝国统一了包括现代的法国、比荷卢①、德国西部、瑞士、奥地利、意大利北部和中部，以及伊比利亚半岛的一个据点（加泰罗尼亚）在内的大片区域。然而，在查理曼于 814 年去世之后，内讧开始削弱法兰克帝国。发觉其内部的衰弱时，法兰克人的外敌在法兰克边陲增加了入侵压力。随着帝国的内部解体进程走向高潮，掠夺性的侵袭开始越过边境。马扎尔人深入法国，919 年在拉昂（Laon）、937 年在贝里（Berry）的侵袭证明了根本没有任何一片区域是安全的。

法兰克帝国四面楚歌：西南部的撒拉逊人（Saracens）、西北部的维京人、东北部的西方斯拉夫人，以及东南部的马扎尔人。边境区域，也就是法兰克人所说的"边界区"（marches）面对着各个方向的入侵者。在加洛林帝国崩溃后，其继任者连同其他罗马天主教国家——可以统称为拉丁基督教国家——持续进行了几个世纪的争斗。四个前法兰克的边界区就是名副其实的元民族断层线，在这里，基督徒们面对的是穆斯林撒拉逊人以及"异教徒"维京人、斯

---

① 比荷卢（Benelux），即比利时、荷兰和卢森堡。——译者注

拉夫人和马扎尔人。我们将会依次分析，从西班牙边界区开始，然后从那里开始顺时针移动。

　　加洛林与伊斯兰国家之间的边境是在 8 世纪形成的。711 年，一支由 7 000 名柏柏尔步兵和 300 名阿拉伯骑兵组成的军队入侵了西班牙，并且在瓜达莱特（Guadalete）的战斗中大败基督徒军队。西哥特人的王国崩溃了，至 719 年，撒拉逊人将剩下的基督徒都驱赶到了加利西亚（Galicia）山和阿斯图里亚（Asturia）山。之后，穆斯林越过比利牛斯山，入侵了法国，但是在 732 年的图尔之战（battle of Tours）中被查理曼的祖父"铁锤"查理·马特（Charles Martel）击败了。穆斯林浪潮达到了顶峰，其后，他们开始了长达几个世纪的撤退。至 759 年，他们被赶出法国，777 年，查理曼率领的法兰克人越界进入西班牙。然而，这场战争以灾难告终。在查理曼的军队穿过隆塞斯瓦利艾斯山口（Pass of Roncesvalles）时，其后卫部队被巴斯克人（Basques）摧毁了。尽管有这场灾难，但是 801 年，查理曼还是占领了巴塞罗那，在加泰罗尼亚建立起了西班牙边界区。

　　隆塞斯瓦利艾斯之战为 11 世纪的《罗兰之歌》（Song of Roland）提供了灵感，罗兰这位忠诚勇敢，但骄傲鲁莽的查理曼的家臣被恶魔般的撒拉逊人伏击，连同后卫部队的 20 000 名法兰克人被杀。不过，他并没有白白地牺牲，因为他是为了上帝和基督教而战。查理曼带着主力部队返回，击败了撒拉逊人，强迫 100 000 名"异教徒"皈依基督教，并且杀死了那些拒绝皈依的人。值得注意的是，这和《斯特罗加诺夫编年史》有着相似之处：两者的文本都以明显的黑白分明的措辞描绘了跨越元民族边境的斗争。两者都将敌人描绘为"异教徒"，尽管伊斯兰教和基督教类似，也是一神论宗教。

当穆斯林摧毁了西哥特人的王国时，他们定居在了安达卢西亚富有的南部区域，定都科尔多瓦（Córdoba）。西哥特的幸存者勉强在北方山区坚持了下去。当基督徒向北撤退时，他们撤走了居民，将堡垒和定居点都夷为平地。穆斯林持续以每年的侵袭对北方基督徒施加压力，但是他们并没有试图在被遗弃的地区定居。因此，在穆斯林和基督徒之间位于伊比利亚半岛中部的一大片广阔区域内，基本上空无一人。这是一个典型的元民族边境，它将两个彼此完全对立的一神论宗教阻隔开了。这也是一条非常重要的文化和经济断层线。安达卢西亚是一个非常富有的城市化社会，拥有识字的精英。其首都科尔多瓦是继君士坦丁堡之后欧洲最大的城市。相比之下，北部的基督徒社会是粗野、不识字、贫穷且有乡村气息的。其最大"城市"——比如巴塞罗那或圣地亚哥——的人口规模比科尔多瓦的小了一百倍。

穆斯林和基督徒之间的伊比利亚边境持续存在了差不多八个世纪，从711年穆斯林入侵到1492年格拉纳达被征服。在前三个世纪期间，这里基本上是没什么变化的——这片广阔的区域沿着东西向延伸，大约占半岛的三分之一。来来回回地有一些小的波动。法兰克人的军队在大约公元800年时向南推进，但是查理曼去世后就被赶了回来。在10世纪期间，阿斯图里亚人和纳瓦拉人（Navarr-ese）从穆斯林手里夺取了一些领土，开始在那里定居。然而，至

10 世纪末，在能干的将军曼苏尔（Al-Mansur）率领下的穆斯林军队使基督徒遭遇了一系列失败。曼苏尔洗劫了巴塞罗那、里昂、圣地亚哥和潘普洛纳（Pamplona）。他将圣地亚哥的教堂推倒，将教堂的钟带到了科尔多瓦，火上浇油的是，他下令将钟翻倒过来，在清真寺内用作火盆。形势看起来很严酷，但对基督徒来说幸运的是，从 11 世纪 30 年代开始，科尔多瓦的哈里发国失去了其内部凝聚力，开始分裂成一系列更小的独立小国。这时，边境的性质从"推力"变成了"拉力"——在更远的南部，也就是富有但现在羸弱的安达卢西亚，有很多空旷的边境土地可以定居，还有很多利润丰厚的战利品。收复失地运动开始了。

我们能一瞥在伊比利亚边境的生活吗？以下是这场长达几个世纪的冲突的一段小插曲，出自阿方索七世（Alphonso Ⅶ）的编年史，由历史学家詹姆斯·鲍尔斯（James Powers）在《一个为战争而组织起的社会》（*A Society Organized for War*）中讲述。

　　1132 年，一支由基督徒士兵组成的小规模军队沿着通往科尔多瓦的路向西北前进，在穿过敌军领土时，他们按照军队的方式反复地大喊和唱颂歌，试图以此来保持士气。在 12 世纪的伊比利亚半岛之外，这支队伍就各个方面而言都会是引人注目的。这个纵队由骑兵和步兵组成，驻扎在距离其基地四百多千米的地方，他们基本上是由两个城镇——塞哥维亚（Segovia）和阿维拉（Avila）——的市政民兵组成的，正在进行一场他们决定发起的战争。他们穿越了三座山脉，远离家乡，在一次大胆的袭击中深入了阿尔摩拉维德西班牙的中心。当他们在乡间四处游走寻找目标时，一支之前被派出去寻找战利品的侦察队再次加入了主力部队。该侦察队带来了令人警醒的情报消息：他们发现由阿尔摩拉维德的亲王科尔多瓦的塔什芬（Tashfin of Córdoba）率领的一支穆斯林军队已经在附近安营扎寨了，很可能是被派来追寻他们自己的骑兵中队的。如果是一支由更胆小的散兵和突袭队员组成的队伍很可能会在瓜达基维尔河（Guadalquivir River）找到最近的浅滩，然后回到横跨杜罗河（Trans-Duero）的集结地。然而，这些士兵并不是惊慌失措的生手，在不考虑被赶上和被击败的危险的情况下轻易就逃跑。反之，他们如训练有素的职业战士那样去搜寻敌军。

领袖们表现出积极性和好战性。在伊比利亚的边境战争包括铤而走险和对敌军发动直接攻击的合理策略，尤其是会取得成功的任何出其不意的突袭。他们改变计划和方向，并祈求"天上和大地之神、圣玛丽和圣雅各"的庇佑。城镇民兵开始搜寻现在和他们同在卢塞纳广场（Campo de Lucena）的敌军。一段时间后，在民兵们估计自己很接近阿尔摩拉维德的阵地时，他们就驻扎下来，分成了两支分遣队。全部骑兵和大约一半的步兵出发去探明穆斯林的位置，而剩下的一半步兵仍旧留在营地，看守行李和物资。

宽阔的广场足以让穆斯林和基督徒躲开彼此一段时间。他们从营地出发之后走了半天的路程，什么都没发现。下午逐渐变成了傍晚，没有碰上任何人。随着夜色加深，基督徒偶然地发现了阿尔摩拉维德的营地，抓住了完全没有防备的驻守士

兵。穆斯林拉响警报，冲向他们的武器，混乱而激烈的战斗随
之展开。基督徒利用突袭优势，在敌人们武装自己之前就杀死
了他们中的很多人。在黑暗和混乱中，基督徒和阿尔摩拉维德
人几乎无法互相区分。突然，塔什芬亲王从他的战地帐篷中冲
出来，高喊着命令，试图召集手下人。迎接他的是基督徒的长
矛，长矛刺穿了他的大腿，把他的决心变成了突然的恐慌。塔
什芬不顾自己的伤，一瘸一拐地走向最近的一匹马，骑上这匹
没有装鞍的马，策马前行，飞快地逃出战争现场，消失在了科
尔多瓦方向的幽暗中。幸存的阿尔摩拉维德人很快都效仿他们
的领袖，在混乱中撤退了。塔什芬的部队再也没能从最初的突
袭中恢复过来，发起奋力一搏。

　　当尘埃落定的时候，基督徒士兵们在营地内环顾四周，拿
走了留在那里的战利品。他们收集起所有能带走的东西，并返
回他们的营地。这次袭击是尤为成功的：骡子、骆驼、金子、
银子、武器，甚至塔什芬自己的作战标志都包含在战利品中。
阿维拉和塞哥维亚的民兵们当场瓜分了战利品，然后开始徒步
返回他们自己的城镇，与此同时，颂扬着上帝给予他们的好
运。他们发现塔什芬原来计划用他们遇到的这支军队袭击托莱
多（Toledo），这次袭击被民兵们终止了。穆斯林战士们却空
着手，四散奔逃回了科尔多瓦。塔什芬亲王……余生都只能一
瘸一拐地走路了。

　　尽管边境战争的特定组织形式——市政民兵——具有文化特殊
性，但这支卡斯蒂利亚边境队伍在许多重要的方面都类似于其他由

边境人员组成的部队，比如叶尔马克的哥萨克人。这两支队伍都不是职业军队。两者都是有凝聚力的自我组织的单位，并不需要发布任何的命令，因为每个人都准备着尽自己的一份力量。两个群体使用相似的宗教象征来保持他们的凝聚力，并将自己和他们的敌人区分开。最后，两支队伍在很大程度上都受到了希望得到战利品的激励。

我并不是第一个提出伊比利亚收复失地运动和俄国人对大草原的征服之间有相似之处的人。包括詹姆斯·鲍尔斯在内的几位历史学家都指出了，这两个社会的边境环境的相似之处是如何导致许多相似的社会制度的。也许最值得注意的相似之处就是，每个社会都以显著的平等主义和便捷的社会流动性为特征。正如在莫斯科公国，边境战士或者作为骑兵，或者作为步兵服役。马上的骑士们（caballeros）比徒步作战的士兵们（peones）享有更高的社会地位，他们还能得到更好的土地和牧场，在战争中有更好的得到战利品的机会。士兵们都是非贵族的农民、牧民和工匠。然而，想要获得骑士地位的士兵有很多能做到的机会。如果他有资金的话，最直接的方式就是购买一匹马和武器，开始作为骑兵服役。并不是所有的城镇都允许这种向上的流动，因此更接近边境也许是必要的。徒步的士兵也可以前往统治者特别需要骑兵的地方，并从国家那里获得马匹和武器。最后，徒步的士兵可以在战斗中获得必要的装备和战利品。例如，在战斗中让穆斯林骑兵摔下马的士兵会被给予敌人的战马作为奖励。只要边境环境普遍存在，卡斯蒂利亚精英对那些愿意服兵役者的开放态度就会持续下去。正如在莫斯科公国那样，当边境转移时，向上流动的机会消失了，社会结构更为稳定了。

卡斯蒂利亚的边境社会也有高度发达的公平准则。例如，这反映在战争利益分配的严格规则方面。当一支突击队返回时，城镇议会将宣布，在这一天，每个人都必须把夺取的一切战利品带到城镇广场。所有的战利品，包括牲畜、衣物、武器和珍贵的金属都会被拍卖。收益的一部分会被用于奖励英雄行为，但是大部分都会被分给每个参加远征的人，分到的份额取决于其装备（也就是说，骑兵所获得的份额远高于徒步作战者所获得的）。任何试图藏匿战利品的人都会被惩罚。这一体制约束了可能会损害集体努力的自私行为——历史上有太多的战争失败是因为士兵们会更专注于掠夺敌营而不是赢得胜利。通过确保每个人都得到合理的份额，这种分配战利品的方式促进了战场上的合作。显然，这一体系是由一群道德主义者设计的！

伊比利亚边境上的大部分人都住在城镇。正如在俄国边境上那样，城镇的角色并不是经济性的，而是防御性的。许多散布在边境区域的防御性社群为抵御穆斯林的攻击提供了深度防御。然而，和俄国人不同，卡斯蒂利亚人并没有建起防线。俄国人有粮田要保护，而卡斯蒂利亚人的主要经济活动是牧羊，当有突袭的威胁时，羊群更容易被带到围墙内。两种边境的另一个不同就是俄国边境主要是"推力"的类型（因为有来自入侵的鞑靼群体的残暴压力），而在收复失地运动之后逐渐形成的伊比利亚边境主要是"拉力"的类型。西班牙南部富有的穆斯林土地和城镇为掠夺提供了机会，这比其他方位点能提供的更吸引基督徒入侵者。

市政民兵在伊比利亚收复失地运动中扮演了关键性的角色。没

有任何的中央机构来精心安排军事行动。反之，不同的基督教王国
（纳瓦拉、里昂、阿拉贡、葡萄牙和卡斯蒂利亚）彼此独立地采取
行动，还经常互相开战。最终，三个主要的推力发展起来：地中海
沿岸的阿拉贡人、大西洋海岸的葡萄牙人，以及中部的卡斯蒂利亚
人。甚至在每个王国内，比如卡斯蒂利亚，向前推进也不是靠王室
军队的辉煌胜利来实现的。实际上，在 13 世纪之前，基督徒输掉
了大部分主要的战争！（正如我之前所评论的，在不断的挫折中获
胜的能力看起来是族亲意识水平较高的民族所拥有的。）但是，在
残酷的殖民压力的驱使下，边境群体赢得了数次小规模的胜利，正
是这些胜利为他们提供了向前推进的动力。"不同的人、不同的政
权、不同的成就，"研究中世纪时期西班牙的历史学家克拉迪奥·
桑切斯–阿尔博诺兹（Claudio Sánchez-Albornoz）写道，"但是一直
一直，一个世纪又一个世纪，战争之后是殖民，而殖民之后是战
争。"同样的话也适用于哥萨克人和俄国草原边境区的农民。

　　由于这种分散的组织结构，只有在伊斯兰国家深受内讧之苦
时，向南挺进才能实现，按照伊本·赫勒敦所提出的循环周期，大
约每一百年，他们会发生一次内讧。因此，10 世纪期间，基督徒
曾试图向南挺进，但被科尔多瓦的将军曼苏尔阻止和挫败了。11
世纪中期，当科尔瓦多的哈里发国崩溃时，更持久的向前挺进成了
可能，卡斯蒂利亚征服了托莱多附近的区域。当阿尔摩拉维德的柏
柏尔人进入西班牙，并在扎拉克（Zallaka）摧毁了卡斯蒂利亚的军
队时（1086），这一挺进被阻止了。12 世纪，阿尔摩拉维德王朝走
向衰落，基督徒进一步向南推进其边境，直到被另一拨柏柏尔

人——穆瓦希德王朝阻止，穆瓦希德王朝在 1150 年占领了穆斯林治下的西班牙。最大的一次挺进来自 13 世纪，也就是穆瓦希德王朝在纳瓦斯德托洛萨（Las Navas de Tolosa）的大战中被基督徒联盟击败（1212）之后。至 13 世纪末，西班牙仅存的伊斯兰国家就只有格拉纳达了。然而，在 14 世纪和 15 世纪的大部分时间里，收复失地运动再次暂停了，这一次是因为卡斯蒂利亚经历了长周期的崩溃阶段（和西欧的其他国家一起，这一内容将会在第二部分进行讨论）。

最终，当效忠于女王伊莎贝拉的军队赢得了 1476 年的王位继承战争（War of Succession）时，长期的内部不稳定和内战结束了。为了让饱受战争摧残的卡斯蒂利亚乡村恢复秩序，伊莎贝拉把目光转向了城镇民兵。她创立了神圣兄弟会（Santa Hermandad），将城镇民兵团结在了一起，给予其广泛的治安和司法权。兄弟会成员在街道上巡逻，阻止抢劫行为。当他们抓住一个罪犯的时候，他们会在自己的法庭上审判他，给予迅速的严惩。他们非常高效，因此，几年内就恢复了乡村秩序。然而，伊莎贝拉和斐迪南并没有解散兄弟会，而是将其用在针对最后一个伊比利亚伊斯兰国家的战争中。当格拉纳达于 1492 年落入基督徒军队之手时，伊比利亚边境不复存在了。随着这一边境的消失，城镇民兵的用处也消失了。讽刺的是，他们最后一次发挥重要的军事作用是在 1520—1521 年反对查理五世[①]的平民起义中。然而，民兵传统影响了接下来著名的

---

① 查理五世（Charles V，1500—1558），神圣罗马帝国皇帝（1519—1558 年在位），同时作为西班牙国王，被称为卡洛斯一世（1516—1556 年在位）。——译者注

西班牙步兵部队，也就是步兵方阵（tercios）的军事发展进程。西班牙步兵方阵由长矛兵和火绳枪兵混合而成。长矛兵被用于防御（尤其是对抗骑兵冲锋），而火绳枪兵提供进攻的力量。在 16 世纪的欧洲，西班牙步兵方阵是占支配地位的军事力量。直到 17 世纪刺刀的发明，将步兵连队分为矛兵和枪炮手的做法才被废除。

盎格鲁-撒克逊的编年史常常贬低西班牙的辉煌和影响力，但 16 世纪的西班牙是欧洲至高无上的权威，直到 18 世纪末，它一直都是强国。有所帮助的是，思考一下布朗托姆（Brântome）的领主皮埃尔·德·布尔代耶（Pierre de Bourdeille）在大约 1600 年时所写的关于西班牙的成就："他们已经征服了东印度群岛和西印度群岛——整个新世界。他们打败了我们，把我们赶出了那不勒斯和米兰。他们已经转到了佛兰德斯和法兰西，占领了我们的城镇，在战争中击败了我们。他们已经击败了日耳曼人，自尤利乌斯·恺撒之后，没有罗马皇帝做到过这一点。他们已经越过了海洋，占领了非洲。凭借城堡中、岩石间和堡垒里的一小群人，他们已经把律法施加到了意大利的统治者和佛兰德斯的庄园主们身上。"确实是来自敌人的高度赞扬。

位于西班牙帝国核心的占支配地位民族是卡斯蒂利亚人，他们肩负着帝国的重担。按人均计算，他们付更多的税，为步兵方阵提供更多的征兵。他们带头进行海外征服。他们还有在西班牙帝国内与其他民族合作的诀窍。正如历史学家亨利·卡门（Henry Kamen）最近在《帝国：西班牙是如何成为世界强国的，1492—1763》（*Empire：How Spain Became a World Power，1492 - 1763*）

一书中所提出的，西班牙帝国是卡斯蒂利亚人和阿拉贡人、意大利人、佛兰德斯人、日耳曼人，甚至中国人和阿兹特克人（Aztecs）共同协作的成果。意大利的金融家、日耳曼的技术人员和佛兰德斯的贸易商就像卡斯蒂利亚的军事人员和政府官员一样，对帝国的成功至关重要。

卡斯蒂利亚人是在伊比利亚边境上形成的一个民族。科特尔斯和皮萨罗所率领的征服了新世界的这伙冒险者，及横扫欧洲军队的西班牙步兵方阵，就是收复失地运动期间与摩尔人（Moors）作战的基督徒士兵的直系后裔。边境将卡斯蒂利亚人变成了"为战争而组织起的社会"（正如詹姆斯·鲍尔斯的书的标题那样）。但是这不仅将卡斯蒂利亚变成了高效的战争机器，而且塑造了其民众的民族性格——他们深刻的信念感、顽强、荣誉感以及协作能力——所有这些品质使他们成了优秀的帝国统治拥护者。

伊比利亚元民族边境有着相当简单的结构和动态变化——领土范围从东延伸到西，缓慢地向南推进（不过这种推进是断断续续的）。法国北部的元民族交错区有着更为复杂的历史。此处的"法国北部"指的是以塞纳河为中心，并延伸到南部的卢瓦尔河河谷和北部的索姆河（Somme）的领地。在加洛林时代，这里被称为法兰西亚（Francia）。

征服了高卢之后，罗马边境在莱茵河建立起来，于是，将法国北部留在了边界线后方的深处。然而，在 3 世纪的危机期间，莱茵河边境崩溃了，法国北部经受着日耳曼部落猛烈袭击的压力。而且与此同时，法兰克人开始向南方挺进，在低地国家定居。因此，法国北部就处于元民族边境区了。这条主要的断层线——在城市化的说罗马语的基督徒和崇拜奥丁的日耳曼部落之间——曾经在第三章讨论过。

4世纪期间，罗马帝国重获内部稳定。这是一段繁荣和人口增长时期，考古学的数据显示高卢南部的人口完全从3世纪的动乱中恢复过来。但是在北部，人口的恢复状况不佳，这与持续的不安全环境和紧张的边境环境有关。惯常的边境压力一定发挥了作用，因为至5世纪末，法国北部出现了一个相当有凝聚力的社会。当罗马帝国最终于476年崩溃的时候，其领土被划分为西哥特人、东哥特人、法兰克人、勃艮第人和阿勒曼尼人的王国。唯一的例外就是法国北部的区域，这里由罗马贵族西格里乌斯率领的本地精英所控制。

然而，西格里乌斯的王国无法匹敌迅速发展的法兰克人的势力。486年，克拉维击败西格里乌斯，将其领土并入法兰克帝国。然而，罗马-高卢贵族并没有被法兰克的战争首领取代。墨洛温的国王们意识到了训练有素且识字的行政官员对他们正在发育中的帝国的价值，罗马-高卢贵族就被并入了法兰克统治精英中。几代人之后，因为联姻和相互同化，已经很难区分出法兰克人和罗马人了。

考古学和地名学（toponymic）证据表明，有大量的日耳曼农民移民到了法国北部，他们可能是塞纳河北部的主导势力，但向南迁移到卢瓦尔河的非常少，最终，所有的移民都皈依了基督教，被罗马语言同化。尽管当时的资料称他们为"法兰克人"，但是现在不同的语言已经将他们和居住在莱茵河畔的同胞们分开了（属于日耳曼语系的法兰克语是现代佛兰德斯语的直系祖先）。因此，居住在法国北部的居民有着非常不同的民族起源（这是元民族断层线上的典型情况）。居住在这片区域的凯尔特民众在被恺撒征服时已经是混血民族了。在此基础上，还要加上罗马军团的士兵们及他们带来守卫边境的扈从，以及被纳入法兰克王国时迁入该区域的日耳曼农民（还有一批来自斯堪的纳维亚的日耳曼民众涌入这里，稍后我们会进行讨论）。在查理曼的帝国于 9 世纪崩溃时，人们逐渐意识到，就算民族起源各异，但法国北部的人们已经发展出了一种截然不同的民族身份。当日耳曼帝国在奥托王朝和撒利王朝的统治下重建时，法兰西亚并没有参与其中。

西格里乌斯的王国被并入法兰克帝国本应该是法国北部边境的结束，但这只是历史的一个急转弯。在 5 世纪期间，罗马统治下的不列颠陷入混乱，因而被罗马军团遗弃。内部衰弱引来了第一次袭击，接着皮克特人（Picts）、爱尔兰人、撒克逊人、盎格鲁人、朱特人和弗里西亚人在此建立起殖民地。许多不列颠（凯尔特）首领和他们的扈从逃离了混乱，越过英吉利海峡，在阿莫里卡（Armorica，意为"海之前"）安顿下来。6 世纪期间，不列颠继续向阿莫里卡移民，这片区域成了众所周知的布列塔尼（Brittany，"小不列颠"），这里的凯尔特居民就是布列塔尼人（Bretons）。出于某种原因（也许是因为他们厌恶把他们赶出不列颠的日耳曼入侵者），布列塔尼人一直憎恨法兰克人，开始袭击法兰西亚。法兰克人曾多次试图征服布列塔尼，还一度短暂地占领了该半岛。但是，法兰克人从未能维持住他们对布列塔尼人的政治控制，于是不得不建立起布列塔尼边界区来抵挡布列塔尼人的压力。

结果证明，布列塔尼人的身份认同坚决抵制法国人的同化，甚至在 19 世纪法国共和国政府相当残酷的攻击下，这种身份认同也留存了下来（当时在学校里面说布列塔尼语的孩子会被严重地惩罚）。如今，布列塔尼人仍旧活跃着。不管怎样，布列塔尼边界区并不属于主要的断层线，因为布列塔尼人和法兰克人都是基督徒（尽管布列塔尼人信奉的是一种有点儿不同的基督教）。然而，两个民族之间的仇恨以及不断的进攻和反进攻，导致法国北部人烟稀少。这为另一群入侵者——维京人挤入他们中间提供了机会。

约 790 年，维京龙船第一次出现在了不列颠群岛（British Isles）周围，但是并没有给法兰克帝国造成麻烦，此时的帝国仍旧保持着内部凝聚力。在法兰克帝国因查理曼的继承人而陷入一系列内战之后，这种情况发生了极大的改变。在 9 世纪 40 年代，维京人在卢瓦尔河、塞纳河和索姆河的河口处安营扎寨，并将这些河流作为深入法兰西亚进行劫掠的干道。查理曼的孙子之一 "秃头" 查理（Charles the Bald，843—877）建立起纽斯特利亚边界区（March of Neustria），并且委任巴黎伯爵 "强者" 罗贝尔（Robert the Strong）组织抵抗维京人的防御措施。当地人很快就明白了，摇摇欲坠的加洛林帝国正忙于自相残杀，无法拨出武装力量来保卫边境。如果他们想要得到保护，就得自己组织起来。这项任务落到了有能力且精力充沛的历任巴黎伯爵身上，比如 "强者" 罗贝尔的儿子厄德（Odo），他在 885 年英勇地领导了抵抗强大的维京人进攻的巴黎防卫战。在 9 世纪和 10 世纪，未来的法国首都还是一个边境要塞，会从 "强者"罗贝尔和厄德伯爵一脉传到法国的卡佩王朝手中。

斯堪的纳维亚人的进攻开始于在加洛林帝国西北边缘的突袭，很快这种突袭就变成了每年的惯例。下一个必然的步骤就是在各条河流的河口处建立永久性的基地，比如在塞纳河和卢瓦尔河的河口，这有助于深入渗透到法兰克人的领地。最后，这些基地会吸引大量来自斯堪的纳维亚的渴望土地的移民，他们来这里定居并在这片土地上劳作。最终，只有一个滩头堡——塞纳河河口——成功地推进了向内陆地区的定居。911 年，鲁昂（Rouen）的维京人首领罗洛（Hrolfr，法兰克人称之为"Rollo"）从加洛林帝国的最后一任国王查理三世那里敲诈来一张特许状，该特许状将最后成为诺曼底的土地给予了他。为了这些土地，罗洛宣誓效忠查理三世，但这一行为和一年后罗洛皈依基督教一样都是一种合法的谎言。一位法兰克编年史家写道，罗洛"在成为基督徒之后，为了向他敬奉的神表示敬意，在他面前砍了很多俘虏的头"。

10 世纪时出现了来自斯堪的纳维亚的新移民潮，诺曼底朝着西面、南面和东面扩张开来。诺曼人的扩张对周围的人产生了巨大的压力。曾有力地抵抗了加洛林人的布列塔尼人分崩离析了，他们的首领逃至海峡对岸。北欧战团继续劫掠法兰克人领土。一位法兰克编年史家写道，924 年，"罗格瓦尔德（Rögnvald）和他的北欧战士们……使位于卢瓦尔河和塞纳河之间于格（Hugh，巴黎伯爵）的领地上的人口大为减少"。正如下面的故事所显示的，诺曼人自己非常清楚他们对法兰克人领土造成的破坏程度以及他们的劫掠激发了多大的仇恨。当北欧的酋长们反叛了"长剑"威廉（William

Longsword，罗洛的儿子，也是他在鲁昂的继承人）时，威廉曾计划带领他的私人军团逃至法兰克人那里。他的主要支持者"丹麦人"伯纳德（Bernard the Dane）反对道："我们会和您一起赶至恩普特河（Epte，诺曼底和法兰西亚的分界线），但是我们真的不能去法兰西亚。因为在过去，我们经常和您的父亲一起劫掠那里，战斗一开始，我们就杀了很多人。实际上，正生活在那里的人们的外祖父辈和舅父辈、父亲辈和叔父辈、姨妈辈和姑妈辈、堂表亲和亲兄弟都被我们杀死或者俘虏了。在面对这种敌人时，我们怎么能期望活下来呢？"正如历史学家埃莉诺·瑟尔（Eleanor Searle）在《掠夺性亲属关系和诺曼权力的建立，840—1066》（*Predatory Kinship and the Creation of Norman Power*，*840 -1066*）一书中所说的，诺曼人认为他们和法兰克人是世仇的关系。

9 世纪和 10 世纪期间，挪威人的袭击和诺曼底的建立在法国北部创造了一个元民族边境。这与五百年前的罗马边境非常相似，但是规模更小一些。一边是说罗马语的基督文化，精英中至少有些有读写能力的人（主要是教会中的那些人）。另一边是"野蛮的"日耳曼奥丁崇拜者。甚至在公元 1000 年之后，当诺曼人被同化使用罗马语言并且信奉基督教时，他们还保持着强烈的作为诺曼人的自我身份认同感，实际上也就是对法兰克人的敌对感。

面对诺曼人的压力，法国北部只花了一个多世纪的时间就开始组织起有效的抵抗了。这是一个不同寻常的迅速回击——一般而言，在新的进攻性国家崛起之前，这种边境环境还会存在大约两三个世纪。但是，法国北部的民族是罗马边境居民和法兰克殖民者的后裔，当发现自己处于法兰克帝国的边陲时，他们并没有经历经常侵蚀核心区域的族亲意识被腐化的影响。因此，我们可以看到，早在 10 世纪中期，在巴黎、安茹和布洛瓦伯爵们以及诺曼公爵们周围就出现了第一个政治巩固的清晰迹象。

毕竟，当来自斯堪的纳维亚的外来人口在诺曼底定居，四面八方都是充满敌意的邻居时，他们承受着和他们施加给邻居的同样程度的压力。维京入侵者的族亲意识水平非常高，但是其社会规模比较小——他们在以家族为基础的小范围群体内合作，这就足够发动袭击了。在面对一支势不可挡的军队时，诺曼战团会登上他们的船，划船到安全地带。然而，在诺曼人获得土地之后，他们不得不为了捍卫这片土地而学会在更大规模的基础上进行合作。埃莉诺·瑟尔在她关于诺曼人的"掠夺性亲属关系"的著作中，追溯了不同的斯堪的纳维亚入侵者和殖民者群体组成诺曼社区的过程。"至 11 世纪中期，"她写道，"殖民者的后裔在欧洲形成了最守纪律、最合作的战士社会，他们能够共同努力——征服和压制英格兰——这是任何其他的欧洲政治实体不会也不可能发起的。"瑟尔认为，10 世纪的诺曼人创造性地利用他们的亲属关系概念，在诺曼底串联起整个战士社会。关于这种"掠夺性亲属关系"群体，最惊人的例子也许就是诺曼人对意大利南部和西西里的征服。确切地说，这是由一群兄弟——奥特威尔的坦克雷德（Tancred of Hauteville）的 10 个儿子所率领的。就没那么确切的意义而言，于 1066 年入侵英格兰的"征服者"威廉（William the Conqueror，1066—1087）的军队也是一群兄弟。这是一群有亲属关系的人——亲兄弟、第一代和第二代表亲或堂亲、姐夫或妹夫以及女婿等等。亲属关系贯穿于以威廉为主导的领导层，并且将其团结为一个有凝聚力的整体。

所以，瑟尔提出的诺曼人团结一致的具体机制是时代和地点的特殊产物，也是诺曼人的文化特质所特有的（例如，他们的日耳曼亲属关系概念）。然而，更为普遍的是，诺曼人的族亲意识水平非常高，因为他们是在元民族边境联合为一个民族的。总体上而言，尽管在边境环境下，群体团结总是会增强，但获得凝聚力的具体方式还是取决于文化和形势。

诺曼人对英格兰的征服尤为值得注意，因为他们必须征服一个本身已经有很高程度的社会凝聚力的民族。11世纪的英国人是撒克逊人、盎格鲁人、朱特人、弗里西亚人和其他日耳曼部落的后裔，这些人利用罗马军队撤退之后的社会分裂，于5世纪三四十年代开始在不列颠建立殖民地。不列颠的西部和北部［康沃尔（Cornwall）、威尔士、斯特拉斯克莱德（Strathclyde）和苏格兰］仍旧是凯尔特人的，而在南部和东部，日耳曼的入侵者基本上取代了本地人。很可能并没有针对不列颠人（Britons）的系统性的大屠杀（尽管这一时期还未被查实，而且几乎一切皆有可能发生）。但是，当日耳曼农民接管了农业土地时，城镇中的罗马–不列颠人的命运就成定局了。直到近代时期，城镇人口的死亡率通常都高于出生率，英格兰的罗马城镇默默地走向了衰落。

凯尔特基督徒和日耳曼异教徒之间的元民族边境持续存在了两个多世纪，直到670年，盎格鲁–撒克逊人皈依了基督教。然而，英格兰和凯尔特区域之间的民族边境并没有消失，两个民族间的敌意一直存在。在 9 世纪和 10 世纪，另一个元民族边境崛起了，当时不列颠被维京入侵者和殖民者控制。挪威和丹麦移民大量涌入约克郡和东盎格利亚（East Anglia）北部。

至 1066 年，长达几个世纪的边境压力将混杂的日耳曼入侵者锻造为一个具有凝聚力的英格兰国家。国家统一了，有了一位高效的国王——新当选的哈罗德·葛温森（Harold Godwinson）。历史学家一致认为黑斯廷斯之战是一场非常激烈的战斗。如果哈罗德及其军队不必冲向约克郡〔他们在斯坦福德布里奇之战（battle of Stamford Bridge）中轻易就击败了入侵的挪威人〕，然后再冲回南方，在疲惫和力量不足的情况下到达，他们很可能会将威廉的军队赶回海里。结果却是，整个英格兰领导层亡于黑斯廷斯。在接下来的 20 年里，诺曼人或杀或驱逐了几乎整个英格兰贵族阶层的人，以新的欧洲大陆精英取代了他们。

诺曼人几乎同时征服了英格兰和意大利南部，这是罕见的有关族亲意识在下层社会重要性的"实验性"证明。在这两个地方，统治阶级都是从同一批具有高度凝聚力的诺曼战士中组建起来的。在12 世纪，诺曼意大利和诺曼英格兰可能是全欧洲治理最好的两个国家。然而，在英格兰的诺曼贵族将自己根植于社会关系紧密的英格兰农民阶层之上时，意大利南部——已亡的罗马帝国的核心区域——还是一个族亲意识黑洞。在 12 世纪之后，两个国家的轨迹朝着完全相反的方向偏离。英格兰征服了整个不列颠群岛和半个法兰西，在失去了第一个帝国后，又征服了一个世界性帝国，并且在19 世纪成了一个霸权强国。

　　相比之下，意大利南部在诺曼贵族失去其最初的团结性之后，再次陷入了地缘政治的落后状态。先是落入日耳曼皇帝的手中，然后落入法国卡佩王朝（安茹王朝）的一个下级分支之手。多个世纪以来，它一直是西班牙帝国的一部分，最后被萨沃伊（Savoy）家族以武力并入新的意大利。即便是今天，还有许多意大利北部的人认为这是个糟糕的错误。

　　诺曼底只是在法国北部元民族边境那一触即发的局势中迸发出的第一个帝国。在 10 世纪，该边境的法国一侧所形成的新的政治权威中心是围绕着安茹伯爵、布洛瓦伯爵和巴黎伯爵的。布洛瓦是第一个屈服的，其被周围更强大的国家弄得四分五裂。然而，剩下两位伯爵之间的对决是更为势均力敌的，有一段时间人们都分不清法兰西的首都是巴黎还是昂热（Angers）。987 年，巴黎伯爵成为法兰西国王，因而取得了一些优势，但这时的王室头衔基本上就是个空头衔。早期的卡佩王朝几乎仅仅控制巴黎（法兰西岛）周围的地区和卢瓦尔河畔奥尔良周围的一些土地。甚至连这些名义上的王室土地也布满了由难以控制和顽抗的贵族所有的城堡，国王对这些地方并没有实际的控制权。

　　安茹伯爵通过熟练地使用诡计而扩大了其领地。金雀花王朝的亨利二世（1154—1189）从其父亲那里继承了安茹、都兰（Touraine）和曼恩（Maine），从其母亲（亨利一世的女儿，亨利一世去世时没有留下男性后代）那里继承了诺曼底和英格兰。亨利迎娶了阿基坦的埃莉诺，由此获得了普瓦图（Poitou）、吉耶纳

（Guyenne）和加斯科涅（Gascony）。在法国国王磨磨蹭蹭地一个城堡接一个城堡地削弱其手下不受控制的贵族们的权势时，金雀花所控制的领地逐渐让法国王室所拥有的土地相形见绌。竞争看似结束了。然而，最终是耐心和系统的策略占了上风。亨利二世的安茹帝国的主要问题是他的统治阶层来自两个不同的民族，局势总是不稳定。诺曼人和法国人来自元民族边境上对立的两方，即便此时他们说着相似的方言，信奉同样的宗教，但他们还是认为彼此是不同的、对立的群体。在合并之前本该需要更多的时间（至少在 16 世纪时，诺曼底的诺曼人还是将自己视为法国人）。因此，安茹帝国的构成并不稳固，不管怎样，它都会有所倾斜，或者是法国贵族占统治地位，或者是诺曼贵族，但不可能两者同时统治。在腓力·奥古斯都（Philip August，1180—1223）征服了金雀花家族所拥有的除吉耶纳之外的法国领地时，这一问题解决了。

卡佩王朝治下国家的持久性成功要归因于它第一次统一了它的民族核心——法国北部的人口，然后才开始向外扩张。而在这一核心统一之后，接下来的扩张就是迅速的。北部的诺曼底和佛兰德斯合二为一，与此同时，阿尔比十字军东征获得了法兰西南部的朗格多克（Languedoc）。在 13 世纪，法兰西成了欧洲的霸权强国，其广阔的领土和庞大的人口为王室金库创造了持续不断的税收，其好战且具有凝聚力的贵族阶层主导着欧洲的战场，其辉煌且有影响力的文化受到了整个拉丁基督教国家的仰慕。

和拉丁基督教国家的西北部边界复杂的历史不同，其东北部边境的动态是更容易追溯的。就此而言，这一边境更像伊比利亚的而非法国北部的。实际上，正如我们所见，值得注意的是，日耳曼向东扩张（Drang nach Osten）的情况和伊比利亚的收复失地运动非常相似。

对于我们来说，主要感兴趣的区域是易北河和奥得河（Oder）之间的地区，这里大致相当于之前的东德。在罗马时代，日耳曼部落定居于此。然而，在西罗马帝国崩溃之后的大移民时期，日耳曼人遗弃了德意志东部，西方的斯拉夫人——被日耳曼人称为文德人（Wends）——取而代之。历史学家完全不理解为什么会这样。更有可能的是，当地的日耳曼部落遭到了削弱，因为其绝大多数活跃分子被战利品和可以定居的富有农业土地吸引，移民到了前罗马的土地上。与此同时，斯拉夫人开始从他们的定居地向外扩张（权威人士对这一问题仍有争论）。当仍旧留在原地的日耳曼部落面对着来自斯拉夫人向西扩张的猛烈袭击的压力时，他们很可能决定在更温暖和更安全的地方加入他们的亲戚。这种斯拉夫人的"向西前进"开始于 5 世纪或 6 世纪。至 8 世纪末，日耳曼的撒克逊人和斯拉夫的文德人之间的界线坐落在了易北河沿岸。当查理曼在 785 年征服撒克逊人，并且让他们全部皈依基督教时，易北河边境变成了一条元民族断层线。

日耳曼向东部的前进是断断续续的，耗费了几个世纪才完成。查理曼统治时期曾有过短暂的推进，但并没有取得什么进展。当加洛林帝国崩溃时，撒克逊的土地承受着来自文德人的猛烈袭击的压力。10 世纪初期，在新的奥托皇帝治下才组织起针对袭击的有效抵抗，在萨克森（Saxony）和图林根（Thuringia）的易北河河谷及威悉河（Weser）河谷建立了防御工事，城镇、庄园和修道院都用栅栏守卫起来了。在他们的中心地带得到保护之后，撒克逊人开始发起针对文德人的进攻。928 年，他们越过结冰的哈弗尔河（Havel River），猛烈进攻布拉尼博尔［Branibor，勃兰登堡（Brandenburg）］。几年后，皇帝亨利一世在伦岑之战（battle of Lenzen）摧毁了一支庞大的斯拉夫军队。在接下来的几十年里，撒克逊的皇帝们将德意志东部划分成几个等级，建立起几个主教辖区，由新的马格德堡（Magdeburg）大主教区管理，以让斯拉夫人皈依。然而，983 年，斯拉夫人的起义摧毁了撒克逊人在易北河东部的大部分成果。问题就在于，相比征服德意志东部的荒野，皇帝们更感兴趣的是扩大其在意大利的影响力，边界领主并没有强大到能凭一己之力抵抗文德人。接下来的一个半世纪，向东扩张逐渐停止了。

日耳曼长达几个世纪的向东推进给边境另一侧的斯拉夫（以及后来的波罗的海）民族施加了很大的压力。这一进程的发展，促成了捷克人、波兰人和后来的立陶宛人的国家的形成。在 11 世纪早期，捷克人和波兰人都皈依了基督教，捷克人不得不接受了在帝国内的封臣地位。波兰的核心区域在东部更远的地区，这给了波兰人足够的喘息时间，让他们能组织起一个强大到足以抵挡日耳曼进攻的国家。历史证明决定皈依基督教的捷克和波兰的首领做了一个明智的决定，因为这使他们能保有自己的身份认同和语言，能够存活下来，甚至有时还兴旺繁盛。

其他的斯拉夫部落，如阿博得利人（Abodrites）、留提兹人

（Liutizi）和罗济茨人（Rugians）依旧信奉异教信仰。作为对基督徒压力的应对，这些斯拉夫人发展起自己的武装力量，并且组织了异教信仰仪式。例如，罗济茨人崇拜四头的神像斯万特维特（Svantovit），其神龛坐落于吕根岛（Island of Rügen）的阿尔科纳（Arkona）。对斯万特维特的异教崇拜是由高级祭司领导的，这位高级祭司是唯一被允许留长发的罗济茨人。每年，整个民族都会参加在阿尔科纳举行的丰收节，带着牲畜作为祭品。异教仪式会收集税款，并且由 300 名骑兵组成的战团守卫。

撒克逊人和波拉比人（Polabians）之间激烈的斗争很容易被定性为种族灭绝。斯拉夫入侵者通常会屠杀男性，奴役女性和孩子。其中一个部落的名字"留提兹"在斯拉夫语里就意味着"凶猛的人"（有趣的是，这和法兰克人类似，其名字也具有相同的含义）。还有个部落被称为"威尔兹"（Wilzi）——"狼"。就撒克逊人而言，他们犯下了很多暴行，比如挖眼睛、割舌头或者直接屠杀数百名俘虏，他们的编年史报告非常实事求是。其中有个插曲，格罗侯爵（Margrave Gero，边界领主）邀请 30 名斯拉夫领袖来参加一场"友谊之宴"，在他们喝醉之后，他把他们全杀了。这一传闻令人联想起 1622 年弗吉尼亚总督怀亚特（Virginia Governor Wyatt）和包哈坦印第安人（Powhatan Indians）之间的"和平会议"——不同的时间和不同的地点，但在文明冲突的地方出现了同样的谋杀特征。因为基督徒被禁止与异教徒联姻，所以没有或者很少有跨越元民族差异的亲属关系，而这本可以缓和双方的敌意。当一名斯拉夫酋长提议他的儿子迎娶撒克逊公爵的侄女时，迪耶特里克侯爵

（Margrave Dietrich）回应称公爵的女性亲戚是不能被许配给一条狗的。从未出现过联姻。

在康拉德三世（Conrad Ⅲ，1138—1152）统治期间，向东扩张重新开始。东征的压力来自民众，而非皇帝。萨克森公爵"狮子"亨利和勃兰登堡侯爵"熊"阿尔伯特（Albert the Bear）等边界领主们筹划了扩张行动。教皇提供了意识形态外衣，他于1147年批准了德意志针对斯拉夫人的东征。十字军战士们的动机通常是意识形态和自我利益的混合物。"异教徒是恶魔，"1108年，一位马格德堡的主教写道，"但是他们的土地盛产肉类、蜂蜜、面粉和家禽，耕作还会带来无与伦比的大丰收。那些了解的人是这么说的。因此，哦，你们这些撒克逊人、法兰克人、洛林人①和佛兰德斯人，你们这些著名人士和世界的征服者，你们可以在这里拯救自己的灵魂，如果你们愿意的话，就能收获可以栖身的最好的地。"

这一次，德意志东部被永久地征服了，"狮子"亨利开始向易北河东部的领地推进。1226年，新的参与者登上了舞台——条顿骑士团。条顿骑士响应波兰伯爵马素比亚的康拉德（Conrad of Masovia）的请求，帮助他对抗普鲁士异教徒。康拉德将库默尔兰（Kulmerland）给予他们作为基地，并且承诺给予他们所有从普鲁士人那里征服的土地。1237年，条顿骑士团兼并了利沃尼亚的宝剑骑士团，该骑士团驻扎于拉脱维亚，东征骑士从波罗的海沿岸开始推进。普鲁士的抵抗被残忍地镇压了。这次镇压的特点是大规模

---

① 原文写作 Lorainers，似有误，应为 Lorrainers，即"洛林人"。——译者注

地针对当地波罗的海人民进行屠杀，接着是强迫剩下的幸存者基督教化和德意志化。与此同时，新征服的领土迎来了持续不断的殖民者——威斯特伐利亚贵族（Westphalian nobles）、西多会修道士、佛兰德斯和德意志商人，以及来自萨克森、尼德兰和丹麦的农民。

13 世纪，德意志东部成了一个大熔炉，包含了各种不同的民族，从斯拉夫异教徒到佛兰德斯商人，在这里他们都变成了德意志人。在其北边，首府为柏林的勃兰登堡省在许多个世纪之后成了统一的德国的核心。其他被德意志人大规模殖民的区域是波罗的海沿岸的波美拉尼亚（Pomerania，位于今波兰的波美拉尼亚西部）、普鲁士［部分位于今波兰、部分位于今俄罗斯的加里宁格勒（Kaliningrad）地区］以及位于奥得河上游的西里西亚（Silesia，也位于今波兰）。17 世纪、18 世纪和 19 世纪，这四片区域成了现代德国的核心。勃兰登堡-普鲁士-德意志的崛起非常迅速。"1640 年，当'大选侯'（the Great Elector）霍亨索伦的腓特烈·威廉（Fredrick William of Hohenzollern）在勃兰登堡掌权时，普鲁士是一个贫穷而遥远的省，是他从波兰王室手里夺来的领地，与此同时，他的其他领地广泛地分散在整个德意志。但是当大选侯于 1688 年去世时，勃兰登堡-普鲁士变成了一个卫戍型国家（garrison state），在这里，所有可获得的资源都被集中到了一起，用以维系一支规模巨大且有效率的常备军。腓特烈·威廉及其下属不允许有任何事情阻挡这一目标的实现。贵族特权、省和城镇的豁免权、行会甚至乡村惯例都被加以协调与调整，有必要的话，为了创造出最大可能的军事力量，还要加以镇压。因此，那些曾经贫穷、衰弱和迥然不同的地域被紧密地团结为一个行政实体，由此证明了其不仅能保卫自己，还能为霍亨索伦家族的权威提供一个有效的基础，使该权威可以扩展到新的领地。"威廉·麦克尼尔在《西方的崛起》（*The Rise of the West*）一书中写道。换句话说，普鲁士是另一个"为战争而组织起的社会"。

勃兰登堡、普鲁士、波美拉尼亚和西里西亚都是向东扩张的产物，在 17 世纪和 18 世纪，这些前边境省份成了复苏的德意志的核心。讽刺的是，现代德国真正核心的很大一部分此时仍被排除在外。就第三帝国战败的结果而言，这并不是一种阿道夫·希特勒会喜欢的讽刺。

由于改变信仰和殖民地化，至 13 世纪末，从丹麦到德意志北部的整个波罗的海南部，贯穿波兰和东普鲁士，再到拉脱维亚和爱沙尼亚都成了拉丁基督教王国的组成部分。这一巨大的推力粉碎并且摧毁了一些波罗的海民族，比如普鲁士人，他们的名字现在已经被他们的征服者占用了。其他的如爱沙人（Estes）和列托人（Letts）被淹没了多个世纪，但一直作为农奴为他们的德意志主人服务，20 世纪才作为小型民族浮出水面。最后，还有一个民族以加强其武力来作为回应，建立起了自己的大帝国，那就是立陶宛人。

当里加（Riga）的宝剑骑士团于 1203 年闯入未来的立陶宛领地时，这里还没有被称为立陶宛人的民族。反之，许多小的波罗的海农民部落由一群骑士阶层所控制。两个世纪之前，俄国南部和东部领地皈依了基督教，这些波罗的海异教徒发觉自己身处于一个元民族边境区。他们一直忍受着来自波洛茨克公国（Principality of Polotsk）的突袭压力，不得不缴纳贡品。当基辅俄国于12世纪解体时，波罗的海人自己开始袭击波洛茨克的领地以及其他地区。每年春天，酋长连同他们的武装扈从都会发动突袭，带着牲畜、奴隶和银器回来。每个部落都有一个堡垒，在其邻居打击报复时，他们可以在这里避难。鉴于人口密度低、森林茂密和沼泽广阔，这些波罗的海人所面临的军事压力并不是很大。

在纪律严明且贪婪的条顿骑士团和宝剑骑士团到来时，形势发生了极大的转变。在13世纪和14世纪，"最初的立陶宛人"同时受到了西部和北部的挤压。他们目睹了波罗的海的同胞们被德意志的强大力量歼灭或者征服。从13世纪40年代开始，他们也在东面受到了金帐汗国的蒙古人的袭击。简言之，他们发觉自己处于元民族边境的强大压力下，只有两种选择——要么结成一体，要么屈服。立陶宛人结成了一体，建立起了最大的欧洲帝国之一。

1219年，大约有20位立陶宛大公。40年后，他们中的一人明道加斯（Mindaugas）动员起全部的人为他作战，贵族担任骑兵，农民担任步兵。统一的第一次尝试失败了，1263年，明道加斯被他自己的妹夫谋杀。但是来自条顿骑士团的压力依旧存在，当这种压力在14世纪初期增强时，另一个统一者崛起了。在格迪米纳斯（Gediminas，1316—1341）治下，立陶宛开始向前基辅罗斯的领地扩张，当时这片领地向金帐汗国纳贡。在下一任大公阿尔吉尔达斯（Algirdas，1341—1377）治下，立陶宛的扩张依旧在继续，且已经到了黑海。再下一任大公就是迎娶了波兰的雅德维加（Jadwiga of Poland）的雅盖沃（Jogaila，1377—1434）。在 15 世纪，立陶宛-波兰成了欧洲最大的领土国家。1410 年，雅盖沃在格林瓦尔德（Grünwald）大战中击败条顿骑士团。1466 年，条顿骑士团终于屈服。该骑士团成了波兰王室的一个封臣，其半数成员都成了波兰人。这次斯拉夫-波罗的海国家战胜德意志东征军修会无疑是人类历史上最惊人的转变之一。但是在历史上没有永久的胜利。18 世纪末，起初是波兰王室封臣的普鲁士霍亨索伦的国王们，正在忙于瓜分波兰，他们和掠夺者同伴——哈布斯堡家族与罗曼诺夫家族就可选的份额争论不休。

至 14 世纪末，立陶宛人仍旧是异教徒，因为异教信仰是他们民族身份的一个不可分割的要素，他们正是基于此来反对德意志十字军战士的拉丁基督教的。然而，在德意志的威胁减弱之后，立陶宛人发觉他们此时可以放弃异教信仰了。雅盖沃于 1386 年接受了洗礼，这是他得到波兰王冠的交易的一部分。最初对基督教有一些抵制，但是 15 世纪，立陶宛人逐渐皈依了基督教。他们是最后一批信仰基督教的欧洲人。

在某种程度上，本章讨论的三个边境区都是地方事务，其动态至多受到几百千米之外所发生事件的影响。相比之下，拉丁基督教王国的东南部边境所响应的是几千英里之外，也就是欧亚大陆另一边所产生的震动。蒙古和中国北部的接壤处无疑存在着世界上最大的元民族断层线——“所有文明的冲突之母”（在此向萨达姆·侯赛因和塞缪尔·亨廷顿致歉）。这一亚洲内部边境形成于公元前一千年期间，是中国在不同时代一再形成国家的原因。在边境的草原一侧，诞生了三个强大的占支配地位的民族——匈奴人、突厥人和蒙古人。这三个游牧民族都建立起了大型欧亚国家，征服了一些草原民族，驱逐了其他人。一个游牧民族，在面对来自东部强大邻居的压力时，会聚集起男性战士、女性、孩子和畜群向西转移，对沿线的下一个民族施加压力，就像多米诺效应一样。因此，在与中国接壤的边境上反复出现的建立帝国的震动，产生了向西越过大草原的压力潮流。欧亚草原最西边的扩张最后停在了匈牙利平原。

到达匈牙利平原的第一波来自亚洲内部的游牧民族是匈人，有人认为他们是匈奴人的后裔。起码，他们的名字来自那个占支配地位的民族（匈奴人是对中国文字的现代解读；古代时期，这一名字的发音很可能类似于"Hunnu"）。第二波是阿瓦尔人，是突厥帝国的一个分支。阿瓦尔人之后是马扎尔人。最后的游牧民族入侵者是拔都可汗所率领的蒙古万户①，他们于 1241 年消灭了匈牙利的军队，但是之后就离开了，因为拔都想要参加下任大汗的选举，所以不得不为向东几千英里的行程做准备。

每一次，匈牙利平原都被来自亚洲内部的游牧民族控制，在西面［不包括今蒂罗尔州（Tirol）在内的奥地利］的多瑙河中部地区发现自己处在了非常棘手的邻近位置。这是拉丁基督教王国的东南部边境所在的区域。这一边境可追溯至加洛林时代。788 年，查理曼罢黜了塔西洛公爵（Duke Tassilo），将巴伐利亚并入了法兰克帝

---

① 万户（tumens），世袭军职，统领千户、百户等。——译者注

国。此时，未来的奥地利还在阿瓦尔帝国内。在接下来八年的一系列战争中，法兰克人摧毁了阿瓦尔人的统治，建立起东部边界区〔德国的奥斯特马克（Ostmark），后来变为奥斯特里希（Oster-reich），也就是拉丁语的奥地利〕。由于巴伐利亚的殖民，奥地利主要成了德意志的一部分。

　　大约有一个世纪，匈牙利平原成了某种无人之地。阿瓦尔人的统治被摧毁之后，法兰克帝国并没有足够的人可以去这里建立殖民地。而且不管怎么说，在 9 世纪，加洛林王朝走向了衰落，帝国内要处理的事务就已经足够多了。当地人，也就是混杂在一起的达契亚人（Dacians）、日耳曼人、匈人、阿瓦尔人和斯拉夫人并没有建立起国家。马扎尔人（也被称为匈牙利人）冲入了这一政治真空地带。关于马扎尔人，令人疑惑的一点是他们的语言，该语言和欧亚森林北部的乌戈尔–芬兰方言相关。一些学者已经提出，该区域就是这一群体的发源地。更有可能的是，马扎尔人的崛起是森林中的乌戈尔民族和草原上的突厥民族之间某种相互作用的结果。在其他方面，马扎尔人是典型的游牧部落联盟，就像匈人或者突厥人一样。实际上，中世纪的欧洲人直接称他们为突厥人。

　　马扎尔人一在匈牙利定居下来，就开始掠夺前加洛林帝国的日耳曼领土。正如前面所提及的，他们进行的一些突袭甚至远到法国。奥地利是匈牙利发动袭击的天然通道，当他们想要掠夺帝国的时候，奥地利就会遭到蹂躏。924 年，第一任奥托王朝的皇帝不得不同意向马扎尔人纳贡，以此来阻止他们的毁灭性攻击。然而，随着奥托治下德意志的势力变强（马扎尔人的压力在其中发挥了不小的作用），德意志人逐渐转向了进攻。955 年，皇帝奥托一世在莱希费尔德之战（battle of Lechfeld）中决定性地击败了马扎尔人。查理曼的奥斯特马克得到了重建，巴伐利亚人再次被鼓励去奥地利建立殖民地。与此同时，在德意志失去了大捞一笔之机的匈牙利人开始定居下来。随着他们逐渐从游牧生活转为定居的农业生活，匈牙利人变得更有可能皈依基督教了。圣斯蒂芬（St. Stephen，997—1038）进行了第一次使他们皈依的尝试，但是 1046 年匈牙利的基督教遭受了巨大的打击，当时身为异教徒的部落酋长推翻了斯蒂芬的继任者，大肆屠杀基督徒，并且摧毁了教堂。匈牙利最终在公元 1100 年后才成为一个以基督教为主的王国。

不管怎么说，匈牙利的皈依是一个重要的转折点。匈牙利成了拉丁基督教王国的一部分，尽管匈牙利人和德意志人自公元 1100 年后打了许多场战争，其互相的敌意一直延续到 19 世纪，但元民族断层线不再存在于两个民族之间了，他们现在隶属于同一种文明了。

接下来的三个世纪，抵挡草原入侵者的法兰克边界区是奥地利〔在那之前，这一区域是罗马人的诺里库姆（Noricum）边境省〕。处于元民族断层线的那几个世纪奥地利创造出了一个高度团结的民族，拥有其与众不同的身份认同（这就是奥地利仍旧在德意志之外的一个原因）。奥地利作为一个强国崛起的过程缓慢而平稳。其于 1156 年获得了作为独立公国的地位，1282 年成了萌芽中的哈布斯堡帝国的核心地区。哈布斯堡家族于 1335 年得到了卡林西亚（Carinthia）和卡尔尼奥拉（Carniola，斯洛文尼亚），于 1368 年得到了蒂罗尔。1438 年，他们变成了德意志（"神圣罗马"）帝国的皇帝，直到 1806 年帝国解体一直保有帝国的王冠。当然，神圣罗马帝国是一个非常松散的结构，但它还是给了皇帝很多的权力。领土的大规模扩张于 1526 年出现，在奥斯曼突厥人于莫哈赤之战（battle of Mohacs）摧毁了匈牙利人的军队，并且征服了三分之二的匈牙利帝国领土之后。哈布斯堡家族夺取了未被征服的匈牙利领地，包括克罗地亚、波西米亚、摩拉维亚（Moravia）、斯洛文尼亚和西里西亚（1742 年，西里西亚被普鲁士占领）。

随着突厥人到达匈牙利平原，奥地利再次发现自己处在了紧张的元民族断层线上。维也纳成了边境堡垒，曾经在 1529 年和 1683 年两次被突厥人围困。在此期间，所有的扩张都结束了，奥地利人挖壕固守，抵挡着一次又一次的穆斯林入侵者浪潮。最后，在维也纳第二次被围困之后，奥地利人继续进攻。对突厥人的匈牙利和特兰西瓦尼亚（Transylvania）的征服使奥地利领土翻了一倍，并且还使它成为第一等级的强国。在 18 世纪，奥地利接管了西班牙在意大利的领地和尼德兰，参与了瓜分波兰，并且以牺牲奥斯曼帝国为代价继续扩张。

19 世纪，奥地利无疑成了强国俱乐部的一员，但可能是其中最弱的——并不是因为缺少领土或人力，而是因为帝国内存在的各种民族所导致的离心力倾向。主要的问题是匈牙利人。正如之前所提到的，任何包含了两个完全不同的占支配地位民族的政治结构都是不稳定的，要么必须融合为以一个民族为核心，要么就解体。在查理五世统治期间（1519—1558），哈布斯堡帝国有两个核心——

卡斯蒂利亚人和奥地利人。这种安排是行不通的，在查理五世退位后，帝国和平地分裂了。西班牙的部分归查理五世的儿子腓力二世所有，德意志的部分归他的弟弟斐迪南一世（Ferdinand Ⅰ）所有。当匈牙利于 1699 年被重新占领时，哈布斯堡帝国再次包含了两个占支配地位的民族。在奥地利人监管下的匈牙利人感到恼火。即使奥地利人试图以将帝国重新规划为奥地利-匈牙利的双君主制来安抚他们，并且将如斯洛文尼亚和克罗地亚这样的斯拉夫领土分给匈牙利王室，但这并不足以让匈牙利统治阶层满意，他们仍旧梦想着过去的帝国荣耀。奥地利人和匈牙利人诞生于元民族边境上对立的两侧也是一个因素，虽然已经过去了好几个世纪。匈牙利人不仅拒绝接受德语（德语顺理成章地成为帝国内的通用语言），还着手计划让臣服于他们的斯拉夫民众接受匈牙利语。两个民族之间的紧张关系刺激着帝国内更小民族的离心力倾向。例如，匈牙利人对斯洛伐克语言和文化的迫害，就在加深这个小规模斯拉夫民族新兴的民族身份认同感方面发挥了重要的作用。不管怎么说，19 世纪是民族主义的时代，这一思想意识影响了所有臣服于哈布斯堡帝国的民族——意大利人、捷克人和南部斯拉夫人，为该国的内部凝聚力带来了灾难性的后果。在哈布斯堡家族于 19 世纪晚期过度扩张地占领了波斯尼亚（Bosnia）时，这种情况才结束。1908 年，匈牙利被正式吞并，这直接导致 6 年后加夫里洛·普林西普在萨拉热窝开了致命性的一枪，以及之后的一战、奥地利战败并被胜利者解体。

　　然而，1918 年哈布斯堡帝国的崩溃，不应该让我们忘记前几个世纪奥地利所取得的成就。所有的帝国迟早都会崩溃。关于奥地利人，值得注意的是他们成功地让如此多民族的帝国存在了很长一段时间，而他们只占总人口的 10%！他们是如何做到的呢？首先，相比帝国内的任何其他民族，他们牺牲得更多，德意志人交的税比其他人更多。其次，更为重要的是，1529 年突厥人到了维也纳门口，接下来的三个世纪，对抗奥斯曼穆斯林的斗争成了哈布斯堡帝国的目标。奥斯曼的涌入再次唤醒了奥地利在草原边境时期与阿瓦尔人和马扎尔人斗争时铭刻在其民族精神中的防御机制，这也增强了多民族帝国的凝聚力。在面对穆斯林的威胁时，德意志人、捷克人、意大利人，甚至匈牙利人都知道他们是站在同一边的，必须团结在一起。

现在，我要回到本章开始时我所问的那个问题。为什么在后加洛林时期，欧洲陷入了分裂状态？对这一问题的流行性回答是由贾雷德·戴蒙德在《枪炮、病菌与钢铁》一书中提出的，他认为欧洲的地理环境并不利于帝国的统一。"欧洲有着非常曲折的海岸线，"这一解释说道，"它有五个大半岛，每个半岛都接近孤立状态的岛屿，所有的半岛都逐渐发展出了独立的语言、民族群体和政府：希腊、意大利、伊比利亚、丹麦和挪威/瑞典。"戴蒙德将欧洲和中国进行了比较，中国的海岸线是更为平缓的，戴蒙德认为东亚在地理上的统一造就了世界上存在时间最长的帝国——从公元前 221 年秦朝统一一直到现在。

但是这一解释并不正确。海洋并不是护城河，它们也可以带来统一。罗马帝国统一了戴蒙德提及的其中三个半岛，再加上不列颠、安纳托利亚、地中海沿岸的其他地区和半个欧洲大陆地区。地中海将罗马帝国紧密地结合在了一起，并没有让其各个行省保持孤立。民族是按照山系，而非内海和狭窄的海峡来划分的。中国比欧洲有更多的山岭地形（那些中国山水画并不是想象的产物！）。相比之下，欧洲有一片广阔的平原，从阿基坦一路延伸到德国、波兰、白俄罗斯和乌克兰，再到俄罗斯。这一大片平原并没有对扩张构成重大的障碍。历史证明了那里的生活常常是不稳定的——只要看看坐落于这片平原上的各个首都被敌人占领的频率就知道了。莫斯科被蒙古人摧毁过，被波兰人占领过，被鞑靼人和拿破仑时期的法国人烧毁过，1941 年还差点儿落入纳粹德国之手。巴黎在拿破仑战争结束时被俄国人占据过，自那时起曾两次被德国人占领过。柏林在七年战争期间[①]被俄国人占领并烧毁过，于 1945 年再次遭到猛烈进攻。但是，最生动地表明欧洲北部的平原是多么不稳定的例子是波兰——其在 18 世纪曾经在三个阶段分别被普鲁士、俄国和奥地利分割，然后再次于 1939 年被德国和苏联分割。一定有些其他的原因，而非地理环境能解释为什么从未实现过这些征服，为什么自查理曼时代以来欧洲北部的平原从未统一过。

实际上，欧洲并不是例外，例外的是中国。世界上并没有其他地区拥有这么长时间的帝国统治。有悖常理的是，其原因从根本上

---

① 七年战争（The Seven Years' War），发生于 1756—1763 年。起因是英法两国在北美和东印度群岛的殖民竞争，以及普鲁士侵略和奥地利、俄国之间的利益冲突。——译者注

而言是地理的，或者更确切地说是生态的。东亚的雨量分布在更为干旱的草原和更为湿润的农业地区之间创造出一条清晰的生态分界线。自从人类认识到掠夺性的游牧生活以来，这一生态分界线就和游牧的牧民与定居的农民之间的元民族边境相一致。在来自草原的压力下，中国的农民建立起一个又一个帝国。在草原一侧，游牧民族统一在一个又一个帝国联盟下。中国人向游牧民的领土发动了进攻，但是并没有将其变为自己的，因为他们不能在这里种植庄稼。游牧民一再战胜中国，但是在这一过程中被同化了，并且融入中国人。中国人和游牧文明之间的断层线是由东亚的地理环境所固定下来的。这就是中国一再出现世界性帝国的原因。一个世界性帝国是统一所有或者说几乎所有文明的国家。

欧亚的西部也出现了两个世界性帝国，也就是罗马帝国和加洛林帝国。这两个帝国都崛起于元民族边境区。就此而言，他们和中国类似。但和中国不同的是，罗马帝国和加洛林帝国让边境远离了他们的核心区域。在经历了远离边境区的几个世纪之后，罗马帝国和加洛林帝国的核心区域成了族亲意识黑洞——这片区域的人们无法在足以建立起成功运转的国家的大规模基础上展开合作。

在加洛林王朝衰落之后，法兰克人的核心区域经历了另一次集中-分散的循环（在奥托王朝和撒利王朝的皇帝们治下），然后永久地分裂了。崩溃核心的这种充满了外向发展趋势的结构，预先决定了新权力中心的离心力倾向。新崛起的权力一直在争夺核心区域，但是它们的努力一再因彼此而陷入僵局（在后罗马时代，地中海沿岸地区再也没有出于完全相同的原因而被统一起来）。事实证明，远离核心区域的扩张是更容易的。过去了许多个世纪之后，各个强国才在他们自己之间分割了核心区域——法兰西得到了洛林和阿尔萨斯，哈布斯堡家族夺得了尼德兰，普鲁士人吞并了剩下的大部分地区，仅留下了如卢森堡这样的零碎地区。

加洛林帝国是我们现在所称的西方文明的雏形。拉丁基督教王国的主要部分，即中世纪欧洲属于罗马天主教而非东正教或非基督教的那部分是由加洛林王朝的继承国组成的（例如，法兰西和德意志帝国）。在这一核心区域还要加上一些被征服区域（例如，西班牙和普鲁士）或者来自前加洛林领土的改宗区域（例如，丹麦和波兰）。尽管在政治上从未统一起来，但是拉丁基督教王国的居民们都知道，在某种超国家意识的基础上，他们是属于一起的。他们通过共同的信仰而联合在一起——以罗马的教皇马首是瞻，通过共同的文化以及共同的文学、礼拜仪式和国际外交策略语言——拉丁语而团结在一起。正如研究中世纪的历史学家罗伯特·巴特利特（Robert Bartlett）在《欧洲的创生：950—1350年的征服、殖民与文化变迁》（*The Making of Europe*：*Conquest*，*Colonization and Cultural Change*，*950 - 1350*）一书中所提出的，外来者也意识到了这种元民族身份认同，将拉丁基督徒统称为"法兰克人"（阿拉伯语是"*Faranga*"，希腊语是"*Fraggoi*"）。关于第一次十字军东征，吟游诗人安布鲁瓦兹（Ambroise）写道："当叙利亚在另一场战争中被收复和安提俄克被围困时，在这些对抗突厥人和异端的伟大战争与战斗中，他们中有许多人被屠杀，此时既没有密谋，也没有争吵，没人会问谁是诺曼人或者谁是法国人，谁是普瓦捷人或者谁是布列塔尼人，谁来自曼恩或者谁来自勃艮第，谁是佛兰德斯人或者谁是英国人……所有人都被称为‘法兰克人’，无论他们是棕色皮肤还是深棕色皮肤，红褐色皮肤还是白色皮肤。”拉丁基督教王国是西方文明的直系前身，就连宗教改革时期的信仰分裂，尽管血流成河，但最终还是变成了一场家族内部争吵。这并没有摧毁元民族身份认同，其根源要追溯到加洛林王朝时期。

即便是今天，也很容易看到这种身份认同的痕迹。欧盟的第一批成员以及对欧盟最热衷的支持者是法国、德国、比荷卢三国和意大利——几乎都是加洛林帝国的一部分。中世纪期间信奉罗马大公教会——无论是现在所说的天主教还是新教——的任何地区在欧盟内都是受欢迎的。波兰人、克罗地亚人和捷克人一脱离苏联的控制，就被热切地鼓励着加入其中。相比之下，信奉伊斯兰教的土耳其，即便已经加入北约超过半个世纪了，但仍旧不是欧盟的成员，将来它是否能加入仍旧值得怀疑。之前信奉东正教的乌克兰和白俄罗斯无疑是最不受欢迎的。即便希腊被欧盟接受了，但这也只是美国施加重压的结果。

拉丁基督教王国及其继任者——西方文明从未发展起世界性帝国。其缺乏统一性并不是因为欧洲犬牙交错的海岸线，而是因为诞生于加洛林边界区的帝国所具有的离心力倾向，远离其四分五裂的核心。欧洲不能实现统一并不是什么非同寻常的。几乎所有类似规模的其他区域都只在其历史上的一段时期统一过。此规则的唯一例外就是中国，在这里，前一个世界性帝国崩溃之后，不久就会被另一个世界性帝国取代。中国例外的原因是其一直位于和草原游牧民族接壤的元民族边境区。

中国的草原边境区一直存在才是不寻常的，但是就其他方面而言，中国的例子为宏观历史规律提供了另一种证明，即占支配地位的民族诞生于形势紧张且一直存在的元民族边境上。这是所有世界性帝国崛起的必不可少的历史元素。

第二部分

帝国病变···

帝国的衰落

第八章

命运之轮的彼端：从 13 世纪的荣耀
到 14 世纪的深渊

"我正在巴黎，这座皇家城市拥有充裕的物质财富，不仅吸引着住在这里的那些人，而且招引着远道而来者。就像月亮的光辉比星星更加耀眼一样，这座君主国中心的城市也是如此的超群绝伦。"来自香槟的编年史作家居伊·德·巴佐什（Gui de Bazoches）写道。他于腓力二世·奥古斯都（1180—1223）统治期间曾经到访巴黎。

13 世纪是中世纪法兰西的黄金时代。1200—1300 年，直接由法国王室控制的领土增加了三倍。法兰西的领土激增开始于腓力·奥古斯都统治时期，他夺走了金雀花家族在法兰西除阿基坦之外的所有领地。因阿尔比十字军东征，其继任者路易九世（圣路易）获得了法兰西南部。至 1300 年，法兰西开始在军事、政治和文化上占据西欧的主导地位。在东边，曾经难以对付的德意志帝国已经分裂了，留下了诸多城邦国家和小型公国。在南边，复兴的卡斯蒂利亚仍旧专注于对抗伊比利亚摩尔人的收复失地运动。卡斯蒂利亚的辉煌时代还要在两个世纪之后。法兰西唯一重要的对手就是英格兰。但是英格兰的人口仅仅是法兰西的四分之一，英国金雀花王朝的收入只相当于法国卡佩王朝收入的一小部分。法兰西的人口超过两千万——西欧有三分之一的居民效忠于法国国王。

到这时为止，巴黎这座有 230 000 人的城市是拉丁基督教王国中最大、最华丽的城市。中世纪盛期的法兰西所具有的文化优势无论怎么夸大都不过分。哥特式的建筑风格，也就是当代人所知的法国风格是在法兰西岛发展起来的，并由此传播到英格兰、德意志、西班牙和意大利北部。在 13 世纪，巴黎大学成了欧洲知识和哲学的主要中心，吸引着那个时代最优秀的思想家：德意志的艾尔伯图斯·麦格努斯（Albertus Magnus）、意大利的托马斯·阿奎那和苏格兰的邓斯·司各脱（Duns Scotus）。尽管拉丁语仍旧是学习和国际外交中的主要语言，但是法语成了欧洲最重要的地方语言。英格兰、佛兰德斯、那不勒斯和西西里王国的贵族们都说法语，还有耶路撒冷王国以及 1310 年之后匈牙利的余剩之民①也说法语。

芭芭拉·塔奇曼（Barbara Tuchman）在《远方之镜》（*A Distant Mirror*）中写道，在 14 世纪初，人们理所当然地认为法国在骑士精神、学识和基督教信仰方面具有优越性。威尔士的杰拉尔德

---

① 余剩之民（remnant），基督教神学中指蒙恩得救、劫后余生的人。——译者注

(Gerald of Wales) 认为"法国骑士的名望影响着整个世界"。西班牙骑士佩洛·尼诺阁下（Don Pero Ninō）将法国人描述为"慷慨大方的赠予礼物者……非常欢快，沉溺于享乐之中，寻欢作乐。他们非常多情，无论男人还是女人，他们还以此为傲"。骑士，甚至是全欧洲的君主都聚集在法兰西的王室宫廷里——"世界上最具有骑士精神的寄居地"，据眼盲的波西米亚国王约翰所说，相比于自己的宫廷，他更喜欢法国的。法国君主被赋予了"最具基督徒品行的国王"这种惯用套话。

　　尽管有着辉煌的开端，但是 14 世纪法兰西将坠入不幸的深渊。在接下来的 150 年间，法兰西经历了饥荒、瘟疫、持续不断的战争、政治分裂、劫掠以及广泛的悲观和绝望的社会情绪。最低谷时，法兰西发觉自己连加冕的国王和首都都没有，其绝大部分领地都被外国军队占领了。当意大利人文主义者弗朗西斯科·彼特拉克（Francesco Petrarch）于 1360 年参观法兰西时，他哀叹道："我几乎无法辨认出我看到的一切。最华丽的王国不过是一堆灰烬，除那些城镇和城堡中受到城墙保护的房屋外，一栋房屋都没有了。曾经那个伟大的城市巴黎，现在在哪里呢？"

　　中世纪的人们非常明白权力、财富和荣耀都是暂时的。关于这一思想常见的视觉表现就是"命运之轮"，其可见于哥特式大教堂和插图手稿中。典型的描绘是命运女神站在一个巨大的轮子旁边，顶部坐着一个男人，他的头上戴着王冠，手上拿着节杖，他几乎不知道他此刻的权力和荣耀都是暂时的。当命运之轮转动时，这位国王会跌落，他的王冠会掉下。在到达底部时，他已经衣衫褴褛了。但是随后，命运女神让轮子再次转动，身处底部的那个人再次被带到了荣耀的高处。

俯瞰法兰西和其他西欧国家的历史，命运之轮是显而易见的。国家的繁荣强大时期与经济衰落社会分裂时期以循环的方式交替出现。中世纪盛期之后就是悲惨的 14 世纪。但是随后，欧洲经历了文艺复兴，就许多方面而言，这是一段类似于中世纪盛期的繁荣和文化辉煌的时期。文艺复兴之后就是"17 世纪危机"，但是再一次，动乱的时代最终结束了。最后一个完整的循环开始于启蒙时代，结束于大革命时代（1789—1849）。有一种独特的历史节奏，使社会在繁荣时期和危机时期的长周期（百年）之间交替。这种长周期并不是欧洲历史特有的，在所有的农业帝国，都可以发现这种周期，我们所知的足以量化它们在经济、社会和政治上的变化。

命运之轮只是一种对任何兴衰循环过程的隐喻。然而，这种隐喻的一个问题是其提供了过于机械论的历史观点——兴衰总是由外力造成的。我们自然会想到这种简单的因果解释。因此，关于 14 世纪为什么是欧洲衰落和崩溃的时代，最受欢迎的一个解释是援引气候变化。在中世纪时代，这种解释就是气候温暖、五谷丰登。但在 14 世纪，气温下降，谷物歉收，复杂的社会无法再维持自身的运转，走向了崩溃。然而，这一解释是不正确的。数年来，在对过去两千年间气温是如何起伏不定的判断方面，气候学家已经取得了极大的进展。根据这些更精准的数据，我们现在发现，寒冷的天气和动乱的时代并没有关系。寒冷的气候有时和危机时代相一致，但是大多数时候并不一致。因此，气候改变并不是长周期的真正原因，尽管这确实导致了麻烦——引起了谷物歉收或者促进了疾病的传播。

思考兴衰的另一种方式是看看国家和社会的内部运转，而不是如命运女神或气候变化这样的外部动因。这种思考方式起源于牛顿和莱布尼茨时代的物理科学，并且在很大程度上促成了诸如经典力学和热力学等领域的辉煌成就。在过去的二三十年间，其披着"非线性动力学"的外衣传播到生物学和社会科学领域。

乔治·普登汉姆（George Puttenham）于 1589 年精彩地表述了这一方法的要旨："和平使人富足，富足使人骄傲，骄傲酿成争吵，争吵酿成战争，战争带来毁灭，毁灭带来贫穷，贫穷带来耐性，耐性带来和平。所以，和久必战，战久必和。"此处，重要的不是一件事情导致另一件事情的具体细节，而是没有简单的、线性的因果关系。什么会造成战争？和平。但是和平本身是由战争造就的。所以，没有原因和结果，或者确切地说，每一个都是原因和结果。战久必和，和久必战，等等，无限地循环。这一因果关系不是线性的，而是循环的。

这一见解会如何帮助我们理解农业社会每两到三个世纪就经历周期性危机的原因呢？就其本身而言并不会有帮助，但是它指明了我们能如何获得理解。我们需要对随着时代而变化的事情进行测量，可以将可变因素量化，将它们连接起来组成等式，然后根据历史和当前的实际来检验那些等式。这一创建世界历史科学的宏大进程已经开始了，产生了很多成果。但不幸的是，这些成果读起来不像是叙事文。只有专家会对标题为《农业国家中人口增长和社会政治不稳定性之间的动态反馈》这样的专业论文感到兴奋，我承认我也分享着这种快乐。然而，我将去掉所有数学和统计的脚手架，专注于主要的大厦。确切地说，我们将会追溯在中世纪的循环中，法兰西所经历的经济和社会变化，观察"一件事情是如何导致另一件事情"，以至于最终让一个辉煌且强大的国家崩溃为一片废墟的。

在 12 世纪和 13 世纪的法兰西，最惊人的历史趋向是大量的人口增长。在 1100 年，大约有 600 万人居住在现代法兰西国界内的领土上。至 1300 年，人口增加了三倍，达到了 2 000 万到 2 200 万的水平。西欧其余的地方经历了类似的人口发展。在追踪英格兰人口的动态时，我们有充分的事实依据。1086 年，"征服者"威廉想要知道他对英格兰的征服获得了多少新的臣民，于是进行了大量的统计，该成果保存在《末日审判书》（*Domesday Book*）中。现代历史学家利用这一信息，估计出在 11 世纪末的英格兰有大约 200 万人口，两个世纪后，接近 600 万。

人口增长使中世纪社会的生产方式处于一种巨大的压力之下。所有能耕作的土地都变成了田地。在这一过程中，超过 3 000 万英亩①的林地——现代法兰西领土的四分之一——因要创造农业空间而被破坏。从两圃制转变成三圃制，土地耕作得更为频繁。每块田地不再是每隔一年休耕一次，而是每三年中耕作两年。由于耕作

---

　　① 英亩（acre），英制面积单位，1 英亩约等于 0.4 公顷，4 046.86 平方米。——译者注

区域的增加和转变为三圃制，12 世纪和 13 世纪的法兰西所生产的粮食数量可能增加了一倍。但是要喂养的人口增加了三倍，难以避免的结果就是人均摄食量减少了。

在于 1798 年出版的《人口原理》（*An Essay on the Principle of Population*）中，英国经济学家托马斯·罗伯特·马尔萨斯（Thomas Robert Malthus）认为，当人口增长超过维持生计的食品价格的增长时，实际工资（也就是按照购买力来表示工资）减少了，人均消费下降了，尤其是在更贫困阶层。至 14 世纪早期，法兰西发觉自己陷入了经典的马尔萨斯陷阱。马尔萨斯人口压力增加的一个明显标志是 13 世纪的通货膨胀。主食小麦的价格在 1200—1300 年增加了一倍多。英格兰和意大利出现了类似的价格增长。其他商品也受到了影响。例如，12 世纪的英格兰，一头公牛能卖 3 先令，至 13 世纪初，其均价已经是 6 先令了，至该世纪末，牛的价格再次翻倍。

付给木工和石工或者进行农业生产者——比如脱粒的人——的工资也增加了，但是没能赶上通货膨胀的速度。学者们在多卷本汇编《英格兰和威尔士的农业历史》（*Agricultural History of England and Wales*）一书中估计，13 世纪的英国劳动者的实际工资减少了三分之一。这就意味着，如果 1200 年一名工人的日工资能买三条面包，至 1300 年，他的钱仅仅能买两条。

这些经济趋势是不可阻挡的经济规律运行的结果。供需规律说明如果对某些商品的需求增加了，且供应没有增加，那么商品的价格一定会上涨。相反，如果供应增加，价格就会下降。人口增加意味着对食物的需求更多，而食物产量的增加缓慢，因此食物的价格上升了。人口数量更多也意味着劳动力的供应增加了，因此劳动力的价格（工资）下降了。另一种限制供应的商品是农业土地，因人口增长而出现的需求增加也导致土地的价格上升了。13世纪初，在诺曼底，一英亩的土地价值2里弗尔①；一个世纪之后，其价值为20里弗尔。在皮卡第也能观察到非常类似的趋势。农民支付给地主的地租也极大地上涨了。在皮卡第的里尔（Lille）周围，1276—1316年这仅仅40年间，地租增加了5倍。在大约1250年的英格兰，一个农民可以用2—4便士租到一英亩的土地。至1300年，他再也找不到低于12便士的土地了。在14世纪早期，英国诸郡的地租暴涨到了每英亩30便士甚至以上。

利用关于中世纪产量的信息，经济历史学家已经估算出，一个法国的农民家庭想要舒适的生活至少需要15英亩的土地。顺带说一句，英国历史学家用独立的数据资料得出了相同的估算。在交完教会的什一税和王室的税之后，农民还得储藏足够的谷种用于下一年播种，剩下的应该够一家四五口人的吃穿。在歉收的那一年，整个家庭不得不勒紧裤腰带，但还是得挨饿。问题就在于，至1300年，只有五分之一的农民家庭才能有15英亩或者更多的土地。于是，大多数农民家庭都没有足够的土地可以养活自己，他们的存亡在很大程度上取决于能否获得劳务派遣。这一进程所导致的结果是出现了庞大且不断增加的农村无产者。但是并没有足够的工作给每

---

① 里弗尔（livre），法国古货币单位。1里弗尔等于20苏（sou），1苏等于12但尼尔（denier）。——译者注

个人。在找到工作的希望渺茫时，许多无地的农民迁移到了城镇，在这里，他们扩充了城市失业者、乞丐和流浪者的队伍。

至 1300 年，大规模的人口增长给法兰西和其他西欧国家的经济系统带来的压力到了极限，大多数农民挣扎在挨饿的边缘，甚至每年的农作物稍有不足都会给某一部分人带来灾难。不幸的是，在 14 世纪，气候开始变得更加糟糕。1315—1322 年一系列的寒冷潮湿导致严重的谷物歉收、牲畜瘟疫，并且引发了欧洲几个世纪以来都未有过的饥荒。

"在公元 1315 年，"中世纪的编年史作者约翰内斯·德·托克罗（Johannes de Trokelowe）写道，

> 除了英格兰遭受的其他苦难外，饥荒也开始在这片土地上蔓延……肉和蛋开始耗尽，几乎找不到阉鸡和家禽，动物死于害虫，因为饲料的价格过高，猪也养不起了。1 夸脱①小麦、豆荚或豌豆就要卖 20 先令（是饥荒之前的 4 倍）……这片土地备受贫困之苦，在国王于圣劳伦斯日（the feast of St. Laurence，8 月 10 日）到达圣奥尔本斯（St. Albans）时，几乎都无法找到在售的面包来供给他的直系亲属……
>
> 　　这种食物短缺开始于 5 月，一直持续到圣母诞生日（9 月 8 日）。夏天的雨量太大了，以至于谷物都没能成熟。直至以上所说的节日，谷物都难以采集起来用于烤面包，除非先把它们放到容器里晾干。大约在秋天结束的时候，食物短缺在某种

---

① 夸脱（quarter），此处表示英国重量单位，1 夸脱约合 12.7 千克。——译者注

程度上有所缓解，但是到了圣诞节，又变得像之前一样糟糕了。面包不再具有以往那种营养功效和能量，因为谷物都不是在夏天阳光的温暖照耀下培育起来的。所以，那些吃这种面包的人，即便是吃了很多，过一会儿之后又饿了。毫无疑问，穷人都日渐消瘦，甚至富人也经常挨饿……

思考和领悟这些过去的灾难和那些还没有到来的灾难，我们就能看到耶利米的预言是如何在英国人身上成真的："我若出往田间，就见有被刀杀的。我若进入城内，就见有因饥荒患病的。"（《耶利米书》14：18）说到"若出往田间"，我们就会想起苏格兰、加斯科涅、威尔士和爱尔兰的人民的一贫如洗……"进入城内"，当我们看到那些穷困潦倒的人被饥饿压垮，僵硬地躺在地上，死在病房和大街上时，我们就会想到他们是"因饥荒患病的"……

价值4便士的粗面包并不够一个普通人吃一天。惯常适合食用的肉类尤为稀少，马肉非常珍贵，胖乎乎的狗都被偷了。而且，根据许多报告所说，许多地方的男男女女还会偷偷地吃他们自己的孩子……那些被关在监狱里得不到食物的盗贼，会残忍地袭击新囚犯，在他们半死不活的时候就吃掉他们。

北欧各处广泛存在吃人的现象。另一位编年史作者证实了吃人的故事，还记录称，那些极度饥饿的人会在挖尸体吃的时候死在坟墓里。食物短缺的影响在布拉班特（Brabant）尤为严重。简·伯恩戴尔（Jan Boendale）写道：在安特卫普，连顽石都会为饥民们的呻吟声所动容，躺在街上的他们身躯瘦弱，发出令人心碎的呻吟声。有几名编年史作者声称，有三分之一的人惨死。不过现代历史学家认为要比他们的估计低一些。在恢复正常的收成时，据估计，法兰西损失了十分之一的人口。

　　14 世纪的严重饥荒在欧洲人的心里留下了深深的烙印。最著名的童话故事之一就是这么展开的。"大森林的旁边住着一个贫穷的樵夫，以及他的妻子和两个孩子。男孩叫作汉塞尔（Hansel），女孩叫作格莱特（Gretel）。他几乎没什么东西可吃，而当大饥荒在这片土地上蔓延时，他连日常的面包都得不到了。这天晚上，他躺在床上想着这件事情，焦虑地翻来覆去。他叹息着，对他的妻子说道：'我们会怎么样呢？连我们自己都没吃的了，还怎么喂养可怜的孩子们呢？'"每个人都知道后来发生了什么。孩子们被遗弃在了森林里，最终找到了一条通往姜饼屋的路，那里住着一个想要把他们煮了吃的老妇人。

　　接下来的灾难是黑死病的到来。1348—1349 年，法兰西的各个地区都失去了四分之一到一半的人口，有些地方甚至失去了高达 80％—90％的人口。这一瘟疫于 1361—1374 年卷土重来，接着大约每 10 年就会小暴发一次。至 14 世纪末，法兰西的人口已经少于 1300 年时的一半了。

　　黑死病对 14 世纪的欧洲是一次巨大的打击。除导致三分之一到一半的人口被残忍杀死的直接影响外，还给幸存者的心理留下了创伤。然而，只将随后几百年的动乱和灾难归咎于这场瘟疫，那就太轻率了。这一解释尤为草率的版本（不幸的是仍旧能在某些历史

书中发现这种解释）是，黑死病似乎不知是从何处出现的（中世纪
的欧洲人认为这是上帝对他们的罪孽的惩罚），它改变了欧洲历史
的进程。

　　黑死病是人口锐减的最显著原因，但绝不是唯一原因。毕竟，
在这场瘟疫于 1348 年袭来之前，人口就已经开始减少了。人口减
少的其他原因是饥荒、战争和出生率下降。而且，黑死病并不是世
界历史上独特的、史无前例的事件。如公元前 430 年雅典的瘟疫、
安东尼时期的瘟疫（165—180）以及查士丁尼时期的瘟疫（542—
546）等这样的其他大瘟疫，总是在长周期的同一阶段——也就是
在正当或刚刚过去的人口高峰阶段袭来。较少为人注意的是，黑死
病在欧洲的下一个长周期中卷土重来，在 17 世纪的人口减少方面
扮演了重要的角色（例如，1665 年伦敦的大瘟疫）。总而言之，瘟
疫几乎常常在长期的人口减少方面发挥作用。解释这一周期内该阶
段瘟疫传播的最重要因素就是人口流动性的增加，其起因是无地农
民迁移到城镇和城市，流浪者增加了，反叛队伍和士兵的移动增加
了。此外，很大一部分人营养不良或者濒于饿死的边缘，因此极易
受到病原体的影响。所以，人口过剩的环境为瘟疫的传播创造了肥
沃的土壤，也造成了极高的死亡人数。

　　从西欧人的角度来看，黑死病流行似乎是一种外生的、无法解
释的事件。但是，欧洲并不是一座岛屿，其受到整个欧亚大陆发展
的影响。13 世纪，欧亚大陆广阔的核心区域由成吉思汗的蒙古帝
国所统一。蒙古征服的一个影响就是增加了中亚地区的通行往来、
贸易、袭击和交流的密度与速度。通行往来的增加使瘟疫细菌能够

持续存在，并且传播到很远的地方。14 世纪 30 年代和 40 年代，统治着中国、突厥斯坦和波斯的各个蒙古王朝同时经历了政治分裂，使大草原陷入了动乱。大批人混乱地来回迁移，于是黑死病传播到了大陆的两端。中国率先出现了鼠疫（1331）。15 年后，这一病害在围困卡法的鞑靼军队中暴发，从这里又传播到了欧洲的其他地方。

正如黑死病的成因是复杂的，其影响也是复杂的。不管是以多么可怕的方式，黑死病都缓解了人口压力，对幸存者来说具有有利的影响。人口减少触发了马尔萨斯机制，但现在是反向运行的。当这场灾难的短期破坏性影响结束时，食品价格下降，实际工资增加，地租也降低了。之前无地的农民从已故的亲戚那里继承了土地，或者接管了其所有者死于这场瘟疫的空置农场。地主突然面临着严重的劳动力短缺，不得不大幅度地降低地租。在某些情况下，地主非常迫切，甚至会免费出租土地，只要求租户维持土地的生产力并且维护土地上的建筑物。劳动力短缺使工资上涨。1320 年，鲁昂的一个建筑工人每天能挣 1.5 苏。1380 年，在经历了第三次黑死病之后，他每天所获得的工资是 4 苏。在 14 世纪初至 15 世纪中期，英格兰的实际工资是原来的两倍甚至三倍。除激烈的战争时期之外，普通人的实际工资和消费水平有了相当大的提高。

那些对于种植农作物来说有些贫瘠的土地被遗弃或变为牧场，由此带来了农业生产力的全面提高。粮食总产量下降了，但是人口数量下降得更快，于是，突然有了更多的食物可以供应。人们能吃到更多的肉，喝到更多的啤酒和葡萄酒。面包在人们饮食中的重要性相对减弱了，所吃的面包也都是更高质量的。法国历史学家埃马纽埃尔·勒华拉杜里（Emmanuel Le Roy Ladurie）叙述了 1338 年时普罗旺斯的牲畜贩子在其领主的野生动物保护区工作时，如何吃着那种主要由大麦制成的非常粗糙的面包。在大规模的瘟疫之后，大麦面包被认为只适合牧羊犬吃，而劳动者则享有小麦面包。

13 世纪和 14 世纪的经济趋势为马尔萨斯理论的一个内容——人口压力对食物价格、实际工资和地租的影响——提供了最佳证明。直至 1300 年，人口一直在增加，然后就开始减少，尤其是在 1348 年之后，这带来的趋势正好是该理论所预测的。但是马尔萨斯理论还有另一种预测，就是当经济形势在黑死病之后经历了极大的改善时，人口数量会相应地增加。至 1380 年，也就是黑死病出现之后的一个世代，经济迹象表明社会下层的生活条件有了极大的改善。然而，与马尔萨斯理论所预测的相反，人口数量停滞不前了，甚至还进一步下降了。在法兰西，人口增加的第一个迹象似乎是在 1450 年后，而在英格兰不早于 1500 年。是什么引起了这种持续很久的——长达一个世纪的——人口减少？并不是疾病。尽管瘟疫在整个 15 世纪持续暴发，但相比 16 世纪而言，没那么频繁，也没那么严重，而 16 世纪时人口却再次恢复了增长。显然，这种马尔萨斯理论的头脑简单版本是有某些错误的。我们需要看看别处，才能理解 1350—1450 年这百年间统治阶层的动态及其与国家的关系。

哪些人构成了中世纪法兰西的统治阶层？在农业社会，也就是大部分经济活动都和种植作物、饲养牲畜相关的社会里，土地是主要的生产方式，因此也是主要的财富形式。社会中包含土地在内的财富分配通常与政治权力分配密切相关，因为财富和权力就类似于物理中的势能和动能。财富，或者更确切地说是出自财富的收入很容易通过购买影响力或者雇佣家仆而转变为权力。反之亦然，政治权力带来了获得土地的能力，于是就储存了可供未来使用的权力。

站在法兰西权力等级体系顶端的是拥有领地的重要权贵——世俗领主（国王、公爵、伯爵和男爵）和高级教士（修道院院长、主教和大主教）。他们之下是大量的贵族，从富有的骑士到相对贫穷的乡绅。在法兰西有 60 000 到 100 000 个贵族家庭，仅仅占总人口的不到 2%。在第二等级（也就是贵族阶层；第一等级是教士，第三等级是平民）内的财富差距是巨大的。看一看 13 世纪晚期法兰西中南部的福雷伯国（county of Forez）。在当地等级体系顶端的是年收入为 12 000 里弗尔的福雷伯爵。在他之下的是两三名年收入为 1 000 到 2 000 里弗尔的男爵。20 多名富有骑士的收入为 100 到 500 里弗尔，他们每人拥有一座城堡。拥有防御性房屋的人处境较差，年收入为 50 到 100 里弗尔。在贵族等级体系底层的是大约 100 名小乡绅（lesser gentry），他们的年收入为 25 到 50 里弗尔。客观地来看，当时一个人要过上适度舒适的生活，最低的生活费为 5 里弗尔（也就是，提供给上大学的年轻贵族的标准津贴，或提供给小乡绅的遗孀的津贴）。换句话说，每年 25 里弗尔才足够养活四五口之家，但没有任何盈余可供追名逐利。

在小乡绅之下的是自由农民阶层，他们所耕作的土地就是他们自己所有的。最后的大多数人并没有自己的土地，充其量有间带有菜园的村舍。这些人中有的是农奴，他们在封建领主所有的田地间耕作，还有些人租地或者作为农业劳动者受雇。13 世纪晚期，有大量的且不断增加的人陷入贫困，成为流浪者或者罪犯。城镇中的财富分配同样不均衡，仅有少量的重要商人位于顶端，底层是大量的穷人。

中世纪的英格兰有着类似的社会结构。顶端是大约 200 名位高权重的贵族，他们的收入有数百或数千英镑。在他们之下的是中间阶层，包括 3 000 名骑士和收入在 20 到 100 英镑的候补骑士（1 英镑等同于 5 里弗尔，因此这一群体相当于挣 100 到 500 里弗尔的法国骑士）。年收入为 5 到 20 英镑（等同于 25 到 100 里弗尔）的小乡绅总计约 10 000 户。在乡绅之下的是一群自由的农民土地所有者——自耕农（yeomen）。当时，一名劳动者每年大约挣 1 到 2 英镑（假定他能得到充足的工作）。

贵族和平民之间的界限并不清晰，因为有些自耕农每年所获得的收入远远超过 5 英镑。与此同时，年收入临近 5 英镑（在法兰西就是 25 里弗尔）的小乡绅中的一员，如果想以他的财产参加战争的话，是无法负担得起适当装备的。一匹马加上一副盔甲和武器就要花费大约 20 英镑，相当于他年收入的 4 倍！13 世纪晚期，能够驮着穿铠甲骑士的受过训练的战马要卖到 40 到 80 英镑的天文数字。

正如前面所讨论的，中世纪盛期的人口激增带来了贫穷，增加了绝大多数人的困苦。但是和穷人不同，贵族地主通常能从 13 世纪的经济趋势中获益。随着物价上涨，他们的主要产品——谷物的价值增加了，与此同时，他们的成本，也就是付给农业工人的工资减少了。或者，他们可以按照 13 世纪晚期极高的通货膨胀率来出租土地。而且，在基本消费品——如食物和燃料这种人类赖以生存的产品——的价格极大地提高时，制成品的价格上涨得却很少，甚至下降了。发生这种情况是因为人口增长降低了人工成本，而这是制成品价格的主要部分。突然，贵族发现他们自己有充裕的资金了，他们把这些钱花在了奢侈品和炫耀性消费上。商人们应对这种贵族购买力增长的方式是从海外进口更多的奢侈品，同时，城市中的企业家雇佣那些从乡村迁移到城镇的廉价劳工，极大地增加了生产力。因此，13 世纪见证了贸易的极大膨胀、艺术品和手工艺品的崛起以及城市化。迎合贵族需求的富有商人和企业家阶层在城镇中崛起。哥特式建筑的繁荣也是这些经济趋势的间接结果——世俗和教会的地主有大量可以挥霍的钱财，在基督教王国，炫耀性消费的表现形式就是买华丽的服装或者建造辉煌的教堂。

因此，13 世纪见证了两种矛盾的趋势。一方面，人口压力正在增加，大部分人的生活水平在下降，越来越多的人被推向了灾难的边缘。另一方面，富人和有权有势者正在享受着黄金时代，动乱即将出现的警告信号就在这里，但是并没有被察觉到，谁会关心广大的平民百姓发生什么事情呢？因为 13 世纪的文献都是为精英而写的，在很大程度上也是由精英写的，现代历史学家很容易会错过即将发生灾难的迹象。

命运之轮转动了，那些刚刚在顶端的人突然发现自己滑向了灾难。贵族的繁荣导致他们的人数膨胀，一段时间之后对他们的收入产生了不良影响。

　　13 世纪普遍的人口增加并没有绕过贵族阶层。他们的人数也增加了，因为他们的经济状况好于平民，所以，贵族的数量增加得甚至比普通人更快。在收入增加的时期，有些贵族发现在两名或者更多的继承人之间分割他们的财产，还可以使他们有足够的收入来维持贵族地位。拥有广阔领地的大权贵可能会利用一些位置不便的地产来为他们的小儿子谋得中等贵族的地位。

　　此外，贵族阶层从不是一个封闭的阶层，无论当时还是现在的宣传都是这样。贵族阶层不断有世系更替。富有的商人不会错过将他们的财富变为占有土地的机会。在他们有足够的土地之后，就会搬到乡村，断绝和诸如贸易这样的"不光彩的"事业之间的联系。其后，就是简单地进入第二等级，例如，从国王那里购买贵族特权。还有其他通往贵族阶层的路线，如通过为王室服务或者作为教士开展职业生涯。

　　农民也会流动到贵族阶层，只要他们做好长远的打算。一个富裕的农民会通过到处购买小块土地来增加自己的地产，也可以借钱给贫穷的邻居，然后在他们无力偿还时接收他们的土地。他的儿子就不用自己耕种土地了，而是以雇佣工人来耕种，然后便继续扩大其地产。他的孙子会把土地租出去，在国王定期号召服兵役的时候，加入当地贵族的扈从行列，也许还会迎娶一位出身士绅但却家境贫寒的家族的女儿。他的曾孙子会继续定期地提供军事服务，和其他当地贵族来往，过贵族式的生活。在维持了三代人的贵族地位之后，没人会质疑这位原农民后裔的贵族地位。正如一位 16 世纪的英国贵族所说，他"过着闲散的生活，不需要体力劳动，能衬得起一位绅士的姿态、责任和风度……会理所当然地被视为一位绅士"。或者，在任一时候，也可以通过购买一项成为贵族的特权来过渡到第二等级。再或者，还可以创造一个贵族宗谱。简言之，有多种方式可以进入第二等级。主要的要求是加速积累足够的地产。

还常常有个人和家族流动出贵族阶层的情况。贫穷的贵族世系可能会发现自己的收入无法维持"贵族生活"所需要的开支，默默地沦落为在自己的土地上耕作的小农阶层。然而，在贵族普遍繁荣的时代，向下层的流动是极少的，因为即便是拥有数量较少土地的小绅士阶层，也会发现这些土地足以支撑他们维持按照其贵族地位的必要方式生活。总之，13 世纪晚期有利于地主的经济趋势导致了贵族阶层的分裂，增加了平民进入第二等级的向上流动，减少了向下流动。当总人口已经停止增长的时候，贵族的数量却还在增长，社会金字塔变得越来越头重脚轻了。

我们可以利用王室在一位总封臣（tenants-in-chief）去世后进行调查的记录来追溯中世纪英格兰精英过剩的进程。总封臣是一群封建地主，是英格兰国王的直属封臣。他们的起源要追溯到诺曼征服时期，当时"征服者"威廉在他的追随者之间分割了英格兰的领土。最初的总封臣包括拥有领地的权贵——贵族——和小地主。反过来，贵族把他们的土地分给手下的骑士，以作为对他们服务的回报，这些骑士被称为附属封臣（subtenants，也就是说，他们是国王的封臣的封臣）。在征服之后的两个世纪，许多总封臣的职责由共同继承人分担，于是，国王的直属封臣数量增加了。至 1250 年，这一部分人既包括年收入达几千英镑的伯爵，也包括每年靠 5 英镑生活的自耕农，这给了我们一份研究整个地主阶层的优秀样本。当一位总封臣去世时，政府会进行一次调查（被称为"死后调查"），以找出应归属于王室的收入和权利。例如，如果其继承人未成年，国王会以对他自己有利的方式来管理这位封臣的财产。女性继承人的婚姻也掌握在国王的手里，可以此换来巨额财富，或者作为奖励给予忠诚的家臣。如果总封臣没有继承人，那么，土地会由国王接管。这些都是有利可图的收入来源，政府希望密切关注和总封臣财产继承相关的程序。有成千上万份死后调查的记录保存在英国国家档案馆。下面的信息是以历史人口学家约西亚·科克斯·罗素（Josiah Cox Russell）对 1250—1500 年的 8 800 份调查所进行的研究为基础的。

我们感兴趣的是死后调查所提供的某个特殊信息——在一位总封臣死后，其尚在世的男性继承人总数。当针对数百个个体求平均值时，这一数值——称为"替代率"（replacement rate）——会告诉我们这一人口群体在特定时期内的数值动态。当替代率远大于 1 时，说明贵族的数量正在增加。同时，如果替代率低于 1，也就是说，每位死去的父亲平均留下的儿子少于一人时，贵族的整体数量一定是正在减少的。

死后调查所告诉我们的故事相当惊人。在 13 世纪后半期，英国贵族阶层实际上运转良好——每位总封臣都会留下平均 1.48 个儿子。因为这种人口增长，1250—1300 年的贵族阶层的数量几乎翻了一倍。然而，至 13 世纪中期，大部分平民的人口增长差不多都结束了。平民数量的增长速度无疑赶不上贵族。随着贵族对平民的比率增加，至1300年，社会金字塔已经明显比50年前更加头重脚轻了。1300年后，情况更糟糕了。正如之前所提及的，14世纪早期，平民的人口数量实际上减少了，甚至在黑死病到来之前也许就减少了10%。相比之下，贵族的替代率还是运转良好的1.23，这意味着在14世纪上半期，他们的总人数增加了40%。

与生产阶级相比，贵族数量极大增加所产生的影响和总人口增加到超过生产资料范围所产生的影响相同——贵族的经济处境变糟了。简单地说，当有更多的人分一个馅饼的时候，每个人得到的那块就更小了。许多贵族发现他们的收入已经不足以维持上一代人习惯的那种生活方式了。降低消费水平是不堪设想的，因为这意味着失去了精英地位，贵族们回应的方式是从农民身上抽取更大比例的资源、向国家寻求补充收入来源，以及借贷。从长远来看，这些策略都是不可持续的。国家无法雇佣所有贫穷的贵族——人数太多了，而且正如本章稍后将要讨论的，国王自己也陷入了财政破产。从农民身上抽取更多收入意味着地主们攫取的盈余超出了范围，开始剥削农民们赖以生存的资源。地主的压迫削弱了他们自己的经济基础，农民因逃跑、饿死甚至死于无用的反叛而数量减少。

"你们这些贵族就像贪婪的饿狼一样，"雅克·德·维特里（Jacques de Vitry）在13世纪写道，"因此，你们就在地狱中嚎叫……掠夺你们的臣民，以穷人的血肉为食。"无论一个农民一年积累了多少东西，"骑士、贵族一小时内就会狼吞虎咽地吃完"。德·维特里警告说不要不在乎穷人。"如果他们能帮助我们，那么他们也可以伤害我们。你们应该知道，许多农奴杀了他们的主人或者烧了主人的房子。"德·维特里的话是一种预言。1320 年，一场被称为"牧人"（Pastoureaux）运动的大规模农民运动席卷了法兰西王国。一位被开除的神职人员和一位叛教的修道士向一群农民宣讲十字军东征是这场运动的催化剂。一支流氓无赖和罪犯都加入其中的大规模的乡村军队朝着巴黎行进，在那里，他们释放了关在夏特勒（Châtelet）的囚犯，并且公然挑衅将自己封闭在西堤宫（Palace of the Cité）的国王。他们从巴黎出发，向南前往圣东日（Saintonge）和阿基坦，横扫各个城堡，烧毁市政厅，掠夺乡村居民，屠杀犹太人和麻风病人。在某些时候，他们的人数达到了40 000 人，但是最终他们分裂成了一些更小的群体。贵族自己组织起来，对他们穷追猛打，将上千名牧人吊死在树上。

黑死病的到来完成了削弱社会金字塔基础的过程。总体上而言，瘟疫经常在穷人中造成更高的死亡率，因为他们营养不良，更为拥挤，而且缺少床旁护理和医药。然而，在发生瘟疫的时候，最佳的避开方式就是逃跑。城镇中的穷人成群地死亡，富人则可以逃到他们的乡间庄园里，像《十日谈》中的年轻贵族们就离开了佛罗伦萨，前往乡间别墅，那座别墅"远离各个方向的道路"，里面有"清凉的水井，地窖里储藏着各种珍贵的葡萄酒"。据一般估计，1348—1349 年暴发的第一次瘟疫带走了大约 40% 的英国人，照料濒死之人的僧侣们的死亡率甚至更高。然而，总封臣的死亡率仅为27%。在社会金字塔的顶端，贵族们仅仅失去了 8% 的人。唯一死于瘟疫的在位君主是卡斯蒂利亚国王阿方索十一世。

在黑死病后，工资的增加和地租的降低对地主来说是一场严重

的经济灾难。受到最大打击的是中下层地主，他们依赖雇佣工人来
耕作大量的土地。随着无地农民接手那些因瘟疫而空置的土地，农
业劳动者的数量减少了，他们开始要求更高的工资。地主应对的方
式是在 1351 年通过了《劳工法令》（*Statute of Laborers*），试图将
工资和价格固定下来，强迫健壮的失业者接受所提供的工作。该法
令得到了有力的执行，但最终在经济上并没有产生什么效果。它失
败在搭便车的问题上：对每个雇主来说，有利的是将其他人的工资
限制在较低的水平，这样一来他才能通过提供稍微好一些的工资来
吸引足够多的工人。因为每个人的想法都是相同的，对工资的限制
很快就崩溃了。特别的是，雇主（上流人士）并没有因为提供非法
的工资而被起诉，不过许多工人却因接受了这样的工资而被惩罚。
总的来说，这项劳工立法是最为大众怨恨的焦点，它的实施是 1381
年农民叛乱的重要原因之一。在黑死病之后，庄园法庭（manorial
courts）的收入增加了，这是一项引人注目的成就，因为佃农的数
量已经极大地减少了。

权贵们比中间阶层和较小的精英好一些，至少直到 1380 年时
是这样。大地主会雇佣数名武装家臣，来威胁农民接受高地租和低
收入，这种现象在 1348 年之前颇为流行。权贵们也有更广的势力
范围，尤其是在他们拥有大量地产的郡县。他们轻易就会找到逃跑
的农奴，把他们带回自己的土地上，或者惩罚他们来以儆效尤。简
言之，他们可以使用超经济——强制——手段来稳定他们自己的收
入，至少可以暂时这样。在少数情况下，比如在威尔士边界区，领
主们甚至能通过加强对农民的压迫来增加他们的收入。1320—1380

年，通过北威尔士的奇尔克（Chirk）的领主地位，阿伦德尔家族
（the Arundels）的收入从 300 英镑增加到了 500 英镑。博林布鲁克
的亨利（Henry the Bolingbroke）在他的父亲冈特的约翰（John of
Gaut）去世后，利用继位之机来强迫卡德威利（Cydweli）的民众
支付 1 575 英镑。这种难以预料和专横的榨取引发了 1400 年由格
林·杜尔（Glyn Dwr）所率领的起义。

黑死病后的法兰西也出现了同样的力量。贵族们迫切地想要在
缩减生产力的基础上维持他们的收入，因而增加了对农民的压迫，
这引起了 1358 年农民的暴力抗拒，也就是"扎克雷起义"（Jacque-
rie）。尽管法国和英国农民的反抗很快就被镇压了，但这些事件令统
治阶层大为震惊，也迫使他们在某种程度上放松了对社会中生产部门
的控制。然而，比武装反抗更为重要的一个因素是，农民们正在悄悄
地逐渐搬离领主或领地，因为他们在这里只能得到糟糕的待遇。持续
不断地压迫农民的领主终于发现自己没有农民可以压迫了。

显然，在黑死病之后的一个世代，领主们在和供需法则对抗的
斗争中失败了。据法国的中世纪研究家居伊·布瓦（Guy Bois）估
计，大部分庄园领主失去了一半到四分之三的收入。让娜·德·纳
瓦拉（Jeanne de Navarre）从她在香槟和布里（Brie）的地产中所
获得的收入从 23 000 里弗尔减少到了 10 000 里弗尔。圣丹尼斯修
道院的收入在名义上减少了一半，实际上减少了三分之二——从
72 000 塞蒂尔①（一种容量单位）谷物减少到 24 000 塞蒂尔。在庄

---

① 1 塞蒂尔（setier）约合 150—300 升。——译者注

园领主的收入减少的同时，制成品的价格因上涨的工资而升高了。同样的发展变化造就了13世纪晚期的贵族繁荣，而一百年后的此时却相反。

在农民的生产过剩量缩减的同时，靠这些过剩量养活的拥有土地的精英数量却在增加。收入的暴跌意味着贵族必须要么调整到较低的消费水平，要么尝试对此做些什么。大约1300年时年收入为25—50里弗尔的小乡绅，发现他们面临着失去贵族地位的糟糕困境，因为他们的收入无法再维持这种地位了。"为了维护社会地位，领主不得不从农民的生产中抽取更多，或者以其他方式获得更多，"居伊·布瓦总结道，"同时，任何额外的消耗都会危及农民自力更生的能力。这种矛盾是难以调和并具有破坏性的。"随着收入的减少，贵族为了维护其社会地位而开始寻找"其他方式"。因为资源的总数量有限，一名贵族只能以牺牲另一名贵族为代价来获得成功，这导致精英内部的冲突加剧。

在1300—1350年，法国的社会结构开始崩溃，首先是在边境地区，然后是在中心区域。在加斯科涅，阿马尼亚克（Armagnac）和富瓦（Foix）家族就继承贝阿恩（Béarn）子爵的头衔发生了冲突。这一世仇将在接下来的两个半世纪一直持续下去，在其中一个家族消亡之后才终结。在权贵们因大笔资产而争斗时，加斯科涅的小贵族之间的私人战争也在激增。例如，根据现存资料的记载，在1290—1327年，精英内部至少爆发了12次暴力冲突。

在王国的另一端，也就是城市化的佛兰德斯，形成已久的城市贵族（他们与法国王室结盟）和新崛起的富有中产阶层（他们利用下层民众作为自己争取权利和地位的突击队）之间的关系日益紧张。1302 年，权力斗争导致布鲁日（Bruges）出现全面的反叛，蔓延到了整个佛兰德斯西部。当"美男子"腓力[①]派遣一支军队去平定的时候，佛兰德斯步兵在科特赖克之战（battle of Courtrai）中摧毁了法国贵族的骑兵。1325—1326 年，佛兰德斯的城市社群奋起反抗他们的统治者——纳韦尔伯爵路易（Count Louis of Nevers）。1328 年，法国骑士在卡塞尔（Cassel）的战场上屠杀市民，以报科特赖克大败之仇，然后在佛兰德斯建立起法国政府。然而，1337 年，根特（Ghent）的织工再次反叛，并且在让·凡·阿特维尔德（Jan van Arteveldt）的领导下驱逐了纳韦尔的路易。佛兰德斯人和英格兰签订了商业条约，并且在 1340 年时承认爱德华三世为他们的统治者。佛兰德斯人的反叛为爱德华三世领导下的英国入侵开辟了北部路线，是直接导致克雷西之战（battle of Crécy）的第一步。

法兰西的北部和东部（皮卡第省和勃艮第省）是路易十世统治时期（1314—1316）反对王室征税的男爵运动的发生地。在阿图瓦（Artois）县，针对中央权威的反叛因阿图瓦的罗贝尔的拥护者和他的姑妈马霍[②]的拥护者之间的内讧而变得复杂起来，罗贝尔和他

[①]　"美男子"腓力（Philip the Fair，1268—1314），法兰西卡佩王朝国王。——译者注

[②]　马霍（Mahaut，1268—1329），又名玛蒂尔达，她是阿图瓦伯爵罗贝尔二世唯一的女儿。文中所述的阿图瓦的罗贝尔（Robert of Artois，1287—1342）是罗贝尔三世，他是罗贝尔二世的孙子，其父阿图瓦的腓力（Philip of Artois，1269—1298）是马霍的弟弟。正是腓力的早逝引发了马霍和罗贝尔三世的内讧。——译者注

的姑妈均要求得到该县的所有权。阿图瓦的罗贝尔输了，最终被驱逐到了英格兰，他加入了敦促爱德华三世对法兰西开战的队伍。

1341 年，在公爵约翰三世没有留下直系继承人就去世后，布列塔尼陷入了内战。布洛瓦和蒙特福特两派争夺继承权。在随后的内战中，小贵族和西部的凯尔特人支持蒙特福特家族，而大领主和东部说法语的中产阶层共同支持布洛瓦一派。英国人支持蒙特福特一派，他们开始了"骑行劫掠"（chevauchée，一种"马上突袭"，其目的是摧毁乡村），并围困了布列塔尼的重要堡垒——雷恩（Rennes）、瓦讷（Vannes）和南特（Nantes）。

此处明显的模式就是每片区域的冲突都开始于内战，然后其中一个派系——蒙特福特家族、阿特维尔德家族或者阿图瓦的罗贝尔——邀请爱德华三世介入来支持他们。据说是让·凡·阿特维尔德建议爱德华三世宣称自己为法兰西国王的，以使佛兰德斯人的支持合法化。

1354 年，激烈的精英内部冲突传播到了王国的核心地带——法兰西岛和诺曼底。四处弥漫的冲突氛围开始听起来像克林特·伊斯特伍德（Clint Eastwood）的意大利式西部片，比如《黄金三镖客》（*The Good，the Bad，and the Ugly*）。这些事件中的关键参与者是纳瓦拉的卡洛斯（Charles of Navarre），后代历史学家称他为"恶棍"（the Bad）。"恶棍"卡洛斯自然地成了贵族反抗所明确围绕的焦点，因为他和王室家族关系密切。当 1328 年"美男子"腓力的最后一个儿子在没有男性继承人的情况下去世时，王位传给了"美男子"腓力的侄子瓦卢瓦的腓力六世。但还有两个潜在的王位继承者：英格兰国王爱德华三世，他是腓力的女儿"法兰西母狼"伊莎贝拉的儿子；埃夫勒的腓力（Philip of Évreux），他是"美男子"腓力同母异父的兄弟。埃夫勒的腓力迎娶了法兰西的琼安（Joan of France，"美男子"腓力的外孙女），因为宣布放弃王位继承权而得到了纳瓦拉王国这一补偿。于是，他的儿子纳瓦拉的卡洛斯通过他的父亲和母亲而成了卡佩王朝国王的后裔。从他父亲那里，卡洛斯也继承了诺曼底和法兰西岛的大量领地。这两个省内那些贫穷和骚动的贵族阶层中的持异议派别将纳瓦拉的卡洛斯视为他们天生的领袖。

这个故事中的第二位主角是"好人"（the Good）约翰二世，他于1350年继承了法国王位。当"好人"约翰将他的宠臣查理·德·埃斯帕涅（Charles d'Espagne）任命为王室统帅（constable，法兰西最高级别的军事官员）时，引发了冲突。更糟糕的是，国王将本属于纳瓦拉王室的昂古莱姆（Angoulême）县给予了查理·德·埃斯帕涅（于是，埃斯帕涅发现自己成了丑恶之人[①]）。失去了领地使"恶棍"卡洛斯大为恼怒，通过这位王室统帅，他回击了"好人"约翰。1354年1月，当王室统帅在诺曼底参观时，一群由"恶棍"卡洛斯的兄弟纳瓦拉的腓力率领的诺曼贵族闯入他正在睡觉的房间，把他从床上拽起来。裸着身子的王室统帅跪在地上，向纳瓦拉的腓力求饶，哭喊着"他可以做他（纳瓦拉的腓力）的奴

---

　　① 此处原文为"the Ugly"，和上文所提到的电影《黄金三镖客》相对应，该电影的英文名字为 The Good , the Bad and the Ugly，直译为《好人、恶棍和丑恶之人》，正好对应以上所提及的三人。——译者注

隶，他会用金子来赎自己，他会让出拥有的土地，他会去海外并且再也不回来了"。但是这位不幸宠臣的乞求并没有什么作用，暴怒的刺客们将他砍死了，根据一位编年史作者的记录，他的尸体上留有 8 道被刺杀的伤口。

王室统帅的职位是非常有利可图的——在和平时期，他每月会得到 2 000 法郎（里弗尔）的薪资，这就等同于战争爆发时签订契约的所有武装人员一天的工资。王室统帅还拥有广泛的任命权资源，因为他控制着征募、供给和有关战争的其他安排。那些土地收入不足以供养自己的大量贵族，依赖的就是王室统帅的权力所给予他们的收入。反过来说，所有被排除在钱槽之外的人都憎恨王室统帅并且希望他倒台。通过除掉宠臣这一击，"恶棍"卡洛斯立即让自己成了日益壮大的持异议派别的领袖，该派别谴责瓦卢瓦王朝的国王们管理不善和军事失利。在"恶棍"卡洛斯拥有广泛地产且和当地贵族阶层关系密切后，诺曼底实际上就是反叛了，这里的人们拒绝交税和服兵役。国王无法从这个富有的省份得到任何资金，这是导致王室财政走向崩溃的重要原因。

王室统帅被刺杀仅仅是这出复仇悲剧的第一幕。在复仇和反复仇的螺旋模式中，一场谋杀会导致另一场谋杀。1356 年 4 月，法国王太子（dauphin）在鲁昂（诺曼底的首府）宴请纳瓦拉的卡洛斯和主要的诺曼贵族，当时约翰二世连同许多武装部下突然闯入，尽管王太子乞求他的父亲不要对他的宾客施加暴力，让他蒙羞，但国王还是下令逮捕了纳瓦拉的卡洛斯以及所有参与谋杀王室统帅的在场者。他自己粗暴地抓住主要的刺杀者之一让·德·哈考特（Jean d'Harcourt），从领口撕扯开他的上衣直到腰带的位置。第二天早上，让·德·哈考特和其他的诺曼贵族被带往行刑地，当时，国王显然迫不及待地渴望复仇，他突然让队伍在野外停下，命令当场将囚犯斩首。哈考特之死是尤为痛苦的，因为替代的行刑者非常不称职，砍了 6 次才砍断他的脖子。

将让·德·哈考特和其他人处死并不是一件特别明智的事情，因为他有 3 个兄弟和 9 个孩子，他们还和法兰西北部不同的贵族家庭联姻。国王疏远了一大群贵族，而且还没有除掉主要的坏人——纳瓦拉的卡洛斯，他被囚禁在巴黎的夏特勒，后来在 1356—1360 年的崩溃中扮演了典型的破坏性的恶棍角色。

在这段插曲中，国王那难以捉摸和暴力的行为是另一种社会趋势——中世纪晚期的犯罪浪潮——的症状。在这一时期，突然爆发的野蛮和无意义的暴力行为是特别常见的。1358 年，意大利北部的弗利（Forli）的统治者——弗朗西斯科·奥德拉菲（Francesco Ordelaffi）在保卫他的城市，抵挡围困的教皇军队时，他的儿子鲁多维科（Ludovico）恳求他放弃，而不是进行徒劳的抵抗。"你要么是个私生子，要么是被偷换的孩子！"暴怒的父亲咆哮道，他拿出一把匕首，刺向他的儿子，"就这样让他在午夜之前死去吧"。富瓦伯爵也以类似难以压制的暴怒方式杀了他唯一的法定继承人。在英格兰，每隔一代封建领主就会反抗国王，但是在 14 世纪之前，他们总是能在犯下弑君罪之前罢手。而在 1327—1485 年，他们谋杀了 5 位国王。

暴力的浪潮并不仅限于位高权重的领主，而是影响了社会的各个阶层。1300—1380 年，在北安普敦郡（Northamptonshire）的乡村里，每 100 000 人中谋杀犯的比例增加了三倍。保存在诺曼底的瑟里西官方机构（Officialty of Cerisy）的法庭记录表明，在 14 世纪上半叶，每年平均发生 1.2 次袭击事件，其中仅有 2％涉及使用致命武器。相比之下，在大约 1400 年时，每年平均发生 4.9 次袭击事件，其中 25％涉及武器。在 15 世纪 50 年代，袭击事件的次数是每年 4.3 次，其中 40％涉及武器。但是至 15 世纪末，每年的袭击事件降至 0.7 次，只有 8％使用了致命武器。来自意大利和德国的分散数据描绘出了相同的情况。暴力犯罪在 1350—1450 年达到了顶峰，随后开始减弱。

暴力行为增加的原因包括农民们极为糟糕的经济状况以及瘟疫和战争导致的社会结构崩坏。然而，法律和秩序崩溃的主要原因是统治阶层的失败，出现了一大批穷困潦倒，但是全副武装的危险贵族。因个人决斗和互相伏击，家族和宗族之间的世仇会延续多代人，好斗性程度会随着自我强化而增加。谋杀之后紧接着就是复仇，这是黑帮犯罪故事迷们所熟悉的一种暴力循环。而且，频繁出现的残忍袭击和谋杀削弱了阻挡人际暴力的社会和心理屏障。实际上，在中世纪晚期，贵族才是真正的"下层犯罪分子"。在 14 世纪的格洛斯特郡，居住在这里的骑士和候补骑士中至少一半以上犯过一项重罪。当国家走向财政崩溃并且失去对军队的控制时，对这群"高贵的暴徒"的最后限制也消失了，整个社会结构崩溃了。

法兰西国王有两种收入。第一种是常规收入，本质上是封建领主制或者说封建制的收入，包括王室地产的租赁收入、执行法律制裁的罚款和费用、商业收费和铸造货币的利益（被称为"铸币税"）。常规收入旨在用于平常的国家维护。第二种是非常规征税，在紧急情况下征收，用于诸如十字军东征和战争这样的国家计划。1250年，路易九世在埃及进行十字军东征时被抓，当时就是通过非常规征税的方式来筹集他的赎金的。

从1180年，也就是腓力二世·奥古斯都统治时期开始，到1250年，法国国王的常规收入翻了两番。当腓力的孙子路易九世继续进行他命途多舛的东征时，他管理着250 000里弗尔的常规收入。在此期间，通货膨胀还不严重（小麦的价格增加了20%到30%），并没有大幅度地影响国家的财政健康。王室收入的增加一方面是由于腓力及其继承人的领土征服，另一方面也是人口增长的结果。实际上，这两个进程以协同的方式互相影响着。在人口压力引发平均产量降低之前，中世纪人口增长的最初阶段导致税收日益流向王室金库。简单地说，更多的农民意味着更多的税收。法国国王使用日益增加的税收来资助领土扩张，反过来领土扩张带来了更多的纳税人。在日益增长的收入和战争成功之间的良性循环就是这一时期卡佩王朝管理他们领地爆炸式增加的方法。

然而，13世纪的人口增长还在继续，在1250年后，人口数量开始接近中世纪农业技术水平所能够养活的人数最大值。农民们所创造的盈余——也就是他们种植的食物数量和他们赖以生存的产品及为自己生产的替代品数量之间的差额——缩减了。政府的收入依赖于盈余，因而受到了影响。即便如今，对农业劳动者的剥削也可能超过其盈余，但是农民可能会反抗或者大量饿死，从政府的角度来说，任何一种结果都是不可取的。13 世纪的法兰西政府和拥有土地的精英针对农民的生产盈余展开了竞争。随着贵族收入锐减，为了让自己获利，他们找到了很多改变税收流向的方法。这些经济和社会趋势的共同影响就是在大约 1300 年，尤其是在 14 世纪早期，王室财政面临着日益增大的压力。

1250—1300 年，在名义上，国王的常规收入翻了一番，达到了 500 000 里弗尔。但是这一时期的小麦价格也翻了一番，这就意味着从实质上而言，"美男子"腓力四世（1285—1314）的收入陷入了停滞。14 世纪，收入开始下降。最后一位卡佩王朝的国王，也就是腓力的儿子查理四世（1322—1328）的常规收入为 280 000 里弗尔，实际上仅仅是他父亲在 30 年前所享有的收入的一半。王室财政更急需帮助的时期是第一任瓦卢瓦王朝的国王腓力六世（1328—1350）即位时，当时他将瓦卢瓦家族所拥有的大片封地纳入王室领地。然而，腓力六世的常规收入（就实质上而言）仅达到了"美男子"腓力能使用的收入的 80％。

直至"美男子"腓力统治时期，国王都可以毫无困难地依靠其常规收入和偶尔征收的非常规征税（在激烈的战争行动时期所征收的）为生。然而，至 13 世纪末，当常规收入在实质上陷入停滞时，开支飞涨，尤其是军事行动的开支。为了提高收入，国王开始像往常那样征收非常规征税，他还迫使中产阶层接受强制贷款并且操纵货币。在"美男子"腓力统治期内最著名的事件之一就是对圣殿骑士团的摧毁和掠夺。

圣殿骑士团是在十字军东征期间创建的修道院骑士修会。和圣约翰骑士团（也被称为"医院骑士团"）不同，圣殿骑士团并不以慈善闻名，也不资助医院，而是着手创建了一个富裕且有影响力的"跨国团体"。得益于十字军东征期间教皇授予圣殿骑士的免税地位，他们可以用比意大利或犹太银行家更低的利率借钱。他们还作为银行家为教皇服务，并且借了大笔的钱给"美男子"腓力。1307年10月13日，腓力下令逮捕法兰西的所有圣殿骑士，没收修会的财产。圣殿骑士被指控为异端、施行巫术和存在鸡奸行为，他们遭受了特别可怕的折磨——拉肢、夹拇指和挨饿。他们的牙齿和指甲被一个个地拔掉，骨头被楔子弄断，脚被火炙烤。在36人死于酷刑室和几人自杀之后，大团长雅克·德·莫莱（Grand Master Jacques de Molay）和122名骑士承认了所有罪行。"如果他们问他是否亲手杀害了上帝，他也会承认的"，一位编年史家写道。当雅克·德·莫莱被绑在火刑柱上烧时，他宣称自己是无辜的，并且对国王和他直到13代的子孙下了可怕的诅咒。不到一年，"美男子"腓力就死了。接下来的14年间，他的三个男性继承人一个接着一个地死了，都没有留下后代。随着14世纪一场接着一场的灾难降临法兰西，人们一直回想起圣殿骑士团诅咒的传说，并且一遍遍地复述着。

"美男子"腓力用以充盈其国库的方式，尤其是反复使用的战争补贴的方式在拥有土地的城市精英中招致了很多愤恨。本质上难以解决的问题是国家和精英就缩减的盈余展开的竞争。14世纪上半叶，历任国王都开始面对日益增加的对税收的抵制。例如，1314年，"美男子"腓力要求为在佛兰德斯的战争提供战争补贴，就算最后一刻的谈判避免了冲突，但是王室官员无论如何都要继续征收补贴，于是，一场大规模的反抗爆发了。

在百年战争期间，缺乏对国家税收需要的共识直接影响了国家对英国人发动战争的能力。除了全面冲突时期，腓力六世（1328—1350）和约翰二世（1350—1364）都无法征收税款，因此面临着日益增加的财政压力。结果，每次停战后再次开始军事行动时，法兰西总是毫无准备的。1346 年和 1347 年的军事灾难［在克雷西被击败和失去加来（Calais）］终于驱使三级会议在 1355—1356 年批准进行必要的征税，但是此时征税的尝试遭到了地方层面的抵制。最终，三级会议无法拿出其所承诺的资金，王室财政崩溃了。

中世纪法兰西的经济和社会趋势表明了其在 14 世纪崩溃的原因。然而，在讨论导致其崩溃的一系列实际发生的事件之前，必须破除一个常见的神话：法兰西的问题是和英国人之间的持续冲突，也就是众所周知的百年战争（1338—1453）所导致的。首先，1338 年和 1453 年这两个时间点完全是武断的。在此期间，法兰西和英格兰并没有持续交战，交战中有几次暂停，其中最长的一次是 1389—1411 年。1338 年之前，法国人和英国人最近一次的作战是在 1324—1327 年，而在这之前则是 1294—1298 年。1453 年后，1475 年和 1489—1492 年也发生了战争。实际上，在 1066—1815 年的"千年战争"期间，几乎每一代法国人和英国人都会对彼此开战。其次，英格兰的人口仅有法兰西的四分之一，就军事实力而言，英格兰和法兰西并不在一个水平上。英国人赢得了几场令人赞叹的战斗，但是我们很快就会看到，只有在法国人深陷内部争斗的时候，英国人才能征服和控制这些领地。一旦法国人恢复了一些内部团结，他们立刻就会夺回他们的领地。这种事情发生了两次，这并不是偶然的。当今的历史学家都强调 1338—1453 年漫长战争的主要原因并不是英国和法国国王之间的王朝冲突，而是法兰西拥有大规模领地的权贵们——法国国王，布列塔尼、勃艮第和吉耶纳（后者也是英格兰国王的）公爵们，佛兰德斯和阿马尼亚克的伯爵们等人——的斗争。尽管权贵们是在国家层面作战的，但贵族各派是在地区层面上互相厮杀的，而农民谋杀领主和互相残杀是在地方层面上的。正如伟大的法国历史学家费尔南·布罗代尔（Fernand Braudel）曾经说的，百年战争更适合被称为"百年敌对"。

百年战争的第一阶段，也就是从 1338 年敌对行动爆发到 1361 年布雷蒂尼和平（Peace of Bretigny）时期，对于法兰西来说是灾难性的。有四次主要的行动，法国人全都溃败了——斯鲁伊斯（Sluys）海战（1340）、克雷西陆战（1346）和普瓦捷陆战（1356），以及英国人围困并攻占加来（1347）。当代人都对强大的法兰西一再输给相对弱小的英格兰感到震惊〔14 世纪的佛罗伦萨历史学家马特奥·维拉尼（Mateo Villani）称爱德华三世为"英格兰的小国王"(il piccolo re d'Inghelterra)〕。在克雷西之战中参战的士兵人数证明了实力上的差距——12 000 名英国人面对着 30 000 到 40 000 名法国人。对英国人胜利的通常解释是他们有效地利用了弓箭手。毫无疑问，长弓是一种可怕的武器，但是法国人战败还有其他原因——他们缺乏凝聚力，无法进行合作。

至 14 世纪 40 年代早期，精英过剩削弱了法兰西统治阶层的繁荣和团结。大部分贵族所拥有的土地几乎都赶不上一个富有的农民所拥有的。他们就是法国历史学家马克·布洛赫（Marc Bloch）所说的"无地领主"（seigneurs sans terre）。付给士兵的薪资各不相同，从一名骑士扈从 7 苏 6 但尼尔到一名方旗骑士 15 苏不等。一场一到两个月的典型战争可以产生 25 到 50 里弗尔的收益，等同于一个小贵族的年收入，还有可能获得战利品和赎金。当国王召集法兰西士兵准备针对英国人的战争时，实际上有成千上万的骑士响应了。"一切都发生时，"中世纪军事历史学家菲利普·孔塔米纳（Philippe Contamine）写道，"国王和他的副手们似乎……对响应他们命令的士兵人数感到惊讶，甚至不知所措。也许腓力六世在军事行动过程中所表现出的犹豫不决，在某种程度上可以用其周围人员在面对接连不断涌入其阵营的无组织人群时的迷惘（就算不是困惑的话）来解释。"在进行战争之前，王室官员期待得到 10 000 名骑兵，但他们得到了两倍甚至三倍的人数。而且，贵族们带来了过去几十年来成倍增加的敌意和世仇，现在，这导致他们分裂了。法国军队并不是一支有凝聚力的武装部队，正如其在克雷西战场上的行为所充分展示的。尽管当时国王已经下令不要进攻，因为时间已晚，而且军队的布阵也不得当，但是先锋部队还是朝着英国人防守最严密的阵地发起了冲锋。后来，一部分法国军队和另一部分打了起来，当时骑士们决定屠杀热那亚弩手。"杀掉这些妨碍我们的无赖"，当骑士们想要杀出一条血路时，某人喊道。杂乱无章的法国队伍不断发起一波又一波进攻，英国人则击退了每一波。这场战斗之后的那天，几名实际上还不知道战斗已经输了的法国征兵朝着克雷西行进，被英国骑士杀死了。简言之，难以避免的印象就是法国军队击败了自己，而英国人只发挥了一点儿作用。

尽管法国士兵在面对英国人时完全抵挡不住，输了一场又一场战斗，但还是不得不付给他们薪资。然而，日益减少的王室收入越来越难以支付螺旋式上升的战争成本。由于对 1314—1316 年男爵反叛心有余悸，国王在 14 世纪 40 年代和 50 年代向占支配地位的精英（城市的上流人士和乡村的贵族）寻求帮助，征收额外的税。克雷西的灾难和下一年失去加来使贵族阶层认识到了形势的严峻性，三级会议在 1347 年年末同意了王室增加收入的计划。然而，第二年黑死病的到来中断了征税，并没有取得可观的收入。1355 年再次出现了大规模的敌对行动，当时爱德华三世在加来登陆，带领军队行至阿图瓦和皮卡第。"好人"约翰二世选择了不应战，而是烧毁或者带走了乡村中可能会提供给一支入侵军队的所有东西。这一焦土政策成功地将英国人赶回了英吉利海峡，但代价是让当地人挨饿。1355 年 12 月，三级会议在巴黎召开，批准为了继续进行的战争而征税，但是征税的尝试遭到了地方议会的抵制。三级会议再次在 1356 年至 1357 年召开，但是关注焦点从确保参战的手段变成了更为政治性的议题。

1356 年 9 月 19 日，法国军队在普瓦捷遇到由"黑太子"（Black Prince）率领的英国军队。结果对于法国人来说又是一场灾难。"好人"约翰、18 名伯爵和子爵、21 名男爵和方旗骑士，以及 2 000 名骑士和骑士扈从都被抓住了。这场灾难引发了国家的崩溃，城市革命、贵族反叛和农民起义接踵而至。

由王太子（未来的查理五世）领导的政府面对着两个有联系的问题。首先，即便国家已经破产，甚至都支付不起军队的薪资了，也得筹措约翰二世的三百万里弗尔巨额赎金。政府没有其他的借助，只得召开三级会议，直接向精英的代表们征募资金。其次，第二个问题是除了沉重的赋税，这一连串失败还彻底摧毁了政府的信誉。此外，贵族阶层本身正在遭受收入锐减的困境，同时还需要为了他们自己的赎金而筹钱。以下就是当时的编年史家让·傅华萨（Jean Froissart）所描述的这个国家的氛围。

> 于是，所有的教会高级教士、主教和修道院院长，所有的王公贵族、巴黎商会会长和市议员，以及法国城镇的议员都聚集到巴黎，讨论直到他们的国王被释放为止要如何治理这个王国。他们还想了解过去通过什一税、向资本征税、强迫贷款、铸造新币以及所有其他让人民备受折磨和压迫的敲诈性方式来筹集巨额资金时的情况。而且，士兵们的薪资一直比较低，国家得不到充分的保护，但是没人能对这些事情做出说明。

这次会议从三级中的每一级选出了 12 名代表。"后来经一致决定，这 36 个人应该经常在巴黎召开会议，以讨论王国的事务并且维持秩序……作为第一项措施，三级会议停止了铸造新币，并且接管了所有死者的财产。然后，他们要求王太子逮捕他父亲的财政大臣，连同罗贝尔·德·洛里斯爵士（Sir Robert de Lorris）、西蒙·德·布西爵士（Sir Simon de Bucy）、让·波立维利安（Jean Poil-levillain）和其他的财政官员，以及之前的国王顾问，这样一来，才能让他们拿出在他们的建议下征收和募集的所有资金的真实账目。当这些高级官员听说此事时，他们完全消失不见了，这么做是明智的。他们尽可能快地离开了法兰西王国，前往其他国家一直生活到形势有所改变的时候。接着，他们委任了自己的官方职员，其职责是筹集所有的征收款、税收、什一税、贷款和其他要付给国王的关税，他们有了新的纯金铸币，叫作'穆顿'（moutons）。"三十六人议会接管的是一直只能为国王所有的特权，这等同于完成了一场政变。

在 1356—1358 年的革命动乱中，来自第三等级的主要领袖是艾顿·马塞（Etienne Marcel），他是巴黎商会会长（基本上就是巴黎市长）。马塞是城市批发商和企业家阶层的一员，他们在前几个世纪取得了巨额财富，现在希望将其转换为权势和地位。有几名马塞的亲戚已经获得了贵族地位。他的一位表亲以 500 里弗尔买到了贵族特权，他的岳父和连襟一开始是鲁昂富有的商人，后来在为王室服务时被封为贵族。马塞所使用的策略是调动巴黎的城市群众，作为迫使摄政的王太子让步的突袭部队。

马塞和王太子之间的冲突在 1358 年 1 月达到了顶点。像往常一样，所引发的事件是螺旋式出现的暴力和反暴力行为。一位名叫佩兰·马克（Perrin Marc）的市民刺杀了王太子的财政官，谋杀者被王太子的执法官从教堂的避难所强行带走绞死了。艾顿·马塞集结了 3 000 名武装起来的工匠和店主，戴着受欢迎政党的红蓝头巾，朝着王室宫殿前进。王太子的顾问之一不幸遇到了这群人，在逃跑之前就被认了出来，遭到了多人殴打，以至于当场死亡。一到达宫殿，人群就冲进了王太子的房间。惊恐的王太子蜷缩在床上，会长的手下人击倒了他的两个执法官（包括绞死了佩兰·马克的那个），就在他的面前杀了他们。"悲痛和惊愕的"王太子向马塞祈求，让巴黎民众成为他的好朋友，就像马塞是他们的好朋友那样，并且从马塞手里接过两根红蓝布条，为自己及其官员们制成了头巾。尽管王太子查理看起来体弱多病且不擅长武力，但是他有着刚强的内心和聪明的头脑（他后来被称为"智者"查理）。查理尽快地从巴黎逃到了附近的桑利斯（Senlis）镇，他在那里着手聚集起一批贵族支持者。

政府在王太子和马塞两派之间僵持不下，与此同时，所有乡村的现存法律和秩序结构都崩溃了。"当时，一位名叫勒尼奥·德·塞尔沃来斯爵士（Sir Regnault de Cervoles）的骑士，也就是众所周知的大司铎，"傅华萨叙述道，"指挥着一大群从许多国家聚集而来的士兵。这些人发现因国王约翰被抓，他们的薪资停发了，找不出在法兰西谋生的方法。因此，在勒尼奥爵士的独立率领下，他们去了普罗旺斯，在那里占据了一些要塞城镇和堡垒，袭击和掠夺了整个乡村，甚至远到阿维尼翁。教皇英诺森六世及其枢机主教们当时都在阿维尼翁，他们处于极大的恐惧中，几乎不知道能去往哪里，只能让他们的家仆日日夜夜地拿着武器守卫着。在大司铎及其手下人掠夺了整片区域之后，教皇及其枢机团开始同他进行谈判。经过友好的协商，他带着大部分追随者进入阿维尼翁，他获得了极大的尊重，就好像他是法兰西国王的儿子一样，他在宫殿里同教皇和枢机主教吃了几次晚饭。他的罪过都被赦免了，在离开的时候，他被赠予了 40 000 顶花冠，在其同伴之间分发。这群人离开了这片区域，但是仍旧在大司铎的指挥下。"

除大司铎的队伍之外，还有很多其他的队伍在路上。巴黎周围的区域遭到了解甲归田的法国士兵、英国人和纳瓦拉的卡洛斯的拥护者们的蹂躏，此时纳瓦拉的卡洛斯已经被释放出夏特勒，亨利二世曾经将他囚禁在这里。在支付了很多年的重税，并且不得不为在普瓦捷被俘的主人们支付赎金之后，这群自由团体的掠夺成了压倒法兰西岛农民的最后一棵稻草。

至 1358 年夏天，命运之轮将法兰西带到了底层。国王和"法国贵族之花"都成了英国人的俘虏。由摄政的王太子所率领的合法政府被由艾顿·马塞所领导的巴黎暴徒赶出了首都，还面对着由纳瓦拉的卡洛斯所率领的一大部分法国贵族的反叛。在法兰西岛、皮卡第和香槟都爆发了农民起义。最后，乡村遭到了数群由失业士兵和贫穷贵族组成的强盗的蹂躏。尽管黑死病、英国人的胆略、糟糕的天气和各种其他情况都是导致这种衰落的因素，但是关键的因素，也就是标志着历史命运之轮的所有跌落和攀升的因素是合作（无论它看起来是因为阶层战争还是区域战争而衰退的）。

第九章

复兴的新方法：人类冲突为什么像森林大火和瘟疫一样

　　贵族阶层和城市精英对 14 世纪 50 年代的军事、社会危机大感震撼。扎克雷起义的暴力行为和城市暴乱令他们感到害怕。三级会议或者说其还剩下的成员们显然无力扭转局势，因为至 1358 年时，贵族们已经基本上不再支持他们了。精英开始不再支持各种反瓦卢瓦派系，并团结在了王太子查理的周围。

　　艾顿·马塞在领导巴黎暴徒谋杀王室执法官和恐吓王太子时，就让贵族转到了与自己为敌的方向上。马塞的平民策略以及他和"扎克一派"① 及英国人的密谋也使他丧失了城市权贵们的支持。在

---

　　① "扎克一派"（Jacks），即参加扎克雷起义的人。编年史家傅华萨和让·勒·贝尔（Jean le Bel）都将这次起义的领袖称为"Jacque Bonhomme"（Jack Goodfellow），即"呆扎克"或"乡巴佬"，故此次起义被称为扎克雷起义。——译者注

逐渐被孤立的情况下，这位会长试图得到佛兰德斯城镇的援助，但是在 1358 年 7 月 31 日，他和其他几名派系成员在与王太子的巴黎支持者的街头巷战中被杀死了。

大约与此同时，贵族们再次证明了农民起义是没有机会对抗有准备、有组织的贵族阶层的。转折点是在莫城（town of Meaux）的战斗，交战双方分别是数千名农民起义者（据编年史家说是 9 000 名）与一支由布赫的领主①和富瓦的加斯顿（Gaston of Foix）率领的包含 40 名长矛兵（120 名重装骑兵）在内的连队。"富瓦伯爵和布赫的领主以及他们的下属做好了战斗的准备，他们在市集上列队，然后行进到市场大门口，猛地推开大门。在那里，他们面对的是矮小黝黑且装备非常差的农奴……那些恶人看到他们（骑士们）摆好作战的架势时——尽管他们的人数相对较少——都变得不像之前那么坚定了。最前面的人开始撤退，贵族追赶着他们，用长矛和剑袭击他们，将他们击倒。那些遭到袭击的人或者害怕的人惊慌失措地往回跑，以至于撞倒了彼此。接着，各种重装骑兵冲出大门，跑到广场上攻击那些恶人。他们把这些恶人们成堆地撂倒，像杀牲口一样杀掉。他们把剩下的人驱赶出城镇，没有任何一个农奴试图摆出某种战斗架势。他们继续杀害这些人，直到他们肌肉酸痛、筋疲力尽，他们将许多人都扔进了马恩河（River Marne）。总之，他们那天消灭了七千多名扎克一派的成员……在莫城溃败之后，就没

---

① 布赫的领主（Captal de Buch），即让三世·德·格雷利（Jean Ⅲ de Grailly，?—1376），加斯科涅的贵族，百年战争中的军事首领。"Captal"即加斯科涅的贵族头衔。——译者注

有扎克一派的集会了，因为年轻的库西领主（Lord de Coucy）带领着一大群骑士和骑士扈从，无论在哪里发现扎克一派，都会将他们消灭掉，没有丝毫的同情或怜悯。"至 1358 年 8 月末，扎克雷起义结束了。

第二年，英国人再次侵入法国的腹地。爱德华三世的目标是兰斯（Reims），他计划在这里加冕为法兰西国王（兰斯是举行法国国王加冕礼的传统地点）。王太子明智地避免了战斗，实行了焦土政策，因此阻止了英国人继续围攻兰斯。之后，爱德华试图攻占巴黎，但是在此被挫败了。他手下的士兵们精疲力竭，国库也耗尽了，爱德华在布雷蒂尼（Brétigny，1360）协商了和平协议。作为对爱德华宣布放弃法国王位的回报，查理让出了西南部和北部的大片领土，并且承诺为其父亲支付一大笔赎金——300 万里弗尔。

1359 年，王太子要求整个王国的各个等级召开一次会议。这一次，精英们搁置了他们的分歧。在长时间的磋商之后，他们想出了永久地解决国家财政问题的方法。1360 年 12 月 5 日的法令成了法国财政史上的一个里程碑，建立起该王国的基本征税框架，该框架一直延续到法国大革命时期。其中推行了两种税：炉捐和销售税，包括一项重要的销售盐的征税，也就是"盐税"（gabelle）。这一税收体制代表着拥有土地的精英和城市精英之间的妥协。炉捐的主要负担落在了乡村领主的身上，而销售税则主要影响了城市人口。盐税是一种退化的征税，其主要的负担落在了穷人的身上（像往常一样，他们受到了苛待，因为在三级会议中，他们并没有代表）。

人们对新的征税几乎没什么反对。需要赎回国王显然是一个因素，不过最后并没有支付全部的赎金。反之，王太子查理的政府明智地利用这笔钱打造了一支新军队。更为重要的因素是人们达成了一种共识，即除非做些什么，否则法兰西就要沦陷了。另一个起作用的因素是战争所导致的法国贵族的大规模"精简"。克雷西那场最严重的灾难消灭了 10 000 名"法国贵族之花"，而普瓦捷的那场灾难又消灭了 2 500 名。数千人死在了斯鲁伊斯海战（1340）、诸如在布列塔尼肆虐的地方内战，以及"扎克一派"和拦路者①之手。简言之，至 1360 年，能引发问题的"高贵的暴徒"越来越少——有些是被杀了，还有些是继承了他们被杀的亲戚的财产，剩下的只是厌倦了连续不断的暴力和混乱。在关于战争和骑士精神的文学作品的新语调中，公众舆论对支持和平与稳定的改变是显而易见的。1358 年崩溃之前，这些文学作品的重点是关于私人战争的权利和对尊贵荣耀的追求，而现在其强调的则是纪律和公共秩序问题。在一首赞美诗（一种用拉丁语演唱的复调合唱作品）中，菲利普·罗伊莱特（Philippe Royllart）赞扬了查理在对抗英国人上所取得的胜利："汝征服了折磨我们无辜民众的敌人，"然后补充说，"现在为我们带来了和平。听从我们之言，并使其实现了。"然而，这种新的社会共识仍旧是非常脆弱的，正如我们不久之后就会看到的，法兰西在 15 世纪早期还会经历一场复发的混乱，但此时，贵族阶

---

① 拦路者（routiers），一种中世纪的雇佣兵，他们常常出于利益而战。这一名词最早出现于 12 世纪，在百年战争期间和在法国乡村制造恐怖的自由团体密切相关。——译者注

层已经围绕着由查理率领的政府团结一致了。

　　关于常规税收收入，最重要的使用方式就是建立起一支常备军。和之前统治时期的那群规模庞大且混乱的骑士队伍不同，"智者"查理的军队仅有 2 400 名重装士兵和 1 000 名弩手，其中的 60％ 是骑马的。这些士兵受到长期雇佣，有固定薪资。在行动特别激烈的时期，重装骑兵们的辅助扈从也会加入常备军，士兵总人数最多会达到 5 200 人。这支新军队的第一场军事成功是在 1364 年春天，他们在诺曼底摧毁了由"恶棍"卡洛斯率领的纳瓦拉一派的军队。1369 年，和英国人的战争重新开始，因为阿马尼亚克伯爵请求国王与"黑太子"开战。接下来的十年，法国人的指挥有条不紊，就算是由如贝特朗·杜·盖克兰（Bertrand du Guesclin）这样显然没什么骑士气概的领袖所指挥的普通军事行动也是这样。至 1380 年查理五世统治末期，几乎所有的法国领地都收回了。英国人固守着大西洋沿岸的一些城镇和堡垒，以及紧靠着这些据点的领地。1380 年，英国人进行了最后一次"骑行劫掠"（深入法国领土的大规模突袭，目的是尽可能多地造成破坏）。所有的敌对行动都终结于 1388 年，直到 1411 年才重新开始。

　　正如前面的章节所讨论的，过度的人口增长所导致的民众贫穷、精英过剩以及国家破产这三者的联合作用导致了法兰西在 14 世纪的崩溃。至 14 世纪末，普遍的人口过剩已经被 1315—1322 年的大饥荒和自 1348 年开始的黑死病"解决了"。克雷西和普瓦捷的杀戮，再加上精英阶层的内战和民众起义期间的伤亡，严重影响了贵族的数量。但不幸的是，这并不足以解决精英过剩问题，贵族还是太多了，而且，他们的数量因平民阶层积极的向上流动而得到了补充。

14世纪早期见证了"精英野心家"——那些想要将其财富转变为权势和地位的富有平民，如艾顿·马塞、让·凡·阿特维尔德和他们的派系成员——这一大社会群体的崛起。在14世纪的混乱时期，这些人大量进入第二等级。有些人是因为军事服役而被国王和其他权贵封为贵族，还有些人是利用王室的财政困境，仅仅购买了贵族特权。我们可以从法国国王给予的贵族特权数量来追溯这些新精英的崛起。在1307—1328年，"美男子"腓力及其子平均每年给予4次特权。在腓力六世统治时期（1328—1350），这一数量增加到10次，然后在约翰二世统治时期（1350—1364）达到了14次，最后在查理五世统治时期（1364—1380）达到了巅峰——每年20次。在15世纪，被封为贵族的速度下降了，查理八世时期（1483—1498）给予特权的次数仅为每年6次。

此外，14世纪40年代和50年代的灾难主要影响了达到服役年龄的贵族。一个世代之后，另一批年轻的贵族男性被培育起来，并准备行动。新一代人并没有亲身经历过克雷西和普瓦捷的灾难、国家崩溃以及扎克雷起义，后者曾令他们的父辈（幸存下来的那些人）深受冲击且让他们紧密地团结在"智者"查理的政府周围。新一代人将会重复导致之前崩溃的那些错误。

当我们回顾百年敌对期间的法兰西历史时，我们会注意到良好的统治和糟糕的统治交替出现。约翰二世的统治时期（1350—

1364）是社会解体和国家崩溃的时期，而其子查理五世的统治时期
（1364—1380）则是国家稳固和重获领地的时期。下一个统治时期，
也就是查理六世统治时期（1380—1422）是另一个社会分裂和崩溃
的时期。接着就是查理七世治下（1422—1461）的内部团结和国家
复兴时期，最终带领法兰西走出了中世纪末的萧条。这是一种在非
常动荡和相对和平的时期内交替的综合动态模式，在长周期的崩溃
阶段可以一再看到。这种集体情绪波动的原因就在于社会心理特征。

　　每一场内部战争都像一场瘟疫或者森林大火那样发展。在冲突
开始时，每次暴力行为都会引发一连串的复仇和反复仇。随着时间
的流逝，参与者失去了所有束缚，贵族变成了平民，冲突以一种加
速和爆炸性的方式恶化。然而，在最初的爆发之后，暴力行为持续
不断，延续了数年，有时甚至是数十年。迟早，大部分人都会开始
渴望回归稳定，结束战争。最病态和最暴力的领导者要么被杀了，
要么失去了支持者。暴力行为就像一场瘟疫或者森林大火那样"烧
尽了"。即便一开始引发冲突的根本原因可能仍旧在发挥作用，但
是普遍的不惜一切代价也要终止冲突的社会倾向和支持稳定休战的
情绪逐渐占据了主导地位。那些人——比如直接经历了内战时期的
"智者"查理这代人——对此"免疫了"，在他们掌事的时候，他们
会让一切保持稳定。和平时期持续了一代人——二三十年。然而，
受到冲突伤害的一代人最终或死或隐退，新的一群人崛起了，这些
人没经历过内战的恐怖，对此并没有免疫力。如果一开始导致内部
敌对爆发的长期社会因素仍旧在运转，那么这个社会将陷入第二次
内战。

令人惊异的是，导致第二次危机的事件与导致 14 世纪 50 年代危机结束的事件有多么的相似。和以前一样，灾难迫近的第一个迹象就是出现大量贫穷的寻求军事雇佣的贵族暴徒。在 1386 年秋天，10 000—20 000 名贵族涌入格拉斯（L'Écluse），那里正在进行进攻英格兰的准备工作（这次入侵并没有发生）。1396 年，成千上万的法国骑士继续进行针对突厥人的十字军东征，结果都死在了尼科波利斯之战（battle of Nicopolis）。贵族阶层再次分裂为争吵不休的各个派系。在 14 世纪 80 年代查理六世还未成年时期，各个派系开始围绕着他的叔叔们，也就是"百合花①的亲王们"——安茹公爵、勃艮第公爵和贝里公爵［也就是委托制作了《贝里公爵的豪华时辰书》（*The Very Rich Hours of the Duke of Berry*）那本精美的插图手抄本的人］——逐渐形成。这些亲王们将在自己控制的领地（他们的封地）内收集的税款占为己有，还为了个人计划而挪用政府资金，由此导致国库枯竭。勃艮第公爵的政治计划是利用法兰西的资源在勃艮第和低地国家建立一个独立的公国。安茹的路易有在意大利建立王朝统治的野心，试图以国库来填补他所进行的意大利远征的花费。另一个派系是"马穆塞"（Marmousets，即丑陋怪异的人、石像鬼——这是其敌人所起的绰号，因为他们都出身于中产阶层），这是一群囊括了与前任国王"智者"查理关系密切的高级文官和军事领导者在内的人。这一派系是唯一关心共同利益的

---

① 此处的百合花（lilies）即指今法国国花鸢尾花，因为欧洲人常将这种花称为"法兰西百合花"，故不少人称法国国花为百合花。自 12 世纪起，百合花成为法国国徽的图案，象征着法国王室权力。——译者注

人。马穆塞的目标是减轻纳税者身上的负担，与此同时为王室金库积累资源。

14 世纪 90 年代，各种各样有权势的精英群体逐渐整合为两个对立的派系：一个是由渴望权势的勃艮第公爵所率领的，另一个是由国王的弟弟奥尔良的路易（Louis of Orléans）所率领的，当时他已经成年了。此时，几乎没人意识到派系对抗会让法兰西陷入持续 30 年的极端血腥的内战中。

在各个派系争权夺势时，是不可能有始终如一的国家政策的。中央政府也因国王间歇性的精神错乱而遭到了削弱。在国王无法主事时，勃艮第派系占据着上风。在他更为清醒的时期，奥尔良派掌握着大权。1360 年在税收问题上达成的脆弱共识破灭了。有些征税被废除了，比如让拥有土地的贵族感到愤怒的炉捐。还有些征税（销售税、盐税）一开始被取消了，然后又重新征收，这导致了不满，甚至引发了不得不用武力镇压的短暂叛乱。

当勃艮第的腓力（"智者"查理的同代人）健在时，勃艮第派和奥尔良派之间的对抗并没有恶化为公开的冲突。然而，1404 年，腓力去世了，其子"无畏的"约翰（John the Fearless）继位。法国历史学家爱德华·佩罗伊（Edouard Perroy）对约翰的著名描述是：拥有"一种坚定而令人不快的性格，身材矮小且丑陋，长鼻子、歪嘴、突出的下颚，甚至比腓力更有野心……他严苛、见利忘义、狡猾、专横、阴沉并且令人扫兴"。在一种对奥尔良的路易的激烈愤怒中（正如他后来承认的，"恶魔怂恿了我"），他下令刺杀了他的堂弟，这种愤怒也是中世纪后期的典型特征。在 1407 年 11

月的一个黑夜，路易在拜访完王后回家时被伏击杀害。

　　这位谋杀者就像 50 年前纳瓦拉一派刺杀王室统帅的那个人一样，引发了不断升级的暴力浪潮。法国精英分裂成两个武装阵营。反勃艮第派此时由阿马尼亚克伯爵，也就是新任奥尔良公爵查理的岳父领导，因此被称为"阿马尼亚克派"。阿马尼亚克派是由更位高权重的王室官员和高级贵族组成的，在南部和东南部有很多的追随者。勃艮第派则是从东北部和北部的约翰的领地以及巴黎的中产阶层和专业学者那里吸收力量的。

　　从 1407 年到 1414 年，两派就首都展开争夺，在各个斗争阶段，他们都曾向英国人求助。1413 年，王室委员会召集三级会议，以获得征税许可，但是，三级会议拒绝采取行动，除非犯有侵吞罪的官员得到惩罚，并且政府进行某些改革。政府被迫对这些要求做出了让步，将所有财政官员停职，委任一个调查委员会准备进行改革。

　　看起来，法国人似乎决定重演 14 世纪 50 年代的剧本了。就像之前一样，这个国家没有一位能发挥作用的国王（这一次是因为他的精神病而非被俘）。"无畏的"约翰完美地扮演了"恶棍"卡洛斯的角色。甚至还出现了一个新的艾顿·马塞。

　　1413 年 4 月 27 日，有一名叫西蒙·卡布什（Simon Caboche）的屠夫带领巴黎暴徒闯入国王和王太子的住所。他们杀死了 3 名国王的扈从，囚禁了另外 15 人。他们还包围了巴士底狱，在整个城市里屠杀了所有令人憎恨的阿马尼亚克派成员。接下来的一个月是接连不断的骚乱。群众威胁国王，几乎每天都会要求他交出新的受害者并要求进行改革。暴乱者将嫌疑犯关押起来，并即刻处决。

最终，卡布什的屠夫们这种革命性的暴行使温和的市民们开始反对他们（就像两个世代之前，他们转而反对马塞那样）。他们同寻求阿马尼亚克派帮助的王太子查理（未来的查理七世、"智者"查理的孙子）取得了联系。阿马尼亚克派于 8 月 4 日进入巴黎。权力的天平朝着反对卡布什派和在背后操纵的"无畏的"约翰一侧倾斜。屠夫们试图进攻市政厅，但是被击退了。之后，勃艮第派试图绑架国王，不过也被挫败了，"无畏的"约翰从首都败退，卡布什也为了活命而逃离了巴黎。

至 1414 年，阿马尼亚克派赢得了对法兰西大部分地区的控制权。但是英格兰的新国王——年轻的亨利五世拥有雄心壮志，他一直密切关注着法兰西的混乱状态。在和"无畏的"约翰结盟之后，亨利五世于 1415 年入侵法兰西，在阿金库尔（Agincourt）与法国军队交锋。阿金库尔之战几乎是克雷西之战的重演。一支由 10 000 名英国人组成的小规模军队完胜由人数是他们三倍以上的法国骑士组成的混乱群体。这一天结束时，战场上如山般堆放着 10 000 具法国贵族的尸体。

就像英国人从容不迫地完成了诺曼底征服一样，勃艮第军队围困了由阿马尼亚克伯爵据守的巴黎。阿马尼亚克对首都的控制被瓦解了，因为勃艮第派的拥护者在巴黎起义，杀死了成千上万的阿马尼亚克派成员。当勃艮第派于 1418 年 5 月进入首都时，据一位目击者所说，这里散乱地堆放着阿马尼亚克派成员的尸体，"就像泥泞中的猪那样堆积着"。王太子和幸存下来的阿马尼亚克派成员被迫将首都遗弃给了勃艮第派。

第二年（1419），鲁昂向亨利五世投降，英国人完全征服了诺曼底。英国人的接连成功让"无畏的"约翰重新思考起来，他试图和王太子及阿马尼亚克派协商。但是在王太子和勃艮第公爵在蒙特罗桥（bridge of Montereau）见面，试图巩固友好协议期间，阿马尼亚克派成员为了替 12 年前被谋杀的奥尔良的路易复仇而背信弃义地杀害了约翰。新的公爵——"好人"腓力——发誓要报复，于是重新回到了英国联盟。在和勃艮第派合作的过程中，英国人占领了法兰西北部，并且进驻巴黎。通过《特鲁瓦条约》（*Treaty of Troyes*，1421），亨利五世迎娶了查理六世的女儿，成了法国王位的继承人，而王太子被剥夺了继承权。1422 年，查理六世和亨利五世都死了。在法兰西北部，年幼的英格兰的亨利六世在勃艮第派的支持下被认可为法兰西国王，之后在巴黎加冕。

15 世纪 20 年代，王太子派（之前的阿马尼亚克派）的境况继续恶化。1424 年，他们在维尔纳伊之战（battle of Verneuil）中战败，1428 年，英国人开始围困奥尔良。在此期间，兰开斯特王朝治下的法兰西已经被英国驻军、王太子派的袭击者、逃兵和"剥皮强盗"（écorcheurs）变成了荒废的旷野。"剥皮强盗"或者说"剥皮怪"（flayers）是 14 世纪拦路者的继承人，他们的名字来自他们把受害者剥光的习惯，不过许多人还不止于此，他们还会将落到手中的不幸者的皮肤都剥下来。

上一章询问了在 14 世纪下半叶法兰西的人口为什么没有增加。

在大饥荒，尤其是黑死病缓解了马尔萨斯人口压力之后，人口比率本应有所反应，但实际上并没有。接下来的数百年，出现了一些短暂的恢复阶段，但又被新的衰退改变了。至 15 世纪中期，法兰西的人口仍旧是其 1300 年巅峰时的一半。只有在 1450 年后才开始了持续的人口增长。

要解释这种长时间以来一直困扰历史学家的漫长的"中世纪晚期萧条"问题，我们需要超越绝对的马尔萨斯理论。正如我们刚刚看到的，在 14 世纪早期折磨着法国社会并且因 1315—1350 年总人口锐减而恶化的精英过剩的情况，至 1400 年时仍旧没有减弱。其导致的直接结果是一系列内战，首先是在 14 世纪 50 年代达到了巅峰，然后是在 15 世纪初。民众起义、外国入侵以及乡村地区的法律和秩序的普遍崩溃加剧了内部斗争。1350—1440 年的整个时期是拦路者和剥皮强盗的"黄金时代"。

长期的政治和社会不稳定对总人口的最明显影响是导致死亡率升高。农民们被王室军队、自由团体、强盗和其他罪犯以及致命的争吵直接杀死（正如之前所讨论的，在这一时期，整个欧洲的犯罪率急剧上升）。军队、雇佣兵和流浪汉的移动也扩散了瘟疫，间接导致了高死亡率。中世纪盛期是所有人都和镰刀死神（Grim Reaper）有过亲密接触的时代。这种魔力在文化上的反映就是对死亡的怪异崇拜，这种崇拜崛起于 14 世纪晚期，在 15 世纪达到了巅峰。一种新的游行剧目开始流行起来——"死之舞"（danse macabre）。

总体上的不稳定也影响了出生率。女性结婚晚，生育更少。没人要的孩子或被遗弃，或被杀。移民也导致了人口减少。有些农民会从严苛且贪婪的领主以及饱受战争之苦的区域逃离。所有主要的人口因素——死亡率、出生率和移民率——都受到加剧的社会政治稳定性的影响，会发挥减少人口的作用。

　　更为重要的是，内部战争摧毁了社会生产力。成功的农业活动至少需要有最低限度的稳定性，但这恰恰是法国农民在百年敌对期间得不到的。像诺曼底这样的一些法兰西区域征战不断，遭受了严重的破坏。一位当时的观察者——诺曼主教托马斯·巴赞（Thomas Basin）——将15世纪20年代法兰西西北部的情况描述为"从卢瓦尔河到塞纳河，再从这里到索姆河都是满目疮痍，农民们或者被杀，或者逃亡，几乎所有的田地都闲置了好几年，不仅无人耕种，而且无人居住……当时在那片区域里，耕种的仅仅是城镇或城堡周围和内部的田地，因为离得近，所以从塔楼或者瞭望塔的顶端，监视员能注意到进攻的盗匪。之后，随着铃声或号角声，再或者是其他工具发出的声音，他会向在田地里或葡萄园里工作的人发出撤回防御工事内的信号"。

　　巴赞所观察到的就是战争和强盗行为不仅导致了直接的死亡，破坏了农业，而且还造成了一种"恐惧的景象"。只有靠近防御工事的土地可以耕作，其余适合农业生产的土地都被遗弃了。

　　巴黎地区是另一片战争绵延的区域，如前所述，这里的乡村人口减少到了原来的四分之一！这片区域遭难既是因为其邻近佛兰德斯和诺曼底（也就是英国人骑行劫掠的发源地），又是因为它是国家首都，是阿马尼亚克派和勃艮第派争夺的地方。南部（尤其是西南部）同样遭到了破坏。菲利普·德·拉·布瓦西埃（Philippe de la Boissière）在 15 世纪时写道："这片圣东日的土地，除城镇和堡垒外都被遗弃和无人居住了……这里曾经有精美的庄园、领地和遗产，而现在却灌木丛生。"有些区域暂时逃脱了蹂躏，但并没有持续太长时间。根据傅华萨所说，当"黑太子"率领下的英国人于 1356 年穿越中央高原（Massif Central）时，他们发现"之前从未进入过的奥弗涅（Auvergne）地区……如此繁荣，充满了如此多的商品，看起来令人赞叹不已"。不用说，奥弗涅的繁荣也没能逃过"黑太子"和他的士兵们。

自相矛盾的是，尽管法兰西拥有大量极好的农业用地，足够养活急剧减少的人口，但能安稳耕种的土地却严重不足。农民们遗弃了乡村，选择了相对安全的有防御工事的城镇。在像科尔马（Colmar）这样的阿尔萨斯城镇，有多个整片都是死气沉沉的村庄的"地带"。遭遗弃的土地被允许休耕，或者稍微进行一些放牧活动。连续不断的战争还摧毁了基础设施。例如，在朗格勒 [Langle, 今加来海峡省（Pas de Calais）] 这片区域，排水系统废弃了，这片土地先是被淹没了，而后就被遗弃了。法国历史学家埃马纽埃尔·勒华拉杜里估计，1350—1440 年，至少有一千万英亩的土地被遗弃了。

因此，15 世纪上半叶，饥荒在法兰西流行开来。在 1421 年、1432 年、1433 年，尤其是 1437—1439 年，巴黎和鲁昂周围都出现了食品供应危机。根本的问题并不是人口过剩，而是缺乏保障，正如 1315—1322 年那样。回顾 15 世纪时实际工资的波动可以非常明显地看出这点。14 世纪的人口减少给劳动人民带来了丰厚的实际工资。在 15 世纪的最初十年间（第二次危机之前），巴黎的一位建筑工人能够用日薪购买 25 千克的谷物。相比之下，在 15 世纪 20 年代和 30 年代的连年战争期间，工人的工资下降到了只能购买 10 千克的谷物。然而，巴黎周围的区域一平定下来，工资又上涨了。从 1440 年开始直到 15 世纪末，日薪再次相当于 25 千克的谷物。15 世纪下半叶被理所当然地称为平民的黄金时代。

直到剩余的贵族以某种方式从舞台上消失的时候，长周期的崩溃阶段才能结束。这一问题在 15 世纪上半叶得到了解决，并不是因为有意识的设计，而是客观的社会因素的作用。贵族阶层的人数减少是因为增加的死亡率和向下层的流动，以及向上层流动的减少。

在百年战争的第二阶段，法国贵族阶层遭到的屠杀比第一阶段更为严重，尤其是按照比例来考量的话。最严重的灾难无疑是阿金库尔，当时有 10 000 名法国贵族丧生。在倒下去的人中，有十多名公爵和伯爵、120 名男爵和 1 500 名骑士。早些时候，几千名法国贵族参与了从突厥人手中解放匈牙利的远征，结果都惨死在了尼科波利斯之战（1396）。在维尔纳伊之战中，王太子派的伤亡人数大约是 7 000 人，不过其中仅有一部分人是法国人（有一支大型苏格兰队伍站在法国这边作战）。大型战斗中的伤亡仅仅是法国贵族总损耗的一部分。在内战和对抗英国人的小规模军事行动（围困、小冲突）中，丧生了无数人。像在巴黎对阿马尼亚克派的大屠杀（1418）那样的事情变得司空见惯起来。英格兰国王亨利五世（以及当时的其他军事领袖）因经常犯下的暴行而声名狼藉。其中最为人所知的就是他下令杀死阿金库尔战场的俘虏，除此之外，还有很多其他的事例。例如，当他攻占了阿马尼亚克派的鲁热蒙城堡（castle of Rougemont，1421）时，他绞死了全部的驻军。那些逃跑的守卫人员后来又被抓住，全都被溺死了（是他的绳子用完了吗?）。诺曼底那些被剥夺一切的贵族坚持使用游击战术，英国人称他们为"强盗"，一旦抓住就会绞死。其他的暴行还包括 1417 年在卡昂（Caen）冷血地屠杀了 2 000 名男性、女性和孩子，亨利还拒绝让 12 000 名从围困和饥饿的鲁昂被赶出来的穷人离开。他强迫他们待在城市的壕沟里，他们中的大多数人都死于恶劣的天气（当时是冬天）和饥饿。后两个例子涉及的是平民，但是它们说明了战士们对杀生是多么麻木，贵族阶层常常也遭到和平民一样的待遇（除非有希望获得赎金）。平民和贵族都遭受着这种随意杀生做派之苦，但因为贵族属于军事阶层，他们付出了特别大的代价。

法国中世纪史专家玛丽-特蕾莎·洛林（Marie-Thérèse Lorcin）对里昂的遗嘱所进行的研究为我们了解贵族和平民死亡率之间的差异提供了不同的视角。遗嘱清单上列出了立遗嘱者去世时仍旧健在的儿子和女儿。洛林发现平民家庭中的男性比女性多 13％。这一模式正是我们在前工业社会所能预料到的，当时有相当大比例的女性死于分娩。然而，在贵族家庭，这一模式颠倒过来了——每 100 名女性仅仅对应 85 名男性。换句话说，如果贵族男性的死亡率和平民的相同，那么，他们的数量比我们预想的要少 28％。实际上，贵族和非贵族在性别比率上的差异不仅是因为死亡率的差别（这也是确实存在的），而且是因为贵族女性中去女修道院的比例比较高，因此就避免了分娩的危险。但是，这一结果提醒我们，任何人口群体都会减少，或者是因为较高的死亡率，或者是较低的出生率，或者是两者兼而有之。有很大一部分贵族家的女儿被送去修道院是贵族阶层人数减少的另一个途径。洛林研究的遗嘱让她估算出14世纪下半叶和15世纪上半叶，成为修女的贵族女孩的比例分别是40％和30％。15世纪下半叶这一比例下降到14％。与此同时，结婚的贵族更少了，家庭的平均规模也缩减了。在前一章中，我使用死后调查的数据，证明了直到1350年拥有土地的精英的替代率一直都高于1。在那之后，替代率突然下降了——在14世纪下半叶是0.82，15世纪上半叶是0.87。1450年后替代率才回到1以上（达到了1.27）。

　　总之，人口统计因素——死亡率和出生率——证明贵族的数量正在逐渐减少。社会流动模式也朝着同样的方向发挥作用。我已经在上面提及，15世纪期间被封为贵族的人从每年20人降到了每年6人。与此同时，向下流动的比率增加了。在15世纪上半叶期间，贵族的收入继续像14世纪开始时那样螺旋式减少。甚至在和平时期，地主也遭受着高工资、低地租和粮食价格下降（对他们而言）的不利影响。战争时期给他们带来了彻底的毁灭。一个更极端的崩溃的例子是萨利（Sully，在奥尔良地区）的领主，他在1383—1455年的收入从700里弗尔减少到了143里弗尔！来自其他地区的数据显示，收入下降得没那么严重，但仍旧降得很多。在受战争破坏的诺曼底，1400—1450 年的收入下降了 50％左右。

　　土地收入的严重减少并没有同一地影响所有的贵族家庭。相反，它推行的是一种选择机制，在其中，那些弱者和不幸者都衰败了，且最终灭亡了，而那些强者和幸运者都维持住了，甚至还更上一层楼了。那些为了维护其地位而试图保持消费水平的贫穷贵族很快就陷入了负债，最终不得不卖掉他们的土地。于是，大量的小乡绅，也就是 1350 年时已经濒临破产的那些年收入 25—50 里弗尔的家庭，陷入了无可挽回的局面。而在此期间，许多权贵家族都在收购土地。对于一个位高权重的领主来说，在不跨越贵族阶层和平民阶层的界限的情况下，降低消费水平是更容易的。而且，权贵们处于更容易从王室特权中获益的地位（虽然这个时代因为持续的王室破产，王室恩惠的总量已经大为减少了），而且土地也便宜。

　　从此时的经济形势中获益的另一个群体是某些中产阶层，尤其是那些国家的管理者和财政家。但是从数字上看，他们是非常少的一群人，他们成为贵族并不能扭转贵族队伍在整体上缩小的趋势。因此，旧贵族阶层在人数上缩减了，但是基本上仍旧控制着一切。这一过程可以用索洛涅（Sologne，在布洛瓦伯国内）的形势加以说明。索洛涅包含 9 个拥有最高司法权的封地，这些封地中有 5 个一直掌握在旧贵族阶层手中，剩下的 4 个中，一个因债务而被奥尔良公爵占有，一个卖给了另一个旧贵族家庭，最后两个由新贵族——崛起于 14 世纪晚期的德·埃唐普（d'Étamps）家族——占有。因此，旧贵族家庭的总数显然缩减了，但是仅有一个新贵填补了产生的空缺。在法兰西的另一端，也就是比戈尔伯国（county of Bigorre）出现了类似的情况，1313 年时当地有 40 个封地，但是 1429 年时仅有 18 个。因为人口减少和乡村被遗弃，有 12 个封地消失了，还有 10 个归属于仍健在的领主。于是，这个伯国中的领主更少了，但是仍健在的领主平均所拥有的土地比 1300 年时更多了。

经济困境、因冲突而增高的死亡率以及下降的替代率对贵族家庭和世系灭绝的比率产生了显著的影响。尽管在法兰西中南部的福雷伯国逃过了百年战争中最恶劣的暴行，但是这片区域内贵族世系的灭绝比率增加了几乎两倍，从 13 世纪期间的 31％增加到了 14 世纪的 54％和 15 世纪的 55％。

关于中世纪法兰西贵族的全部数量，我们缺乏直接信息，但是分散的数据表明，14 世纪早期，贵族占人口的 1.3％到 3.4％，各省不同，平均是 2.4％。150 年后，贵族占总人口的 1％到 1.6％。换句话说，因为这一时期的总人口减半，贵族的人口下降率增加了 4 倍。这种减少的趋势在中间群体——骑士——身上体现得尤为明显，他们在这 150 年间的数量从 5 000—10 000 人减少到了仅仅 1 000 人。

贵族对平民施加的压力减少了，不仅是因为每个农民对应的地主更少了，而且是因为贵族被迫调整他们的消费水平，以适应他们已经减少的收入。中世纪盛期的富足和挥霍消失不见了。15 世纪晚期的宫廷都是小且单调乏味的地方。法兰西的路易十一世（1461—1483）是一个简朴，甚至有中产阶层行为习惯的人。在英格兰，第一任都铎王朝的国王亨利七世（1485—1509）是个精打细算的人。这两位国王的宫廷和下个世纪的弗朗索瓦一世（Francis Ⅰ，1515—1547）与亨利八世（Henry Ⅷ，1509—1547）的宫廷形成了多么大的对比啊！在艺术上的文化转变是显而易见的。当时的肖像画表明，朴实无华的礼服流行开来，华而不实的礼服过时了。在建筑方面，从晚期哥特式的华丽风格转变成了文艺复兴时期的雅致简练。

至15世纪20年代晚期，贵族的急剧减少缓解了导致精英内部竞争和冲突的社会压力。与此同时，在20年的内战和外来侵略之后，从权贵到农民，每个人都由衷地厌倦了无序和无尽的混乱，几乎不惜一切代价地想要稳定。问题是在维尔纳伊的灾难（1424）之后，查理七世的地位非常衰弱，以至于有段时间，人们甚至都不清楚可以围绕谁建起维持秩序的力量。查理并没有正式地被赋予法国王冠（他没能去兰斯，因为兰斯掌控在英国人手中），他沦落到在布尔日（Bourges）的一个地方城镇建立自己的王庭（因此有个轻蔑的昵称“布尔日的王”）。在难以置信的发展中，1428年的法兰西诞生了圣女贞德，这让人们相信社会几乎可以像生物体一样运作。圣女贞德解除了奥尔良围困，紧接着查理七世于1429年在兰斯加冕了，这就是转折点。和勃艮第公爵签订协议（1435）带来了内战的终结，法国的收复行动慢慢地活跃起来。1436年收复了巴黎，1442年收复了加斯科涅［除了波尔多（Bordeaux）和巴约讷（Bayonne）］，1450年收复了诺曼底，最后在1453年攻陷了波尔多。

1435 年之后的十年见证了法兰西国家财政常设机构的建立，其基本上是按照 1360 年设计的框架建立的。至 1460 年，恢复的财政制度在一年间就带来了 1 800 万里弗尔。稳固的财政制度的建立是结束百年战争的一个至关重要的因素，但是其本身是精英新建立起的民族团结感的结果，下层社会也广泛地拥有这种团结感，正如瓦卢瓦家族和金雀花家族的王朝冲突逐渐变成了针对英国人的民族解放战争那样。

法兰西在大约 1450 年时开始走出中世纪的萧条，而在英格兰，动乱时代又拖延了半个世纪。实际上，15 世纪下半叶，英格兰经历了其历史上最不稳定的时代。这一时代以 1450 年在肯特和苏塞克斯的 30 000 人凯德起义（Cade's rebellion）为开端。兰开斯特派和约克派之间冗长的内战从 1455 年拖延到了 1485 年。都铎王朝的亨利七世（1485—1509）不得不应付一系列的叛乱、阴谋和僭越。直到最后一位僭越者珀金·沃贝克（Perkin Warbeck）于 1497 年被击败，英格兰才终于恢复了平静。

法国和英国的轨迹之间的差异可以追溯到 14 世纪中期。大饥荒和黑死病对这两个国家产生了同样的影响：生产人口不成比例的锐减导致了太少的农民和太多的领主，由此出现了一种危险的失衡。然而，在 1356 年，英国人在普瓦捷赢得了胜利并且俘获了法国国王。在这场战斗的前夕，英国王室的财政状况已经濒临崩溃的边缘。爱德华三世征收重税，引起了广泛的愤怒，并且他还狂热地借贷。他从伦巴第人那里借贷不还导致了几家意大利银行的崩溃。普瓦捷的大胜带来了更多的正当性，这有助于平息对征税的怨言，更为重要的是，得到了一大笔法国国王和贵族的赎金。由此，正是同一事件让法兰西陷入了慌乱，却让英国人摆脱了自己的动乱。在接下来的一个世纪，英格兰继续将过量的贵族送到法兰西，在那里，他们和自由团体一起劫掠，或者为他们自己开辟领地，或者只是被杀害。剩下的贵族暴徒导致了法兰西的混乱，但是他们不在英格兰，这使岛内脆弱的平衡得到了保护。然而，输出不稳定并不能解决产生这种不稳定的根源。英格兰经历了大规模的农民起义，在 14 世纪经历了王朝更迭，但是这些巨变并不足以解决精英过剩的问题。

法国人一重获社会凝聚力，英格兰就失去了发泄压力的出口。1453 年，英国人被赶出法兰西，实际上紧接着，也就是仅仅两年后，英格兰自己就陷入了混乱。玫瑰战争期间的战斗尤为残酷和血腥。国王们被罢黜，静悄悄地在监狱里被谋杀或者在战场上被杀害，王子们被勒死在伦敦塔里。一场战斗后，王国内战败派系的贵族们被迫跪在泥地里，然后被砍头。在爆发于全国的一系列小规模争执中，小贵族和乡绅尤为热衷于自相残杀。直到 15 世纪末，英国统治阶级才缩减到可以开始逐渐恢复稳定的地步。

有趣的是，在英国和法国的轨迹于 14 世纪开始出现分歧时，这两个社会仍旧以一个相位偏移①振荡。例如，法兰西接下来的不

---

① 相位偏移（phase shift），一个周期波形相对于另一个同样频率的周期波形的位移。——译者注

稳定时期是以宗教战争开始，以投石党运动[①]结束的。英格兰的不稳定时期开始于大革命[②]，延续到光荣革命，终结于苏格兰詹姆斯二世党人的叛乱[③]余波。因此，法兰西的不稳定阶段是 1560—1660 年的一个世纪，而英格兰的不稳定时期稍晚，大约是 1640—1740 年。这一观察结果为长周期的气候性解释盖棺定论了。两个国家的核心地区——英格兰南部和法兰西北部——有着非常相似的气候，如果说气候改变对兴衰负有责任的话，那么这两个社会本应该在相同时间经历兴衰，然而它们并没有。同时，如果说周期是从内部产生的，那么相位偏移的保持正是我们应该预料到的。

由此我们看到，正是强大的帝国勉强维持的稳定与内部和平酝酿着混乱的种子。稳定与内部和平带来了繁荣，繁荣带来了人口增长，人口增长导致人口过剩，人口过剩又导致较低的工资、较高的地租和平民的人均收入减少。起初，低工资和高地租为上层阶级带来了空前的财富，但是随着他们的数量和欲望增加，他们也开始经

---

① 投石党运动（Fronde，1648—1653），路易十四世尚未成年时期在法国发生的一系列内战。起因是巴黎最高法院对王权的限制，还有一些不满于此的贵族的野心以及民众对黎塞留和马扎然两位红衣主教施加的财政负担的反抗。其名称源自当时巴黎民众朝着马扎然的支持者的窗户扔石头。——译者注

② 大革命（Great Revolution），即英国资产阶级革命，也就是英国议会派和保王派之间的一系列斗争。开始于 1640 年英格兰国王查理一世（1625—1649 年在位）召开新议会。——译者注

③ 詹姆斯二世党人的叛乱（Jacobite rebellions），詹姆斯二世（1685—1688 年在位）是复辟的斯图亚特王朝的第二位国王，同时他也是苏格兰国王，被称为詹姆斯七世。光荣革命后，他被剥夺王位，但其支持者一直在筹划夺回，不过以失败告终。——译者注

历收入减少。下降的生活水平引起了不满和冲突。精英向国家寻求雇佣和额外收入，由此增加了国家的支出，而与此同时，因为民众的贫困状态，国家的税收减少了。当国家财政崩溃时，其失去了对军队和警察的控制力。失去了各种束缚之后，上层阶级中的冲突逐渐升级为内战，下层阶级中的不满爆发为民众叛乱。

秩序的崩溃带来了紧随其后的天启四骑士——饥荒、战争、瘟疫和死亡。人口减少，工资增加，与此同时地租下降。随着平民收入的恢复，上层阶级的财富触底。精英的经济压力和缺乏有效的管理滋养着持续不断的互相残杀的战争，内战导致精英的队伍缩减。有些人死于派系斗争，还有些人死于和邻人的世仇，许多人则仅仅是放弃了试图维持的贵族地位，默默地滑入了平民的队伍。精英内部的竞争逐渐平息了，由此秩序得到了恢复。稳定与内部和平带来了繁荣，另一个长周期开始了。"所以，和久必战，战久必和。"

因此，由于其内部运转，帝国经历了长达大约一个世纪的整合和崩溃阶段的交替，但是这并不意味着外部因素是不重要的。正如前面所述，尽管外部因素并没有带来长周期，但是它们可以影响长周期。如果人口已经增加到所有潜在的可耕种土地都被耕种了，那么土地养活人口的能力就已经处在极限了。全球性的气候变冷导致粮食产量锐减，社会濒于能维持下去的边缘。由此带来的人口减少主要影响的是下层阶级，会形成一个头重脚轻的社会，正如我们所知，这会迅速地导致社会不稳定和崩溃的加剧。如果不是气候改变，这一社会将再享受一段时间的内部和平（不过崩溃阶段并不能一直被推迟）。

在这个理论上的例子中，仍旧是内部原因导致了不稳定的开始（精英-平民的平衡失控，导致激烈的精英内部竞争，等等），但是崩溃的时机却是恶劣的气候所推动的。再次强调，外部因素虽然不能解释长周期，但是却可以影响长周期。如果全球变冷更早些发生，也就是在人口稀少时，那还有充足的未开垦土地。农作物生产率下降会带来一些困难，因为农民需要增加可耕种土地的数量才能弥补歉收。也许人口增长会因为严冬而放缓，但是不会出现人口减少，也不会出现精英-平民失衡，仍旧会保持稳定。于是，气候恶劣也许会、也许不会带来社会崩溃，这取决于当出现恶劣气候时，该社会处于周期的哪个阶段。这就是气候改变和崩溃阶段并不存在强烈联系的原因。

其他的外部因素可以推动或者拖延危机的发生。国家并不是孤立于世的，其周围有潜在的敌人或者受害者。外部战争对长周期的发展有着很大的影响。我们可以看到，1453年丢失法国领地立即就在英格兰引发了危机。同时，获得领地可以大大地拖延危机。在罗曼诺夫王朝时期（1613—1917），俄国大范围地扩张领土，新征服的草原区域人口稀少，可以接受大规模的殖民开拓者流入，这减轻了核心区域的人口压力。贵族也得益于这种殖民，他们可以在新土地上获得新的地产。贵族阶层的数量增多，但是其速度慢于农民数量的增多。结果，在17世纪和18世纪，俄国社会的统治阶层规模很小——大约仅占总人口的1%，这就解释了其长达两个世纪以上的尤为漫长的内部稳定时期。这里出现过农民起义，但轻易就被镇压了，还出现过上层贵族想要换掉皇帝的宫廷政变，但是并没有出现过像罗曼诺夫时代之前那样的动乱时期。直到 19 世纪，也就是新土地的殖民化结束时，人口过剩，尤其是精英过剩的常见趋势才再次出现，结果就是 1905 年和 1917 年革命、内战和斯大林的大清洗。

当周期是在一个动态系统内部由内生成的，我们不能指望兴衰以高度的规律性彼此交替出现，就像天气系统和森林大火是难以预测的一样。首先，非线性动力系统有一种奇特的性质，数学家称之为混沌。混沌系统看似无规律，但却完全具有确定性。其次，更为重要的是，各个社会并不是封闭的系统，它们受到各种外部力量的影响和折磨，比如气候改变、大流行病的到来或者是一支军队的入侵。因此，有些周期会过更长的时间才能结束，还有些周期则会运转得很快。有时，某个周期甚至可能会完全中断，要是成吉思汗或者帖木儿带领一支庞大的军队到来，将平民和贵族的头颅同样堆积成一个巨大的金字塔的话。

第十章

马太定律：为什么富人越来越富，而穷人越来越穷

　　长周期是最普遍的历史规律之一，实际上，其影响了社会生活的各个方面，从凶杀率到建筑风格。长周期的阶段也决定了社会和经济不平等的趋势——无论是上升还是下降的趋势。这方面尤为值得关注，因为明显的不平等对人们进行合作的意愿有破坏性的影响，这反过来又构成社会采取集体行动的能力。日渐增加的不平等的影响并不限于加剧穷人和富人之间的"阶层战争"。在阶层内日渐增加的不平等也导致了平民对抗平民、贵族对抗贵族的激烈冲突。因此，日渐增加的不平等也是帝国病变——占支配地位的民族失去其高水平族亲意识的过程——的重要部分。导致不平等增加的社会力量是什么，不平等是如何影响各个社会的？

　　社会科学家对这一问题已经争论好几个世纪了，实际上可以说

是上千年了（例如，伟大的希腊哲学家柏拉图和亚里士多德对于不平等及其对政治的影响贡献了诸多想法）。一个有趣的想法是，财富不平等的增加仅仅是经济交流——贸易——造成的。布鲁斯金学会（Brookings Institution）的罗伯特·阿克斯特尔（Robert Axtell）和乔舒亚·爱泼斯坦（Joshua Epstein）从理论上证明了这点。阿克斯特尔和爱泼斯坦设计了一个复杂的电脑模型，他们称之为"糖域模型"（Sugarscape）。糖域模型是一种虚拟环境，其中分散着某些资源，比如"糖"和"香料"。行为主体在这种环境中东奔西跑，收集、储藏并且消耗糖和香料。当阿克斯特尔和爱泼斯坦为他们的模型增加了一种贸易能力时，行为主体立刻开始用糖交换香料，或者反之，他们还学会了根据供需设定这两种商品的交换率（价格）。对于我们来说尤为有趣的是，随着时间的推移，财富（行为主体所控制的糖或香料的储量）的分配开始越来越不平等。行为主体中的很大一部分很快就变得非常贫穷了，而一小部分则积聚起了大量的财富。

　　尽管阿克斯特尔和爱泼斯坦的模型也许看起来和现实不太相关（只是一个电脑游戏），但其结果证明了一个影响深远的定律。相比更富有的行为主体，更贫穷的行为主体处于不利的地位，结果逐渐失势。形成对比的是，更富有的行为主体随着时间流逝逐渐增加了他们的储藏资源。用动力科学的话语来说，这被称为"正反馈环"（positive feedback loop）——富人越来越富，穷人越来越穷。社会科学家则为其取了另一个名字——"马太定律"，因为《新约》中说："凡有的，还要加给他，叫他有余；凡没有的，连他所有的也

要夺去。"（《马太福音》13：12）

马太定律不只在商人的财富分配中发挥作用，也是产生各种不平等的普遍机制。实际上，这一定律的名字是社会学家罗伯特·K. 莫顿（Robert K. Merton）在"收集"了科学家们对同行的认可（比如，通过被引用量来衡量）的情况下创造出来的。这一切都非常有趣，但令我们感兴趣的主要课题是，它是如何关联到前现代时期的农业社会的呢？在农业社会，主要的财富形式是土地，因为人们需要土地来耕种庄稼和饲养牲畜，而这些是农业经济的主要产品。土地所有权的不平等是如何发展起来的呢？

几年前，我决定回答这一问题，我想对这一过程有一个非常详尽的理解。这就意味着我需要一个易于理解的数学模型。

模型是对现实的简化描述，是剥掉了其全部的复杂之处，只保留那些被认为对理解这一研究中的现象至关重要的特征。数学模型就是将这种描述翻译成一种非常精确的语言，这种语言和自然的人类语言不同，并不会允许有两种（或三种）意义。数学的强大力量就在于在我们以一种数学语言勾勒出一个问题之后，我们可以精确地推断出所做的假设的结果——不多也不少。因此，数学在真正的科学中是不可或缺的，科学的一门分支只有在发展出一套数学理论体系之后才能声称其在理论上是成熟的，这套理论体系一般包含了一组相互关联的特定且狭隘的模型。

尽管数学在理论发展中是不可或缺的，但这并不意味着我要在这里把等式强加给读者，来解释这一理论告诉了我们什么。普林斯顿的经济学家保罗·克鲁格曼（Paul Krugman）曾经写道："正统经济学的等式和图表通常不过是用来帮助构建一座知识大厦的脚手架。一旦这一大厦建立到了某种程度，脚手架就会被拆除，只留下通俗易懂的英文。"这就是用通俗易懂的英文所写的故事。

　　像往常的研究一样，我会从一个简单的模型开始。想象一下一个理想化的社会，其中和平与法律规则占主导地位——并没有暴力行为或者偷盗，财产只可以被继承或者买卖。因为我们都对农业社会感兴趣，土地就是主要的财产类型。起初，每个家庭所拥有的土地数量都一样。你们也许想要知道，我为什么要费心地用这么一个简单的模型，它肯定和任何真实的社会都没有什么共同之处吧？然而，这个模型的要点并不是提供对任何具体情况的描述，而只是提出不平等是如何发展起来的逻辑。与混乱的现实之间的联系稍后，也就是在我们建立起将这一现实概念化的理论框架之后才会出现。

　　因此，我们首先从绝对平等的财富分配开始。这种平等会持续到下一代吗？一则，不同家庭的孩子数量是不同的。来自更大家庭的孩子们会继承更小的一部分，而在只有一个孩子的家庭里，那个孩子会得到全部的遗产。在这一代人里，财富分配就不平等了。在下一代人里，情况会变得更加糟糕，因为孩子的数量又发生变化了，有一些已经非常小的小块地会进一步被细分。结果，不平等会随着时间的流逝而增加。讽刺的是，几代人之间的社会和平与合法的财产转让却创造出了使社会逐渐分裂为穷人和富人的条件。

　　在这第一个分割模型中，我假设的是，财产在所有孩子中平均分配。其他的继承方式是如何影响结果的呢？如果只有一个孩子继承的话，比如，由最年长的儿子继承（这种继承规则被称为"长子继承制"），那么他的所有其他兄弟姐妹都会被剥夺继承权，这一代人里就会突然出现一大群没有财产的人。因此，长子继承制甚至会比平均分配更快地制造出不平等。如果第一个儿子得到一半，另一半在其余继承人之间平均分配的话，不平等将以介于平均分配和长子继承制之间的速度增长。于是，财产的不平均分配只会让事情更加糟糕。

我们也要考虑当一个男人和一个女人组建一个家庭，并且将他们继承的遗产合并在一起的时候会发生什么。在我的简单模型中，我假设的是，夫妇的结合并没有关注其伴侣的财产（"爱情征服一切"的假设）。然而，更有可能的是，更富有的人会选择更富有的女性作为新娘（或者他们的父母会安排这种联姻）。在我为这一模型补充了这种"物质主义的"倾向之后，我发现正如所料的那样，不平等的增长速度加快了。

到目前为止，我只关注着财富分配。这一模型的另一个重要内容是收入。财富不平等会转变为收入不平等吗？为了回答这一问题，我不得不为这一模型补充一个生产的成分。土地本身并不能产生收入，必须有人在土地上劳作以生产食物（人们还需要种子、农业工具等，但是让我们忽视这些复杂因素吧——再次说明，在构建理论方面的进展是通过一次添加一种因素，而不是将所有值得称道的复杂因素都加入混乱的现实中而取得的）。结果证明，财富不平等是否会转变为收入不平等取决于人口密度——潜在的劳动力规模和可耕种的土地数量之间的关系。

对于一个将其巨额财富转换为额外收入的富有家庭来说，它必须雇佣穷人来耕种土地，因为家庭成员自己能耕种的土地数量有限。如果可耕种的土地远多于可用的工人，那就会有些土地休耕，也就无法产生任何收入了。但即便能找到雇佣工人来帮忙的土地，结果也只能给地主带来很少的收益，因为工资非常高（出于劳动力短缺的原因）。或者，与其雇佣工人来耕种他们的土地，这些富人还不如把地租给工人——让工人自己开垦以换取费用。然而，再次因为土地的供应量远多于潜在的租地者，地主不得不以非常低的价格租出去。结果，收入的分配并不会像财富的分配那么极端。富人将无法充分利用他们的财富，穷人能够保留他们用劳动生产的大部分东西，即便他们并不拥有土地。

当人口增长到劳动力供大于求的时候，情况发生了剧烈的改变。此时，富有的地主可以支付较低的工资了，只要足以确保他们雇来的帮工不饿死就行。自己没有足够的土地以养活家人的穷人只能以低微的工资工作（或者以极高的租金租富人的土地）。而且，因为耕种土地的人比所需要的多了，有些穷人将会失业。他们将面临一个更为严酷的选择，要么为了养活家人而逐渐卖掉手里还剩下的土地，要么忍饥挨饿。于是，财富集中的进程加速了。此时的富人不仅能从他们的财产中获得巨额收入，还能利用这一收入中的一部分来进一步增加他们的财富。人口过剩是推动经济不平等的强大力量。

在模型中，穷人失去了他们手中还剩下的土地，为了避免被饿死，他们被迫一块块地把土地卖给富人。在绝大多数历史上的社会中，实际发生的情况是穷人并没有完全卖掉他们的土地，而是把土地作为贷款的抵押，以度过困难期（歉收或者暂时无法得到额外工作的那一年）。然而，当债务人最终发现自己无力偿还贷款时，他们还是失去了土地。

就算我们从完全公平的财产分配开始，在仅仅一代人时间里，这个社会也将分化为一些人拥有的越来越多，还有些人拥有的越来越少。唯一能阻止这一不断滋生不平等进程的方式就是要么完全废除私有财产，要么废除继承财产的权利。控制不平等的一种更为温和的方式是对遗产征收累进税。换句话说，就是使用某种再分配方案。而且，可变的继承人数量仅仅是不平等产生的一种机制，不过其影响非常大。有些人努力工作，还有些人则不是；有些人聪明，还有些人愚蠢；有些人幸运，还有些人则不是。人与人之间的这种差别导致他们积累财富的速度有所不同。私有财产制度保存了财富差异，而继承制度则将这种差异代代相传。

然而，我所阐明的数学模型告诉我们这一机制本身并不会在富人和穷人之间产生巨大的鸿沟。当土地变成一种稀缺商品时，另一个过程就开始运转了。人类需要消耗一定数量的商品才能生活，最基本的是，他们必须得到足够的食物。为了弥补差额，那些没有足够的土地来养活自己的人将不得不开始售卖他们所拥有的土地。结果，他们变得更穷了。相比之下，那些拥有比养活他们自己更多的土地的人将会有盈余收入，他们可以用这些收入来获得更多的土地。于是，富人变得更富了。马太定律的正反馈产生于最低消费水平的阈值。马太定律确保了所有土地拥有量低于阈值的人——穷人——逐渐失去他们剩下的财产，而这些财产最终会落入富人手中。最后，人们被划分为一小部分富有的土地拥有者和大部分没有土地的无产者。

针对我的模型，我研究了各种不同的版本（不同的继承规则和其他的稍稍调整，都会影响结果）。我认为我理解了不平等是如何在模型中产生的。但是任何模型都是对现实的简化描述，这是一种有用的描述吗？它真的捕捉到了现实世界的某些本质特征吗？我们需要看看由这一模型所假设的动态变化是如何在某些历史上的真实社会运转的。幸运的是，由于中世纪英格兰方面的历史学家多年来所进行的出色研究，我们对这一特定社会有足够的信息，可以在此测试我的模型。

我们可以追溯 13 世纪下半叶跨越三代人的两个农民家庭——称他们为阿特伍德家（the Atwoods）和哈考博家（the Harcombs）——的假想轨迹。这两个家庭本身是想象出来的，但是基于他们生活的各种经济内容的数据却是真实的。这是另一种建模，在其中，我们使用数据来设定模型轨迹形成的边界条件。阿特伍德家和哈考博家一开始时都有 30 英亩的土地（曾祖父一代），但是阿特伍德家始终有两名继承人，而哈考博家每一代只有一名继承人。

在 13 世纪下半叶的某个时候，杰克·阿特伍德的祖父继承了其父的一半土地，也就是 15 英亩。根据经济历史学家的计算，在还清了欠教士、领主和国王的钱之后，勉强够养活他的家庭。祖父辈的阿特伍德在他的乡村里算是中间阶层，既不富有，也不贫穷。

在年景不好的时候，他得借钱才能勉强维持生计，然后在年景好的时候，他能还清债务。当他去世的时候，这块地在他的两个儿子，也就是杰克·阿特伍德的父亲和叔叔之间分配。

7.5 英亩的土地不足以养活一家人，杰克的父亲必须受雇帮忙犁地和收割才能补充他的庄稼收入。每年春天，阿特伍德家都会买几头小猪，在夏天的时候养它们，在秋天的时候把它们卖作熏猪肉。杰克的母亲通过纺织毛线来赚一些额外的钱。在年景好的时候，阿特伍德家仅能勉强维持生计，也许在年景非常好的时候，他们甚至可以在圣诞节的时候吃一头猪。但是也有年景不好的时候，那时，杰克的父亲就无法支付什一税和应付给收税员的其他税了。

唯一的求助方式就是以土地为抵押从他那更富有的邻居，也就是某位哈考博先生那里借钱。不幸的是，无论阿特伍德家怎么做，债务都不会消失，而是会越变越多。当杰克的父亲去世时，领主将他们唯一一头用来犁地的公牛拿走作为租地继承税（heriot，死亡税）。教区神职人员有权得到第二好的牲畜，于是带走了猪。因为没有足够的钱偿还给哈考博家，它占有了大部分阿特伍德家的土地，留给继承人的是一栋村舍和只适合种植厨房蔬菜的一小块地。

哈考博的祖父作为家里唯一的孩子继承了全部的 30 英亩土地。这些土地让他在正常年份能有资金盈余。他还有幸被任命为了村长，这给了他在各处购买一英亩土地的额外机会。他唯一的儿子，也就是马修的父亲继承了 35 英亩的土地。马修的父亲就是借钱给杰克的父亲的人，因此当后者去世时，哈考博家的土地又增加了 5 英亩。马修继承了全部哈考博家的土地，并且迎娶了村里另一个富

足农民的唯一的女儿，她带来了一大笔嫁妆。此时，他拥有了 50
多英亩的土地，他无法靠自己耕种全部的土地。

但是，在 14 世纪早期，村庄里有足够的剩余劳动力，从马修
的角度来看，可以用还算好的工资来雇佣他们。在过去几代人的时
间里，谷物价格一直在攀升，马修会从经营土地中获得巨额利润。
和他的父亲一样，他将所获的一部分用于购买更多的土地。他还为
自己建造了更大的房子，开始喝从波尔多进口的昂贵的葡萄酒（其
他的村民喝啤酒），穿上华美的新衣服（而不是像其他人那样穿自
制的衣服）。哈考博家和阿特伍德家在一开始时都是中间阶层农民
家庭，但在三代人之后，他们开始迅速转变为不同的社会阶层。

在马修·哈考博正在暗中谋划如何让他的家族为地方士绅所接
受时，杰克·阿特伍德都不知道他是否能熬过即将到来的冬天。留
下来的阿特伍德家的村舍由他和他的弟弟威尔共有。此时此刻，他
们唯一的收入来源就是作为田地工人受雇于如马修那样的更富有的
农民，或者在地方领主的私有领地工作。不幸的是，在这一长周期
的此时，一半的村民都没有足够的土地来养活自己，工作竞争非常
激烈。

杰克会到别处去寻找工作，当时成千上万的英国农民都是这么
做的。在 13 世纪，伦敦的人口从 30 000 增加到了 80 000。一名如
石匠的帮手这种非技术工人，如果能得到工作的话，每天可以赚得
1 便士。他们仅在有工作的日子里有酬劳，鉴于有许多不能工作的
宗教节日，非技术工人的一年所得几乎不会超过 1 英镑。薪水中的
很大一部分会用于买食物，其余的则用于住所（冬天是没有热源

的，因为城市里的木材非常昂贵）。穷人买不起新衣服，但是有很
多二手服装经销商。组建家庭是毫无问题的。

技术工人每天赚 3 便士，一年就接近 2 英镑。这一薪水让他们
能养活一家人，不过在大城市的生活非常不健康，几乎没有几个孩
子能活到成年时期。

阿特伍德家和哈考博家的具体轨迹都是假想的，但是在大约
1300 年的英国乡村，这种财富分层是非常真实的。大约 3% 的村民
像马修那样富有。20% 的是富足的农民（有 30 英亩的土地），在正
常的年份里有资金盈余。另外 30% 仅有能在生存边缘保持平衡的土
地（15 英亩）。还有一半的农民甚至连这些都没有。

足够有趣的是，马太效应也在贵族制中发挥着作用。14 世纪
早期，最富有的英国人是兰开斯特伯爵托马斯。他的年收入是
11 000 英镑——是一个技术熟练的石匠的 5 000 倍！而且，在英格
兰，像伯爵这样拥有巨额财富是相对独特的事情。一百年前，英格
兰收入最高的是切斯特（Chester）的治安官罗杰·德·莱西
（Roger de Lacy）。但是其收入仅为每年 800 英镑。当时很少有领主
的收入超过 500 英镑。然而，在大约 1300 年时，有六位伯爵（包
括兰开斯特伯爵）的年收入超过了 3 000 英镑。当然，在 13 世纪有
通货膨胀，但是即便将其考虑在内，最富有的贵族的收入相比一个
世纪之前也高了很多。与此同时，通货膨胀吞噬了中间阶层的收
入。两代人之前，石匠每天也有 3 便士的报酬，但是这笔钱能买到
的面包比这一周期人口过剩的顶峰时能买到的多得多。技术熟练的
石匠没有那么贫穷（他们构成了中世纪英格兰的中间阶层，尽管过

得也不怎么好），相比一个世纪之前，1300 年的英格兰有多得多的贫穷民众。于是，穷人变得更穷，而富人变得更富了。

无论怎么想象，1200 年的英格兰都不能被称为平等社会。中世纪人非常清楚富有和权力之间的巨大差异，并且视之为上帝的旨意。平民和领主达成了某种和解，也就是一种社会均衡的形式。然而，在 14 世纪早期，富人和穷人之间的差距达到了惊人的程度，使社会共识处于压力之下。财富分配变得非常不平等，不只是在作为一个整体的英国人中，而且是在每一个社会阶层中。因此，阿特伍德家陷入了贫困，同一时期的哈考博家却增加了财富。在贵族阶层内，在兰开斯特伯爵变得越来越富有且有权势的同时，很大一部分上流人士都在挣扎着维持他们已经习惯的生活水平。阶层内日益增加的不平等逐渐削弱了社会秩序的基础。没有土地的农民看到本质上并不比他们好的其他农民变得富有和"装腔作势起来"。此时无力支付晚餐所喝的法国干红葡萄酒，只能像平民一样喝啤酒的贫穷士绅，发现他们阶层中的其他人放纵于奢侈的生活。这显然是不公平的。更为糟糕的是，他们的一些农民邻居渴望改善其社会地位。向上流动的平民和衰落的士绅之间的不和产生了激愤和怒火，而后又导致了漫长且激烈的内战。不平等的增加逐渐削弱了社会团结。

总的来说，这一模型的表现并不太差。像往常一样，在这一模型中，虚拟的现实和"真正的"现实之间并没有极其准确的映射。然而，被认为是加剧不平等的两个主要过程在数据中似乎都有对应，至少就中世纪的英格兰而言是这样的。只有一个问题：在这一模型中，不平等总是随着时间而增强的。这是合理的吗？

如果马太定律在过去的大约 10 000 年里一直发挥作用，人类经历了财产、地位的不平等和复杂的社会，那么，我们本应该趋同于"极端的不平等"，其中会有一个人控制所有的财产，而其他人都是贫穷的。这种结果在模型中是可能出现的（当遗产继承是根据长子继承制建模的时候），但是显然不会发生在真实的世界中。而且，回顾历史记录，我们会观察到不仅有不平等加剧的时期（正如13 世纪的英格兰），还有不平等减弱的时期。例如，在美国，20 世纪的经济不平等从"咆哮的 20 年代"这一顶峰减弱到了 60 年代的低谷，然而，自 20 世纪 60 年代开始，财富差距再次加剧，在 20世纪 80 年代"贪婪的十年"期间突飞猛进。

是什么样的社会力量带来了不平等的减弱呢？也许我们可以通过追溯大约 1300 年之后人口顶峰时期英格兰的社会和经济趋势来回答这一问题。正如我们所见，14 世纪是灾难性的死亡和人口减少的时期，至 1400 年，人口中的一半消失了。人口减少极大地降低了农民和土地的比率，突然间，没有足够的人手来耕种土地了。经济学的规律注定了工资会上涨。由地主控制的英国议会通过了立法，要求工人们接受和 1349 年之前相同的工资，但是这项法律（和供需定律不同）完全没有发挥作用。

不只是工资上涨了，无土地的问题也因瘟疫而极大地缓和了。之前贫穷的农民在更富有的亲戚去世时继承了土地或者迎娶他们的遗孀而获得了土地。此时，他们还可以以非常低的价格从士绅阶层那里租到土地。在黑死病的余波消失时，更少的人就意味着对谷物的需求更少，谷物的价格就下降了。在更高的工资和崩溃的谷物价格的挤压下，领主们发现他们从直接管理私有领地方面所获得的收益蒸发了。随着他们迫切地想要赚得利益，他们逐渐放弃了雇佣工人直接耕种，开始把土地出租给农民。因为土地充足，他们常常只能得到微不足道的地租，但聊胜于无。

在黑死病之后的一个多世纪，英格兰的人口数量一直很少，经济环境依旧有利于农民。和他们在大约 14 世纪那几十年间的祖辈不同，15 世纪的农民想喝多少就能喝到多少麦芽啤酒，他们可以吃到很多肉（主要是猪肉和羊肉）、奶酪和鱼（在斋戒期内），他们可以穿自制的新衣服，有时是用他们自己家里绵羊的羊毛制作的。

在 15 世纪，伦敦的一个石匠所挣的钱是一个世纪之前的两倍，但是食物的价格更低了。扣除物价因素，工人的收入翻了三番。15 世纪英格兰的平民生活绝不是悠闲惬意的，因为还是有太多的死亡，人们死于反复发作的流行病、强盗抢劫和骑士谋杀、分娩（女性）和酒馆斗殴（男性）。但是对于那些幸存者来说，生活远比一个世纪之前好得多。

贫穷的大幅度减少是确保 15 世纪经济不平等在很大程度上减弱的因素之一。在赤贫者减少的同时，超级富有者也开始消失了，尽管这一过程花费了 15 世纪的大部分时间和 16 世纪的一部分时间。这是如何发生的呢？

14 世纪晚期，英格兰最富有的人是冈特的约翰，他是兰开斯特公爵、爱德华三世的儿子、理查二世的叔叔。冈特的约翰迎娶了兰开斯特的布兰奇（Blanche），也就是托马斯伯爵的侄孙女①、兰开斯特财产的唯一女继承人。兰开斯特公爵每年的收入接近 15 000英镑。1399 年，冈特的约翰的儿子博林布鲁克的亨利推翻了理查二世，成为新的国王。结果，兰开斯特的遗产并入了王室手中。在下一代，最大的财富属于约克的理查，他是爱德华三世的另一位后裔。据估计，他在 1436 年的年收入为 3 230 英镑。其他的唯一收入超过 3 000 英镑的人就是沃里克伯爵（earl of Warwick）——相比之下，一个世纪前有 6 个这种程度收入的人。实际上，即便是这两大笔财富也很快就消失了。约克的理查的遗产像兰开斯特那样并入了王室手中，当时，约克的理查的儿子废黜了兰开斯特家族的亨利六世，于 1461 年加冕为爱德华四世。沃里克的财产在 1471 年后被王室吞并，当时的沃里克伯爵理查·内维尔（Richard Neville）在反对爱德华四世的作战中丧生。

在都铎王朝统治下，巨额财富的毁灭依旧在继续，都铎王朝要控制这些财富是因为它的臣属过于富裕和强大了。都铎王朝的前两位统治者亨利七世和亨利八世非常有效地利用了死刑判决，系统地消灭了所有潜在的要求继承英国王位的人，他们也碰巧位于最富有的地主之列。伊丽莎白一世精心设计了一个更温柔的方式——一种"累进税"方案。当其臣属之一变得过于富有时，她会不请自来地带上整个宫廷去他的城堡。在女王及她的数百名随行人员吃吃喝喝

---

① 第二任兰开斯特伯爵托马斯去世后，由其弟亨利继承爵位，即第三任兰开斯特伯爵亨利。而后其子格罗斯蒙特的亨利（Henry of Grosmont）继承伯爵爵位，他也是第一任兰开斯特公爵，而布兰奇即他的女儿，所以是托马斯的侄孙女。——译者注

数周之后，这位不幸的主人在接下来许多年里都会处于财政崩溃的状态，于是就会忙于清偿债务而无暇思考反叛了。

在黑死病之后，有两种力量减少了英格兰的经济不平等，即减少的人口和高度的社会不稳定。减少的人口导致优厚的工资和高就业率，这意味着无地的农民和城市的工人能获得丰厚的收入，可以养活其家庭。同样的环境是难以让富人从他们的财产中获得高收入的。混乱的环境对极度贫穷者和极度富有者的打击尤为强烈，因而就减少了不平等，中间阶层所遭受的损失相对较少。在内战带来的周期性的瘟疫和食物短缺中，穷人陆陆续续地丧生，他们也在派系斗争中被无情地铲除了。富裕的和有权势的权贵们也是脆弱的，因为他们是政治权力形成的自然焦点。在已经得到很大的权势时，他们会想要更多，目标直指王位或让自己成为造王者。就算他们自己没有什么野心，他们的扈从也会敦促他们去争取更大的权势，因为这样一来扈从们也可以封官进爵。那些顶住这些压力的权贵们会与统治者陷入冲突，统治者从不信任他们，会以莫须有的罪名处决他们。在 15 世纪的英格兰处于权力金字塔的顶端是致命的。尽管在1300 年时有 200 个重要的贵族家庭被召入上议院（House of Lords），但在 1500 年时就只有 60 个了，而且其中的一半都是后期才崛起的。国王亨利七世自己是威尔士的冒险家欧文·都铎（Owen Tudor）的孙子。金雀花家族及其所有分支都被根除了。

直到亨利七世统治结束时（他死于 1509 年），英格兰无论内外，都是和平的。对于小人物来说，这是最好的时代，是他们真正的黄金时代，工资优厚，物价低廉，瘟疫消退，强大的国家压制了盗匪活动并且禁止了贵族的暴力行为。天启四骑士正在撤退——但并没有立刻被打败，也没有全部被打败，它们的时代会再次到来，因为前工业时代的和平与繁荣埋下了未来的战争与苦难的种子。

就像三个世纪前一样，人口开始增加，先是慢慢地增加，然后加速增加。在接下来的 150 年里，英格兰的人口数量翻了一番，达到了 1300 年时的水平，带来了同样的影响，下层人民的贫困再次开始加剧，至 16 世纪末，一名工人的日薪的购买力下降了一半。

对于平民来说，日渐增加的困难书写了贵族的另一个黄金时代。他们新获得的财富迅速反映在他们的衣着上。"1485 年，绝大部分英国人，甚至是富有的英国人都穿着相似的衣服，"历史学家罗纳德·伯杰（Ronald Berger）在《最必要的奢侈品》（*The Most Necessary Luxuries*）中写道，"女性们穿着朴素、宽松式的衣服，男性们的穿着类似。优质但简朴的亚麻布和华丽的丝绸一样在正式服装中广为人们所接受。然而，16 世纪三四十年代见证了在昂贵且华美服饰方面的消费的爆炸式增长。需求急剧增加，尤其是在富人间，他们购买昂贵的织锦、天鹅绒和丝绸，用于制作华丽的新服饰，在伊丽莎白统治期间，男性们完全改变了他们的时髦打扮，他们的衣着变得更为精心和独特。女性们用精美装饰的裙环裙和细锦缎的礼服来和男伴们的着装搭配。16 世纪以一场'放荡的奢侈狂欢'而告终，地方士绅们都试图模仿伦敦的上流社会，他们穿着奢华的服饰，戴着有 12 英寸高顶的帽子。"

统治阶层的新繁荣扭转了 15 世纪他们人数减少的主流趋势。

1500 年，仅有 60 名贵族——大领主——被国王本人的命令召到议会，在上议院中占有一席。1640 年，在英国革命前夕，已经有 160 名了。在 1500 年，有 5 000 到 6 000 个士绅家庭，但是在 1640 年已经有 18 500 个了。在这 140 年间，虽然平民人口增加了两倍，但贵族增加了三倍。就像三个世纪前所发生的那样，社会变得头重脚轻了。

　　随着我们走向现在，历史记录变得越来越清楚了，所以我们能更精确地追溯精英内部竞争日益严重的趋势了。社会历史学家杰克·戈德斯通（Jack Goldstone）在《早期现代世界的革命与反叛》（*Revolution and Rebellion in the Early Modern World*）中写道，在 16 世纪下半叶，牛津大学和剑桥大学的入学人数激增，于 1640 年达到了顶峰，当时正值大革命前夕。这不仅是因为英国绅士突然热爱上了文学和知识——不，他们需要一个大学文凭，以在就业市场上更有竞争力。至 18 世纪中叶，也就是精英内部的就业竞争大为衰退时，牛津和剑桥的入学人数降至了 1600 年的水平。然而，问题是大学文凭不再能保证获得工作了，因为大部分的对手都有。正如历史学家劳伦斯·斯通（Lawrence Stone）所写的，"大学培养出的受过教育的神职人员和平信徒数量超过了合适的工作机会，于是创造出了一大批有影响力的心怀不满的'出局者'"。

　　精英内部的竞争也蔓延到了法庭。"1640 年，威斯敏斯特中央法院经手的人均诉讼案件很可能比之前或之后的任何时候都多。但是 100 年后，也就是在 1750 年时，普通法诉讼似乎跌入了空前的低谷。"许多绅士采取了更为直接的方式来和对手算账。16 世纪晚期，名副其实的决斗流行起来，席卷了英国贵族阶层。历史学家通过统计通信和私人信件中提及的决斗和挑战次数追溯了这种流行。16世纪80年代，只提及过5次，接下来的十年提到了接近20次，顶峰时期是17世纪初，提到了39次。这也许并不是追溯社会趋势的最准确方式，但是在一代人的跨度里，决斗的发生率增加了8倍，还是能说明问题的。

17世纪是另一个"灾难性的世纪"，这一动乱时代在很多方面可以和14世纪媲美。所有的欧洲国家都受到了影响。法兰西率先陷入了分裂。天主教派和胡格诺派之间的内战开始于16世纪60年代，在16世纪80年代和90年代迅速地蔓延开来。在路易十三世和黎塞留治下相对和平的一段时期之后，投石党运动（1648—1653）期间再次出现了国家崩溃。德意志的内战开始于1618年，当时波西米亚人奋起反抗哈布斯堡家族，这一内战拖延了30年（这就是这一时期被称为三十年战争的原因）。西班牙的哈布斯堡家族和荷兰的反叛者打了80年的战争，直到1648年西班牙最终承认荷兰独立才终结。17世纪40年代，西班牙人还必须同时处理加泰罗尼亚、葡萄牙和意大利的起义。俄国陷入了自己的"动乱时代"（1604—1613）。最后就是于1640—1690年发生在英格兰的两场革命和一场扩大的内战。

动乱时代的生活并没有什么乐趣，但其为历史小说提供了绝佳的背景。有史以来最好的冒险小说之一（某些人甚至称其为最佳）是大仲马的《三个火枪手》及其续作。该小说的主要人物是基于一个真实存在的人，即达达尼昂（d'Artagnan）伯爵查理·德·巴茨-卡斯泰尔莫尔（Charles de Batz-Castelmore），他的职业生涯开始于黎塞留时代，终结于"太阳王"路易十四世统治时期。通过追索历史上的达达尼昂的生涯，我们可以从一位法国贵族的视角一瞥悲惨的 17 世纪。

真实的达达尼昂（实际上，他常常被称为德·巴茨-卡斯泰尔莫尔骑士，但是继续称他为达达尼昂更为方便）出生于 1611 年，是一位加斯科涅贵族的第三个儿子，他有三个兄弟和两个姐妹。达达尼昂和他的兄弟们是典型的剩余精英。17 世纪早期，从农民身上榨取的盈余量陷入停滞，甚至衰退，于是贫穷的贵族不得不向国家、教会或者位高权重的领主们寻求雇佣。当然，其所在家庭的收入不足以养活四个德·巴茨-卡斯泰尔莫尔兄弟。他们中的一人去了教会，其他三人都开始了军事生涯。在达达尼昂到达巴黎的时候，他的大哥已经在战斗中丧生了，他的二哥保罗成就了辉煌的事业（他曾经在火枪队中服役）。因为其父亲、叔叔和两个哥哥之前辉煌的服役生涯，达达尼昂对火枪队的队长德·特雷维尔（de Treville）有着很大的政治影响力。然而，他没有立刻就加入火枪手队伍，因为他们只接纳退伍士兵。于是，他被安置在了另一个著名的军团——德斯·埃萨尔先生（Monsieur des Essarts，于 1645 年成为一名火枪手）的国王护卫队。

我们不知道真实的达达尼昂是否像虚构的那样参加过许多次决斗，但是他很可能参加过，因为他那个时代的法兰西正值决斗流行潮的巅峰时期。在 15 世纪和 16 世纪早期，决斗几乎在法兰西消失了。在弗朗索瓦一世和亨利二世治下，有几次在王室批准下的司法决斗。然而，随着剩余精英的数量增加，他们以谋杀彼此的方式来解决争端的倾向也加剧了。在 1560 年后，为了个人荣誉而决斗以及不经过王室批准变得非常普遍起来，以至于当时的评论者都认为死于决斗的贵族比死于战斗的要多得多。有一种估计是，在 1588 年后的 20 年有 7 000 到 8 000 人被杀。据说，亨利四世在 17 世纪的头十年期间赦免了 6 000 名在决斗中杀死了富绅的人。直到路易十四世统治时期，也就是达达尼昂的人生结束时，决斗才在实际上被取消了（他在 1673 年的战斗中被杀）。

暴力猖獗不仅是在贵族个人之间，而且是在贵族派系之间［这反映在大仲马的小说中，其中的火枪手和红衣主教的卫兵们一决胜负，就像现代洛杉矶的嗜血帮（the Bloods）和瘸子帮（the Crips）之间的帮派斗争那样］。问题是达达尼昂并不是唯一通过为国王服务来补充自己收入的贵族。在巴黎有成千上万的贫穷贵族，而就业机会根本无法跟上日益增加的这种寻找工作者的数量。正如杰克·戈德斯通所写的，"对可用土地、公务员和教会官员以及王室恩惠特权的限制，导致庇护关系群体为了可获得的好处而展开了日益两极化的派系斗争"。

当一个贵族派系获胜的时候，其会试图完全驱逐对手。其中最臭名昭著的一个例子就是 1617—1628 年英格兰的情况，当时由白金汉公爵乔治·维利尔斯（George Villiers）率领的派系成功地垄断了王室恩惠特权。大仲马在他的小说中描绘了一个相当受人喜爱的白金汉的形象，但是在真实生活中，这位王室宠臣是一个非常令人讨厌的人物，他不择手段地利用自己的权势，为自己及其支持者们谋利。用历史学家戴维·娄兹（David Loades）的话来说，"白金汉的支配地位将职权滥用变成了一桩系统性剥削的丑闻"。

我们已经看到了，贵族的经济财富减少是如何创造出有利于人际和派系之间冲突的氛围的。要重点强调的是，纯粹的物质享乐主义算计——"我没有足够的钱来维持自出生以来就享有的生活方式，如有必要，我将通过武力来获得这笔钱"——仅仅是导致暴力行为的一个可能的动机，而且不一定是最为强大的。"无赖"也许会按照这种算计行事，尤其是他们认为自己很可能侥幸得手。但是对于许多其他类型的人，比如道德主义者来说，纯粹的物质享乐主义动机只是驱使他们成为麻烦制造者的一部分原因，而且只是其中的一小部分。当一支贵族派系——比如17世纪早期由白金汉所率领的那支——垄断了所有来自国家的慷慨馈赠时，他们所冒犯的不仅是那些被驱逐者的钱袋子，而且是他们的道德情感。一个小派系沉沦在奢靡中，而其他人忍受着痛苦，这是不公平的，也是不正当的。道德冲动是要惩罚冒犯者。于1628年刺杀了白金汉的约翰·费尔顿（John Felton）也许是一个狂热分子，也许是一个具有高度发达的是非观的道德主义者。当遇到明显的不公正时，道德主义者会以行动群体的名义自发组织起来。这种派系的形成是全面革命之前的常见阶段。

在16世纪50年代的法兰西，对立的派系围绕着两个有影响力的权贵形成——王室统帅蒙特莫伦西（Montmorency）和吉斯公爵（duke de Guise）。当法国国王亨利二世于1559年去世的时候，吉斯一派实际上成功地垄断了年轻的国王弗朗索瓦二世的恩惠特权。吉斯公爵及其天主教派成员的发迹在 1560 年激起了几千名胡格诺派贵族的反吉斯阴谋，该阴谋被残忍地镇压了。精英内部的冲突后来迅速地升级为法国的宗教战争。1563 年，吉斯公爵遭到一名胡格诺派贵族的刺杀，引发了一系列的复仇和反复仇杀戮，在接下来的 30 年间大大削弱了法国贵族队伍。

白金汉公爵和吉斯公爵的崛起和垮台生动地说明了极端不平等对社会秩序的危害。过于极端的不平等会让人认为现存的社会秩序是不公平和不合理的，由此为革命意识形态的崛起创造了极好的条件。在现代早期，革命意识形态采取了宗教形式。后来，占主导地位的革命意识形态是国家主义和马克思主义。如今，我们再次看到了以宗教为基础的革命意识形态的崛起，比如瓦哈比教派（Wahhabism）。在英国的清教徒、法国的雅各宾派、俄国的布尔什维克以及伊斯兰的基地组织之间存在着巨大的差异，但是在这些意识形态和与之相关的运动中至少有一个共同的主线——对社会公平的强烈渴望。

在达达尼昂出生之前，宗教战争就结束了。当他于 17 世纪 30 年代开启职业生涯时，法国贵族仍旧对宗教战争的杀戮保有集体记忆。因此，年轻的嗜血者们狂热地自相残杀，而年长的政治家们并不允许这种决斗和派系内讧发展成为全面内战。只有当所有对宗教战争有直接记忆的人都去世或者隐退了，达达尼昂这代人才会不受限制地重复导致之前内战的错误。

当达达尼昂到达巴黎寻求为国王效劳时，法兰西最富有的人是红衣主教黎塞留公爵阿尔芒·迪·普莱西（Armand du Plessis）。黎塞留的年收入是几百万里弗尔，在担任首相的 18 年间，他积累了 2 200 万里弗尔的惊人财富。相比之下，此时的大多数法国贵族"享有"每年 1 000 里弗尔或更少的收入。而这些人就是法兰西最富有的 2% 的人！除技术熟练的那些人之外，城市的工人每年挣的钱都少于 100 里弗尔。

1642 年，黎塞留去世了，之后不久路易十三世也去世了。当时只有 5 岁的路易十四世继承了王位。他的母亲奥地利的安妮担任摄政，而法国政府被委托给了红衣主教马扎然（出身普通的意大利人，据说是王后的情人）。马扎然于 1646 年遣散了德·特雷维尔的火枪队，但留下了作为其亲信的达达尼昂。达达尼昂能干且忠诚地为其庇护人服务。在投石党运动（1648—1653）的动荡年代里，当时由有影响力的贵族所组成的反马扎然派系支持和教唆民众叛乱，迫使国王带着他的朝臣逃离了巴黎。1651 年，在反叛贵族的压力下，奥地利的安妮被迫解雇了马扎然，于是他离开了这个国家。然而，1653 年，内战逐渐平息，安妮召回了马扎然，他担任首相直到 1661 年去世为止。达达尼昂的忠诚最终得到了火枪队代理队长的奖励。

与马扎然时代国家官员的贪婪（这在很大程度上导致了内战的爆发）相比，黎塞留及其第二等级的大臣们所赚得的财富都黯然失色了。马扎然自己于 1651 年失去了所有财富，当时他被迫离职，不得不在 1653 年重获首相职位后从头开始。然而，当他于 1661 年去世时，他留给了继承人 3 700 万里弗尔！那就是说，他的财富以接近每年 500 万里弗尔的速度增加——是一位普通工人年收入的50 000 倍。

然而，私人财富的增加在马扎然时代达到了巅峰。在马扎然去世后，路易十四世夺得了对其政府的直接控制权。在长达一个世纪的不和之后，见证了两次主要的内战和一系列小贵族的叛乱及民众起义之后，法国统治阶层准备围绕着中央政府团结起来了。从这时起，在直到大革命时期的一个多世纪里，法兰西没再经历过重大的精英内部冲突。贵族的所有精力都被引导到了外部战争上，这实际上就是"太阳王"统治期间持续不断发生的事情（路易十四世死于1715 年）。达达尼昂死于这些战争中的一场，在荷兰进行的战斗中，一颗火枪子弹击中了他的咽喉。更为公平合理的财富分配（至少是在贵族阶层中）带来了内部团结。为了支持路易十四世进攻性的对外政策，农民们背上了沉重的赋税，当他们反抗这种重压时，并没有出现会削弱国家这种镇压机器的异议贵族，于是所有的这类叛乱都轻易地就被镇压了。

路易十四世在夺得统治权之后所做的第一件事情就是清除了他手下过于强大的臣属之一。财政总长尼古拉·富凯（Nicolas Fou-quet）已经积累了价值 1 540 万里弗尔的财产——与马扎然的相差甚远，但是也没什么好嘲笑的。富凯犯了个错误，在他那富丽堂皇的沃克斯子爵城堡（Chateau of Vaux-le-Vicomte）中办了一场盛大的派对，还邀请了国王。其宫殿和派对是如此的华丽，以至于胜过了国王的（这是在凡尔赛宫建立之前）。路易十四世在自己的回忆录中这样写富凯："看到那个人所建的气派家宅和厚颜无耻的所获所得，只能让我认为他的野心是无穷无尽的。我的所有人民所遭受的普遍灾难不断地召唤着我裁决他。"在这次派对之后两个星期，路易十四世召来达达尼昂（在马扎然死后，他接替了其工作），下令逮捕富凯。在接下来的四年里，达达尼昂肩负起看守富凯这一令人讨厌的职责，直到后者被审判，被剥夺财产并被判终身监禁。

在路易十四世统治期间，政府官员的过分奢侈逐渐被控制住了。路易十四世的主要大臣让-巴蒂斯特·柯尔贝特（Jean-Baptiste Colbert）的财富据估计在 500 万到 600 万之间。战争大臣卢瓦（Louvois）在持续 20 年（1672—1691）的职业生涯中收获了差不多 800 万的财产。在 18 世纪早期，大臣们的财富甚至减少得更多。正如财政和税收方面的历史学家理查德·邦尼（Richard Bonney）所写的，"在 1720 年后，大臣们从职位上所得的实际上与 1661 年之前的情况相比是微不足道的"。在高端财富消失的同时，贵族阶层的贫穷也减弱了，这主要是通过强迫贫穷贵族脱离第二等级，进入第三等级的方式实现的。例如，1640 年，在诺曼底乡村有三分之二的贵族家庭的收入少于 1 000 里弗尔。至 1700 年，这一比例下降到了 40%，半个世纪后只有 10%—15% 的贵族处于这种贫穷的境地了。

当富人越来越富且穷人越来越穷的时候，社会各阶层之间的合作遭到了削弱。但是每个阶层都经历着同样的进程。当某些贵族明显变得更为富有的时候，大部分的贵族都变得越发贫穷，精英因派系冲突而分裂开来。在长周期内，正如崩溃阶段紧跟着整合阶段，不平等也在经历着兴衰。占支配地位民族的生命周期通常会延续两个、三个甚至四个长周期。每当帝国进入崩溃的长期阶段，其核心民族的族亲意识就会在很大程度上遭到削弱。终于，这一帝国病变的过程到达了末期阶段——占支配地位的民族失去了合作能力，帝国就此崩溃了。因此，绝大多数帝国是出于内部原因而崩溃的。用阿诺德·汤因比的话说就是："伟大的文明并非死于他杀，而是自我了结。"

第十一章

错综复杂的情况：罗马帝国的多次衰退

 历史上几乎没有什么话题会像罗马帝国的衰退与瓦解那样产生如此激烈的争议和如此少的启发。英国历史学家爱德华·吉本（1737—1794）应该直接承担起造成这种混乱的大部分责任。在1776—1788年，吉本发表了关于罗马衰亡的一系列漫长而杂乱无章的叙述，共 6 卷，计 150 万字。（"又一本该死的厚重的方形书！都是乱写的，乱写的，乱写的！呵，吉本先生？"——格洛斯特公爵在看到《罗马帝国衰亡史》第二卷出版时说道。）这个故事开始于 2 世纪的安东尼时代，结束于 15 世纪，吉本认为 2 世纪是帝国的巅峰，而 15 世纪是君士坦丁堡落入奥斯曼突厥人手中之时。正如前面所说的，在历史动力学的分析中，我并不认为连续 12 个多世纪的"衰落"是一种有用的概念。吉本一直没弄清楚罗马帝国是什么时候灭亡的。当然，将这一时间点推迟到 1453 年君士坦丁堡陷落的那一年毫无意义，因为其所代表的是一个完全不同的帝国，也就是我们现在称之为拜占庭的帝国的终结。如今，罗马帝国崩溃的正式日期是 476 年，当时西方的最后一任傀儡皇帝罗慕路斯·奥古斯都（Romulus Augustus）被意大利的日耳曼国王奥多维克（Odovacar）罢黜。但是现代历史学家很快就指明这是一个人造的断裂点。在罢黜罗慕路斯·奥古斯都之前，蛮族酋长在意大利至少掌握了 20 年的实权。许多历史学家会进一步回到更早以前的时代，指出 3 世纪是"崩溃"的时候，当时是内部分裂、内战和接连不断的蛮族入侵的时代。有些人认为罗马在公元前 1 世纪就开始漫长的衰落了，当时共和国解体，为皇帝的专权统治所取代。

那么，我们如何弄清罗马是怎么和为什么（以及什么时候！）灭亡的呢？一种普遍的理论可以告诉我们对于帝国的崩溃来说，哪些进程是至关重要的，哪些进程是次要的。在缺乏这种理论指导的情况下，我们会受到相关性的支配。例如，罗马帝国在 4 世纪皈依了基督教，然后在 5 世纪崩溃了。那么，其中有因果关系吗？吉本认为有。但如果是那样的话，我们应该会在其他地方看到同样的因果关系，可根本没有支持这种观点的实证证据。法兰克人和拜占庭人都皈依了基督教，这却加强了他们的族亲意识，使他们能够扩张自己的帝国。为什么同样的宗教在一个例子（罗马）中扮演了破坏性的角色，而在另一个例子（拜占庭）中扮演了建设性的角色呢？

在罗马发生了很多事情，想要推出一种新理论的有抱负的理论家有足够可以选取的材料。是基督教吗？或者像另一位罗马历史学家所认为的那样是"中产阶层"的衰落？再或者是帝国的官僚化？
或者是铅中毒？在罗马帝国丰富的历史中抓住任何特定的相关性，
并以此为基础构建一种可以解释其崩溃的宏大理论是容易的，但最
终结果却不令人满意。几个世纪以来已经提出了十多种，也许是上
百种这类理论。这并不是搞科研的做法。

　　一种好的科学理论是简省的，这就意味着在选择使用哪些数据
和忽略哪些数据时必须是非常果决的。以解释行星运动的经典力学
理论为例。该理论根本不在乎火星是红的，金星是蓝的，或者土星
有环，但水星没环。如果有人想要理解为什么太阳系内的一颗行星
会按照某个特定的轨迹运行，那么这个人应该彻底忽略掉天文学家
所收集的庞大数据中的 99%。为了得到更好的近似值，这个人所需
要知道的所有事情就是这颗行星离太阳有多远。我们怎么知道距离
太阳有多远是至关重要的，而行星的颜色是无关紧要的呢？因为有
一种基于牛顿的运动定律的普遍理论，它告诉了我们需要哪种数
据。如果我们想得到一门历史的科学，那么我们应该以完全相同的
方式开始行动。当然，人类社会是比行星体系更为复杂的实体，因
此，我们不应该期望达到像天体力学方面那样的精确程度。

　　我们有一种适用于帝国兴衰的普遍理论，其中关键的可变因素
是集体行动能力，即社会的族亲意识。社会之间的竞争导致族亲意
识增强，而一个社会内部的竞争则会导致其族亲意识减弱。正如我
们在本书第一部分所看到的那样，元民族边境——群体和文明发生
冲突的地方——是形成高水平族亲意识的熔炉。然而，高度的集体
行动能力几乎难以避免的结果就是领土扩张——从中心开始向外推

进边境，并且会使一开始造就了高水平族亲意识的那些因素消失。于是，成功孕育着最终的失败，崛起携带着衰落的种子——和久必战，战久必和。在非线性动力学的语言中，兴衰的现象可以通过负反馈环来解释。

族亲意识减弱并不是一个线性的过程。正如我们现在所知的，帝国经历了漫长的，也就是整合-崩溃阶段交替的长周期。社会内部的竞争在整合阶段减弱，在崩溃阶段增强。在崩溃阶段，社会的族亲意识遭受重创，而且，一个崩溃阶段通常不足以完全削弱高水平族亲意识社会的凝聚力，一个占支配地位的民族一般会经过两或三个长周期，才会失去共同行动的能力。

然而，即便是这种描绘也是过于精简的。崩溃阶段也不是完全糟糕的。因为民众对持续的不稳定和不安全感到厌烦，在不稳定阶段的内战常常会略过一代人——革命者的孩子们想要不惜一切代价地避免失序，但是其孙子们却愿意再次重复祖父母辈的错误。结果，在复兴占据主导地位并且社会进入长期整合阶段之前，崩溃阶段往往会历经两三代"父与子"周期。

因此，帝国兴衰的动态就像是一个轮中嵌轮的机械装置。族亲意识的增强和减弱是最慢的进程，要经过好几个世纪——通常是一千年——才能完成一整个周期。长周期会发生在更快的时标上。典型的占支配地位民族在其生命进程中会经历两或三个，有时甚至是四个长周期。最终，每个长周期的崩溃阶段都将见证两或三波政治不稳定和内战，间隔着脆弱的和平时期。因此，对于族亲意识周期来说，典型的时标是一千年，其中有两到三个世纪的长周期，40

到 60 年（两代人）的父与子周期。这些仅仅是数量级，在任何进程中都没有精确的周期数。人类社会是非常复杂的系统，比太阳系系统更为复杂。如全球气候的逐渐变化这样的外部因素会加速或者减缓任何一种驱动历史动态的关键进程。更为重要的是，不同进程之间的非线性相互作用可以产生从内部驱动的不规则行为——数学上的混沌。数学家们已经证明了，在某些条件下，受到两种循环行为的来源影响的动态系统会表现出混沌——以一种看起来随机，但实际上却完全是从内部产生的不稳定方式。最终，邻近的社会相互作用，这是另一种不规则的来源。在上一章中，我们看到了法兰西在 14 世纪的崩溃是如何使英格兰将其本身的崩溃拖延了差不多一个世纪的。因此，当我说"周期"的时候，并不是指某些像钟臂扫过钟面那样具有严格周期性的内容，而是指一种兴衰的动态，其有一种典型的时标，即在一定范围内变化的周期。

我们现在来看看为什么难以裁定罗马帝国是何时走向巅峰，又是何时走向衰落的。历史动力学可以用嵌入更长周期内的更短周期等内容来预测历史上帝国的复杂动态行为。让我们来观察一下古罗马的轮中嵌轮。

正如第六章所讨论的，罗马的第一个长周期开始于公元前 7 世纪，结束于公元前 4 世纪中期。集中的整合趋势主导着这一时期的前半段（直到公元前 500 年），分裂的离心趋势在下半段占据着主导地位。罗马历史上的重要转折点是公元前 390 年罗马遭到蛮族高卢人的洗劫和公元前 367 年的《李锡尼-塞克斯提乌斯法案》，前者预示着新的元民族边境的出现，而后者改变了罗马国家的政治结构。至公元前 4 世纪下半叶，贵族和上层平民合并为一种新的社会与政治精英，即元老院阶层。在对抗高卢人的战斗中，他们非常需要新的凝聚力。在对外的征服战争中也孕育着成功，这种成功会带来战利品和土地。在一种良性循环中，增加的资源减少了社会内部的竞争，加强了其族亲意识，这也孕育着军事成功。重新组织起来的罗马轻易地就阻挡住了公元前 349 年高卢人发起的新的入侵，开始了首先是意大利中部，接着是整个意大利半岛，最终是整个地中海的漫长征服期。

第二个长周期的整合阶段特别漫长。持续了两个世纪，大约于公元前 140 年结束。在紧接着李锡尼-塞克斯提乌斯的妥协方案之后的两个世纪，罗马在国内保持着团结，在国外进行了一系列激烈的战争。这些外部冲突，尤其是和汉尼拔的战争给罗马公民带来了严重的伤亡，因而阻碍了人口增长。这就是这一整合阶段特别漫长的原因之一。第二个原因是罗马扩张主义策略的极大成功。征服带来了战利品、贡品和土地，为上层社会的扩张提供了财力支持，而且并没有造成社会的头重脚轻（或者更确切地说是推迟了这难以避免的清算日）。普通公民也参与了战利品的分配。单就公元前 334 年—公元前 263 年而言，估计有 70 000 名公民离开罗马，前往征服领土内建立殖民地。正如常见的那样，领土扩张拖长了整合阶段。第三个罗马周期的整合阶段也是特别漫长的，从公元前 27 年持续到了公元 180 年。

然而，驱动长周期的社会力量最终赶上了罗马共和国。公元前

203 年—公元前 175 年越过了重要的阈值，当时罗马人成功地征服了阿尔卑斯山以南的高卢人，将元民族边境推进到了远离罗马中心的地方。在后来和汉尼拔所进行的战争（前 218—前 201）中，罗马的人口数据表明此时有大约 200 000 名公民（自由成年男性）。在接下来的一个世纪，公民数量增加了一倍多。罗马的城市人口甚至增加得更快，从 150 000 人增加到了 450 000 人（这一估测数据包括了女性、儿童、奴隶和定居的外国人）。

人口大规模增加，再加上罗马在继承人间平均分配财产的习惯，导致经济不平等加剧。接连几代人都是在多个继承人之间进行财产分配，导致每个继承人所得到的份额严重不足以养活一家人。历史再次重复起来。一些贫穷的土地所有者被迫把他们的土地卖给贵族，这些贵族因罗马征服所带来的战利品而兴奋不已，渴望着将他们的财富投入土地上。还有些人试图坚持下去，积欠了难以承受的债务，于是也失去了他们的土地（甚或自由）。这一进程的结果就是小地主阶层逐渐消失，而他们曾经是罗马国家和军队的支柱。有些难以偿还债务的公民变成了奴隶。还有些人把自己变卖为奴隶，因为他们无法养活自己了。大多数人成了没有土地的无产者，要么在贵族地主所拥有的土地上劳作，要么漂泊到罗马和其他大城市寻找工作。最终，少数人——那些几乎没有孩子、节俭且努力，或者只是幸运的人——变得富有，并渴望提高他们的社会地位。

对于当时的观察者来说，小地主阶层的缩小是很容易就能察觉到的，因为这些人就是构成罗马军团的士兵。各种各样的作者都描绘了他们所注意到的"人口减少"。实际上，整体人口是在迅速增加的，减少的是"中间阶层"的数量，也就是有足够的财产、有参军资格的公民。为了扩大征兵人群，当局逐渐降低了具有参军资格的公民的最低财产要求，最终于公元前 107 年完全废除了这一要求。尽管有这些措施，但罗马军队的公民比例一直在下降，缺失的人数不得不以非公民的意大利盟友来弥补。至公元前 2 世纪末，在军队中服役的每个罗马人对应着两个这样的盟友。

　　然而，在公元前 4 世纪，大多数的罗马公民都是"中间阶层"——他们有足够能养活自己和家人的土地——两个世纪后，几乎没剩下多少这种自由的小土地所有者。罗马社会的上层和下层分崩离析。在下层的是大量的奴隶、自由民和无产者；在上层的是一小群将所有的财富和权势都集中在自己手中的贵族。罗马的奴隶制进一步加剧了不平等。在征服战争中抓获的数百万名奴隶于公元前 2 世纪涌入意大利。因为奴隶没有人权，就法律上来说，他们不能拥有任何财产（实际上，有些主人会允许他们积累资金来赎买自己），他们的大量存在使共和国晚期的罗马社会甚至比前工业时代国家的通常情况更为不平等。

　　公元前 2 世纪最惊人的一个发展是罗马上层社会的人数和财富的增长。元老院的财富以天文数字的速度增长。罗马贵族阶层中最重要的成员之一，也就是在公元前 167 年使马其顿王国灭亡的 L. 埃米利乌斯·保卢斯（L. Aemilius Paullus）在去世时留下了 144 万塞斯特斯的财产，这已经算是极少的了。一个世纪后，著名的演说家西塞罗的财产是 1 300 万塞斯特斯。西塞罗是个"新人"（他出生于地方城镇，是其家族中第一个进入元老院并获得执政官职位的人），他的财富代表了罗马上层社会（元老院阶层）的"一般水平"，而不是超级富有的。至少有五位元老院议员的财富远远超过了一亿塞斯特斯，克拉苏和庞培的财富接近两亿塞斯特斯。对比之下，军团中的一名士兵每年只有 500 塞斯特斯的薪资。

征服和接触"贪图享乐的东方"所带来的巨额财富使罗马上层社会的炫耀性消费达到了令辛辛那图斯或卡米卢斯都震惊的程度。富有和有权势的罗马人所享受的奢侈程度甚至会令我们这些现代人都目瞪口呆。来听听西塞罗所说的：

> 此时，你可以看到另一个从他位于帕拉蒂尼（Palatine，罗马的七座山丘之一，是富人经常光顾的地区）的豪宅中走出来的人：他有一个舒适的城郊别墅以供消遣。此外，还有一些农场，都是极好的、靠近城市的。他的屋子里装满了提洛和科林斯的器皿（由金、银和青铜制成，工艺精湛），其中还有一个自用炊具（一种煮东西用的器皿，类似于茶壶），这是他最近以高价购买的，当时经过的人听到竞拍商喊出竞价，还以为是在售卖一处房产。你能想象到他所拥有的除此之外的带有浮雕图案的银器、床罩、绘画、雕塑、大理石雕像有多少吗？当然，在动乱和掠夺的时代里，这样一所房子里会尽可能多地堆积起从许多显赫家族手中夺取的东西。但是，关于他所拥有的庞大的奴隶家庭及他们技术能力的多样性，我还能说什么呢？对于那种如厨师、面包师、担架员这样的普通行业，我没什么可说的：为了取悦自己的心灵和耳朵，他拥有很多的艺术家，以至于整个街区每天都环绕着声乐、弦乐器和长笛的声音，晚

上则满是宴会的嘈杂声。先生们，当一个人过上这种生活时，你们能想象得出他日常的开支、他奢华的炫耀行为、他的宴会吗？我认为在这样一所房子里是相当体面的，如果还可以称之为一所房子，而不是邪恶的制造厂和各种罪行的寄居地的话。先生们，看看这个人本身吧。你会看到他的头发经过了精心打理，身上散发着香水的味道，他趾高气扬地在公共场所走来走去，身旁围绕着一群穿着宽外袍的人。你会看到他对每个人都嗤之以鼻，他会认为没有任何一个人能与自己匹敌，还相信自己是唯一富有和有权势的人。

西塞罗抨击的目标是克里索格努斯（Chrysogonus），他是一个有权势的自由民，也是独裁官苏拉的亲信。正如我们所知的，苏拉制定了"公敌宣告"（proscriptions），即将某些人认定为国家的敌人，可以不受处罚地杀死他们。被认定为公敌者的财产会被拍卖，而所得的收益都补充进了苏拉的财库。克里索格努斯负责监督这一程序，他利用这一点来使自己变得富有。例如，西塞罗指控称，塞克图斯·罗斯克乌斯（Sextus Roscius）那价值 600 万的财产以仅仅 2 000 塞斯特斯的价格卖给了克里索格努斯及其密友。

身为自由民的克里索格努斯并不是典型的统治阶层成员，但是，他招摇的习惯并不只是新贵（nouveau rich）的过分行为，元老院贵族阶层的世袭成员们甚至更沉迷于奢侈行为。想一想某人仅仅为了组织一场像样的宴会要花费多少钱吧。用当地农场种植的农产品来招待宾客是不行的，绝对不行，人们需要以高价从萨默斯（Samos）进口孔雀，从卢克里诺湖（Lake Lucrino）进口牡蛎，并且从非洲进口蜗牛。宾客们还会被招待观赏来自加蓬〔Gades，今加迪斯（Cadiz）〕的脱衣舞女的表演和来自亚历山德里亚的希腊诗人吟诵淫秽诗歌。艺术品和银盘子都被放在突出的位置——让宾客们嫉妒死吧！就别管公元前 275 年的监察官们因为 P. 科尔涅利乌斯·鲁菲诺斯（P. Cornelius Rufinus）拥有 10 磅的器皿就将他赶出元老院的事情了，而在罗马共和国末期，你得拥有数百磅才能"与人攀比"，更为年轻的德鲁苏斯因拥有 10 000 磅的银盘而志得意满，但这也许是夸张了。

那么，办一场宴会轻易就花费成千上万塞斯特斯就不足为奇了。仅一只孔雀就会花费 200 塞斯特斯——一名士兵半年的薪资。普鲁塔克描述了一件事情，当鲁库勒斯（Lucullus）为西塞罗和庞培举办一场宴会时，膳食就花费了他 200 000 塞斯特斯——等同于罗马军团的一个步兵队的年薪！

公元前 1 世纪的罗马文学作品充满了对当时贵族阶层放荡行为的指责。道德主义作家看到了罗马的奢侈兴起和道德衰退之间的直接关联。"没有哪个国家会比我们的国家更伟大或者更纯粹，没有哪个国家会比我们的国家在优秀的公民和高尚的行为方面更丰富，没有哪个国家能在这么多代人中不受贪婪和奢侈恶习的影响，没有哪个国家能这么长时间地尊重节俭和朴素的生活方式"，李维在他的历史书开头写道。李维于公元前 29 年开始写他的伟大作品，当时正值长达一个世纪的崩溃阶段的末尾，在这一时期，"帝国民众的强大力量正在开始走向自我毁灭"。李维的目标是通过历史研究来培养品质："我请求读者注意认真思考我们祖先的生活方式，他们是什么人，以及罗马的权力最初是通过什么政治和战争的方式获得，接下来又是如何扩张的。我想追溯的是我们的道德衰退的进程，首先看到的是古老的教诲被放弃，道德根基沉沦，然后是迅速加强的分裂，接着是整个大厦的最终崩溃和现代社会之前的黑暗黎明。"这种评价得到了其他罗马历史学家的响应。萨卢斯特（Sallust，前86—前34）指责称，公元前146年发生的一系列重大事件——迦太基的毁灭和希腊的征服——是衰退的开始，因为前者除去了使罗马人团结的外部敌人，后者则为罗马引入了希腊世界的萎靡不振的恶习和奢侈生活。据萨卢斯特称，正是在苏拉的时代（前138—前78），奢侈（luxuria）和放荡（licentia）开始影响罗马公民。

同时代的人清楚地意识到了罗马帝国病变的发端，列出了其症状，并且提供了诊断。实际上，萨卢斯特的诊断与历史动力学所提供的关于罗马衰落的解释相差并不远。诊断的第一部分，也就是除去了外部敌人基本上是正确的。然而，正如我们在前面的章节所看到的，外部敌人——与之进行的斗争缔造了罗马民族——是高卢人。毫无疑问，迦太基人为罗马从元民族大熔炉中崛起增添了巨大的压力，尤其是在第二次布匿战争期间（不过，即便在那次冲突期间，汉尼拔军队中的大多数人也是高卢人）。迦太基人虽然说着闪米特语，敬奉有点儿不同的众神，但仍旧是罗马人所属的同样的地中海文明的一部分。值得怀疑的是，如果罗马只受到来自迦太基的压力，它是否会崛起为一个世界性帝国。在这里，一种普遍的、以实证主义为基础的理论变得极为有用。因为所有的世界性帝国都崛起于元民族边境（据我们所知），罗马崛起的关键因素一定是它与野蛮的高卢人之间的元民族边境。公元前 2 世纪初期，山南高卢（Cisapline Gaul）最终被征服，这一事件的发生导致了这一边境的推进，这也是接下来衰退的第一个前提条件。

　　萨卢斯特的诊断的第二部分需要更大的修改。古代人喜欢猛烈抨击奢侈的"萎靡不振的"影响。现在，奢侈有两个成分，一个是物质的——物质享受，另一个是社会的——炫耀性消费。显然，奢侈的第一个方面，也就是个人舒适并不会对集体团结产生任何影响。例如，富有的罗马人在美化他们的住所上而不是宴会上花费了更多的钱，他们建造了私人浴室，包括温水、热水和冷水池，在精心布置的花园挥金如土。为什么浴室和花园会"令人萎靡不振"呢？实际上，人们可以通过指出这种"奢侈"所带来的健康益处来进行反驳。为什么培育芦笋——根据普林尼所说是一种可怕的令人贪吃之物——会削弱罗马贵族的道德品质呢？

　　然而，如果我们将"奢侈"重新界定为炫耀性消费，那么，这一论点就开始变得更有意义了。炫耀性消费的要点是向其他人展示极高的地位、权势或者财富。因此，家里有一个热水浴池在当今的美国并不是炫耀性消费，因为有很多人能支付得起。但是，罗马共和国的私人浴池必定是一种炫耀性消费，因为只有最富有的人才能支付得起。现代游客会对罗马别墅里私人浴池的奢华程度大为震撼，这些别墅里都装饰着精致华美的镶嵌画。这并不仅仅表示可以浸泡在热水里，而且是在宣告其社会地位。

炫耀性消费本身是会造成分裂的，因为其在富人和穷人之间划出了界限。它会引发嫉妒，削弱团结。但更重要的是，它是更深层进程——不断加剧的不平等以及群体内对资源和权势的竞逐——的一种症状，逐渐削弱了群体团结。

就这样，公元前 2 世纪跨越了一个转折点。共和国早期的罗马贵族都竞逐以最光荣的方式为国捐躯，而在共和国晚期，他们都在竞逐举办最豪华的宴会。公元前 275 年，拥有 10 磅的银盘被视为"反社会行为"，两个世纪后，拥有 10 000 磅的银盘会成为拥有者的骄傲。

社会分裂的力量也正在影响着平民。他们中的很小一部分人变得富有，渴望加入精英行列，而大多数人失去了他们所拥有的土地，不得不在富人的土地上耕种，或流浪到城市里去（在那里，他们壮大了城市无产者队伍），再或者加入罗马军团。大量的潜在征兵、穷人和绝望无助的人成了后来推动公元前 1 世纪内战的主要因素。

最后，也许也是最为重要的，我们需要把奴隶制的影响这一因素考虑进去。公元前 2 世纪，罗马征服了地中海沿岸地区，大量的奴隶涌入意大利，这样一来，他们的数量接近（有时甚至会超过）意大利自由民的数量。奴隶受雇于矿山，担任桨帆船桨手、家庭佣工和农业工人。与此同时，小型农场正在消失，奴隶庄园正在接管半岛和西西里。

奴隶和自由民之间的区别也许是社会不平等最为极端的形式。因此，广泛的奴隶制一定对社会族亲意识产生了非常具有侵蚀性的影响。实际上，实证主义证据表明奴隶制对"社会资本"（social capital）会产生深远持久且消极的影响（正如第十三章会讨论的，社会资本等同于现代社会中的族亲意识）。例如，政治科学家罗伯特·帕特南最近绘制了美国各州社会资本的分布图。他发现社会资本程度高的区域集中在美国中西部的北方地区，沿着加拿大边境东西向延伸开来。社会资本程度低的区域集中在密西西比三角洲，以不断扩大的同心圆形式穿过前邦联区域向外延伸。社会资本的南北渐变有着深深的历史根源。阿历克西·德·托克维尔在19世纪30年代到美国周游时恰好观察到了同样的模式："人们会发现，越是往南走，市政生活越不活跃，城镇中有更少的官员、权利和义务，民众无法对各项事务发挥非常直接的影响，城镇会议越来越少，处理的事务也越来越少。"

对于这种模式的解释是什么呢？帕特南指出："20世纪末期的社会资本程度低和19世纪初期的奴隶制之间存在着惊人的关联。当时的奴隶制越猖獗，如今的州越少有市政生活。实际上，奴隶制是一种旨在破坏奴隶和自由民之间的社会资本的社会制度。被压迫者之间建立起良好的互助网络会增加发生叛乱的风险，奴隶和自由人之间建立起互相理解的平等纽带会削弱体制的合法性。在奴隶解放后，南方的支配阶层仍旧对抑制统一的社会网络拥有强烈的兴趣。以社群为基础的社会资本的最低水平出现在种植园奴隶制的那个世纪，紧接着就是吉姆·克劳[①]政治活动的那个世纪，这并非偶

---

① 吉姆·克劳（Jim Crow），19世纪末期至20世纪初期在美国南部实行了一系列针对有色人种的种族隔离法律，统称为"吉姆·克劳法"。——译者注

然。不平等和社会团结是非常不相容的。"

因此，不平等的崛起，特别是其最恶劣的形式——奴隶制在公元前 2 世纪开始侵蚀罗马的族亲意识。然而，就算社会团结在这一时期开始衰退，但这也并不意味着罗马在所有其他方面都同时衰退了。"衰退"并不只是线性的，也是多维的。例如，按照不同的衰退标准来看，帝国的领土范围在皇帝图拉真（Trajan，98—117）治下达到了巅峰。换句话说，领土的衰退在族亲意识衰退之后，滞后了三个世纪。这并不矛盾。一个国家扩张的能力取决于其族亲意识和地缘政治资源的产物——人口数量和生产剩余产品的经济能力。所以，在进行领土扩张的同时族亲意识却正在衰退并不是自相矛盾的。而且，集体团结的衰退是一个尤为漫长的过程，会持续多个世纪，时而冲刺，时而停滞。族亲意识会因群体内部的竞争和日渐增加的不平等而衰退（这就是同一枚硬币的两面），这些力量同时随着长周期起起落落。这就是在共和国晚期的混乱时期结束时，罗马帝国能够在元首治下复原的原因。又过了一段混乱时期，也就是多灾多难的 3 世纪之后，罗马的族亲意识被彻底摧毁了。但是，我们已经跑得太超前了，所以让我们回来追溯一下导致共和制过渡到元首制的社会趋势。

共和国晚期出现危机的第一个迹象就是奴隶叛乱，它于公元前 138 年在整个罗马世界爆发——在意大利（在罗马和周围城镇以将 4 500 多名奴隶钉死而镇压下去）、在提洛岛的最大奴隶市场，以及在拉夫里翁（Laurium，靠近雅典）的银矿场。其中最严重的一场是西西里的 70 000 名奴隶叛乱（前 135—前 132），这被称作第一次奴隶战争（First Servile War），紧接着的第二次（前 104—前 101）也在西西里，之后是由斯巴达克斯（Spartacus）领导的第三次（前 73—前 71）。

农业社会的农民叛乱几乎没有成功过，当时的精英保持着统一，所以，在罗马共和国晚期的奴隶叛乱也没有出现例外。当精英陷入分裂，某些派别开始动员民众来支持他们对权势的追求时，对国家更为危险的威胁出现了。提比留·格拉古是一个在政治上很有抱负的年轻贵族，出身于一个非常显赫的家族。他的父亲到达了政治成功的巅峰，曾担任过执政官（两次）和监察官。但是，提比留·格拉古这一代贵族所面临的竞争比他们父辈时期的真实情况更为激烈。他们中的某个人自然会利用日益膨胀的民众不满来谋求政治进步。而且，提比留的动机不一定完全是自私自利的——财富两极分化导致非常少的人掌控着巨大的财富，而大多数公民都是没有土地的，这显然是不公平的。

公元前 133 年，提比留·格拉古被选为平民的保民官，他立即引入了一项法律，该项法律旨在将公共土地上的大量私人地产分割开，并在无地的公民间分配这些土地。这一法案将罗马贵族分化为两个派别：由提比留·格拉古率领的平民派和反对他的贵族派（optimates，"最出色的"）。就许多方面而言，平民派和贵族派分裂反映了三个世纪前的贵族和富有平民之间的阶层之争。

在关于这一法案的斗争日益激烈之后，提比留及其 300 名支持者在公共集会场所被一群罗马贵族及其食客谋杀了。然而，为执行格拉古土地法而建立的土地委员会在其死后仍旧在运转。接下来的六年间，该委员会将土地拨给了 75 000 名以上的公民，缓解了最糟糕的社会压力。平民派的另一位领袖是提比留的弟弟盖约·格拉古（Gaius Gracchus，前 153—前 121），他于公元前 123 年当选为平民的保民官，之后于公元前 122 年再次当选。盖约依旧支持他哥哥分配土地的计划，并且引入了粮食法（lex Frumentarium），以补贴的价格向罗马公民售卖粮食（后来还演变为按照份额售卖）。和他的哥哥一样，盖约最终被他的贵族敌人打倒了，死于街头巷战，支持他的 3 000 人也被杀了。

在经历了 20 年的动荡（公元前 1 世纪 30 年代和公元前 1 世纪 20 年代）之后，新一代的领导者们掌权了，他们设法将脆弱的内部和平维持了差不多 30 年。平民派政治家卢西乌斯·阿普列乌斯·萨图尔尼努斯（Lucius Apuleius Saturninus）在公元前 100 年时试图推行一项扼住贵族喉咙的激进立法计划，但是贵族们谋杀了他，并且镇压了平民派，又维持了十年的平衡。然而，在表面之下，压力正在积聚。主导着政治舞台的主要问题是贫穷的公民需要土地，以及意大利的盟友需要公民身份。贵族们固执地抵制这两种需求。

公元前 91 年，盟友们造反（这次内战被误称为"社会战争"，出自拉丁语的更好的翻译是"和盟友们的战争"），接下来的 20 年几乎是持续不断的内战时期。"社会战争"结束于公元前 87 年，当时罗马将公民身份授予所有的意大利人，但是紧接着，分别由马略和苏拉率领的平民派和贵族派之间爆发了内战。在这场冲突中，先是马略，接着是苏拉利用公敌宣告消灭了成百上千的对手们。在西班牙发生了马略派领袖（Marian leader）塞多留（Sertorius）领导的叛乱。斯巴达克斯所率领的奴隶叛乱（前 73—前 71）是震撼了统治阶层，使他们达成某些表面共识的最后一棵稻草。

公元前 70 年，在格涅乌斯·庞培乌斯·玛格努斯（Gnaeus Pompeius Magnus，也就是庞培大帝）和马库斯·李锡尼·克拉苏（Marcus Licinius Crassus）担任执政官期间，又实现了脆弱的平衡。这段和平的间歇又持续了 20 年，才被喀提林阴谋（Conspiracy of Catiline，前 63）破坏，这一叛乱非常轻易地就被执政官，也就是著名的演说家马库斯·图利乌斯·西塞罗（Marcus Tullius Cice-ro）镇压了。

公元前 49 年，恺撒越过卢比孔河（Rubicon），平衡被破坏了。接下来的 20 年又是持续的内战时期。首先是尤利乌斯·恺撒对阵庞培大帝，接着是庞培于公元前 48 年死于埃及后，恺撒对阵庞培的支持者。在恺撒被刺杀之后，是刺杀了恺撒的布鲁图斯和卡西乌斯一派与恺撒的继任者——马克·安东尼、雷必达（Lepidus）、屋大维之间的斗争（前 44—前 42）。从公元前 41 年到公元前 31 年这段时期见证了屋大维、马克·安东尼和塞克图斯·庞培（庞培大帝的儿子）之间进行的各种形式的混乱战争。结果，塞克图斯·庞培在西西里被击败，逃到了希腊，他在这里被处死了；马克·安东尼在亚克兴之战（battle of Actium）中被击败，于公元前 30 年在埃及自杀。最终，屋大维——或者按照现在的称呼是奥古斯都——成了坚持到最后的人。公元前 27 年，他建立起了新的政治体制，也就是我们所说的元首制［Principate，出自他所使用的头衔"元首"
（princeps），因为从理论上说，皇帝只是同等地位者中的第一人］。

因此，共和国周期的崩溃阶段几乎是动力学中的父与子类型的
教科书级例子。最初的 20 年，也就是公元前 140 年—公元前 120
年是一段争执的时期，接下来的 30 年是相对和平的时期。公元前
90 年—公元前 70 年是另一段内战时期，而接下来的 20 年，也就是
公元前 70 年—公元前 50 年是和平时期。内战的最后一个时期是公
元前 50 年—公元前 30 年，接着崩溃阶段结束，所有仍旧活着的人
普遍松了口气。

罗马共和国末期的崩溃阶段结束的原因和法国、英国的情况相
同——长期的内部不稳定"解决了"精英过剩的问题。在公元前 1
世纪的内战期间，大屠杀的范围着实令人震惊。在公元前 91 年—
公元前 82 年的仅仅十年间，就有 200 000 人丧生。斯巴达克斯叛乱
又导致了 100 000 人丧生。而公元前 49 年—公元前 42 年另有 100 000
人被杀。正如一位目击者所说的，这里有十万人，那里有十万人，
很快我们正在讨论的就是非常大的数目了。

内战中的大部分伤亡者都是平民——无地的公民、非公民的意
大利人、卷入战争中的非战斗人员。但即便这些伤亡者中只有 1%
来自贵族阶层，它也代表着贵族的人数有很大的损耗。至少同样重
要的是街头暴乱期间的死亡率——据称在盖约·格拉古被谋杀时，
有 3 000 名他的支持者也丧生了。最后也许最为重要的是，每当获
胜的派别控制住了国家，它就会积极地屠杀其对手。最著名的（或

者说臭名昭著的）是苏拉治下的公敌宣告，受害者包含执政官队伍中的 15 人、90 名元老院议员和 2 600 名骑士（罗马的骑士——骑马者——是中间阶层的贵族，在地位和财富方面仅次于元老院议员）。苏拉之前的元老院议员有 300 人，他成功地毁灭了整整三分之一的罗马权贵。苏拉的公敌宣告仅仅是公元前 1 世纪的血腥斗争中的一个插曲。在苏拉之前是马略及其支持者的"恐怖统治"。后来的公敌宣告，也就是在恺撒于公元前 44 年去世后所颁布的，导致了 300 名元老院议员和 2 000 名骑士被处决。恺撒将元老院议员的人数增加到了 900 人（因而满足了一直受到压抑的向上流动的需求），因此这一轮的公敌宣告又带走了三分之一的罗马顶层贵族。

　　所以，精英和精英中野心家的减少是恢复稳定的因素之一。第二个因素就是对外征服的重新开始。在公元前 146 年迦太基和科林斯的有利可图的劫掠之后差不多一个世纪里，罗马的对外战争几乎都没有带来什么战利品，因为都是防御战争（如对抗日耳曼的辛布里人和条顿人）或镇压反抗的战争（如在西班牙漫长的游击战）。在两次内战之间的间歇期，随着庞培大帝在公元前 1 世纪 60 年代征服东部，恺撒在公元前 1 世纪 50 年代征服高卢，形势开始改变。当最后一次内战于公元前 30 年结束时，扩张重新开始了。被征服的领土得到重整，产生了巨额税收。如果说国家税收在公元前 2 世纪末期平均为 8 000 万塞斯特斯的话，那么一个世纪后，国家税收增长到了 5 亿塞斯特斯。换句话说，不只是社会金字塔的顶层收缩了，支撑它的基础也同时扩大了。

　　共和国末期的第三种重要趋势是社会情绪的转变。社会疲惫不堪，准备着迎接恢复内部和平与秩序的政权。这些向往反映在了当时的文学作品中——诗人提布卢斯（Tibullus）惊呼道："我不想一无所成地英年早逝！"维吉尔（Vergil）的《农事诗》（*Georgics*）中充满了对和平的渴望："全世界有这么多的战争……农民们不在了，田地都荒废了。"当屋大维·奥古斯都成为内战的胜者时，他发现实行一种新的元首制政治体制是相对容易的。奥古斯都的统治依赖于广泛的民众共识。例如，公元前 23 年，奥古斯都放弃了他自从公元前 31 年每年都担任的执政官职位，担心他的威权变弱以及回到政治不稳定状态的罗马民众们发生了骚乱，试图迫使他接受这一职位。

在奥古斯都治下，罗马恢复了政治稳定，随之而来的是先前日渐加剧的经济不平等趋势逐渐彻底地转变了。减少不平等的基本前提是在前崩溃阶段发生的人口减少，这为无地农民（主要是退伍军人）提供了能够定居的空间。在内战期间，屋大维直接从意大利城镇手里夺取土地，并在他手下的退伍军人间分配。在战争结束时，他花费了 8.6 亿塞斯特斯，用于购买更多安置退伍军人的土地。大批无地的公民还移民到了行省，这进一步减少了意大利内部在资源方面的人口压力。因此，奥古斯都的治理在某种程度上恢复了相对富裕的小地主阶层。

还有一些力量影响着财富分配的另一端，但是超级富豪财富的减少只是在奥古斯都统治之后才开始的。公元前 14 年的执政官格涅乌斯·科尔涅利乌斯·朗图鲁斯（Gnaeus Cornelius Lentulus）的财富超过了庞培或克拉苏的——据说，他所拥有的财富价值 4 亿塞斯特斯。在 1 世纪，私人财富的规模缩小了。唯一的例外是皇帝克劳狄乌斯（41—54）的那个被解放的奴隶纳西塞斯（Narcissus），他所获得的财富也是 4 亿塞斯特斯。然而，纳西塞斯并没能活着享受他非法所得的财富——在克劳狄乌斯死后，纳西塞斯被阿格里皮娜（Agrippina，皇帝尼禄的母亲）毒死了。

　　财富金字塔的顶层被以各种方式削弱了。奥古斯都实行了某种"累进的遗产税"——他强迫当时最富有的人将他列入他们的遗嘱中。通过这种方式，私人财富的很大一部分都被纳入了国家金库。第二种削弱过于强大的臣属的方式是更为直接的——以叛国罪处决他们，有时这些罪名是真的，有时则是捏造的。皇帝克劳狄乌斯判决处死了 35 名罗马元老院议员和许多骑士，他们的很大一部分财富肯定都进了国库。据说，尼禄处决了阿非利加资深执政官行省（Africa Proconsularis）的六名最大的地主，从而拥有了富饶的布拉盖达斯山谷（Bragadas Valley）。当一系列反对尼禄的密谋激增时（在其统治末期），他强迫许多元老院议员和骑士自杀，包括哲学家塞涅卡（Seneca）和诗人卢坎（Lucan）这样的著名人士。因为"三帝之年"（year of three emperors，69）的政变，更多的权贵在尼禄被推翻后丧命了。至维斯帕先统治时期（69—79），罗马元老院议员的队伍大幅缩减，从共和国末期超过 1 000 人的巅峰时期减少到了大约 200 人。换句话说，在元首制的第一个世纪，精英的减少仍旧在继续。就很多方面而言，这种趋势类似于近代早期英格兰的都铎王朝治下"过于强大的臣属"的没落。

　　最终的结果是，在元首制的第一个世纪，相对于国家权力，最强大和最富有的个人权势遭到了大幅削弱。与此同时，小地主享受了一段相对的经济繁荣时期，并没有被社会政治不稳定干扰。如上所述，冲突表现为精英大清洗或者宫廷政变的形式，对平民几乎没有什么影响。在 2 世纪末重现不稳定之前，只有公元 69 年这一年发生了内战。

然而，农业社会的和平与繁荣酝酿着即将到来的混乱之种。命运之轮会放缓或加速，但永远不会停止运转。不过，解读一个又一个长周期是单调乏味的，就算因为不同的时代、地理环境和民族性格而有所差异，但这些长周期的基本机制仍旧是相同的。出于这个原因，我只概述元首制周期（前 27—284）的要点，然后就回到我们感兴趣的主题——罗马族亲意识衰退的原因。

公元前 27 年之后的内部和平与经济繁荣带来了人口的快速增长。至公元 100 年，意大利再次遭受人口过剩之苦。随着人口增长的重新开始，马太定律开始复仇似的运转起来。至公元 100 年，小农的贫穷达到了令当局注意的程度。在皇帝图拉真治下（98—117），当局为自由民的孩子建立了一套公共援助体系。这一计划受到了小农数量减少的刺激，尤其是在中部意大利，因为在这里加入罗马军团的意大利新兵数量减少了。实际上，在 1 世纪初期，意大利人为帝国的军团提供了三分之二的新兵，但是至世纪末，这一比例下降到了四分之一以下。不幸的是，当局采取的措施完全是无效的。在 2 世纪和 3 世纪，来自意大利的罗马军团新兵比例降到了仅仅 3%。

在小农阶层消失的同时，罗马帝国的核心区域——包括西西里在内的意大利半岛——被富人的大庄园（latifundia）和别墅占领了。随着外部征服的停止，奴隶的供应减少了，农业劳动力变为由隶农，也就是大地主的租户支配。

公元96—180年，也就是"五贤帝"［涅尔瓦（Nerva）、图拉真、哈德良、安东尼·庇护（Antonius Pius）和马库斯·奥勒留（Marcus Aurelius）］统治时期是内部和平与稳定的时期，在此期间，帝国达到了最大的领土范围并且一直稳定在这一范围。这也是贵族的黄金时代。精英在经济上的发展非常好，他们的数量增加了。贵族财富的社会和经济标志——建筑活动和大理石制品、题词和文件数量等等——在2世纪中期达到了巅峰。

至公元150年，社会体系变成越来越危险的头重脚轻了，但是仍旧成功地保持住了内部稳定。这种平衡随着流行病的到来——165年影响罗马帝国的"安东尼瘟疫"（Antonine plague）——遭到了破坏。安东尼瘟疫可能是一种天花，或者是一种麻疹和天花的结合。其在165—169年的第一次出现对罗马人口所造成的影响可能比得上黑死病对欧洲人口的影响。在第一次冲击之后，2世纪70年代和80年代，瘟疫反复出现，经常造成毁灭性的损失。3世纪50年代和60年代，另一波瘟疫袭击了帝国。

在瘟疫到来时，一切都非常迅速地崩溃了。日耳曼的和萨尔马提亚的部落越过了莱茵河和多瑙河边境。自167年开始，帝国反复遭到蛮族的入侵，帝国财政迅速崩解。马库斯·奥勒留是第一个（但不是最后一个）为了资助战争而售卖帝国宫殿里的黄金器皿和艺术珍品的皇帝。国内的主要货币——第纳里乌斯（denarius）——在接下来的一个世纪一再地贬损，直到其含银量跌至仅仅 2.5%。即便是贬损的货币也供应不足，帝国失去了对罗马军团的控制，因为它无法再支付其薪资。埃及突然爆发了一场民众起义，罗马本身也出现了饥饿暴动。

"贤帝"中的最后一位——马库斯·奥勒留还能够暂时地将帝国的统治阶层团结在一起，但是其继任者康茂德（Commodus，180—192）已经无法做到了。[在罗素·克劳（Russell Crowe）主演的非常受欢迎但是与史实不符的电影《角斗士》（*The Gladiator*）中，康茂德是主要的反派。] 182 年出现了第一个反对他的阴谋，当时一群元老院议员和他的姐姐露西拉（Lucilla）密谋暗杀他。这一阴谋失败了，紧接着有一群密谋者被处决，而后还有一些被康茂德认为有叛国嫌疑的议员也被处决了。康茂德后来在年底的庆祝活动中遭到毒害，但活了下来（可能是因为过量饮酒而呕吐出了大量的毒物），第二天当他在浴室中休养时遭到了暗杀。他被其摔跤搭档纳西塞斯勒死了，纳西塞斯也参加了针对康茂德的阴谋。接下来的两任皇帝佩蒂纳克斯（Pertinax）和尤利安努斯（Julianus）分别只在位 87 天和 66 天，全面的多方内战开始了。

多瑙河军团的司令塞普蒂默斯·塞维鲁（Septimus Severus）于 197 年赢得了第一次内战。像往常一样，紧接着是相对和平的一代——塞普蒂默斯自己以及之后他的儿子卡拉卡拉（Caracalla）的统治时期。然而，在 217 年，卡拉卡拉被谋杀了。他的死亡引发了一场真正的暗杀皇帝潮流（在 217—235 年有四任皇帝一个接一个

地被杀）。最后一次暗杀引起了一场全面的内战，绵延了 50 年。罗
马的帝国病变进入了急性期，在此期间的某个时刻，这位病人
死了。

　　将连续过程分解为不连续的阶段总是专断的，但是如果我们必
须要说罗马帝国终结的时间，我会选择 268 年。正是这一年，来自
多瑙河边境的一个军官阴谋集团暗杀了皇帝加里恩努斯，并且将帝
国事务控制在了他们自己的手中。他们培育了一连串坚决和有能力
的统治者，也就是著名的"伊利里亚士兵皇帝"。他们中的一人戴
克里先于 285 年重新统一了帝国。另一人君士坦丁于 330 年将首都
迁至君士坦丁堡。他们依旧称自己为"罗马人"，但是他们和他们
的战士都起源于新的占支配地位民族，并不是一千年前诞生于台伯
河河岸的那个——这个新的民族最终建立起了拜占庭帝国。这些
"伊利里亚人"并不信任意大利人（这可能就是他们杀死加里恩努
斯的原因，加里恩努斯看起来是个好皇帝，而且很努力——但是，
他不是他们中的一员）。他们有充分的理由不这么做，因为此时的
意大利人显然已经失去了其残存的族亲意识。
　　有凝聚力的公民-士兵民族消失了。反之，居住于罗马帝国核
心区域的是一个原子化的社会，其特点是社会和经济的极端不平
等，个体之间几乎完全没有团结的纽带。这种状况是几个世纪以来
马太定律运行的产物。公元前 2 世纪，奴隶庄园开始在意大利广泛
传播，在接下来的一个世纪，其在很大程度上取代了自由保有的土
地。在元首制期间，受雇于农业生产的奴隶数量逐渐缩减，最终他

们被隶农——大地主的佃农——取代。尽管奴隶制消失了，农民和贵族之间的差距却在继续增大。正如美国内战后的南方诸州一样，后来的罗马帝国权贵们仍旧对抑制佃农之间的横向社会网络有着强烈的兴趣，他们还共同努力地将农民绑在土地上。至公元400年，法律规范将佃农称为"土地的奴隶"。

罗马帝国的财富不平等在4世纪期间达到了巅峰，但是其发展并不是线性的。正如本章前面所讨论的，经济不平等的第一次跃升发生在共和国周期的崩溃阶段（公元前2世纪和公元前1世纪），当时一名罗马元老院议员的标准财富增加到了1 000万到2 000万塞斯特斯。在君主制（the Dominate）的整合阶段，议员的财富显然没有增加。例如，小普林尼——1世纪末拥有中等财富的元老院议员——的年收入为110万塞斯特斯。因为在农业社会典型的资本收益率是大约6％，110万的收入就意味着总共1 500万—2 000万的财富，大约与共和国后期相同。但是在元首制的崩溃阶段，财富不平等再次加剧。在4世纪晚期的西方帝国，中等贵族的收入是1 333—2 000罗马磅黄金。将这一数字转化为总财富的话，我们可以得到的是1亿—1.5亿塞斯特斯。换句话说，贵族的个人财富增加了一个量级，而此时的帝国正在收缩，财富的总量正在减少。精英阶层的财富增加必然是以平民的贫困化为代价的。我们所知的关于帝国晚期的一切情况都支持这种观点。

至5世纪，意大利社会——如果我们仍旧以此来称呼的话——已经失去了剩余的共同行动的能力。意大利人既没有在罗马军团服役，也没有担任政府官员。中央机构不能收税。权贵们忽视帝国政府发布的所有命令，开始征募私人军队。然而，这些私人军队在对抗 5 世纪期间入侵意大利的蛮族时完全是无用的。

按数量级来算，意大利半岛上的上百万居民远超入侵者——现代历史学家估计这些蛮族大部分有数万人，甚至最大的部落也没有超过 10 万人。然而，他们随心所欲地穿越意大利，多次劫掠罗马——这些都没有引起民众的任何集体反应。意大利在 4 世纪享受了一段相对繁荣时期的唯一原因，似乎是位于族亲意识黑洞之外的当局所推行的和平与秩序，这种族亲意识黑洞是在罗马的核心区域——基于君士坦丁堡的东罗马帝国——发展起来的。但即便是帝国西半部分的统治者们也遗弃了罗马，将他们的大本营搬到了更靠近边境的位置。在意大利半岛内，重心从罗马向北转移到了米兰，然后转移到了拉文纳。这种发展反映了北部（亚平宁山脉北边）和意大利半岛之间的重要差异，这种差异一直延续到现代时期。

亚平宁山脉的北段将半岛和波河河谷分离开来，这是公元前的第一个千年期间地中海文明和凯尔特"野蛮"文明之间的元民族边境。在罗马赢得了和高卢人之间长达一个世纪的战争之后，半岛和西西里成了罗马帝国的核心区域。统治阶层所拥有的乡村别墅正是在这片区域内，正是在这里，奴隶庄园取代了自由保有的土地，这里也正是共和国末期所有主要的奴隶起义爆发的地点。亚平宁山脉以北的意大利（或者是共和国时期众所周知的山南高卢）是按照发散的轨迹逐渐形成的。当罗马人征服了这片区域时，他们对这里大部分的高卢居民进行了民族大清洗，并鼓励小农来殖民。正如我们所知，大型奴隶庄园并没有传播到亚平宁山脉以北的意大利。根据小普林尼所说，甚至是在公元100年，在波河河谷也没有使用奴隶农业劳动力。因此，亚平宁山脉以北的意大利并没有经历过不平等的最极端形式——奴隶制——的腐蚀性影响。西方的皇帝将其首都迁至这一区域，很可能是因为这里的民众和亚平宁山脉以南的帝国核心区域不同，他们在某种程度上还保有社会团结。

在5世纪和6世纪，亚平宁山脉以北的意大利涌入了另一批自由农民，这些人来自阿尔卑斯山的另一边。移民中最大的群体是伦巴族人（Longobards），也就是在意大利众所周知的伦巴第人。在568年，整个伦巴族离开了匈牙利平原（这里立即就被阿瓦尔人接手了，很可能正是来自这些草原战士的压力导致伦巴族人迁移的），并入侵意大利北部。伦巴族人最终被罗马语同化，但是他们也以自己的名字命名了最密集的定居区——伦巴第。

由于待在帝国核心区域之外，以及几波相对团结的自由农民群体的涌入，亚平宁山脉以北的意大利并没有失去其全部的族亲意识，其地理政治轨迹也不同于旧帝国的核心区域。罗马帝国崩溃至今，包括西西里在内的意大利半岛仍旧是族亲意识黑洞，其命运完全由外部力量的相互作用决定。开始这里是哥特王国的一部分，之后又被拜占庭人夺回。至第一个千年结束时，西西里落入了阿拉伯人之手，而罗马周围的区域被组建为教皇国。在11世纪，西西里和意大利南部被诺曼人征服，诺曼的统治者被日耳曼的霍亨索伦家族取代，之后又被法国的安茹人取代，再接着被伊比利亚的阿拉贡人和卡斯蒂利亚人取代，并没有从内部产生任何建设国家的尝试。

相比之下，几个世纪以来，在意大利北部发展起了几个中等规模的国家。威尼斯创造了一个地中海的贸易帝国，征服了意大利大陆的很大一部分区域。在 14 世纪，米兰公国成功地征服了波河河谷的大部分地区。与此同时，在罗马帝国崩溃后，亚平宁山脉以北的意大利并没有发展起真正的元民族边境。各种日耳曼入侵者在本地人之间定居下来，很快就被基督教（如果他们还不是基督徒的话）和罗马语言同化。因此，北部意大利人的族亲意识仅仅足以建立小型或者中型国家。当大型帝国——法兰西、西班牙、奥地利——入侵意大利时，即便是如米兰这样最强大的意大利国家也沦落到要选择屈从于哪个外部帝国。在 19 世纪，意大利由典型的北方人统一，这些北方人就是居于被误称为"撒丁王国"的皮埃蒙特居民（Piedmontese），这个国家实际上起源于阿尔卑斯山脉的另一侧，也就是如今法国的萨沃伊。不管怎么说，意大利成功地完全实现了统一是引人注目的——实际上，意大利的统一是一个罕见的例外，因为按照惯例，大型国家只会崛起于元民族边境。皮埃蒙特居民所建立的这个国家既不是特别大型的，也不是特别擅长帝国策略的，但是从元民族边境理论的角度来看，其仍旧是一个反例或者说是一个反常现象。这一例外强调了本书前面所表述的观点，即历史动力学远比围绕着太阳的行星运动更为复杂。这种元民族边境和进攻性帝国之间的联系是一种颇有影响力的历史概论，但也不是没有例外的，即便这些例外是勉强够格的，如 19 世纪的意大利那样。

在统一之后，意大利试图加入强国俱乐部，但是其在现代的帝国生涯短暂且可耻。宽大些说，在两次世界大战中，意大利军队的表现是乏善可陈的。意大利还有一个可耻的荣誉，它是唯一在 19

世纪争夺殖民地期间被非洲国家（埃塞俄比亚）击败的欧洲国家。

　　然而，我不想给人留下军事成功是社会团结的唯一标准的印象。而且，统一后的意大利所卷入的战争都是在海外进行的。团结的真正标准是一个国家在面临入侵时有能力捍卫自己，就连捍卫祖国（patria）也不是社会团结的唯一目的。经济增长也需要某种程度的社会资本，按照这一标准，意大利北部已经做得非常好了。这就是我将在第三部分回归的主题。

第三部分

历史动力学：一种新型的历史学

第十二章

战争与和平与粒子：历史科学

列夫·托尔斯泰的《战争与和平》不只是有史以来最受推崇的小说之一，也是一本关于历史学的专著。列夫·托尔斯泰（1828—1910）生活在经典物理学的黄金时代，当时看起来对物质世界的完全理解几乎就在眼前了（20世纪初期，相对论和量子力学的发现表明这是一种错觉）。托尔斯泰一定问过自己，在物理学中运转良好的方法是否可以应用于历史研究中——这正是我们开始寻找一种新的理论历史的前提。

两种经典物理学的重大成就激励着托尔斯泰去思考如何构想数学模型基础上的历史。第一个是微积分的发明，这使艾萨克·牛顿（1643—1727）和其他人发展出行星运动公式。第二个是由皮埃尔-西蒙·拉普拉斯（Pierre-Simon Laplace，1749—1827）等人发展出的统计力学。拉普拉斯将宇宙视为一个由天体和粒子组成的巨大集合体，一切都遵循牛顿运动定律。他认为，如果我们要是能确定所有这些个体在某个时间点的位置和速度，那么就原则上而言，我们是可以尽可能地估算出它们在未来的轨迹的。由此出发，拉普拉斯推断宇宙完全是决定论的。在他关于世界如何运转的观点中，并没有自由意志这类内容的存在。

现在，我们都知道决定论的想法是错误的。首先，在亚原子层面的粒子都以一种随机的——完全是不稳定和难以预测的——方式运动，现代物理学已经不能将它们的运动归结为决定论定律的作用。在某些非常基本的层面上，宇宙很有可能根本不是决定论的。其次，复杂的系统——宇宙当然是复杂的系统——会以混沌的方式运行。当一个系统表现为混沌时，极小的摄动都会使其未来的轨迹变得完全难以预测。决定从一个轨道跳到另一个轨道的电子将完全改变处于混沌中的动态系统的进程。

尽管结果证明拉普拉斯关于宇宙决定论的观点是错误的，但是这并不会削弱统计物理学在其他非宇宙应用领域的成就。举例来说，统计力学能够非常清楚地解释诸如温度或者气压这样的内容。例如，压力是气体对容器壁施加的力，其产生于无数气体分子接连不断撞击容器壁的行为。压力并不具有任何特定分子的特性（分子的特性是其质量、位置和速度），而具有由分子组成的系统的特征，然而，压力的大小可以通过对无数分子运动求平均来估算。统计物理学甚至可以预测气体温度的增加会如何影响压强（分子的运动速度更快，更用力地撞向容器壁，压强就会增加）。

现在，一个社会中也包含一些"粒子"——个体。类比统计物理学的话，有可能以某种方式对个体行为求平均，从而理解这个社会将会发生什么吗？托尔斯泰认为是有可能的：

> 只要选取无穷小的单位来观察（历史的微分，也就是人类的个体倾向），并且找到整合它们的技巧（也就是求得这些无穷小的单位的总和），我们就有希望能了解历史规律。

> 要研究历史规律，我们必须完全改变观察的对象，必须将国王、大臣和将军弃置一旁，转向那些改变大众的普通且无穷小的元素。没人能说出，一个人按照这样的方式去理解历史规律能到达什么样的程度；但是显然，只有沿着那样的路径才能发现历史规律所在，而到目前为止，历史学家在这一方向上所进行的脑力劳动还不及他们用于描述各种国王、将军和大臣的行为并提出对这些行为的反思所付出努力的百万分之一。

托尔斯泰发现许多 19 世纪历史学家所持的观点——历史是由伟人所创造的——尤为令人反感。"19 世纪的前 15 年，欧洲出现了数百万人的不同寻常的运动。人们放弃了他们的惯常活动，从欧洲的一端赶往另一端，互相掠夺残杀，或取得成功，或陷入绝望，在数年里，整个生命的进程被改变，呈现为一种先增速后降速的激烈运动。这一运动的原因是什么，受到什么规律的支配？人类的智慧问道。回答这一问题的历史学家们将在巴黎市内一栋建筑物里几十个人的所言和所行摆在我们面前，他们称这些所言和所行为'革命'。然后，他们详细地叙述了拿破仑及那些支持他或反对他的人的生平，讲述这些人中的某些人对另一些人的影响，并且说道：这就是这场运动发生的原因，也就是其规律。但是人类的智慧不仅拒绝这种解释，而且坦率地说这种解释方法是不合理的，因为这是将较弱的现象视为较强的现象的原因了。人类意志的总和造就了革命和拿破仑，也只有这些总和先是允许，然后又摧毁了革命和拿破仑。"

如今，历史只是由伟人的行为所改变的想法完全是不可信的，但是我们依旧高估了某个个体对历史进程的影响。不然为什么在伊拉克的占领国会对抓捕萨达姆·侯赛因寄予如此多的期望呢？然而，萨达姆的儿子们之死和他的被抓恰恰证实了托尔斯泰的预测——都是无关紧要的。

我们不需要接受托尔斯泰的所有观点——毕竟，他是在一个多世纪之前写的《战争与和平》。但是，我认为他所提出的历史科学只有通过整合无数个体的行为才能构建起来的观点是有根据的，它也被现代社会学家接受。我们如何从个体的微观行为推断出宏观的社会动态是社会学的中心议题之一。类比于统计物理学，也就是从分子的微观特性推断出诸如压力和温度这样的宏观特征，这种类比是有说服力的。

理解占支配地位民族兴衰的理论框架来自同样的传统。以族亲意识，也就是集体行动能力为例。不可能说"拿破仑有良好的族亲意识"。族亲意识是一种集体产物，而非个体产物。当然，集体的团结并不是影响帝国命运的唯一因素，其他的因素（人口数量、经济不平等、社会政治不稳定等等）具有同样的集体或者社会特征，而非国王、将军和大臣的特定行为特征。我在本书中提出的解释和托尔斯泰提出的逻辑是一致的。

这未必是一件好事，因为在某些条件下，某些个体的行为确实是有重大影响的。君士坦丁大帝在一个特别富裕的地方——贸易路线的交汇处——建立起拜占庭的首都，而且这还是一个防御性极强的地点。一些历史学家认为君士坦丁堡的位置是接下来拜占庭帝国得以存活的关键因素。我认为这并不是决定性因素，但是与此同时，我不想否认这一因素在增加帝国寿命方面所扮演的重要且积极的角色。

一个更好的例子是拿破仑在战场上获得胜利所产生的影响。当描述拿破仑在博罗季诺战场（Borodino。1812 年，拿破仑入侵俄国的主战场，法国人在这里勉强获胜）上的行为时，托尔斯泰着重强调了拿破仑的命令在指挥其麾下军队时是多么的不起作用。与其历史观念一致的是，托尔斯泰认为拿破仑只是在自我欺骗，以为自己指挥着一切，实际上，每支军队都各行其是，因为军官和士兵自己都知道该做什么，来自拿破仑的命令是不合时宜的或者说根本就是错误的。俄国司令官库图佐夫（Kutuzov）没有干预这种自然发展的过程，托尔斯泰对此表示认可。

托尔斯泰把他的逻辑推向这种极端是正确的吗？实际上，这是一个我们可以用科学方法来认真研究的问题。在拿破仑战争期间，法国军队打了很多胜仗，有些是在拿破仑的领导下的，还有些则是由他手下的将军领导的。使用军事历史学家发展出的方法（我很快会对此进行讨论），是可以对战争结果进行数据分析的。将各种各样的因素——比如各方的人数、军备、阵地、战术奇袭（如果有的话）——都考虑在内的话，分析结果显示，作为指挥官的拿破仑扮演的是乘数的角色，估计值是 1.3。换句话说，拿破仑的存在等同于法国人拥有了额外的 30％的士兵。这是一个有力的证据，证明了托尔斯泰所支持的极端观点是不正确的。当然，我们仍旧不知道拿破仑在战前的部署或者在交战中的指挥是否有助于增加法国获胜的机会。"拿破仑效应"也有可能完全是由于他的神秘性或者个人魅力，这增强了士兵们的勇气和决心。更有可能的是，这些因素共同发挥了作用，我们无法用数据来区分它们。然而，我们确实都知道拿破仑的存在对结果产生了显著的影响。在这里，我们得到了一个关于个体在历史上的重要性的鲜明例子。

然而，问题是这并没有帮助我们建立起更好的理论。拿破仑们、亚历山大们、恺撒们在一生中很可能影响了历史进程。这并不意味着他们想做什么就能做什么——恺撒没能成功地结束共和周期的崩溃阶段，他甚至没能成功地活到老。但是，没有他的话，很可能要一个世代之后才能征服高卢，这将是对罗马轨迹的一个重大干扰。但是，恺撒是从哪里来的呢？什么样的理论可以告诉我们什么时候能指望英雄的出现，什么时候不能？我还不知道这种理论。在我们拥有这种理论之前，知道非凡人物偶尔会出现并且他们会影响事件的进程对我们来说是毫无用处的，它无法在理论框架内得到有意义的安置。

从不同的角度思考一下。假设我在本书中所提出的是，不同国家拥有不同的族亲意识，所以，这就是有些国家崛起，有些衰落的原因。这作为科学理论合适吗？根本不合适，因为族亲意识仅仅是一些帝国发展，而另一些帝国衰落这一事实的不同描述。只是创造一个术语的话，解释不了任何事情。然而，如果我能告诉你们族亲意识发展和衰退的原因，那么我们就能得到一个理论的初始思想。之后，我们可以用实证数据来验证理论预测，从而将这些初始思想转变成成熟的科学理论。

于是，我们最终到了这样一个境地，知道某种特定因素——某些个体，也就是"伟大人物"的行为——会产生影响，但是却选择不将其纳入理论内。这是一种令人沮丧的，但却非常典型的科学情况。正如我之前所说的，一种好的科学理论不需要将我们所知道的观察对象的所有情况都纳入在内，其需要包括的仅仅是完成工作所必需的材料，剩下的必须被无情地删除。与从理论中完全忽略这些因素相比，一个稍微有点儿复杂的方法是将它们作为随机影响或者随机效应纳入进来。随机性是科学家应用于其不理解内容的一个通用模型。

历史动态的科学——历史动力学——所提供的视角不是关于某些个别人物的，而是关于一个群体——可以称之为社会、国家或者帝国——内的所有个体的。这一知识领域的基本前提是历史是由伟大的客观力量所塑造的——并不是由某个个体的行为，而是由他们整个集体的行为所塑造的。这并不意味着我个人认为个体是不重要的，实际上，我们有时候会使用标准的科学方法来衡量令人印象深刻的个体的影响（比如拿破仑）。这一理论不仅忽略了个体意志的作用（或者将其视为随机因素），而且也忽略了许多其他影响历史进程的因素——毕竟，这是好的科学理论应该做的。一种好的理论并不一定是绝对正确的理论。实际上，在科学方面，我们并没有绝对正确的理论，所有的科学知识都是暂时的、需要修订的，正如推翻了牛顿物理学的爱因斯坦革命所显示的那样。后者证实了牛顿的经典力学是错的，但这并不意味着经典力学就是一种糟糕的科学理论。相反，它是一项非常有用的科学研究，以某种前所未有的准确性解释了某些自然现象。它允许物理学家去追问大量关于宇宙的有趣且艰深的问题。最终，在日积月累的异常现象的重压下，该理论崩溃了，被爱因斯坦的相对论取代。因此，牛顿的理论之所以是优秀的科学，是因为它是有用的，而不是因为它是正确的（它并不正确）。

在我看来，历史动力学是一个有用的框架。我们努力钻研的大量经验主义材料证明了这点。然而，我是最不愿意主张历史动力学是我们理解国家兴衰的最后一个词语，或者说它是像牛顿经典力学那样成熟的理论的人。要让历史科学达到和18、19世纪的经典力学一样的科学成熟的阶段，还需要做很多工作。

那么，个体在历史上的角色是什么呢？现在，我不知道如何将个体纳入历史动力学的理论框架内，因此我们必须，同时也不得已地忽略掉他们的角色。如果某人能想出如何修改这一理论，将个体（或任何目前被忽略的因素）纳入其中，我一定会率先为这种进步鼓掌。再次强调，一种好的科学理论是会提供有用的范例的，即便它能刺激某人提出一个完全可替代的理论，且这一理论会比我们现在所有的理论都更好地解释这个实证主义的世界，我也会兴奋不已。在科学中是不会因犯错而被惩罚的，只要你以一种有趣且有用的方式去做。结果证明，牛顿是错的，但是他仍旧是迄今为止最伟大的科学家之一。

"人类创造他们自己的历史，但并不是出于他们自己的自由意志。他们并不是在自己所选择的环境下，而是在他们直接面对的给定的和继承下来的环境下创造历史。"这些属于托尔斯泰同时代人——卡尔·马克思的话非常清楚地解释了一个完全忽略个体的理论可以更好地解释历史的动态变化。然而，我会去掉"并不是出于他们自己的自由意志"这部分，因为它看起来是在否认人们有自由意志。我还不确定这是不是马克思的意图，但是我想强调，在这一背景下的自由意志问题完全是在转移注意力。无论人们是否有自由意志（我碰巧认为我们有），都和我们能够理解与预测历史动态毫不相关。在微观层面应用自由意志来选择自己的行为和在宏观社会层面缺乏影响事件的能力之间并不存在矛盾。

拉普拉斯的决定论已经过时了。当我们把容器里的气体加热这么多度时，我们几乎可以准确地预测出压强会增加多少。但是，它并不意味着容器内的所有粒子都以一种完全决定性的方式起反应，气体分子完全是按照混乱、不可预测的轨迹运动的。在较低层面上，量子物理学告诉我们亚原子粒子的行为是不可预测的，也就是说，它们拥有一种"自由意志"。然而，当我们到达气体容器这一宏观层面时，量子——微观——层面的随机性就完全被平均掉了。在容器内有无尽的粒子，它们都是随机反应的，但是当我们把它们平均起来时（例如，通过测量具有平均特性的压强），我们会得到特别准确的测量结果。

用社会学来做个类比，我们来讨论一下自杀这个某人能做出的最极端和最个人的决定之一。在我看来，人们杀害自己这一事实是人存在自由意志的终极证据。然而，就宏观层面而言，一个大型国家的每年自杀人数基本上是可预测的数据，今年的数据会非常类似于去年的。而且，在出现社会压力的时候，自杀率会以一种可预测的方式上涨。其他因素也会影响社会的这种特性，它们为现代社会学的建立者之一埃米尔·涂尔干（Emile Durkheim，1857—1917）的经典研究《自杀论》（*Suicide*）提供了基础。

接下来的这个例子将说明在微观层面上所做的自由选择会如何在宏观层面上产生极为微弱的影响。一个考虑自杀的人至少会通过一次死亡来影响自杀的数据。但在社会生活中有许多结构性情境，在这些情境中，即便是这种非常小的影响也被我们否认了。

我住在康涅狄格州，2004 年的选举期间，人们预测在这里，约翰·克里会以 10% 的优势胜过乔治·布什。这么大的差距意味着克里的胜利已成定局。当然，民主党和共和党的竞选活动都是这样应对的——双方几乎都没在康涅狄格州的政治宣传活动中花太多的钱。当我在 2004 年 11 月的第二个星期二早上起床的时候，行使我的自由意志——无论我投票给布什、克里还是拉尔夫·纳德，或者根本不投票给任何人——与最终的结果毫无关联。我这张单人投票不只是影响微小的，可以说是完全没有影响的。无论我做什么，克里都会得到 7 张选举人票，既不是 7.000 01，也不是 6.999 99。当动态系统抑制了小的摄动（perturbations）时，我们称其是稳定的。康涅狄格州的选举进程是稳定的，不受像我这种投票的小摄动的影响，因此对于我来说，唯一"理性的"行为是那天不去投票（不管怎么说，我还是投票了——将这视为行使我的自由意志）。

如果康涅狄格州要倒向布什，那么必须有大约 100 000 人将投给克里的选票转投给布什。与此同时，在新墨西哥州，布什和克里之间的差距只有 6 000 票，因此，如果有 3 000 人转投，那么州选举的结果就会不同了。现在，我们正在更接近个体会产生影响的规模。至少可以想象的是，一个尽心尽力和有魅力的人可以建立起一个组织，去说服 3 000 人将他们的票转投给另一位候选人。如果某人可以增强他或她想要说服其他几千人的意志，那么，他们所改变的心意会在新墨西哥州层面被放大。在 2004 年的选举期间，新墨西哥州有大约 750 000 人投票，因为在美国的系统中，获胜者会得到全部投票，所以，他们的全部投票都会被添加到克里的总票数中。不幸的是，这一摄动的影响在下一个层面被抑制住了，因为新墨西哥州的 5 张选举人票不足以将总统职位授予克里。正如我们都知道的，上次选举的最主要悬念集中在俄亥俄州这一战场上，如果俄亥俄州归了克里，他就会获胜，我们最终会得到的是一种宏观层面的影响。

此外，这一例子所证明的是将非线性动力科学引入对社会现象思考的价值。社会是一个复杂的系统，我们都知道总体上而言，复杂系统会受到各种正负反馈作用的影响。让我们想一想单独的自由意志（无论是一个亚原子粒子的还是一个人的）作为一种摄动的作用。负反馈作用抵消了摄动的影响，它们抑制了摄动。相比之下，正反馈作用增强了摄动的影响，它们过分夸大了摄动。在一个复杂系统的不同地点，在不同时间里，反馈会以不同的方式发挥作用，于是，在康涅狄格州的几千人改变心意会立即被抑制住，而在新墨西哥州则会得到增强（但是在下一个层面又会被抑制住）。也许在俄亥俄州，摄动会一直运转并且改变最终的结果。当一个动态系统以一种增强摄动的方式发挥作用时，这种情况在非线性动力学中被称为"敏感依赖性"（sensitive dependence）。正是敏感依赖性使系统按照混乱且明显不稳定的方式运转。

因此，托尔斯泰关于历史是无数的人类意志总和的观念是有根据的，但却是过分简单化的（这并不令人惊奇，因为 19 世纪的科学还没有发现敏感依赖性和混沌）。许多个体的行为不只是相加到一起的，就像我们计算自杀率的数据那样把一年内所有的自杀事件相加到一起。情况是更为复杂的。大多数人在大多数时候所做的一些微观行为，对整个系统的行为没有任何影响——在宏观层面上，它们完全被抑制住了。但是有时，个体行为会在某个地点和某个时间——宏观系统对小的摄动尤为敏感之处——发挥作用。那么，一个小个体的小行动可能会引发雪崩的结果，导致事件进程完全改变。童年的儿歌《只因缺少一枚铁钉》（For Want of a Nail）完美地证明了这一观点。

这是一种乐观主义的结论，因为它表明在社会系统的宏观层面，并非所有的个体行为都注定是徒劳的。并没有什么理由不努力做有用的事情，因为即便大多数这种行动都很可能会在没有持久影响的情况下消失，但偶尔，一个小行动会产生大影响。我们的确可以通过组织或者加入一个群体来增强我们所做出的努力的影响。

不过，这种乐观主义应该通过谦逊的方式加以调和。小的行动可能产生大的影响，但是执行这些行动的人通常根本不知道是否会产生影响，以及如果产生影响，会是什么样的影响。动态系统的本质就是以看起来反复无常的方式运转，这样一来旨在实现某个目标的行为最终也许会产生完全相反的结果。法国的贵族、神职人员和第三等级的显要人物在 1789 年不再服从国王，将政府控制在了他们自己的手里，他们当然并不想要开启一场血腥的革命，在这场革命里，他们中的大多数人会在断头台上丧命。然而这恰恰就是发生的事情。

托尔斯泰关于历史科学的讨论并不限于他对个人所扮演的角色与巨大的非个人社会力量所发挥的作用进行对比的思考上。他还非常清楚地说明了，历史理论应该以数学术语进行表达。在一个令人印象深刻的段落里，也就是涉及俄国人对抗拿破仑军队的游击战时，他实际上就使用了数学等式。他写道：

> 在军事上，军队的力量是其质量与某种未知数 x 的乘积，这一未知数是军队的士气，也就是说，组成一支军队的所有人都或多或少地决心要准备战斗或者面对危险，这并不依赖于他们是否在一位天才指挥者的麾下作战，也不依赖于两线或三线阵形，更不依赖于一分钟内使用大棒还是用步枪打了 30 次。想要战斗的人总是将他们自己置于最有利于作战的条件下。

军队的士气就是这个因数乘以质量而得到的合力。定义和表述这一未知因数——军队的士气——的意义是科学的问题。

只有当我们不再随意地以让合力变得明显的条件——比如将军的命令、使用的军备等——来替代 x 本身，并误以为这些就是这个因数的真正意义时，以及只有当我们认识到这一未知数从整体上看就是或多或少地决心要准备战斗或者面对危险时，这一问题才能解决。只有以等式来表述历史事实，并比较这一因数的相对意义，我们才能有希望定义这一未知因数。

10 个人、10 个营或 10 个师对抗 15 个人、15 个营或 15 个师，他们征服——也就是杀死或者俘虏——所有其他人，而他们自己损失了 4 个人、4 个营或 4 个师，这样一来一方的损失是 4，而另一方的损失是 15。所以，4 就等同于 15，也就是 $4x=15y$。因此，$x/y=15/4$。这一等式并没有告诉我们这一未知因数的价值，而是告诉我们这两个未知因数之间的比率。通过将各种选定的历史单位（战斗、战役、战争时期）放入这样的等式，可以得到一系列数字，这些数字应该会存在某些规律，并且应该会被人发现。

这一计算的精确细节并不重要（实际上，托尔斯泰的计算并不完全正确），重要的是以数学语言来表述像战斗这种历史现象的意图，以及等式中的系数可以根据实证主义来评估的建议。托尔斯泰摒弃了军备、领导和其他影响战斗的因素的重要性，这有点儿过头了。但是其基本观点——某个因数 x 不能被简化为数字、军备等——是完全有根据的。因数 x，也就是托尔斯泰所认为的军队士气引发了我们极大的兴趣，因为其显然与族亲意识相关。战斗精神是族亲意识的一部分——是在战斗中集体行动的能力，它是所有集体行动能力的重要部分，但并不是全部。毕竟，罗马人在大部分对抗汉尼拔的战斗中都输了，但是却赢得了这场战争。要赢得战争并不能只是擅长作战，战争并不是扩张和保有领土的唯一方式。

回到更为狭义的战争行为的问题上，托尔斯泰关于根据切实可行的数据来估算战争行为的想法是对的吗？结果当然是对的。在这里，我要求助于美国军事史学家特雷弗·N. 迪普伊上校（Col. Trevor N. Dupuy，1916—1995）的作品《理解战争：历史和战斗的理论》（*Understanding War：History and Theory of Combat*）。迪普伊认为一支军队的战斗力量可以用三个值的乘积表示。第一个值是兵力，基本上就是士兵的数量，但会根据装备的质量和数量而有所修正。总体而言，骑兵相对于步兵来说是有优势的，带有厚装甲和大型枪炮的重型坦克相对于轻型坦克来说是有优势的。

第二个值是军事行动和环境的修正因子。显然，地势将会影响结果。对一支步兵部队而言，尤为困难的是在开阔的平原上抵挡一支骑兵部队（或者坦克）的进攻，但是在森林里或者在城镇的环境中，他们拥有更好的运气。一支军队是进攻还是防守也会有所不同（防守是更容易的，尤其是在准备充分的阵地）。其他因素，包括天气、疲乏程度等也要纳入考虑之中。

第三个值是作战效能，也就是托尔斯泰所说的因数 x。这是我们主要的兴趣所在。

迪普伊分析的最佳数据组是 1943—1944 年盟军（盎格鲁-美国

人）和德国军队之间的 81 场交战。针对每一场战斗，迪普伊都测算了兵力，考虑了坦克、重炮群、空中支援之类的数量。然后，他估算了修正因子，比如立场（防守对进攻）。最后，他利用诸如双方的伤亡人数、取得的（或者未取得的）目标以及损失的领土（在落败的军队被迫撤退时）这样的因子，评估了交战结果。对战斗结果的估量，让我们能够估计出两支军队战斗力的比值，因为我们预料的是有更强战斗力的军队会获胜，其相对于对手的力量越强大，结果对于胜者而言就越有利。

迪普伊现在以三个已知值（战斗力、兵力和修正因子的比值）和一个未知值（作战效能的比值）得出了一个等式。就未知值来说，解决起来是简单的，我们有相对的作战效能的估计值（也就是相对于敌人而言，因为我们只能估计出两个值的比值——就是托尔斯泰的 x/y）。

结果是令人震惊的。德国人在作战能力上始终胜过盟军。如果我们将英国人的平均作战效能确定为 1，美国人的效能就是 1.1，而德国人的是 1.45。换句话说，如果英国人想要在针对德国人的战斗中得到均等的获胜机会，那么他们必须再带上 45% 的兵力（或者在同一比例的情况下装备更为精良）。美国人必须聚集起比德国人多三分之一的兵力才能得到 50：50 的获胜机会。迪普伊也测算了参与多次交战的美国、英国和德国军队的平均估计效能，在个别师中有大量的差异。例如，最好的德国师——赫尔曼-戈林（Herman-Goering）的装甲-空降部队——的效能几乎是最糟糕的第 29 装甲部队的两倍。尽管存在这种差异，但从整体上看，美国的和德国的作战效能的区别是非常明显的。如果我们移除最糟糕的德国师和最好的美国师，就不会有重叠了。除这两个剔除值之外，每个德国师都好于每个美国师。

这一结果是非常可信的，因为任何读过二战史的人都知道德国人在二战中打得非常好。然而，对某件事情有一个定性的印象是一回事儿，对同一件事情有基于客观实证数据的定量估计则是另一件非常不同的事情。科学是因数据而蓬勃发展的。

但是，迪普伊的作品的有趣之处不仅仅在于定量化。在过去的几十年间，历史迅速地被量化［甚至出现了一个新的历史科学的分支，叫作计量历史学（cliometrics）——出自历史女神"Clio"和表示"测量"的"metrikos"］，现在可以得到很多种数值数据。有趣的是，迪普伊成功地测量出了一种特别的值。许多人很可能会认为"士气"在某种程度上是柔和的、湿软的"。我们已经看到了大部分主流历史哲学家都拒绝诸如伊本·赫勒敦的"纤维软化"或"神秘主义解释"这样的理论。在这些学者的思考中，士气当然被归入了同样的范畴。对这种评价的最佳反驳，就是证明你能通过将标准统计方法应用于数据上来测量出这个值。迪普伊在量化二战期间德国人、美国人以及英国人的作战效能方面的成功，证明了这些评价者是错误的。对各国不同师的作战效能进行评估所得到的一致性，证明了统计学的派生方法体现出某些真实的社会特性，正是这些特性创造了这些师。此外，我仅仅讨论了迪普伊分析的最佳数据组，但是他和其他人还考虑了其他时期和战士。例如，结果证明在一战期间，德国人比协约国军队明显更有优势。对阿拉伯-以色列战争的分析表明以色列人在作战效能等级上比埃及人、叙利亚人和约旦人有两倍优势。要记住，当迪普伊估计作战效能时，他考虑了各种武器优越性的差别，因此这反映的似乎是这些国家的无形品质——比如他们军队的族亲意识。

这是非常鼓舞人心的，但是作战效能仅仅是一个社会的整体族亲意识的一个方面——军事方面。我们能使用科学方法来量化集体行动能力的非军事方面特征吗？一个非常有趣的且最近才在政治科学领域出现的发展的回答是能。现在，我要求助于罗伯特·帕特南和其他人关于某种他们称之为"社会资本"的研究了。

第十三章

历史上的保龄球馆：衡量社会资本的衰退

1993 年，罗伯特·帕特南出版了《使民主运转起来：现代意大利的公民传统》（*Making Democracy Work：Civic Traditions in Modern Italy*）一书。"社会资本，"帕特南解释道，"指的是社会组织的特征，比如可以通过促进协调行动来提高社会效率的信任、规范和网络。"帕特南的社会资本就是现代民主社会的族亲意识，其重点是非军事方面。我要和日渐增加的专业科学家与业余读者一起为帕特南的作品喝彩，但是我更青睐伊本·赫勒敦的术语——"族亲意识"，该术语认可了其作为理解人类事务的特别方式的漫长历史。

20 世纪 70 年代，意大利的政治系统进行改革，中央将前所未有的权力和资源下放给新的地区政府。这一改革给了诸如帕特南这

400   历史动力学：帝国的兴衰密码

样的政治科学家一个绝佳的机会，让他们可以研究一个地区的政治文化是如何影响地区政府的制度绩效的。在此处，我们看到的是一种政治实验。同样的地区政府结构被强制推行到所有意大利不同的省份，从北部的皮埃蒙特（Piemonte）到南部的卡拉布里亚（Calabria）。所有的地区政府都得到了相似的资助金额。后来，政治科学家观察了接下来 20 年间每个政府的运转情况。他们发现的各种差异都应该归因于该地区的政治文化。

人们是如何衡量"制度绩效"，也就是地区治理情况的呢？族亲意识（或者说社会资本）是关键。然而，集体行动能力具有复杂的、多层面的社会特性，因此，我们不能期待用某种单一的方式就能完美地衡量它。不过，帕特南和同事们出色地做到了。他们选择了 12 个指标，从诸如官僚的响应能力和预算及时性这种运转效率措施，到诸如日托中心和家庭诊所数量这种为公众提供服务的量化措施。研究者们起初对这些非常不同的指标是否能合计为一个相关组表示怀疑，因为从某种意义上来说，它们能够衡量的是地区社会的同一种根本特性。然而，在分析了数据之后，他们发现不同的指标全都阐述着非常类似的情况——如果某个地区的某个指标非常高，那么它的其他指标可能也很高。在他们看来，这些指标指向某种社会生活的基本特征，其意味着它们可以结合为一种单一的制度绩效标准。综合衡量指向某些实际内容的另一个迹象就是其暂时的稳定性。在研究期间，也就是从 20 世纪 70 年代早期到 80 年代中期，地区的相对等级基本保持不变。

当帕特南和同事们结束了评估每个意大利地区的制度绩效工作

时，他们发现了一种值得注意的模式。关于各地区的治理情况存在
非常强烈的南北梯度。在如艾米利亚-罗马涅区（Emilia-Romagna）
和伦巴第区（Lombardia）这样位于波河河谷的区域，制度绩效一
直名列前茅，而在如坎帕尼亚（那不勒斯周围的区域）、卡拉布里
亚（意大利靴子的"尖部"）以及西西里这样的南方区域都垫底。

　　早在帕特南之前，甚至在意大利尝试将权力下放到地区政府之
前，人类学家就知道意大利的南部社会——用意大利语来说就是
"Mezzogiorno"[①]——出了问题。美国的人类学家爱德华·班菲尔
德（Edward Banfield）进行了一项非常有趣的研究，20 世纪 50 年
代和 60 年代，他在意大利南部的乡村生活了数年。1967 年，他出
版了一本详细说明其研究成果的书——《落后社会的伦理基础》
（*The Moral Basis of the Backward Society*）。班菲尔德描述了意大
利南部社会的极端原子化，在这里所有的共同努力都会被限定在最
小可能的社会单位——家庭中。即便是像堂亲或表亲这样的亲戚关
系，有时甚至是成年的兄弟姐妹之间都充满了不信任且缺乏合作。
社群层面的共同努力几乎是不可能的。班菲尔德将这种类型的社会
称为"非伦理家庭主义"（amoral familism），并且这样定义其基本
原理："最大限度地利用核心家庭在物质上的短期利益，认为所有
的其他人都是这么做的。"这就是无赖的基本原理，我在第一部分
介绍了这一术语的技术性意义。那么就难怪意大利南部地区的社会
无法发挥其作为一个社会的功能了，甚至称其为"社会"也是误

---

　　①　可译为"梅索兹阿诺"，即意大利南部地区。——译者注

解，它实际上是原子化核心家庭的合成物。

帕特南的研究和其他最近的研究证实并延伸了班菲尔德聚焦于地方的人类学研究成果。意大利北部和南部在人际信任和团结的程度上存在很大的差异。意大利北部的人际关系网是更为紧密的，北部的公民结社——比如合唱团、徒步旅行俱乐部、文学圈以及狩猎俱乐部——比南部更为稠密。对公共问题的兴趣和对公共事业的投入也遵循着同样的模式。换句话说，地区政府的表现是一大堆社会可变因素的一部分，其根源在于社会资本的变化，也就是各地区之间族亲意识的变化。

因此，制度绩效并不是原因，而是一定量的族亲意识的结果。社会资本听起来像是由砖块和泥灰组成的，像是某种工厂机器，但是就其与族亲意识的相似程度而言，它包含着某种深刻的人性。

在意大利南部，另一种常见的社会现象怎么样呢？这一地区的犯罪组织早在马龙·白兰度①之前就存在了。西西里的黑手党及其姐妹组织那不勒斯的克莫拉（Neapolitan camorra）和卡拉布里亚的恩特兰盖塔（Calabrian 'ndrangheta）一直存在于意大利南部地区，而北部则没有类似的组织。这些犯罪组织来自哪里呢？它们又为什么一直存在呢？社会科学家［比如迭戈·甘比塔（Diego Gambetta）］认为，黑手党的崛起是一种对普遍缺乏信任的社会的回应。在公共信任不足的地方，人们有着非常高的保护需求。不管多么没有效率，黑手党都是提供保护的私营企业家。

_____

① 马龙·白兰度曾主演电影《教父》，该电影讲述的是一个黑帮家族的发展历程。——译者注

意大利北部和南部的经济发展差异是令人震惊的。如今，南部是乡村和贫穷的地区，而北部是都市的、工业化的且富有的。几乎没人意识到意大利北部有多么富裕，因为当我们看西欧的经济数据时，其通常是按照国家而非区域分解的。作为整体的意大利处于队伍中间，但是其北部地区，比如伦巴第区和艾米利亚-罗马涅区是位于该列表前面的。意大利的整体排名被贫穷的南部地区拉下来了。然而就在一个世纪前，北部和南部实际上并没有财富差异。

尤为有趣的是，甚至在一个世纪前，族亲意识发端就已经在北方就位了。按照帕特南的社会资本衡量标准——比如互助协会和合作社的成员以及国家政党的实力——来看，自 1860 年意大利统一之后，直到 1920 年，北部和南部存在着很大的差异，但是在经济发展上并没有类似的差异。北部和南部的经济轨迹在 1920 年以后才开始出现偏离。这一观察结果表明，如今在社会资本方面的差异已经不只是北部更为富有和更为发达这一结果了。因果关系实际上走向了相反的方向：北部的经济更为发达是因为它有更多的社会资本。

社会资本是如何转换为经济资本的呢？弗朗西斯·福山［Francis Fukuyama，因《历史的终结》（*The End of History*）而闻名］最近在《信任：社会美德与经济繁荣》（*Trust：The Social Virtues and the Creation of Prosperity*）一书中提出，社会信任是经济增长的关键因素。现代企业的崛起对经济发展的重要性几乎没有引起过什么争议。因此，也几乎没有人怀疑当谈及在竞争激烈的全球经济中生存时，大规模的商业组织——大型国际企业——会做得最好。但是，这些商业实体的大规模也是一种负担。

就许多方面而言，一家企业是作为一个专业的协会组织起来的，越大型的企业，越难监督其绩效，其管理也就必须越依赖于信任和规范。因此，大型企业不能只依赖私利和胁迫来激励其成员（也就是雇员）创造最佳绩效。福山研究了在几个不同的社会中——比如美国、日本、德国、意大利、中国——企业是如何组织起来的，还有国家的文化，尤其是帕特南所说的社会资本是如何影响其商业组织运转的。福山指出，信任度高的社会，比如美国和日本能为大型企业提供崛起和繁荣的文化环境。企业要想存活下来的话，其雇员必须享有高度的普遍信任（也就是说，不只是信任和他们关系紧密的同事、上司和下属，而是普遍信任他们不认识的雇员也会做正当的事情）。足够讽刺的是，尽管从表面上来看，企业在自由市场上残酷地竞争，但是其内部运作并不依赖于市场力量，而是依赖于群体团结！这是经济科学中保守得最好的秘密之一。

就像你无法单靠无赖构建一个能存活的社会一样，你也无法单靠无赖构建一个能存活的企业。族亲意识在如今的大型跨国企业中，就像其在1700年的弗吉尼亚或14世纪的北非那样重要。在现代的意大利南部地区，一家商业企业是难以运转的，因为潜在的伙伴们知道，一有机会他们就会受骗——那么，一开始就将自己暴露在它面前有什么意义呢？当然，一名商人可以依赖黑手党来执行合同，黑手党实际上扮演了这种角色。但是这种解决方法是有缺点的，因为交易成本巨大。基本上，黑手党是一个非常没有效率的组织，会使社会运转得更加糟糕。黑手党本身也饱受成员间互相不信

任之苦。这就是警方长期以来一直在那不勒斯湾和新泽西梅多兰兹
（Meadowlands）的僻静地点干打捞黑手党尸体这种苦差事的原因。

意大利北部在商业事业的合作上是更为成功的。但是有一个非常有趣的观察结果：意大利的经济成功完全来自小型和中型企业，尤其是为家族所有的和家族经营的。意大利没有任何一家公有的国际企业，像通用电气或三菱那种。最大的意大利企业菲亚特（Fiat）仍旧是家族所有的。典型的成功意大利企业都是家族所有的，其在米兰或博洛尼亚也许有一百名雇员，它们占据着从时装到高精密机械的各种市场，在它们所从事的领域都极为成功。但是它们没能闯入某些国际市场，因为它们缺乏规模优势。它们没能发展成大规模，因为即便是北部意大利人都只能在中等规模的集体中进行合作。这就是在历史上北部意大利人没能形成超越中等规模国家的原因吗？

在试图理解意大利南部的非伦理家庭主义时，爱德华·班菲尔德将之与 20 世纪 50 年代一个美国中西部小城镇充满活力的公民文化进行了鲜明的对比，这一社会群体是他非常熟悉的。值得注意的是，班菲尔德的观察结果与阿历克西·德·托克维尔的遥相呼应。我们已经能够查阅托克维尔关于美国公民生活的研究了。但是托尔维尔年轻时，在前往美国之前，也曾周游那不勒斯和西西里，他在描述这次旅行的长篇文章中，谈到了遍及意大利南部社会的不信任和表里不一文化。令人印象深刻的是，这种特殊的族亲意识形式（或者更确切地说是缺乏族亲意识）在该地区非常的稳定。

两百年前，美国和意大利南部地区相对于彼此而言几乎和今天的情况一样——前者充满了丰富的族亲意识，或者说是以无数发挥功能的国家和地方机构的形式存在的社会资本，后者则差不多完全没有这种网络。两处都在这之后的两个世纪里经历了工业化和现代化，经济和社会转变非常大。然而，在一定的基本层面上——也就是社会凝聚力和集体行动能力的层面上——两个社会都没有改变太多。这并不是说社会的族亲意识是一成不变的，它只是以世纪为单位非常缓慢地改变的。

意大利北部-南部差异的根源一定要追溯到很久之前。罗伯特·帕特南将其追溯到 11 世纪，当时意大利南部地区建立起中央集权化的诺曼王国，而北部的独立市镇都开始了自我管理。在北部，佛罗伦萨、威尼斯、博洛尼亚和米兰的城市社区管理更为民主，由此培育了公民精神。在南部，根据帕特南所说，一系列独裁政府扼杀了社会资本。

帕特南提出的至少一千年前就存在北部-南部差异的观点是正确的。然而，为了确定差异出现的真正时间点，必须再往回追溯一千年，也就是到罗马帝国时期。在第十一章中，我们看到了在罗马帝国的核心区域——意大利半岛和西西里，而不是在波河河谷——的族亲意识黑洞是如何发展起来的。在帝国崩溃后，几波日耳曼移民接连定居在意大利北部，尤其是 6 世纪期间的伦巴第人。这些移民来自具有高水平族亲意识的社会，他们的涌入增强了帝国时期形成的北部-南部差异。因为在意大利北部并没有形成元民族边境，这里的居民也没有发展出能建立起大型国家的高水平族亲意识（在

9 世纪意大利统一之前，这一点曾经在第十一章讨论过）。因此，
这里只发展起中型国家，然后就是中世纪时期由米兰、佛罗伦萨和
威尼斯各自建立的国家。但即便是这样中等水平的族亲意识，也远
比南部的更高。在南部，自罗马帝国衰落后并没有从内部发展出任
何建立国家的尝试。毕竟，在意大利南部的诺曼王国一直因诺曼人
侵者高水平的族亲意识而保持着凝聚力。当他们同化并失去集体团
结性时，其他族亲意识的涌入对维持该地区的中央集权政府就是必
要的了。

　　有种令人震惊的看法是，21 世纪的伦巴第人和卡拉布里亚人
之间的文化差异实际上可能是两千年前所发生的事情造就的。然
而，我们都知道族亲意识的转变是非常缓慢的。在一个十分紧张的
元民族边境，培养高水平的族亲意识最少需要两三个世纪。世界性
帝国通常会延续千年，所以，族亲意识的衰退同样也是缓慢的。族
亲意识黑洞会持续存在好几个世纪，那么，如果没有出现能打破它
的边境，为什么不能持续千年呢？

　　这提出了一个重要的问题，也许是最重要的：了解占主导地位
民族的生命周期对现在的我们有实际用处吗？我已经明确地为农业
社会提出了一种历史动力学理论，并且用历史数据进行了检验——
但是这一理论能延伸至我们所处的当代吗？该理论能帮助我们理解
当今的政治，甚或帮助我们避免犯下一些前辈们所犯的错误吗？让
我们看看将正在讨论的理论之一应用于当前社会问题的一次具体
尝试。

大卫·哈克特·费舍尔①在《价格革命：一部全新的世界史》一书中追溯了过去一千年来欧洲历史上的四次浪潮。我们已经讨论过前两次了。第一次是中世纪盛期（整合阶段）和接着的 14 世纪危机时期（崩溃阶段）。第二次是文艺复兴时期（整合阶段）和接着的 17 世纪危机时期（崩溃阶段）。第三次则是启蒙时期（整合阶段）和接着的革命时期（崩溃阶段）。

费舍尔提出，第四次浪潮就是我们现在所生活的时期。整合阶段开始于维多利亚时代的均衡时期（19 世纪下半叶），持续了 20 世纪的大部分时间。这一阶段的最后一部分，尤其是自 1960 年以来的特征是持续不断的物价上涨，这是每个周期内都会发生的事情。崩溃阶段开始于 20 世纪晚期。

费舍尔认为，西方社会行进时的那种雄壮节奏至今依旧回响着。批判他的人是严苛的。保罗·克鲁格曼就是批评者之一。他在批判中承认，费舍尔认识到了某些重要的事情——对于长周期而言，实证主义证据是不容置疑的。但是，克鲁格曼理由充分地批判道，费舍尔对现代时期的处理太过于漫不经心了。我们不能假设在农业社会创造了长周期的社会和经济力量如今仍旧以同样的方式运转着，我们不能忽视发生在上个世纪或者上两个世纪的重大改变，我们所生活的世界非常不同于罗马人或诺曼人，甚至拿破仑一世时

---

① 大卫·哈克特·费舍尔（David Hackett Fischer，1935—　），美国布兰代斯大学历史学教授，美国艺术与科学院院士，被誉为"这个时代天才的历史学家"，著有《价格革命：一部全新的世界史》（*The Great Wave：Price Revolutions and the Rhythm of History*)、《阿尔比恩的种子》（*Albion's Seed*）等。——译者注

代的欧洲人所居住的世界。

粮食生产通常会使用农业社会中 90％的人口。在工业革命之前，每个长周期期间，每当人们没有食物吃时，人口都会停止增长。然而，如今的英格兰人口是 14 世纪和 17 世纪巅峰时期的 10 倍多，养活这些人所耕种的土地却只是巅峰时期的一小部分。英国人像美国人一样从国外进口部分粮食，但是，如今的英格兰或任何发达国家都没有发生饥荒的主要原因是，现在 1 英亩农田的生产力是中世纪时的 10 倍。

增加温带国家粮食产量的绿色革命还没有结束。我们如今在热带国家也看到了类似的变化。巴西随时准备着以廉价粮食涌入世界市场，然而，现代赤道非洲的整片区域依旧经历着大范围的饥荒。

同样的失衡也存在于流行病方面。要不是分子生物学和医学上的进步，艾滋病有可能会成为另一个黑死病。要不是分子基因学，我们甚至不会知道我们为什么会死。但是仅仅知道原因（就算无法治愈）也让各个社会可以控制流行病的传播了。在非洲，艾滋病确实出现了大流行——仍旧处于发展中。实际上，20 世纪晚期，有几个非洲国家已经经历了某种看起来典型的人口结构崩溃，这里的人口过剩导致了国家崩溃，出现了血腥的，甚至是种族灭绝的内战（例如，索马里和卢旺达）。

如今自由民主的盛行也让我们有别于历史学家所研究的农业社会。至少就理论上而言，民主应该会将精英内部的竞争引导到没那么暴力的形式。结果证明，通过允许有条理且和平地移交权力，现代民主社会是更能抵挡得住国家崩溃的。然而，因为真正的自由民主只存在了大约一个世纪（直到 20 世纪初期，选举权才开始涵盖 50％以上的成年人口），所以自由民主存在的时间还不够长，没有经历过长周期。

世界已经改变了。在农业社会运转的几条因果关系链已经完全断裂了，或者至少因工业革命而发生了重大转变。与此同时，在过去半个世纪左右的时间里，许多经济和社会趋势已经以极具提示性的方式一起行动起来了。例如，我们都知道 20 世纪是通货膨胀的时代，是尾随着一段物价相对稳定的时期（也就是费舍尔所说的维多利亚时代的均衡时期）而来的。大部分人都倾向于将持续的通货膨胀解释为现代性的另一种特征，但是之前每次长周期的浪潮都见证了以危机为终的"价格革命"，毫无例外。

自 1960 年以来的犯罪率上升一直折磨着西方国家。不仅可以在美国，还可以在大不列颠、德国、意大利和斯堪的纳维亚等国家和地区看到这种现象。这种上升的趋势尤为令专业人士感到困惑，因为在 1960 年之前的至少一个世纪里，所有这些国家的犯罪数据都是下降的。犯罪数据能反映某种社会压力的增加吗？在过去的长周期里，我们常常会在危机时期之前看到犯罪率的上升。

另一个重要的迹象是经济不平等的程度。20 世纪 60 年代再次成了一个断裂点：在该时期之前，美国的不平等是减少的；而在该时期之后，不平等开始增加。正是在二战之后的几十年间，普通工人的工资和首席执行官（CEO）的薪水之间出现了巨大的差异。经过通货膨胀的调整，工人中最底层的 20％自 1970 年以来的收入一直停滞不前，而且实际上是减少了。马太定律完全运转起来了。

　　而且，劳工统计局（Bureau of Labor Statistics）所估算的官方通货膨胀率并没有说明全部的情况。许多大宗商品的购买，尤其是房屋的价格、教育和医疗保健成本的增长速度远超于通货膨胀。

　　教育动向是尤为具有启发意义的，因为它是精英内部竞争的最佳指标之一。在 20 世纪期间，美国有越来越多的高中毕业生去大学。至 20 世纪晚期，刚刚大学毕业是不足以进入竞争日益激烈的工作市场的，获得博士学位的大学毕业生开始增加。就完成学业所需的年限来看，博士的"价格"增长得更快。在 1967—1995 年，就取得博士学位的平均年限而言，自然科学方面从 6 年增加到了 8.4 年，社会科学方面从 7.7 年增加到了 10.5 年。在人文学科方面，取得博士学位的平均时长为 12 年，接受教育的平均时长为 19.9 年！

　　这些趋势都是出现文凭危机的迹象，反映的是精英内部竞争的日益激烈——成年人要维持熟悉的舒适生活的要求越来越多了。在之前长周期的前危机阶段可以看到类似的趋势。在巴黎大学，13 世纪时要获得博士学位需要 8 年的时间（要获得学士学位需要 5 年，然后用 3 年时间可以获得博士学位）。14 世纪，要用 16 年的时间才能获得博士学位。在 16 世纪的法国，教育成本的增加速度远快于通货膨胀。哈佛和剑桥的入学人数在英国大革命之前达到了巅峰，然后在 18 世纪下降了。

　　最后，美国在族亲意识方面出现了麻烦的趋势。罗伯特·帕特南在《独自打保龄》（Bowling Alone）中坚称，至少自托克维尔时代起，美国社会一直享有丰富的社会资本。但是，从 1960 年开始，社会资本的几个指标开始下降。帕特南写道："我们日益脱离了家庭、朋友、邻居和社会结构，无论是家庭教师协会（PTA）、教会、休闲俱乐部、政治党派还是保龄球社团。"30 年前，人们邀请朋友们吃晚餐的频率是如今的两倍。社会信任似乎也正在下降。当然，表示信任华盛顿政府的人的比例正在稳步下降——从 20 世纪 50 年代末的 70%—80% 下降到了 20 世纪 90 年代的 30%—40%。45% 的美国人几乎完全不相信日报上的内容，20 年前只有 16%。《独自打保龄》所传达的信息是个体越来越孤立的信号之一，独自坐车、独自工作、独自离开、独自在荧光灯下打保龄球。当然，这是任何社会都即将面临危险的迹象。

如果这种社会崩溃的趋势不能准确地预测更多的麻烦，那一定是因为此时的新崩溃正在发挥作用。我的最后一章是充满希望的一个章节，其内容是关于更强的沟通和相互关联性的趋势是如何影响我们的长周期的，如何改变族亲意识在地理上的含义的，以及如何真正地改变了何为帝国的观念的。

第十四章

帝国的终结？ 移动电话是如何正在改变历史动力学的

1918 年，一战的胜利者摧毁了哈布斯堡帝国和奥斯曼帝国，同时革命让俄国和德国陷入了分裂，许多人都认为帝国的时代结束了。接下来，20 世纪 60 年代，英格兰、法兰西和其他欧洲殖民强国解散他们的海外帝国，正式宣告了帝国主义的灭亡。当苏联于 1991 年解体时，国际事务评论者再次为帝国守灵。这是历史的终结吗？还是说至少是帝国周期的终结？再或者是帝国消亡的谣言被过分夸大了？从历史动力学的角度来看待历史上的帝国仍旧是纯粹的学术知识，仅仅适合那些舒适地围坐在火炉旁的扶手椅上，小口抿着餐后白兰地的历史学家分享吗？还是说这些观点与如今的国际政治有关？

最近，出现了很多关于如今的美国是否能够且应该与过去的强大帝国相比的争论。帝国似乎正处于流行中，即便有些人（基本上是那些在政治上"左倾"的人）讨厌这一想法，而其他人（比如新保守派）喜欢这一想法。根据经常向新保守派的《旗帜周刊》（*Weekly Standard*）投稿的查尔斯·克劳塞默（Charles Krauthammer）所说，"我们并不是一般的霸权国家。我们正在进行的是一种独一无二的温和的帝国统治"。

2001 年，由美国众议院前议长纽特·金里奇（Newt Gingrich，他受过成为历史学家的训练）所率领的一群学者受五角大楼的委托，要写一份关于历史上的帝国的报告，就美国如何在世界上维持其军事和政治优势提出建议。有一些基本问题被提出来了，比如美国实际上是否能称为一个帝国；如果能的话，这是好事还是坏事？而其中最为有趣的问题是，历史是否能为美国提供有用的教训。该报告总结道："如果我们能从历史中吸取教训，那就是：美国要维持其优势就必须保有军事上的支配地位，而且也必须维持其针对其他权力支柱的支配地位。"并不是每个人都同意这种说法。典型的学者伯纳德·诺茨（Bernard Knoz）对《纽约时报》的莫琳·多德（Maureen Dowd）说道："帝国已经完全消亡了，它们的时代一去不复返了。"英国历史学家尼尔·弗格森（Niall Fergusson），也就是 2003 年出版的《帝国》一书的作者说道："在现代和前现代之间的技术和经济差异是非常大的。"最后，乔治·W. 布什政府的官员们坚称美国并不是一个帝国。

根据我的定义，帝国是有着复杂权力结构的大型多民族领土国家。没有人会否认美国是大型领土国家，至于其多种族的成分，本书第二章已经讨论了美国的大熔炉有着清晰的种族界限。因此，现代的美国包含了很多少数族裔，仅举三个例子——美国原住民、非洲裔美国人和拉丁裔美国人。某些政治科学家最近提出，有些大型少数族裔，尤其是拉丁裔美国人抵挡住了之前占支配地位的盎格鲁-撒克逊族裔白人新教徒（WASP，即 White Anglo-Saxon Protestant）的文化同化。一个尤为有趣的例子是奇卡诺人（Chicanos，即墨西哥裔美国人），这是一种不断发展的且相当有凝聚力的次文化。奇卡诺人并没有视自己为到美国的移民，因为他们在人数上占优势的地区是 19 世纪中期美国从墨西哥手里夺取的。据说，奇卡诺人有着不同的价值观，相比主流的美国文化而言，他们更多地强调大家庭，较少地强调自由和民主。这种说法也许是夸大其词的，已经引起了极大的争论。但不管怎么说，这足以提醒我们大熔炉隐喻的局限性——即便我们不考虑最近的移民，美国也不是一个单一种族的国家。

美国还有着复杂的权力结构，尤其是当我们将其视为一个全球性大国时。尽管美国的内部运作相当简单——它直接控制着 50 个州、哥伦比亚特区（the District of Columbia）和附属地（比如波多黎各和一些太平洋岛屿），而其外部影响力遍及全球。美国在军事上占领了科索沃、阿富汗和伊拉克。通过强大的军事实力（比如在韩国）或经济补助（在以色列），它有着强大的间接控制力。鉴于以色列从美国得到的经济和外交援助，其基本上相当于美国的附属国。美国通过诸如北约这样的组织掌握着很大的政治控制权。最后，美国利用很多公开和隐蔽的方式，在安插友好的政府方面获得了很大的成功，传统上的是拉丁美洲，最近的则是如格鲁吉亚和乌克兰这样的国家。正如一个拉丁美洲笑话所说的，"你知道为什么美国没发生政变吗？因为那里根本没有美国大使馆"。

这种复杂的权力结构是典型帝国的特征，尤其是帝国扩张阶段的特征。例如，在罗马共和国，有投票权的公民居住于核心领地，而罗马人和拉丁人居住在殖民地，没有投票权的公民居住于联盟中的城市和诸如高卢南部的马西利亚这样的附属城邦。政治控制的程度从中心向边缘递减。然而，随着时间的流逝，边缘地区与中心的结合更为紧密了。

有些人也许会辩驳称，美国不可能是一个帝国，因为它实行民主统治。然而，并不是所有的帝国都有皇帝。诸如雅典帝国和大英帝国这样的帝国就是实行民主统治的。共和时期的罗马帝国是由几百名贵族和富有的元老院家族进行集体统治的。统治一个国家的政治结构与帝国的定义是没有关联的。

已经退休的威廉·E. 奥多姆（William E. Odom）中将［他曾于20世纪80年代主管国家安全局（National Security Agency）］和罗伯特·杜加里克（Robert Dujarric，他是对外关系委员会日立研究员）在他们的著作《美国的偶然帝国》（America's Inadvertent Empire）中评价道，美帝国"占了世界上人口的17％，却控制着世界生产总值的70％。因为几乎所有的发达国家都被囊括在内，所以这一网络所共享的科学、技术和企业资源接近世界总资源的90％"。

那么，关于世界上如今的霸权帝国的动态变化，我们在本书中讨论的理论能告诉我们什么呢？正如我们所见，使帝国运转的是他们的核心民族的特质，其中最重要的就是族亲意识。如果说最近的社会资本趋向是极佳的指标的话，那么，美国的族亲意识也许正在衰退，不过和其他的大型当代国家相比，美国仍旧有着丰富的族亲意识。美利坚民族对 2011 年 9 月 11 日的恐怖主义袭击的回应是明显的证据，证明了美国有着极高的集体行动能力。更为明显的是，主流反对党派民主党并没有试图利用"9·11"事件以及接下来在阿富汗和伊拉克的军事行动来作为对抗执政的共和党的政治内斗手段，即便布什政府可以说是犯下了许多严肃的错误。

　　内部凝聚力的主要内容——实际上也是维持这种凝聚力的重要因素之一——就是"我们对抗他们"的思维方式。美国现代政治的观察家，尤其是那些来自美国外的人（从他们所处的位置更容易看清）经常对他们所谓的美国民族主义，甚至可以说是排外情绪进行指责，这种情绪在"9·11"事件之后的时代变得尤为明显，但是在此之前也能察觉到。现在就职于华盛顿的卡内基国际和平基金会（Carnegie Endowment for International Peace）的英国记者和作家阿纳托尔·利文（Anatol Lieven）最近提出美国的爱国主义具有两副面孔。第一个方面是"美国的信条"，这是一种支持自由、民主和法治的公民意识形态。一种强烈的带有弥赛亚元素的整合性意识形态在世界性帝国的成功中是尤为重要的。拜占庭人有他们的东正教，阿拉伯人有伊斯兰教，法国人有"文明使命"①，而苏联人有马

①　"文明使命"（la mission civilisatrice），该术语出自中世纪时期的基督教神学，当时的神学家利用人类发展的隐喻，将社会变化扭曲为自然规律。后来欧洲人以"文明使命"作为他们进行军事干预和殖民化的政治基础，尤其是 15 世纪末至 20 世纪中期的法国人。——译者注

克思主义-列宁主义。美国的信条推动着其追随者将西方的价值观和西方的民主制延伸至整个世界。这种意识形态有很多值得赞赏之处，但也有其黑暗面。许多民族（不仅是他们的统治者，还有大多数民众），尤其是伊斯兰世界（但并不止是这里）的大多数民众并不希望以这种方式被"教化"。他们有自己的文化和传统，更愿意掌控将哪些西方文明的要素接纳并融入自己的文明，以及拒绝哪些西方文明。

美国的爱国主义的第二个方面是利文所称的"杰克逊式的民族主义"。安德鲁·杰克逊总统（1767—1845）因1815年在新奥尔良战胜英国人而闻名。不过，作为一名印第安杀手和田纳西边境的地方民兵领袖，他也成绩斐然。他所进行的大部分战争都是针对切诺基人（Cherokee）、克里克人（Creek）和其他印第安人的。利文声称，"尽管'杰克逊式的民族主义'涵盖了其他的重要因素，但包括本土主义、反精英主义、反智主义、对东北部的厌恶、强烈的白人身份认同感以及对其他民族的强烈敌意在内的因素一直占据着其核心地位"。

1831年，在杰克逊担任总统期间，切诺基人向美国最高法院上诉，反对乔治亚州通过的新法律，该法律为将欧洲定居者出现在美洲之前就一直定居于这片土地上的印第安人驱逐出去奠定了基础。这些法律违反了多项他们和美国政府签订的条约，以大法官约翰·马歇尔为首的大部分最高法院的法官都做出了有利于切诺基人的判决。

正如利文所说的："据称，杰克逊对此回复道：'约翰·马歇尔自己做的决定，现在就让他执行吧．'尽管总统也许实际上并没有这么说过，但是这些话无疑反映出了他行动的精神。美国政府拒绝执行切诺基人对乔治亚州的诉案，杰克逊警告切诺基人说，他们别无选择，只能离开。在几年内（不过是在杰克逊离开职位后），他们就被赶出了世代居住的土地，踏上了前往俄克拉荷马州的'血泪之路'（Trail of Tears），在这一过程中，有很多切诺基人都死于疾病和营养不良。"

快进到 21 世纪。在 2001 年 9 月 11 日恐怖主义袭击的余波中，广播节目主持人迈克尔·萨维奇（Michael Savage）在将阿拉伯人称为"非人类"之后说道："皈依基督教是可能将他们变为人类的唯一途径。"正如利文所说的，他接着说道："在切诺基印第安人踏上前往西部的漫长路途时，美国陆军给他们的带有天花病毒的毯子，跟我想要看到的发生在这些人身上的事情相比，根本是无足轻重的。"

利文所引用的在美国边境上殖民者和印第安人的斗争与以美国为首的西方文明和伊斯兰文明的冲突这一对比，适用于历史动力学的定律。我在第二章中已经讨论过美国的民族起源以及 17、18、19 世纪在殖民者-印第安人边境发现的高水平族亲意识的源头了。这一边境早已经不复存在，但是应对挑战的文化习语和技能正在被应用于新的挑战和对手身上。

1957 年 3 月 25 日，在罗马的一个非常壮观的文艺复兴时期的宫殿里，六个欧洲国家——法国、西德、意大利、比利时、荷兰和卢森堡——签署了建立欧洲经济共同体（欧盟的前身）的协议。看一眼 1957 年和公元 800 年的欧洲地图就会发现，这六个创始成员国的领土几乎精准地勾勒出了查理曼帝国的轮廓。其中的象征意义很大。公元 800 年的圣诞节，正是在罗马，教皇为查理曼加冕。欧盟是一种新型的帝国吗？

就其规模、多民族人口和复杂的权力结构而言，欧盟适用于我的定义。而且，在其存在的半个世纪里，欧盟一直积极地向外扩张，在写作本书期间，它最近又增加了六名中欧地区和两名地中海地区的成员。在此期间，欧盟的核心成员国——西德也于 1990 年与东德合并。然而，迄今为止的所有扩张都是通过和平且双方一致同意的方式完成的。历史上的帝国并不总是需要征服新的领土，正如前面所讨论的，有些国家是自愿加入罗马帝国和俄国的。许多中世纪的欧洲国家是通过王朝联盟的方式发展起来的。尽管如此，欧盟这种完全的和平扩张在世界历史上也是前所未有的——最终，历史上的所有帝国都必须以武力来抵挡外部或者内部威胁。其成员国曾经动用过武装力量，比如 1982 年英国就福克兰群岛（Falkland Islands）[①] 和阿根廷进行的战争，但是欧盟作为一个整体却没有这么做过。到目前为止，欧洲人正朝着创建一支联合的军事力量的方向前进，但是我们将不得不等待，看看欧盟是否能证明在面对威胁时才会动用这支力量。更为重要的是，欧洲的族亲意识有多强烈呢？它会激励人们为了统一的欧洲而牺牲他们的舒适、财富或者鲜

---

　　① 即马尔维纳斯群岛（Islas Malvinas）。——译者注

血吗？到目前为止，这个帝国的主要财政负担基本上都是由德国人承担的。帝国的核心国家承担主要的成本冲击是惯例，但是，德国人还能允许这种情况多久呢？多年来的经济发展缓慢和高失业率（至我写本书时还没有结束的迹象）最终会削弱德国人为了一个强大的联合欧洲的梦想而牺牲的意愿吗？

和欧盟不同，中国完全适用于帝国的定义。其收复西藏和反对新疆民族分裂主义的意愿表明它维护国家统一的强烈愿望。在已经收回香港之后，中国人现在正全力地想要实现台湾回归。看起来，中国人现在也在全球扩大了其经济影响力——从澳大利亚买矿石，从苏丹和委内瑞拉买石油。中国已经开始在东盟（ASEAN，the Association of Southeast Asian Nations）周围投入相当大的力量。

在中国领导人实施经济改革的 1978 年到 2003 年，中国的国内生产总值已经翻了两番，现在中国已经成为世界上第二大经济体（按照购买力平价基准衡量）。如果中国能再保持同样的经济增长率十年，那么它将超过美国，成为世界上最大的经济体。经济力量不可避免地会带来政治和军事力量的觉醒。如果按现在的趋势继续发展下去，中国将成为下一个世界强国——美国的政治和军事机构一定对这一前景有所担忧。

接着就是苏联的核心国家俄罗斯——倒下了但却并没有出局。可以观察到作为一支强大力量的俄罗斯会发生什么的标志性地点就是车臣。

1996 年，在冲突发生两年之后，俄罗斯和车臣分裂主义者签订了和平协议。这个所谓的《哈萨维尤尔特协议》（*Khasavyurt*

Agreement）基本上承认了俄罗斯的战败，给予了车臣实际上的独立。俄罗斯人对冲突感到厌倦和疲惫，基本上希望车臣和车臣人离开，放任他们不管。然而，随着车臣内部的发展，这样的情况变得不可能了。首先，胜利者开始内斗，民族主义者输给了伊斯兰主义者，后者包含了很多来自车臣外的基地组织的移民，比如臭名昭著的约旦军阀哈塔卜（Khattab）。另外，在第二次战争开始后，几名民族主义派领袖投靠了俄罗斯。伊斯兰主义者最有兴趣的是将车臣作为建立一个伊斯兰哈里发国的桥头堡，这个哈里发国将会从黑海延伸到里海，并直到伏尔加河中部地区。

甚至在发生冲突之前，新独立的共和国的经济状况都不能养活大量的车臣人（这是发生战争的重要原因之一），而这种贫乏的经济根基又遭到了战争的极大破坏。从外部转来的资金——既有从俄罗斯转来的（怪异的是，俄罗斯政府依旧向车臣的老年人转养老金），也有从阿拉伯世界和其他地方的伊斯兰基金会转来的——完全不够用。很快，成群结队的车臣武装分子开始劫掠俄罗斯南部的牲畜。还有人从巴库-诺沃西比尔斯克（Baku-Novorossiysk）管道抽取石油，直到俄罗斯人建立起了一条绕过车臣的支线。然而，还有人抢劫火车。尤为令人反感的是奴隶交易。在这个强盗共和国之外被抓住的车臣人会被送到车臣。有富有亲属的人会被索取赎金，而大部分人则被迫从事农业和建筑业劳动。有些人被许诺有赚钱的工作，因而从圣彼得堡和莫斯科被诱骗至北高加索。不知道有多少人遭到奴役，但总数得有几千人。

1999 年，作为扩张桥头堡的第一步，伊斯兰主义者入侵了达吉斯坦（Daghestan），这是俄罗斯联邦内的一个北高加索共和国，位于车臣东部。与此同时，新的"圣战"领袖——车臣人巴沙耶夫（Basayev）和约旦人哈塔卜——在俄罗斯组织了几次针对多层公寓建筑的爆炸。有四栋建筑物被炸毁，包括在莫斯科的两栋，造成了近 300 名男性、女性和儿童的死亡。伊斯兰主义者的目的显然是恐吓俄罗斯人，摧毁他们抵抗的意愿。如果是这样的话，他们就判断错误了。

车臣人按下了所有错误的按钮。尤为明显的是，他们将自己塑造成了多么接近"他者"的形象，这一形象出现于 16 世纪和 17 世纪促成俄罗斯民族形成的与鞑靼人的斗争中。车臣人并不是挥舞着弓箭的马上骑手，准确地说，他们乘着吉普车，使用着卡拉什尼科夫冲锋枪（Kalashnikovs）和火箭助推榴弹炮（rocket-propelled grenades）。但是，他们是来自南部的穆斯林威胁，而且自称是伊斯兰教中特别激进的一派——瓦哈比教派（本·拉登所属教派）。他们袭击俄罗斯人的目的是抢劫，他们要把俄罗斯人变成奴隶。几名车臣人的奴隶成功地从群山间逃了出来，数百万俄罗斯人在电视上看到了他们的苦难故事。

正如第二章所讨论的，几个世纪以来，俄罗斯人对军事压力的集体反应就是反击回去，征服问题的源头。叶尔马克及其手下的哥萨克人就是越过乌拉尔河，从源头上阻止了鞑靼人的袭击。实际上，19 世纪的车臣正是出于同样的原因被俄国征服的。俄罗斯人并不想要统治居住着野蛮且乖戾的高地人的贫穷山区。但是，当东正教的格鲁吉亚王国在突厥人的压力下寻求加入俄国时，车臣人发现自己处在了俄国中部和格鲁吉亚之间的通信高速公路的顶上。自然而然地，高地部落开始抢劫路过的车队，并且绑架行人以换取赎金。俄国作家亚历山大·普希金所写的最好的小说之一《高加索的囚徒》（*The Prisoner of Caucases*）讲述的就是一个被高地人俘虏并索要赎金的俄国官员如何逃跑的故事。几乎两个世纪后，一部同名的俄罗斯电影重述了这一故事，但里面的都是现代人物。

我并不是说 1999 年俄罗斯的反应会被提前准确地预测到。一方面，文化是保守的，一个社会群体往往会以惯常的方式进行同样的回应。就像阿纳托尔·利文所说的，如今的美国人对阿拉伯人的反应就像之前的美国殖民者对美国原住民的反应一样，这种行为似乎写进了文化基因中。更为极端的例子是，自罗马帝国崩溃以来，意大利南部的人显然难以进行合作。另一方面，文化有所改变。在13—16 世纪，鞑靼人失去了其族亲意识，相比之下，在此期间，俄罗斯人的族亲意识增强了。

这就是我认为车臣是俄罗斯未来轨迹的一个重要指标——也是对族亲意识理论的实证检验的原因。我认为，如果俄罗斯人成功地再次将车臣人并入俄罗斯联邦的话，俄罗斯将重获世界性帝国的地位。如果没能成功的话，高加索的哈里发王国会扩张到伏尔加河中部，那么这最有可能意味着我们所知道的俄罗斯的终结。还有第三种可能——旧的莫斯科核心崩溃，在俄罗斯南部边境地带崛起新的占支配地位民族。非常有趣的是，自苏联解体以来，出现了哥萨克次文化的复兴。新的哥萨克运动在高加索以北的俄罗斯南部尤为活跃。20 世纪会见证另一个叶尔马克带领由其信任的伙伴所组成的军队越过高加索，踏上通往征服和财富之路吗？

帝国的时代并没有结束——尽管皇帝的时代也许结束了，甚至中国也是由集体，而非一位君主统治的。有两个潜在帝国的轨迹——欧盟和俄罗斯——是非常难以预测的。不幸的是，美国和中国的轨迹太容易预测了。大部分严肃的政治科学家都预测这两个国家之间的地理政治竞争会逐渐升级。我们只能希望这种竞争会采取像冷战那样相对温和的路线。

当英国《卫报》的记者盖斯·阿卜杜勒-艾哈德（Ghaith Abdul-Ahad）见到也门的"圣战"分子（*jihadi*）时，该"圣战"分子正在费卢杰（Fallujah）的一间安全屋内祈祷。当时是 2004 年 11 月初，正值联军和由阿布·穆萨布·阿尔·扎卡维（Abu-Musab al Zarqawi）率领的反叛分子在费卢杰进行巷战期间。

这个房间半明半暗，光秃秃的墙上仅有一幅麦加的图片。唯一的一件家具就是位于房间中央以一定角度扭曲着朝南的跪垫。卡拉什尼科夫冲锋枪和弹药袋靠墙放着……跪在垫子上的男人，一手拿着一本小型《古兰经》，另一手拿着一串念珠。有时，他的声音会被外面正在轰炸整个城市的声音淹没。随着祈祷仪式结束，他站起身来，高举双手并且开始祈求："哦，安拉，请您让先知在对抗异教徒的战争中获胜，让我们在对抗美国的战争中获胜。哦，安拉，请击败美国及其在世界各地的盟友。哦，安拉，让我们对得起您的信仰。"

那个男人——又高又瘦，黝黑的肤色、黑色的眼睛、稀疏的胡须——是在 6 周前到达费卢杰的。他和其他的战士共用了几天房间，直到他们被分配到城市里的"圣战"小队中。他和一群"圣战"分子驻扎在费卢杰西部，也就是激烈的战斗已经持续了两天的约兰区（Jolan district）……在焦急地等待着一个临时掩体外的美国人时，他讲述了他的故事。他说他在这里并不是因为他不要命了地热爱死亡，而是因为他认为殉教是敬奉安拉的最纯粹方式。

这个"圣战"分子是一名也门的宗教学学生，他已经学习伊斯兰法六年了，与此同时，他还是一名小巴车司机，养活着怀孕的妻子和五个孩子。他之前在 2003 年时试图来伊拉克打美国人，但是在机场被也门警察拦住了。

有一年的时间，他回归到了学习和家庭中，忘记了伊拉克和"圣战"。但是，他说道，阿布格莱布（Abu Ghraib）发生的侮辱囚犯的丑闻唤醒了他。他的妻子——正在写她的硕士学位论文的宗教学学生——鼓励他放下一切，前往伊拉克参与"圣战"。"她告诉了我他们正在对男人们所做的事情，想象现在正发生在女人们身上的事情。设想一下，你的姐妹们和我被那群美国的异教徒混蛋强奸。"他说道，他突然意识到了自己的错误，哭了一整夜。

第二天，他再次借了钱启程——他将这次旅程描述为他的最后一次。他得到了一个在阿勒颇（Aleppo，位于叙利亚北部的一座城市）的联系人的姓名，这位联系人安排他偷渡过边境。"我没有告诉任何人，只告诉了我的妻子。我从朋友那里借了一辆车，我们出门买了一些东西。她给我买了两条裤子和一件衬衫。之后，我们去了我父亲家。我告诉我的母亲，如果我做错了什么事情的话，请原谅我。她说道，为什么？我告诉她没什么，只是想要从她和父亲这里得到原谅。她问我是不是要去巴格达。我说不是。她抱着我哭了起来。"

这位战士讲述了他如何回到家里，和妻子、孩子坐在一起，孩子们并不知道这是他们和自己父亲的最后一顿晚餐了。"我最爱的女儿走过来，坐在我的腿上睡着。她睁开眼睛说道：'爸爸，我爱你。'"说着，他落泪了，接着他又说道："你知道的，这些回忆是魔鬼的把戏，他试图软化我的心，带我回家。我要从这里前往的唯一地方就是天堂。"

如今，文明间最激烈的冲突发生在伊斯兰文明、西方文明、东正教文明、印度文明及中国文明之间的元民族边境区。之前，我简短地回顾了这种文明间的冲突是如何影响西方文明和东正教文明——美国和俄罗斯——核心国家的内部凝聚力的。但是，元民族边境发挥了其对断层线两侧民族族亲意识的改造作用。就像美国人和俄罗斯人感受到了来自激进的伊斯兰主义群体的压力那样，伊斯兰社会也处在来自其他世界的元民族社群的经济压力下。毫不意外的是，在克什米尔、巴尔干、高加索北部和中国新疆的元民族边境一直是冲突的源头。然而，正如在费卢杰的这位也门人的故事提醒我们的，最麻烦的地方在中东。

直到19世纪，西方和伊斯兰世界之间的元民族边境都位于远离伊斯兰世界核心的地方。但是当奥斯曼帝国开始崩溃时，西方强国逐步侵占到其核心。埃及于 1882 年成为英国的受保护国，伊拉克和叙利亚在一战的余波中成为英国和法国的占领区。从 1920 年开始，几十万犹太移民涌入巴勒斯坦，1948 年，由联合国建立了以色列国。

尽管以色列并不是基督教国家，但阿拉伯人及其他穆斯林却将其视为西方坚实的组成部分，甚至更为狭义地视为美帝国主义在中东的前哨。对以色列的大规模经济援助、美国政治活动中具有影响力的亲以色列游说团体，以及以色列从美国那里得到的大量外交和象征性援助都助长了这种认知。美国和英国军队于 2003 年入侵伊拉克进一步巩固了阿拉伯人将以色列视为西方一部分的看法。

因此，在大约一个世纪里，巴勒斯坦的阿拉伯人一直受到元民族边境的巨大转变的影响。结果是显而易见的。现在，出现了一种显著的巴勒斯坦身份认同，这在大规模的欧洲犹太人移民到巴勒斯坦之前是没有的。巴勒斯坦人的族亲意识已经大为增加了。

在 1947—1948 年的第一次阿拉伯-以色列战争期间，巴勒斯坦人并没能进行抵挡犹太人的有效合作。实际上，巴勒斯坦各派别还进行过几次内斗。尽管阿拉伯人有人数上的优势，但是他们还是战败了。

差不多两代人之后，形势彻底改变了。2000 年，阿拉伯人第一次赢得了他们与以色列的战争，当时真主党（Hezbollah）的什叶派战士迫使以色列军队撤出了黎巴嫩。但是，一个更为惊人的发展是自杀式炸弹袭击者的崛起。多个世纪以来，殉教——用费卢杰的也门战士的话来说就是敬奉安拉的最纯粹方式——一直位列伊斯兰教文化类目中。因此毫无意外的是，阿拉伯人针对"犹太人和十字军战士"的斗争就采用了这种形式。但是，出现大量自杀任务的志愿者是新近才有的。这种现象在很大程度上也是限定在中东地区的，其他地方的自杀式炸弹袭击者绝没有接近这么大规模的。在高加索北部，也就是伊斯兰主义者一直试图模仿巴勒斯坦自杀式炸弹袭击者运动的地方，他们发现在用尽了"黑寡妇"——被杀的"圣战"战士的妻子——之后，根本没有可利用的志愿者了。策划自杀式炸弹袭击运动的车臣人开始利用不知情的共犯（炸弹是由操纵者利用遥控装置引爆的），并且强迫女性"自愿参加"，就像一位失败的自杀式炸弹袭击者扎列玛·穆贾霍瓦（Zarema Mujakhoeva）在采访中所说的那样。在巴勒斯坦对未能成功的炸弹袭击者的采访或者在伊拉克对"圣战"战士的采访——像盖斯·阿卜杜勒-艾哈德所采访的那个也门人——则表现出一种非常不同的献身精神（不过毫无疑问，在巴勒斯坦的某些自杀式炸弹袭击者也是被胁迫的受害者）。

　　自杀式炸弹袭击的崛起，并不是因为某种所谓的伊斯兰教固有的狂热主义。位于以色列周围的阿拉伯社会，已经因一个世纪以来暴露在这样的元民族边境下而发生了改变。如真主党或哈马斯这样的激进组织是边境压力的直接结果。正如对那个也门战士的采访所展示的，并不是所有的"圣战"战士都受到渴望死亡的驱使——将伊斯兰教描绘为一种死亡的宗教信仰是有误导性的。那个也门人并不想死，他想要回家看看新出生的女儿，但是更为强大的动力激励着他同美国人战斗。他强烈地渴望正义，以至于愿意牺牲性命。要是有道德主义惩罚者这种稍微极端的类型的话，那么，那个也门人就是。

美国和联军攻占伊拉克增加了西方和伊斯兰元民族社群之间的直接联系/冲突区域。现在，美国人不得不面对伊斯兰殉教者，包括在伊拉克土生土长的和从整个伊斯兰世界涌来的。这次入侵是明智的吗？其理论——美国的信条——是将民主和法治带到中东，改变那里的阿拉伯社会，让它们踏上通往自由和繁荣之路。它也许会奏效。

然而，元民族边境理论的预测是，西方的侵入最终将产生相反的回应，很可能是以新的神权哈里发国家形式出现，因为在传统上，伊斯兰社会就是这么回应其他文明的挑战的。这种回应并不会在下一年就出现。西方上一次侵入中东是在十字军东征时代。在第一次十字军东征，也就是于 1099 年到达圣地之后又过了两个世纪，萨拉丁的阿尤布王朝才在 1174 年崛起。1291 年，十字军战士被赶出最后的阿卡要塞。

与此同时，在中东的伊斯兰社会所承受的西方压力至少可以追溯到 1882 年英国军队占领埃及时。1948 年以色列的建立将其抬高到了新顶点，第二次伊拉克战争将这种压力增加到了对阿拉伯人来说也许是难以承受的程度。这个世界相比伊本·赫勒敦的时代可能已经发生了很多的改变，以至于他的族亲意识定律根本不起作用了。但是就此放手一搏是明智的吗？

伯特兰·勒纳（Bertrand Roehner）和托尼·塞姆（Tony Syme）在其著作《历史上的模式和类目》（*Pattern and Repertoire in History*）一书中提出，人类社会是有记忆的，当面对挑战时，人们往往会在集体记忆中寻找之前面对类似情况时的有效反应，然后以这种反应来面对新的挑战。他们用所谓的法国大革命基石来阐释他们的观点。结果证明，1789 年大革命中的某些要素——国王和三级会议之间的对抗或者巴黎民众的干预——在 14、15、16、17和 18 世纪反复出现。我在第八章和第九章评论了这种反复出现的现象，当时讨论的是巴黎暴徒是如何在 1358 年，之后又在 1413 年胁迫王太子的。美国人在 19 世纪对待切诺基人的态度和 20 世纪对待阿拉伯人的态度的相似性，或俄罗斯人在应对车臣人的挑战时所想起的多个世纪前他们和鞑靼人的相互作用，都是社会记忆，也就是文化基因这种观念的例证。

　　当然，历史确实为我们理解当代政治提供了洞见——这毕竟不是一个新想法。与此同时，在过去的两个世纪里，这个世界无疑已经发生了极大的改变，所以历史动力学定律所提供的任何教训都必须根据具体的重大事件进行仔细检查。正如前面所说的，现代社会已经从饥饿的恐惧中解脱出来了，然而，在费卢杰的那个也门人的经历说明了现代社会和农业社会之间有着另一种极大的差异。

　　当他听说伊拉克所发生的事情时，这位"圣战"分子正身处一千多英里之外的也门。在农业时代，一个也门人只能听说一些在美索不达米亚所发生事情的混乱谣言，如今，他能得到血腥的和所有其他的消息，这些消息会通过现代技术和半岛电视台（Al Jazeera）传送到他的客厅里。

　　前工业社会有自己的"大众媒体"。国王的脸出现在硬币上是一种强大的视觉意象，可以被所有拿着钱币的臣民看到，这在创造国家身份认同上发挥了重要的作用。一个国家教堂的大主教会指导教区牧师针对具体的话题进行布道，这样一来就可以为众多不识字的农民所听到了。而且，在政治宣传册于16世纪、大幅报纸于19世纪变得普遍以及电视于20世纪变得无处不在时，出现了重要的里程碑。让你的总统在你家里跟你讲话是鼓动大众支持国家政策的有力方式。在为公民们所知方面，现代民族主义比前现代时期能做到的有效得多。紧密结合在一起的前现代民族——比如罗马共和国早期的罗马人——总计有数以万计的公民，也许有十万公民。在包含了数百万或者数千万臣民的帝国中，难以避免的是只有精英能分享共同的身份认同。现代技术改变了这一点，使得将数千万甚至数亿人融合进有凝聚力的民族成为可能。它还分离了地理和信息/象征性的空间，人们不需要在实际上接近元民族边境就能受到它的影响。现在，在底特律的一个阿拉伯社群也许会更为紧密地和数千英里之外位于黎巴嫩的信奉同一教派的人结合在一起，而不是和一英里之外的波兰工人阶级邻居结合在一起。

大众媒体已经伴随我们一段时间了，社会科学家已经构建起关于其对现代社会动态影响的理论。对公共态度进行民意测验的技巧，以及更为黑暗的一面——操纵公共意见正在变得越来越复杂。然而，因为通信技术依旧以非常快的速度发展着，所以这些理论的保质期限是短暂的。

大众媒体可以被视为具有简单的等级结构。它拥有一个中心，从中心产生新闻、观点和娱乐，然后会有消费这些信息产品的民众。现实至少是复杂一些的，因为通常会有多个中心——国家的电视频道、主要的报纸刊物以及通讯社。然而，仅此一点并不能改变该体系的等级性质。不同的信息提供者以复杂的非线性方式互相影响，但是他们仍旧构成了一个很小的信息精英阶层。即便是在最为民主的国家，公民中的绝大部分也只是被动的接收者。或者更为确切地说，他们一直是被动的接收者，因为世界的信息空间结构正在经历根本性的改变。

　　在 20 世纪 90 年代前，即便是生活在信息交流相对自由的美国的人，也几乎没有什么可以替代美国大众媒体的选择。如今，世界上所有主要的报纸刊物都有网站，人们得到新闻和观点的能力只受其能阅读的语言数量所限。实际上，许多非英语新闻提供者现在都会将他们文本的英文译本放在网上。可以从《人民日报》上获得中国的观点，可以从开罗每周的《金字塔报》（*Al Ahram*）上得到阿拉伯的观点。正如在两个不同国家内经常阅读报纸的人所知的，某人从某个国家的大众媒体上获知的观点范围，甚至是那些报道出来的被认为重要的事件都是狭隘的。举例来说，就算是对美国和法国的媒体——尽管这两个国家都是同样的西方文明的一部分——进行比较，这种狭隘也是显而易见的。

　　但是，网络不只是拓宽了信息源头的范围，真正的革命性改变是网络开始让信息提供者和信息消费者的区别变得模糊了。在信息空间里，出现了一群名为"博主"［bloggers，出自"Web log"（网络日志），可简写为 blog（博客）］的新参与者。对于个人来说，建立起他/她的网站，定期地发布一些从其他源头收集来的有趣的新闻条目、链接到有趣的网站（包括其他博主）以及像对伊斯兰世界

的政治和冲突发表个人评论，是相对容易的。有一个博客的标题是
"民主之友：来自民众和伊拉克博主的底层人士看法"，还有一个是
"'圣战'形势"，另有一个是"全球游击战：网络化部落、破坏基
础设施和新兴的暴力市场"。仅仅在 2004 年，美国就有数百万这种
博主，他们的数量正在以指数级增长，每半年就翻一番。他们现在
被统称为"博客圈"。

在一次引人注目的影响力测验中，博客圈挑战了一篇新闻报
道，该报道是 2004 年总统选举期间由主流电视频道所做的。哥伦
比亚广播电视新闻（CBS News）前主持人丹·拉瑟（Dan Rather）
在《60 分钟》（60 Minutes）上提出指控，说年轻的乔治·W. 布
什被他的高层朋友引荐入得克萨斯空军国民警卫队（Texas Air Na-
tional Guard），以此来逃避前往越南服役。据说，由杰里·基利恩
中校（Lt. Col. Jerry Killian）写于 1972—1973 年的 4 份备忘录证实
了其指控。在这些备忘录中，基利恩对他的下属布什中尉逃避其卫
兵职责表示失望。据称，基利恩抱怨道，他是迫于压力才"粉饰"
布什的记录的。节目之后的第二天，包括《纽约时报》在内的许多
报纸刊物都跟进了这一故事。

博客圈涵盖了整个政治光谱，但是右翼博主一直指控丹·拉瑟
是偏向于支持民主党的。有些博主指出这些备忘录的格式整齐到可
疑——这是我们如今在文字处理机和激光印刷机时代可以期待做到
的，但在 20 世纪 70 年代用打字机制作文件是不可能的。在狂热的
敲键盘讨论之后，博客圈出现的一致看法是这些文件是伪造的。在
节目播出的一周内，丹·拉瑟所主持的 CBS 就败退了，它不得不

承认在认定这些文件的真实性上，它太心急了，并且收回了它所讲的故事。丹·拉瑟隐退了。博客圈证明了其影响力。毫无疑问，这并不会是最后一次。

　　无数没有薪酬的活跃分子在没有中心指导的情况下采取行动，却击败了一家强大的拥有几十亿美元的公司。这是变态分层结构（heterarchy）对等级制度的胜利。变态分层结构是一种网络化结构，其中显然没有可识别的控制中心，信息在网点之间来回流动，而不是只从中心涌来。博客圈就是变态分层结构，其宿主万维网也是，基地组织也是。

　　对于社会理论家来说，问题是理解和复制等级制度是更为容易的。线性的因果关系是容易理解的。在变态分层结构中，非线性反馈占据着支配地位。一个节点的行为可能会影响其他节点，进而改变其他节点的行为，反过来又会影响产生信息的最初节点。因此，变态分层网络会以非常复杂的方式运行，且难以预测。出现（或不出现）共识就是这种复杂的自组织行为的例子之一。其他的例子还包括成千上万的萤火虫一齐发光这一神秘的同步性行为、在音乐会现场的欧洲观众有节奏地同步鼓掌，以及全球恐怖主义网络的联合。我们对变态分层结构网络的动态变化的理解还处于初级阶段。

　　尽管万维网的崛起和由此产生的各种现象（比如博客圈）是世界正在发生变化的明显标志，但是网络仍旧是世界上少数人口的领域。博客圈只是为世界上更为富有的人和拥有更多知识的人，以及那些可以轻松阅读、评价和写作的了解信息的精英们提供了综合技术模型。对社会动态影响最大的设备很可能是移动电话。

移动电话价格便宜且容易使用，其传播已经远远超过了"黄金十亿国家的人"①。实际上，在世界上最贫穷的地区，移动电话也是进行远距离联系的主要工具，因为这些区域内并没有铺设电话线。2003 年，在菲律宾，人均国内生产总值仅为 4 600 美元（按照购买力平价基准衡量），但是每 10 人中就有 1 人有移动电话。

如今，手持多用途设备并不仅仅是电话，也许还可以包括电脑、全球定位系统配件和照相机——所有都可以装在拳头大小的包里。科幻作家和未来主义者霍华德·莱茵戈德（Howard Rheingold）在《聪明的暴民：下一场社会革命》（*Smart Mobs：The Next Social Revolution*）中写道："它们让人们能以新的方式以及在之前根本不可能采取集体行动的情况下共同行动。"移动电话"会帮助人们和世界各地的其他人配合行动——也许更为重要的是和附近的人"。它们让聪明的暴民——"在即使互相不了解的情况下也能一起行动"。

随着设备变得越来越小和越来越有影响力，带着它们的人成了潜在的电视记者。莱茵戈德指出了科技研究者和创新者史蒂夫·曼恩（Steve Mann）在 2000 年时是如何投身于"ENGwear②，一种可穿戴新闻采集系统试验"的。2000 年春天，曼恩连同他的学生都戴上他们的试验设备，去参加多伦多的一场反贫穷示威。当爆发

---

① "黄金十亿国家的人"（golden billion），指的是工业上的发达国家或者说西方国家内相对富裕的人。——译者注

② ENGwear，即 Electronic News Gathering wear，意为"可穿戴新闻采集"。——译者注

暴力行为时，曼恩报告道："我们和新闻工作者及各种各样的电视报道组为保命而撤退。然而，和记者不同的是，我的学生们和我仍旧在继续播报，几乎是意外地拍摄到了整个事件。无论我们面前发生什么都能被拍摄到，并且实时地立即发送到万维网上，根本不需要我们刻意的思考或努力。"

当博主们猛烈抨击 CBS 时，他们使用的唯一工具就是他们的分析和交流能力。他们不能获得原始数据，因为这些数据依赖的是传统的信息机构，他们只能对这些数据进行分析。当博主们开始戴着史蒂夫·曼恩的设备时，我们的社会将如何改变呢？

点对点的新闻报道（或者对于看起来比我年轻的人来说，我应该说 P2P 新闻报道）仍旧是一件未来的事情（至少在写作本书时是，尽管也许当本书真正为人所读到时就不是了）。然而，移动电话已经导致了至少一个政府的倒台。

正如莱茵戈德所说的："2001 年 1 月 20 日，菲律宾总统约瑟夫·埃斯特拉达（Joseph Estrada）成了历史上第一个输给一群聪明的暴民的国家首脑。超过一百万的马尼拉居民被一波波短信动员和协调起来，聚集到 1986 年推翻马科斯（Marcos）政权的'人民力量'和平示威的地点。在第一条短信——'去 EDSA，穿黑色'——群发出去之后不到一小时，就有成千上万的菲律宾人聚集到了埃皮法尼奥桑托斯大道（Epifanio de los Santas），也就是'EDSA'。埃斯特拉达倒台了。"

欧盟是一种新型帝国吗？美国和中国之间新兴的竞争会采取历

史上强国间斗争那样的形式吗？俄罗斯的占支配地位民族会耗尽其族亲意识吗？中东在 21 世纪期间会崛起新的强大的哈里发国吗？美国最近族亲意识的衰退——正如第十三章所讨论的——预示了什么样的美帝国的未来呢？本章所提出的问题远比答案更多。

重要的是，不要过高估计我们对简单的农业社会的理解。将历史教训应用于当代将出现更多的困难，因为我们生活在不同于亚述人、罗马人和蒙古人所生活的世界。丰富的食物和能量、快速发展的技术和科学、大众媒体、万维网和移动电话，使得任何将历史上的农业帝国和现代的工业国家进行直接比较都是成问题的。同时，现代性并没有重置人类的本性，我们仍旧以传统的方式生孩子，我们仍旧在个体和集体冲突中互相残杀，集体忠诚感和对外来者的难以容忍仍旧控制着我们。

可能会设计出增强族亲意识——也就是帕特南所写的社会资本——的机制吗？或者至少，我们能设计出族亲意识不会持续减弱的社会吗？人类总是需要来自外部敌人的迫近威胁以促进有效的合作吗？有些人也许会从我的书中总结道，族亲意识定律意味着全人类要进行合作，就必须受到天外来客的袭击。

即便现代科学家已经解决了养活人口的问题，但是他们仍旧极易受到精英过剩问题的影响。即便民主制的存在是为了将冲突引导到和平的形式上，但精英内部竞争还是会升级为暴力，进而导致西方国家崩溃吗？我们能在再分配的国家社会主义和放任创造不平等并削弱合作的马太定律横冲直撞之间发现一条中间道路吗？

我所相信的历史动力学这门科学，对占支配地位民族的生命周期的定义并不能预先规定在我们这个时代占主导地位的帝国明天将会发生什么，但是它确实描绘了过去的重要因素，并且引导我们在下一个时代、下一个世纪和下一个千年做出关键的选择。我希望我针对这些生命周期所做的描述和与之相关的研究，将会使合作对人类长期繁荣的重要性变得清晰可见。"合众为一"（E Pluribus Unum①）。

---

① "E Pluribus Unum"，为美国国徽上的拉丁语格言，意为"合众为一""团结统一""万众一心"。——译者注

资料来源

你可以在两本书中找到《历史动力学：帝国的兴衰密码》这本书所讨论的主要理论的技术解释：图尔钦，2003 年，《历史动力学：国家为何兴衰》（*Historical Dynamics：Why States Rise and Fall*，普林斯顿大学出版社）；图尔钦和内费多夫（S. A. Nefedov），2006 年，《长周期》（*Secular Cycles*，尚未出版）。注意！这些书并不是消遣读物——其中包含大量的等式、数据图表和统计分析。

许多最近的书都提出了以自然科学的意象来重塑社会科学的可能性。我喜欢阅读并推荐阅读以下的书：

Gladwell，M. 2000. *The Tipping Point：How Little Things Can Make a Big Difference*. Little，Brown，and Co，Boston.

Roehner，B.，and T. Symes. 2002. *Pattern and Repertoire in History*. Harvard University Press，Cambridge，MA.

Ball，P. 2004. *Critical Mass：How One Thing Leads to Another*. Farrar，Strauss，and Giroux，New York.

Seabright，P. 2004. *The Company of Strangers*. Princeton University Press，Princeton，NJ.

Surowiecki，J. 2004. *The Wisdom of Crowds*. Doubleday，New York.

Diamond，J. 1997. *Guns，Germs，and Steel：The Fates of Human Societies*. W. W. Norton，New York. [贾雷德·戴蒙德（Jared Diamond）这本获得普利策奖的书是必读书目，也可参见他的新书《崩溃》（*Collapse*）。]

还有一些关于世界历史的书，我觉得非常有用且有启发意义：

Christian，D. 1998. *A History of Russia，Central Asia，and Mongolia*. Blackwell，Oxford.

Christian，D. 2004. *Maps of Time：An Introduction to Big History*. University of California Press，Berkeley.

Kennedy，P. 1987. *The Rise and Fall of the Great Powers：Economic Change and Military Conflict from 1500 to 2000*. Random House，New York.

Mann，M. 1986. *The Sources of Social Power. Volume I. A History of Power from the Beginning to A. D. 1760*. Cambridge University Press，Cambridge，UK.

McNeill，W. H. 1976. *Plagues and Peoples*. Anchor Books，New York.

McNeill，W. H. 1982. *The Pursuit of Power*. University of Chicago Press，Chicago，IL.

我已经核对了基本的历史事实，比如日期和战斗地点，参见 Stearns，P. N. 2001. *The Encyclopedia of World History*，6th Edition. Houghton Mifflin，Boston（The CD-ROM version）。

请注意，对于全书中提到的统治者而言，圆括号中的年份代表其统治年份；而对于其他人而言，则是指其出生和死亡的年份。

导论

"历史规律"（laws of history）的观点比阿西莫夫的三部曲早了好几个世纪，也许最著名的是卡尔·马克思的观念。列夫·托尔斯泰认为可以在理解人类的个体意志如何被结合到集体行动中发现历史规律。我在第十二章中更为充分地讨论了这些问题。

我们如何从对个体的了解中推断出集体行为，在社会学上被称为从微观到宏观的问题。Coleman，J. S. 1990. *Foundations of Social Theory*. Belknap Press，Cambridge，MA，pp. 5 – 23. 也可参见 Hechter，M. 1987. *Principles of Group Solidarity*. University of California Press，Berkeley，CA；Goldstone，J. A. 1994. "Is Revolution Individually Rational? Groups and Individuals in Revolutionary Collective Action." *Rationality and Society* 6：139 – 166。

我对族群的定义遵循的是 Brass，P. R. 1991. *Ethnicity and Nationalism : Theory and Comparison*. Sage Publications，New Delhi，p. 18。对民族的讨论，可参见 Turchin 2003：33ff。

关于群体成员之间的合作，参见 Collins，R. 1992. *Sociological Insight*. Oxford University Press，New York，p. 8。

"所以，和久必战，战久必和"，这句话是 1589 年乔治·普登汉姆所说。

人口结构理论是由杰克·戈德斯通提出的。参见 Goldstone，J. A. 1991. *Revolution and Rebellion in the Early Modern World*. University of California Press，Berkeley，CA。戈德斯通的理论关注的是人口增长和国家崩溃之间的关系。后来，我添加了社会政治不稳定与人口减少的反馈联系（图尔钦，2003 年：第七章）。也可参见 Nefedov，S. 1999. "The Method of Demographic Cycles in a Study of Socioeconomic History of Preindustrial Society." Ph. D. Disser-tation（in Russian），Ekaterinburg University，Ekaterinburg，Russia，以及即将出版的图尔钦和内费多夫的《长周期》。

历史动力学是一种普遍的理论框架，并不限于任何特定数量的理论。目前，除本书中讨论的三种理论外，还包括两种其他的理论：民族动力学，其所研究的是民族同化和宗教皈依问题；地缘政治学，其所研究的是空间如何影响国家规划力量的能力的问题。参见我的书《历史动力学：国家为何兴衰》（图尔钦，2003）。

第一章

关于叶尔马克征服的描述出自 19 世纪的俄国历史学家 N. M. 卡拉姆津［N. M. Karamzin，《俄国史》（*History of the Russian State*）第三卷］。关于英文版本，参见 Soloviev, S. M. 2002. *History of Russia*. Volume 11. Academic International Press，Gulf Breeze，FL。关于俄罗斯历史的精彩的综合性论述，参见 Riazanovsky，N. V. 2000. *A History of Russia*，6th Edition. Oxford University Press，New York。

出自《斯特罗加诺夫编年史》的长篇引用来源于 Dmytryshyn，B.，E. A. P. Crownhart-Vaughn，and T. Vaughan. 1985. *Russia's Conquest of Siberia*. Western Imprints，Portland，OR。

关于包括蒙古人在内的草原游牧民族的历史，最可读的资料之一仍旧是 Grousset，R. 1970. *The Empire of the Steppes：A History of Central Asia*. Rutgers University Press，New Brunswick，NJ。关于鲁布鲁克的引文，出自 Barfield，T. J. 1994. "The Devil's Horsemen." In S. P. Reyna and R. E. Downs，editors. *Studying War：Anthropological Perspectives*. Gordon and Breach，Langhorn，PA。

关于蒙古人的组织，参见 McNeill，W. H. 1963. *The Rise of the West*.

New American Library，New York 一书第 492 页的注释 16。

第二章

　　16 世纪早期是莫斯科公国和俄罗斯民族诞生的关键时期。不幸的是，许多俄罗斯史书都对这一时期重视不足［例如，利亚赞诺斯基（Riazanovsky）的作品］。我对莫斯科公国与克里米亚鞑靼人的斗争的描述出自 Kargalov，V. V. 1974. *On the Steppe Frontier*. Nauka，Moscow。遗憾的是，该文本只有俄文。关于东欧的草原边境，精彩的英文描述是 McNeill，W. H. 1964. *Europe's Steppe Frontier*. University of Chicago Press，Chicago。关于接连出现的防线，参见 Hellie，R. 1971. *Enserfment and Military Change in Muscovy*. University of Chicago Press，Chicago，p. 174ff。

　　关于克里米亚袭击的经济成本，参见 Khodarkovsky，M. 2002. *Russia's Steppe Frontier*. Indiana University Press，Bloomington，IN，p. 223。霍达尔科夫斯基（Khodarkovsky）保守地估计，俄国投入克里米亚的总金额为六百万卢比（其中大部分都花在了赎回俘虏上）。作为比较，一个哥萨克人的年薪大约是 5 卢比。

　　引自博普朗的引文出自英文译本，参见 Beauplan，Guillaume Le Vasseur. 1993. *A Description of Ukraine*. Introduction，Translation，and Notes by Andrew B. Pernal and Dennis F. Essar. Harvard University Press，Cambridge，MA。

　　关于乌克兰边境的经历的描述，参见 Subtelny，O. 1988. *Ukraine：A History*. University of Toronto Press，Toronto。关于俄罗斯和乌克兰边境组织的不同之处，参见 Sanin，G. A. 1992. "The Southern Border of Russia in the Second Half of the Seventeenth-First Half of the Eighteenth Centuries."（原文为俄文）. *Russian History* 19：433 - 457.

　　这一冷战时期出现的有关俄罗斯史的传统观点见于 Pipes，R. 1974. *Russia*

Under the Old Regime. Scribner，New York。最近，派普斯（Pipes）的解释和学术研究遭到了指责，例如，可参见 Weickhardt，G. G. 1993. "The Pre-Petrine Law of Property." *Slavic Review* 52：663 – 679。关于近代俄罗斯的国家和社会之间关系更为公正的描述，参见 Kollmann，N. S. 1987. *Kinship and Politics ：The Making of the Muscovite Political System* ，1345 – 1547. Stanford University，Stanford，CA；Kollmann，N. S. 1999. *By Honor Bound ： State and Society in Early Modern Russia*. Cornell University Press，Ithaca，NY；Kivelson，V. A. 1996. *Autocracy in the Provinces ： The Muscovite Gentry and Political Culture in the Seventeenth Century*. Stanford University Press，Stanford，CA；Ostrowski，D. 1998. *Muscovy and the Mongols ： Cross-Cultural Influences on the Steppe Frontier* ，1304 – 1589. Cambridge University Press，Cambridge，UK。

关于边境区域合作精神，麦克尼尔就近代俄罗斯的平民和精英之间的合作说道："尽管农民们被迫接受负担沉重的农奴制度，但是他们也在这个服务型国家中看到了某种粗暴的正义，其要求地主们服务于沙皇，就像农民们被迫服务于他们的主人——地主那样。"参见 McNeill，W. H. 1964. *Europe's Steppe Frontier*. University of Chicago Press，Chicago，IL. p. 64。

关于俄国边境的社会结构，参见 Stevens，C. B. 1995. *Soldiers on the Steppe*. Northern Illinois University Press，DeKalb。也可参见 Mironov，B. N. 2000. *A Social History of Imperial Russia* ，1700 – 1917. Westview Press，Boulder，CO。

实际上，莫斯科公国直接引进了一些制度，比如从金帐汗国引进了邮寄服务和税收管理方法。参见 Halperin，C. J. 1985. *Russia and the Golden Horde ： The Mongol Impact on Medieval Russian History*. Indiana University Press，Bloomington，IN。

关于西欧人对俄国人的文化偏见，参见 Kollmann，*By Honor Bound*，p. 153。

关于 17 世纪中期俄国的社会等级结构变化，参见 Davies，B. 1992. "Village into Garrison：the Militarized Peasant Communities of Southern Moscovy." *Russian Review* 51：481 – 501。

关于公地悲剧，参见 Hardin，G. 1968. "The Tragedy of the Commons." *Science* 162：1243 – 1248。

关于边境断层线，南希·休梅克（Nancy Shoemaker）最近已经证明了在欧洲人和印度人之间的元民族敌意是逐渐加剧的。至 18 世纪末，欧洲人和印度人都放弃了最初想要承认彼此具有共同人性的意愿。反之，双方都逐渐形成了新的关于"他者"的刻板想法，这一想法所根植的信念是，无论就习俗，还是本性而言，他们根本是不一样的民族。参见 Shoemaker，N. 2004. *A Strange Likeness：Becoming Red and White in Eighteenth-Century America*. Oxford University Press，New York。

关于北美殖民者和印第安人之间的屠杀冲突，参见 Osborn，W. M. 2000. *The Wild Frontier：Atrocities During the American-Indian War from Jamestown Colony to Wounded Knee*. Random House，New York。关于"国王腓力之战"，有一篇有用的文章，即 W. G. Giersbach. "King Philip's War：America's Most Devastating Conflict"，可以在以下网址找到这篇文章：www. militaryhistoryonline. com。

玛丽·罗兰森的描述最近重印于 Slotkin，R. ，and J. K. Folsom，editors. 1978. *So Dreadful a Judgment：Puritan Responses to King Philip's War，1676 - 1677*. Wesleyan University Press，Hanover。

关于北美印第安人与殖民者之间的冲突，参见 Osborn，*The Wild Frontier*。

关于托克维尔评论美国人形成自治组织的能力，参见 Tocqueville，Alexis de. 1984. *Democracy in America*. Anchor Books，Garden City，NJ。

关于欧美人对欧洲人和印第安人联姻的态度，参见 West，E. 1999. *The Contested Plains : Indians，Goldseekers，and the Rush to Colorado*. University Press of Kansas，Lawrence，KS。

第三章

关于条顿堡森林之战，参见 Wells，P. S. 2003. *The Battle That Stopped Rome : Emperor Augustus，Arminius，and the Slaughter of Legions in the Teutoburg Forest*. W. W. Norton，New York。

关于早期日耳曼人，除 Wells 2003 之外，参见 Wells，P. S. 1999. *The Barbarians Speak : How the Conquered Peoples Shaped Roman Europe*. Princeton University Press，Princeton，NJ。也可参见 Wolfram，H. 1997. *The Roman Empire and Its Germanic Peoples*. University of California Press，Berkeley；Musset，L. 1975. *The Germanic Invasions : The Making of Europe AD 400 - 600*. Pennsylvania State University Press，University Park，PA；Geary，P. J. 1988. *Before France and Germany : The Creation and Transformation of the Merovingian World*. Oxford University Press，New York；Todd，M. 1992. *The Early Germans*. Blackwell，Oxford。

关于极易发生冲突的地带，参见 Geary 1988：57。

关于日耳曼众神之首提瓦兹，参见 Geary 1988。

关于奥丁崇拜的崛起，参见 Miller，D. H. 1993. "Ethnogenesis and Religious Revitalization beyond the Roman Frontier：The Case of Frankish Origins." *Journal of World History* 4：277 - 285。

《天主之言》中奥丁的话，引自 Lindow，J. 2002. *Norse Mythology : A*

Guide to the Gods, *Heroes*, *Rituals*, *and Beliefs*. Oxford University Press，p. 248。更多关于奥丁的内容，参见 Munch，P. A. 1926. *Norse Mythology*. Oxford University Press，London。

关于盎格鲁-撒克逊国王的家系，也就是追溯他们的血统至奥丁的内容，参见 Grimm，J. 1880. *Teutonic Mythology*. W. Swann Sonnenschein & Allen，London，p. 165。

关于日耳曼酋长间的合作，参见 Wolfram 1997：41。

关于汪达尔人和勃艮第人，参见 Wolfram 1997：43。

"阿提拉"在哥特语中意味着"父亲"，参见 Wolfram 1997：143。

关于大量的农民在边境地区建立殖民地，参见 Musset 1975：67。

关于法兰克人和阿勒曼尼人之间的关系，参见 Hummer，H. J. 1998. "Franks and Alamanni：A Discontinuous Ethnogenesis. " in I. Wood，editor. *Franks and Alamanni in the Merovingian Period : an Ethnographic Perspective*. Boydell Press，San Marino，RSM，pp. 9 - 32。

关于法兰克人的名称，参见 Hummer 1998。同一资料也可以找到阿勒曼尼人的名称。

关于罗马人没能征服阿勒曼尼人，参见 Hummer 1998。

关于加里恩努斯的统治，参见 Southern，P. 2001. *The Roman Empire from Severus to Constantine*. Routledge，London。

关于日耳曼移民定居在意大利北部的情况，参见 Musset 1975。

关于罗马军团新兵的地域来源，参见 Figure 13 in MacMullen，R. 1988. *Corruption and the Decline of Rome*. Yale University Press，New Haven，CT。

对拜占庭历史进行的精彩且详细的讨论，引自 Treadgold，W. 1997. *A History of the Byzantine State and Society*. Stanford University Press，Stanford，CA。

关于吉本的《罗马帝国衰亡史》，参见 Treadgold，W. 1988. *The Byzantine Revival*，*782-842*. Stanford University Press，Stanford，CA。

关于君士坦丁堡的人口，参见 Modelski，G. 2003. *World Cities：-3000 to 2000*. Faros 2000，Washington。

《第一次十字军东征编年史》的引文，引自 Collins，J. B. 2002. *From Tribes to Nation：The Making of France 500-1799*. Wadsworth，Toronto，p. 94。

第四章

伊本·赫勒敦的引文来源是 Ibn Khaldun. 1958. *The Muqaddimah：An Introduction to History*. Pantheon Books，New York。翻译自阿拉伯语，译者是弗兰茨·罗森塔尔（Franz Rosenthal）。

关于伊本·赫勒敦的生平时代，请阅读 *The Muqaddimah* 一书的引言，该引言由译者弗兰茨·罗森塔尔翻译。

关于伊本·赫勒敦理论的评价，参见 Inayatullah，S. 1997. "Ibn Khaldun：The Strengthening and Weakening of Asabiya. " in J. Galtung and S. Inayatullah，editors. *Macrohistory and Macrohistorians*. Praeger，Westport，CT，pp. 25-32。

关于伊本·赫勒敦是世界上第一位社会学家的内容，参见 Gellner，E. 1981. *Muslim Society*. Cambridge University Press，Cambridge，UK。

关于我对伊斯兰教崛起的描述，我甚为感激 Donner，F. M. 1981. *The Early Islamic Conquests*. Princeton University Press，Princeton，NJ。

关于环境影响决定边境的观点，参见 Whittaker，C. R. 1994. *Frontiers of the Roman Empire*. Johns Hopkins University Press，Baltimore。其中还很好地分析了罗马边境对前伊斯兰-阿拉伯政体的变革性影响。

关于国家的支柱，John Bartlett (1919) 在 *Familiar Quotations*，10th Edition，p. 1002 追溯了这一表述的根源。"第欧根尼·拉尔修（Diogenes Laertius）在他所写的比翁（Bion）的人生（lib. iv. c. 7，sect. 3）中，描述了那个哲学家所说的，（希腊的）'财富是商业的支柱'，或者正如这一短语中的意思'国家的'。这也许指的是比翁的格言，所以普鲁塔克在他的《克里奥门尼斯的一生》（*Life of Cleomenes*，约 27）中说道：'首先称钱是国家支柱的人这么说似乎是特别指向战争的。'据此，我们发现钱被明确地称为（希腊的）'战争的支柱'，见于《利巴尼乌斯》（*Libanius*），演说 46〔第二卷，第 477 页，由莱斯克（Reiske）编辑〕，以及训诂学者在品达的奥林匹克诗歌 i. 4 所做的注释〔对比佛提乌（Photius），Lex. s. v.（希腊语）〕。因此在西塞罗的 Philipp. v. 2 中说道：'战争的中枢，无限的金钱。'（nervos belli, infinitam pecuniam.)"

关于加萨尼德人的军事行动，参见 Donner 1981。

关于卢旺达人转投伊斯兰教，参见 Lacey, M. 2004. "Ten Years after Horror, Rwandans Turn to Islam." *New York Times*，April 7，2004。

关于 7 世纪初活跃在阿拉伯半岛的一神论先知，参见 Korotayev, A. V. 2004. *The Origins of Islam : Political Anthropological and Socio-Ecological Aspects*. United Humanitarian Press，Moscow。也可参见 Kennedy, H. 1986. *The Prophet and the Age of the Caliphates*. Longman，Harlow，England，p. 47。

关于西阿拉伯宗教政治联盟，参见 Korotayev 2004。

关于乌玛，参见 Donner 1981。

关于哈立德给波斯人的信，参见 Stalinsky, S. 2004. "The West Is Weak Because It Respects Life? Too Bad." *National Review*，May 24，2004。

第五章

关于英格兰的一战情况，参见 Ferguson, N. 1999. *The Pity of War*. Basic Books。关于法兰西的一战情况，参见 Smith, L. V. 2003. *France and the Great*

War. Cambridge University Press，Cambridge，UK。

关于合作为社会生活提供了基础，托马斯·阿奎那认为人们会自然而然地融入社会。参见 Boucher，D.，and P. Kelly. 1994. *The Social Contract from Hobbes to Rawls*. Routledge，London，p. 10。

威廉·布鲁克斯的叙述，引自 www. spartacus. schoolnet. co. uk/FWWbrooks. htm。

大卫·休谟的话，见于 *Essays：Moral，Political，and Literary*。

关于圣路易的引文，出自 Evans J. 1957. *Life in Medieval France*. Phaidon Press，London，p. 12。他所表达的看法在 15 世纪的政治思想中仍然流行。比马基雅弗利早了一个世纪的克里斯蒂娜·德·皮桑（Christine de Pisan）说道："他（国君）一定要非常热爱他的国家和民众的利益，而非他的私人利益，只有这种利益应该占据他的全部注意力。"*The Book of the Body Politic*（约 1407）。引自 Collins，J. B. 2002. *From Tribes to Nation：The Making of France 500－1799*. Wadsworth，Toronto，p. 144。

亚当·斯密认为社会不可能完全以利己主义为基础。例如，在他的书《道德情操论》（*Theory of Moral Sentiments*）中，斯密详细地讨论了同情心在人类事务中的重要性。

在美国，提供自由福利的州的离婚率更高。参见 Frank，R. H.，T. Gilovich，and D. T. Regan. 1993. "Does Studying Economics Inhibit Cooperation?" *Journal of Economic Perspectives* 7：159 - 171。

反对《杰伊条约》的波士顿涂鸦，出自 Jervis，R. 1997. *System Effects：Complexity in Political and Social Life*. Princeton University Press，Princeton，NJ，p. 212。

因为每四只新蜜蜂共享四分之三的牺牲防卫蜂的基因，平均而言，它们将会有 $0.75 \times 4 = 3$ 个利他基因的副本。

更多关于互惠利他主义的内容，参见 Seabright，P. 2004. *The Company of Strangers*. Princeton University Press 和 Bowles，S. 2004. *Microeconomics*. Princeton University Press。

文化群体选择理论是由加利福尼亚大学洛杉矶分校的人类学家罗伯特·博伊德和彼得·里切尔森提出的，该理论的最初陈述见于 Boyd，R.，and P. J. Richerson. 1985. *Culture and the Evolutionary Process*. University of Chicago Press，Chicago。没那么专业的描述，见于 Richerson，P. J.，and R. Boyd. 1998. "The Evolution of Human Ultrasociality."In I. Eibl-Eibesfeldt and F. K. Salter，editors. *Ethnic Conflict and Indoctrination*. Berghahn Books，Oxford。也可参见 Richerson，P. J.，and R. Boyd. 2005. *Not by Genes Alone：How Culture Transformed Human Evolution*. University of Chicago Press，Chicago。

关于格拉德威尔引用的例子，参见 Gladwell，M. 2000. *The Tipping Point：How Little Things Can Make a Big Difference*. Little，Brown，and Co，Boston，pp. 177 – 192。

关于社会生活和象征主义，参见 Durkheim，E. 1915. *The Elementary Forms of the Religious Life*，*A Study in Religious Sociology*. Macmillan，New York。

真实的人并不会按照利己主义推论所预测的方式行事，此观点参见 Fehr，E.，and S. Gächter. 2002. "Altruistic Punishment in Humans."*Nature* 415：137 – 140。也可参见 Bowles，S. and H. Gintis. 2002. "Homo Reciprocans."*Nature* 415：125 – 128。

关于博弈实验，参见 Fehr，E.，U. Fischbacher，and E. Tougareva. 2002. *Do High Stakes and Competition Undermine Fairness？Evidence from Russia*. Institute for Empirical Research in Economics，University of Zurich. Working Paper ISSN 1424 – 0459。

相比其他学科的学生而言，经济学的毕业生会以更为利己的方式行事。对此观点的经典研究，见于 Marwell，G.，and R. Ames. 1981. "Economists Free Ride, Does Anyone Else?" *Journal of Public Economics* 15：295 - 310。也可参见 Frank，R. H.，T. Gilovich, and D. T. Regan. 1993. "Does Studying Economics Inhibit Cooperation?" *Journal of Economic Perspectives* 7：159 - 171。

当参与博弈的是来自工业社会的大学生时，跨文化差异并不是很大，不过仍是可以看出来的。关于此观点，参见 Roth，A. E.，V. Prasnikar，M. Okuno-Fujiwara，and S. Zamir. 1991. "Bargaining and Market Behavior in Jerusalem, Ljubljana, Pittsburgh, and Tokyo：an Experimental Study." *American Economic Review* 81：1068 - 1095。

关于研究者在 15 个小规模的传统社会进行最后通牒博弈游戏，参见 Henrich，J.，R. Boyd，S. Bowles，C. Camerer，E. Fehr，and H. Gintis. 2004. *Foundations of Human Sociality：Economic Experiments and Ethnographic Evidence from Fifteen Small-Scale Societies*. Oxford University Press，New York。

关于菲尔及其同事们在苏黎世进行的一项实验，参见 Quervain，D. J.，U. Fischbacher，V. Treyer，M. Schellhammer，U. Schnyder，A. Buck，and E. Fehr. 2004. "The Neural Basis of Altruistic Punishment." *Science* 305：1254 - 1258。也可参见 Knutson，B. 2004. "A Sweet Revenge?" *Science* 305：1246 - 1247。

关于神经经济学，除了凯尔维安（Quervain）等人的论文（2004）之外，参见 Sanfey，A. G.，J. K. Rilling，J. A. Aronson，L. E. Nystrom，and J. D. Cohen. 2003. "The Neural Basis of Economic Decision-making in the Ultimatum Game." *Science* 300：1755 - 1758；King-Casas，B.，D. Tomlin，C. Anen，C. F. Camerer，S. R. Quartz，and P. R. Montague. 2005. "Getting to Know You：Reputation and Trust in a Two-Person Economic Exchange. ” *Science* 308：78 - 83。

关于威尔逊及其同事们对个体选择主义信条发起的攻击，参见 Sober，E. ，and D. S. Wilson. 1991. *Unto Others ： The Evolution and Psychology of Unselfish Behavior*. Harvard University Press，Cambridge，MA。

关于人类超社会是如何进化的最合适解释，我在此处说“最合适”是因为并非所有相关的细枝末节都已经解决了，在某些方面，仍旧有些互不相容的解释正在激烈的讨论中——对于解释人类的社会性，还有很多工作正在进行中。

关于进化心理学家对人类大脑认知能力的研究，参见 Cosmides，L. ，and J. Tooby. 2005. *What Is Evolutionary Psychology? Explaining the New Science of the Mind*. Yale University Press，New Haven，CT。

关于人类学家劳伦斯·H. 基利所提供的证据，参见 Keely，L. H. 1997. *War Before Civilization ： The Myth of the Peaceful Savage*. Oxford University Press，New York。

关于象征性思考的能力，参见 Greenspan，S. I. ，and S. G. Shanker. 2004. *The First Idea ： How Symbols ，Language ，and Intelligence Evolved from Our Primate Ancestors to Modern Humans*. Da Capo Press，Cambridge，MA。

诚然，有很多其他的适应性变化在社会性进化上扮演了重要的角色。我已经多次指出社会制度的重要性——法律、非正式的规则和惯例都为社会交流提供了稳固的结构（参见 Bowles S. 2004. *Microeconomics：Behavior ，Institutions ，and Evolution*. Princeton University Press，pp. 47 - 48）。

第六章

本章的标题借用了以下文章：Raaflaub，K. A. 1996. “Born to Be Wolves? Origins of Roman Imperialism. ” in R. W. Wallace and E. M. Harris，editors.

Transitions to Empire. University of Oklahoma Press，Norman，pp. 273 – 314.

我对罗马早期历史的描述主要依赖于 Cornell，T. J. 1995. *The Beginnings of Rome ： Italy and Rome from the Bronze Age to the Punic Wars（c. 1000 – 264 BC）*. Routledge，London。另一个有用的参考是 Pallottino，M. 1991. *A History of Earliest Italy*. University of Michigan Press，Ann Arbor，MI。也可参见 Toynbee，A. J. 1965. *Hannibal's Legacy ： The Hannibalic War's Effects on Roman life*. Oxford University Press，London。

关于罗马历史的精彩概论，参见 Ward，A. M.，F. M. Heichelheim，C. A. Yeo. 2003. *A History of The Roman People*. 4th Edition. Prentice Hall，Upper Saddle River，NJ。

一个有用的网络资源是 *Illustrated History of the Roman Empire*，www. roman-empire. net。

关于公元前 463 年的瘟疫，参见 Duncan-Jones，R. P. 1996. "The Impact of the Antonine Plague." *Journal of Roman Archaeology* 9：108 – 136。根据狄奥尼修斯所说，公元前 451 年的瘟疫杀死了全部奴隶和半数公民。根据编年史历史学家的记录，公元前 5 世纪发生了 16 次瘟疫，公元前 4 世纪减少到了 9 次。也经常出现严重的生存危机。根据罗马编年史家的记录，公元前 5 世纪发生了 8 次饥荒，相比之下，公元前 4 世纪和公元前 3 世纪仅各发生过两次。（Toynbee 1965：93）

关于高卢-罗马边境，参见 Dyson，S. L. 1985. *The Creation of the Roman Frontier*. Princeton University Press，Princeton，NJ，第一章；Williams，J. H. C. 2001. *Beyond the Rubicon ： Romans and Gauls in Republican Italy*. Oxford University Press。

关于拉丁人是一个名副其实的民族这一观点，参见 Cornell 1955 中关于伊特鲁里亚人和拉丁人之间民族界限的讨论。

公元前 625 年的一个世纪后，罗马的面积扩大了 6 倍，从 50 公顷扩大到 300 公顷（1 公顷＝2.5 英亩）。在古代地中海城市中，标准的人口密度是每公顷 100—200 人。出自 Cornell 1995。

其他已知的拉丁城镇的面积都处于比罗马小的数量级，最大的是 40 公顷，塔伦特姆的面积是 500 公顷。

公元前 507 年，罗马和迦太基订立了条约。现在所有认真思考的学者都认为确实如此。

公元前 5 世纪期间，罗马和维依交战三次：公元前 483 年—公元前 474 年、公元前 437 年—公元前 435 年以及公元前 406 年—公元前 396 年。

根据李维的记录，在公元前 5 世纪发生了 8 次大规模的饥荒，相比之下，在接下来的两个世纪分别只发生了 2 次。

关于高卢人给罗马人带来的威胁和恐慌，参见 Cornell 1995：325。

关于威尼蒂的坚持，参见 Toynbee, A. J. 1965. *Hannibal's Legacy：The Hannibalic War's Effects on Roman Life*. Oxford University Press, London, p. 266。

关于汉尼拔战争期间意大利人对罗马的忠诚，参见 Betty Radice to the Penguin edition of Livy's *The War with Hannibal*, p. 16 of the Introduction。

关于罗马人对待被征服的高卢人的方式，参见 Brunt, P. A. 1971. *Italian Manpower：225 BC-AD 14*. Clarendon Press, Oxford, p. 538。

关于对罗马人品质的评价，参见 Wells, C. M. 1992. *The Roman Empire*. 2nd Edition. Harvard University Press, Cambridge, p. 190。在卖淫者的广告上的“两便士”就是两阿斯。

关于早期罗马人的价值观，参见 Ward et al. 2003：57。

关于罗马的道德准则，参见 Barton, C. A. 2001. *Roman Honor：The Fire in the Bones*. University of California Press, Berkeley。

西塞罗关于罗马人英雄主义的引文，参见西塞罗：《为米洛辩护》（*Pro Milone*），引自 Barton 2001：43。

年轻人被教导着"为自己的祖国而死是幸福且光荣的"，此观点引自 Horace，Ode Ⅱ. "Against the Degeneracy of the Roman Youth. " eBook *The Works of Horace*. www. authorama. com/works-of-horace-3. html。

关于以宗教信仰作为纽带，参见 Barton 2001：35。

关于罗马人的牺牲精神，参见 Barton 2001。

关于斯巴达，非常可读的入门指引，参见 Cartledge，P. 2002. *The Spartans: The World of the Warrior-Heroes of Ancient Greece*. Vintage Books，New York。

苏格拉底说："在战争中，以合唱来虔敬地赞美神的人是最优秀的人。"引自 Powell，A. 1989. *Classical Sparta: Techniques behind Her Success*. University of Oklahoma Press，Norman，OK，p. 142。

历史学家圣克鲁瓦认为，向为自己劳作的人宣战在历史上是一种绝无仅有的行动，参见 De Ste. Croix，G. E. M. 1981. *The Class Struggle in the Ancient Greek World*. Cornell University Press，Ithaca，p. 149。

关于马其顿的历史，参见 Hammond，N. G. L. 1989. *The Macedonian State: Origins，Institutions，and History*. Clarendon Press，Oxford。

第七章

关于边境在中世纪欧洲史上所发挥作用的精彩概述，参见 Bartlett，R. 1993. *The Making of Europe: Conquest，Colonization and Cultural Change*. Princeton University Press，Princeton，NJ。

关于穆斯林和基督徒之间的伊比利亚边境，参见 Powers，J. F. 1988. *A Society Organized for War: The Iberian Municipal Militias in the Central*

Middle Ages，*1000 – 1284*. University of California Press，Berkeley；Collins，
R. 1983. *Early Medieval Spain：Unity in Diversity*，*400 – 1000*. St. Martin's
Press，New York；Reilly，B. F. 1992. *The Contest of Christian and Muslim
Spain：1031 – 1157*. Blackwell，Cambridge，MA。

关于西班牙的崛起，参见 Elliot，J. H. 1963. *Imperial Spain*，*1469 – 1716*.
St. Martin's Press，New York；Kamen，H. 2003. *Empire：How Spain Became a
World Power*，*1492 – 1763*. Harper Collins，New York。Kamen（pp. 16 – 17）
还讨论了伊斯兰国家边境在西班牙、加泰罗尼亚、瓦伦西亚、阿拉贡和卡斯
蒂利亚等基督教国家的整合性作用。

科尔多瓦是继君士坦丁堡之后欧洲最大的城市，参见 Modelski 2003。估
计其在公元 1000 年的人口规模为 450 000 人。西班牙最大的基督教城市的人
口只有几千人——在人口密度上少了两个数量级。

关于伊比利亚和伊斯兰国家边境与俄国草原边境之间的对比，参见 Arm-
strong，J. A. 1982. *Nations Before Nationalism*. University of North Carolina
Press，Chapel Hill，NC。

关于兄弟会的抢劫行为，参见 Elliott 1963：85。

关于卡斯蒂利亚人付更多的税，参见 Pollard，S. 1997. *Marginal Europe：
The Contribution of Marginal Lands Since the Middle Ages*. Clarendon Press，
Oxford，p. 94。看起来，一般的意见是帝国的核心区域会承担更重的税务负
担：荷兰共和国的荷兰省、西班牙的卡斯蒂利亚、法兰西王国的北部、大不
列颠的南部郡县和俄帝国中的俄国人。

布尔代耶关于西班牙的引文，参见 Messire Pierre de Bourdeille Seigneur
de Brantome. *Vie des hommes illustres et grands capitaines étrangers de son
temps*. 1594。（英文版出自 Kamen 2003：471。）

Collins（2002：232）指出："科特尔斯的伙伴伯纳尔·迪亚兹（Bernal

Diaz)，一再将这些征服者比作西班牙收复失地运动中由穆斯林组成的勇猛骑士们。"

关于法国的早期历史，参见 Dunbabin，J. 1985. *France in the Making，843 - 1180*. Oxford University Press，Oxford；Scherman，K. 1987. *The Birth of France : Warriors，Bishops and Long-Haired Kings*. Random House，New York；Bates，D. 1995. "Western Francia: the Northern Principalities." in T. Reuter，editor. *The New Cambridge Medieval History. Volume III c. 900 - c. 1024*. Cambridge University Press，Cambridge，UK，pp. 398 - 419。

我对诺曼底崛起的描述参照的是 Searle，E. 1988. *Predatory Kinship and the Creation of Norman Power，840 - 1066*. University of California Press，Berkeley。

关于法兰克人对布列塔尼人的政治控制，参见 Galliou，P.，and M. Jones. 1991. *The Bretons*. Blackwell，Oxford。

关于19世纪法国共和国政府对布列塔尼人相当残酷的攻击，参见 Weber，E. J. 1976. *Peasants into Frenchmen : The Modernization of Rural France，1870 - 1914*. Stanford University Press，Stanford，CA。

关于英国人和北欧人之间的元民族边境，参见 Thomas，H. M. 2003. *The English and The Normans : Ethnic Hostility，Assimilation，and Identity，1066 - c. 1220*. Oxford University Press，New York。

关于另一次诺曼征服，参见 Brown，G. S. 2003. *The Norman Conquest of Southern Italy and Sicily*. McFarland，Jefferson，NC。除法国、英国和意大利南部的"诺曼底区域"之外，还有冰岛的。冰岛是没有任何外部敌人的孤岛。定居在这里的北欧人逐渐发展起一个既没有贵族也没有强制亲属群体这类社会规则的社会。他们依靠核心家庭成功地存活了下来，他们对远亲的责任感比较弱，几乎没有政府——这一切都是因为他们没有外部敌人（参见

Searle 1988：162）。

关于德意志的早期历史，参见 Barraclough，G. 1963. *The Origins of Modern Germany*. Capricorn Books，New York。

关于日耳曼-斯拉夫边境的发端，参见 Althoff，G. 1995. "Saxony and the Elbe Slavs in the Tenth Century. " In T. Reuter，editor. *The New Cambridge Medieval History*. Volume Ⅲ *c. 900 - c. 1024*. Cambridge University Press，Cambridge。

关于格罗侯爵的"友谊之宴"，参见 Althoff 1995：282。

"异教徒是恶魔"，引自 Pollard 1997：150。

关于波兰（和匈牙利）是 10 世纪在帝国边缘地区形成的国家的观点，参见 T. Reuter，editor. *The New Cambridge Medieval History*. Volume Ⅲ *c. 900 - c. 1024*. Cambridge University Press，Cambridge，UK，p. 119。

关于波罗的海边境，参见 Christiansen，E. 1980. *The Northern Crusades：The Baltic and the Catholic Frontier，1100 - 1525*. University of Minnesota Press；Murray，A. V. 2001. *Crusade and Conversion on the Baltic Frontier，1150 - 1500*. Ashgate，Aldershot，UK。

第八章

我对法兰西在 13 世纪的荣耀的描述，参见 Tuchman，B. W. 1978. *A Distant Mirror：The Calamitous Fourteenth Century*. Knopf，New York，pp. 19 - 21。塔奇曼（Tuchman）的作品是关于 14 世纪历史最可读的书目之一。

另一本精彩的书是 Sumption，J. 1991. *The Hundred Years War：Trial by Battle*. University of Pennsylvania Press，Philadelphia。也可参见 Seward，D. 1978. *The Hundred Years War：the English in France，1337 - 1453*. Atheneum，New York。

关于 14 世纪危机的精彩但更为学术性的研究是 Bois，G. 1984. *The Crisis of Feudalism*. Cambridge University Press，Cambridge，UK。也可参见 Braudel，F. 1988. *The Identity of France. Volume II. People and Production*. Harper Collins，New York。

编年史家巴佐什的话，引自 Evans，J. 1957. *Life in Medieval France*. Phaidon，London，p. 14。

关于命运之轮，参见 Mâle，E. 1972. *The Gothic Image：Religious Art in France of the Thirteenth Century*. Harper and Row，New York，pp. 94 – 97。

关于 17 世纪的危机，参见 Trevor-Roper，H. R. 1966. *The Crisis of the Seventeenth Century：Religion，the Reformation，and Social Change*. Harper & Row，New York；Parker，G.，and L. M. Smith. 1997. *The General Crisis of the Seventeenth Century*. 2nd edition. Routledge，London。

关于大革命时代，参见 Hobsbawm，E. J. 1962. *The Age of Revolution，1789 –1848*. New American Library，New York。

关于历史节奏，参见 Fischer，D. H. 1996. *The Great Wave：Price Revolutions and the Rhythm Of History*. Oxford University Press，New York。

关于气候变化对欧洲衰落和崩溃的影响，参见 Fagan，B. M. 2001. *The Little Ice Age：How Climate Made History，1300 –1850*. Basic Books，New York。也可参见 Galloway，P. R. 1986. "Long-term Fluctuations in Climate and Population in the Preindustrial Era." *Population and Development Review* 12：1 – 24。

关于过去两千年间的气温变化及其影响，参见 Jones，P. D.，and M. E. Mann. 2004. "Climate over Past Millennia." *Reviews of Geophysics* 42：1 – 42。

《农业国家中人口增长和社会政治不稳定性之间的动态反馈》是我的一篇论文的标题，于 2005 年在期刊 *Structure and Dynamics：eJournal of Anthro-*

pological and Related Sciences 上发表。

"去掉所有数学和统计的脚手架"，引自 Krugman，P. 1999. *The Return of Depression Economics*. W. W. Norton，New York，p. xii。

"一件事情是如何导致另一件事情"，出自 Philip Ball，*Critical Mass：How One Thing Leads to Another* 一书的标题。

关于经济历史学家对农民家庭需要土地的估算，详细内容参见 Turchin and Nefedov，*Secular Cycles*，forthcoming。

关于大饥荒的描述，出自 Johannes de Trokelowe，*Annales*. H. T. Riley，ed.，Rolls Series，No. 28（London，1866）：92 - 95，Brian Tierney，trans。其他的描述出自 Lucas，H. S. 1930. "The Great European Famine of 1315，1316，and 1317." *Speculum* 5：343。

包括佛兰德斯在内的人口密集地区损失的人口更多。在 14 世纪 30 年代的饥荒期间，法国南部人口最密集的城镇之一佩里格（Périgueux）损失了三分之一的居民。（Sumption 1991：12）

"你们这些贵族就像贪婪的饿狼一样"，引自 Evans 1957：34。

关于黑死病，除 Tuchman 1978 之外，参见 Collins 2002：138ff。

关于英法百年战争的原因，参见 Collins 2002：152。

傅华萨的引文出自 Froissart，J. 1968. *Chronicles*. Penguin，London。

关于 14 世纪法兰西王权的崩溃，参见 Caron，M. T. 1994. *Noblesse et Pouvoir Royal en France*. A. Colin，Paris。

关于英格兰的社会结构，参见 Dyer，C. 2000. *Everyday Life in Medieval England*. Hambledon and London，London，UK。

关于死后调查，参见 Russell，J. C. 1948. *British Medieval Population*. University of New Mexico Press，Albuquerque，NM；Hollingsworth，T. H. 1969. *Historical Demography*. Cornell University Press，Ithaca，NY。

社会流动性也会影响贵族的总数，但是在此我忽略了这方面问题，只关注人口统计过程。

关于福雷伯国的贵族收入和数量，参见 Perroy, E. 1962. "Social Mobility among the French Noblesse in the Later Middle Ages." *Past and Present* 21：25 – 38。

关于托马斯·史密斯爵士在《英国人的共和政体》（*De Republica Anglorum*，1583）中所写的乡绅地位的引述，出自 Coss, P. 2003. *The Origins of the English Gentry*. Cambridge University Press，Cambridge，UK，p. 6。

爱德华二世、理查二世和亨利六世都被罢黜，而后在监禁中被杀，年轻的爱德华五世被谋杀于伦敦塔中，理查三世死于博斯沃思的战场上。监禁中的爱德华二世被谋杀的方式尤为可怕。

关于暴力犯罪在 1350—1450 年的猖獗，参见图尔钦和内费多夫即将出版的著作中收集的证据。

关于贵族特权的买卖，参见 Tuchman 1978：165。

第九章

在本章中，我主要依靠的是塔奇曼、桑普顿和布瓦的描述。还可参见 Perroy, E. 1965. *The Hundred Years War*. Capricorn，New York。关于 14 世纪之后欧洲的社会和经济趋势，参见 Huppert, G. 1986. *After the Black Death：A Social History of Early Modern Europe*. Indiana University Press，Bloomington，IN。

关于富瓦伯爵和布赫的领主以及他们的下属，参见 Froissart，pp. 153 – 155。

关于 1360 年 12 月 5 日的法令，参见 Henneman, J. B. 1999. *France in the Middle Ages*. in R. Bonney，editor. *The Rise of the Fiscal State in Europe，c. 1200 –1815*. Oxford University Press，Oxoford，pp. 101 – 122。

"汝征服了折磨我们无辜民众的敌人"，引自 Potter，D. 2003. *France in the Later Middle Ages*，*1200 - 1500*. Oxford University Press，New York，p. 109。

英国人固守着大西洋沿岸的一些城镇和堡垒——这些地点是波尔多、巴约讷、布雷斯特、加来和瑟堡（Cherbourg）。

关于法国国王给予贵族特权的数量，参见 Schalk，E. 1982. "Ennoblement in France from 1350 to 1660." *Journal of Social History* 16：101 - 110。

"马穆塞"是装饰在教堂大门的丑陋怪异的雕像。来源：Glossaire：histoire et l'architecture，www. lesmoulins. com/fr/ju/g.

正如我在第十四章所讨论的，人类社会是有记忆的，在面对类似情况时会做出类似的反应。更多关于这方面的内容，参见 Roehner，B.，and T. Symes. 2002. *Pattern and Repertoire in History*. Harvard University Press，Cambridge，MA。

"就像泥泞中的猪那样堆积着"，引自 Anonymous. 1968. *A Parisian Journal*，*1405 - 1449*. Clarendon Press，Oxford。

关于中世纪晚期人口减少，参见 Bois，G. 2000. *La grande dépression médiévale：XIVe-XVe siècles*. Presses Universitaires de France，Paris。

布瓦西埃的话引自 Braudel，F. 1988. *The Identity of France. Volume Ⅱ*. *People and Production*. Harper Collins，New York，p. 160。

关于法国历史学家埃马纽埃尔·勒华拉杜里的估计，参见 Le Roy Ladurie，E. 1987. *The French Peasantry：1450 - 1660*. University of California Press，Berkeley，CA，p. 37。

关于法国贵族阶层遭到的屠杀，参见 Contamine，P. 1972. "État et société à la fin du Moyen Age." *Études sur les armées des rois de France 1337 - 1494*. Mouton，Paris。也可参见 Contamine，P. 1984. *War in the Middle Ages*。

Blackwell，Oxford。

对里昂的遗嘱所进行的研究，参见 Lorcin，M. T. 1981. *Vivre et mourir en Lyonnais à la fin du Moyen Age*. Editions du CNRS，Paris。

关于受战争破坏的诺曼底的情况，参见 Bois 1984。

关于 14 世纪早期，贵族在人口中的占比，参见 Henneman，J. B. 1996. *Olivier de Clisson and Political Society of France Under Charles V and Charles VI*. University of Pennsylvania，Philadelphia。

关于贵族世系的灭绝比率，参见 Perroy，E. 1962. "Social Mobility among the French Noblesse in the Later Middle Ages." *Past and Present* 21：25 - 38。

关于法兰西国家财政常设机构的建立，参见 Henneman 1999。

"在接下来的一个世纪，英格兰继续将过量的贵族送到法兰西"。同样的论据参见 Bois，G. 1985. "Against the Neo-Malthusian Orthodoxy." in T. H. Aston and C. H. E. Philpin，editors. *The Brenner Debate：Agrarian Class Structure and Economic Development in Pre-Industrial Europe*. Cambridge University Press，Cambridge，UK，pp. 107 - 118。

关于玫瑰战争，参见 Storey，R. L. 1966. *The End of the House of Lancaster*. Stein and Day，New York。

第十章

明显的不平等对人们进行合作的意愿有破坏性的影响。参见 Bowles，S. 2004. *Microeconomics：Behavior，Institutions，and Evolution*. Princeton University Press，Princeton，pp. 165 - 166。例如，在印度的泰米尔纳德邦（Tamil Nadu），对用水管理的研究发现，在土地所有极为不平等的村镇，合作水平更低。

关于马太定律，参见 James Surowiecki，*The Wisdom of Crowds*，特别是

第 170 页。罗伯特·莫顿使用了这一术语，他证明了已经成名的科学家被给予了不成比例的认可。参见 Merton，R. K. 1968. "The Matthew Effect in Science." *Science* 159：56 – 63。

关于糖域模型结果的非常可读的解释，参见 Philip Ball，*Critical Mass*，p. 347ff。

关于中世纪英格兰方面的历史学家多年来所进行的出色研究，精彩的概述见于 Dyer，C. 2002. *Making a Living in the Middle Ages：The People of Britain 850 –1520.* Yale University Press，New Haven，CT。

对阿特伍德家和哈考博家这一假想轨迹的描述遵循图尔钦和内费多夫所收集的经济数据。

关于 1300 年英国乡村的财富分层，参见 Kosminsky，E. A. 1956. *Studies in the Agrarian History of England in the Thirteenth Century.* Oxford University Press，Oxford。

关于 14 世纪早期最富有的英国人兰开斯特伯爵托马斯，参见 Dyer，c. 1989. *Standards of Living in the Later Middle Ages.* Cambridge University Press，Cambridge，UK，p. 29。

关于一百年前英格兰收入最高的人，参见 Painter，S. 1943. *Studies in the History of the English Feudal Barony.* Johns Hopkins Press，Baltimore。

关于人口顶峰时期英格兰的社会和经济趋势，除 Dyer 2002 之外，参见 Fryde，E. B. 1991. "Peasant Rebellion and Peasant Discontents." in E. Miller，editor. *The Agrarian History of England and Wales. Volume Ⅲ：1348 –1500.* Cambridge University Press，Cambridge，UK，pp. 744 – 819。

关于约克的理查在 1436 年的年收入，参见 Gray，H. L. 1934. "Incomes from Land in England in 1436." *English History Review* 49：607 – 631。

关于 1500 年、1640 年士绅家庭的数量，参见 Mingay，G. E. 1976. *The

Gentry: The Rise and Fall of a Ruling Class. Longman, London; Heal, F., and C. Holmes. 1994. *The Gentry of England and Wales*. Stanford University Press, Stanford, CA; Stone, L. 1972. *The Causes of the English Revolution: 1529 –1642*. Harper and Row, New York。

历史学家对通信和私人信件中提及的决斗和挑战次数的统计，参见 Stone, L. 1965. *The Crisis of Aristocracy: 1558 –1641*. Clarendon Press, Oxford。

关于 17 世纪的危机，参见 Trevor-Roper, H. R. 1966. *The Crisis of the Seventeenth Century: Religion, the Reformation, and Social Change*. Harper & Row, New York; Parker, G., and L. M. Smith. 1997. *The General Crisis of the Seventeenth Century*. 2nd Edition. Routledge, London。

关于历史上的达达尼昂，参见法国网站 "Les Gentilshommes de la Brette"，http://gentilshommesbrette. free. fr/article. php3?id_article = 39. 英语文章参见 www. therfcc. org/d'artagnan-89280. html 和 www. madamebonancieux. com/dartagnan. html。

有一种估计是，在 1588 年后的 20 年有 7 000 到 8 000 人被杀。参见 Harding, R. R. 1977. *Anatomy of a Power Elite: The Provincial Governors of Early Modern France*. Yale University Press, New Haven, CT。也可参见 Collins, J. B. 1995. *The State in Early Modern France*. Cambridge University Press, Cambridge, UK。

关于黎塞留的财富，参见 Bonney, R. 1999. "France, 1494 – 1815. " in R. Bonney, editor. *The Rise of The Fiscal State in Europe, c. 1200 – 1815*. Oxford University Press, Oxford, pp. 123 – 176。

路易十四世在自己的回忆录中对富凯的描写，引自 Collins 2002：351。

第十一章

关于我对罗马历史的描述，依旧参考了 Ward，A. M.，F. M. Heichel-heim，and C. A. Yeo. 2003. *A History of the Roman people*. 4th edition. Prentice Hall，Upper Saddle River，NJ。

其他有用的文本包括 Crawford，M. 1993. *The Roman Republic*. 2nd edition. Harvard University Press，Cambridge；Wells，C. M. 1992. *The Roman Empire*. 2nd edition. Harvard University Press，Cambridge；Le Glay，M.，J. L. Voisin，Y. Le Bohec，and D. Cherry. 1997. *A History of Rome*. Blackwell，Oxford，UK。

单就公元前 334 年至公元前 263 年而言，估计有 70 000 名公民离开罗马，前往建立殖民地。参见 Cornell，T. J. 1995. *The Beginnings of Rome：Italy and Rome from the Bronze Age to the Punic Wars*（*c. 1000 - 264 BC*）. Routledge，London，p. 381。

关于罗马的人口调查数据，参见 Brunt，P. A. 1971. *Italian Manpower：225 BC-AD 14*. Clarendon Press，Oxford，UK。

罗马的城市人口甚至增加得更快，从 150 000 人增加到了 450 000 人。参见 Chandler，T. 1987. *Four Thousand Years of Urban Growth：An Historical Census*. St. Gavid's，Lewiston。

为了扩大征兵人群，当局逐渐减少具有参军资格的公民的最低财产数量。公元前 107 年，马略按人头数（capitate censi）征召罗马军团士兵，那些没有财产的人直接被列入了统计中（Crawford 1993：79，125，128）。

元老院的财富以天文数字的速度增长。参见 Crawford 1993：75 和 Shatzman，I. 1975. *Senatorial Wealth and Roman Politics*. Latomus，Brussels。关于共和国晚期的财富集中程度，也可参见 Ward et al. 2003：234 - 235。

西塞罗关于罗马人奢侈程度的描写，引自 Freese，J. H. 1930. *Cicero：*

The Speeches. William Heinemann，London，pp. 133 – 135。

关于罗马人组织一场像样的宴会的花费，参见 Robert，J. N. 1988. *Les Modes à Rome*. Les Belles Lettres，Paris，pp. 1 – 3；Friedländer，L. 1968. *Roman Life and Manners Under the Early Empire. Vol. Ⅱ*. Barnes and Noble，New York，p. 152。

萨卢斯特指责的话，参见 Edwards，C. 1993. *The Politics of Immorality in Ancient Rome*. Cambridge University Press，New York。

"一种可怕的令人贪吃之物"，引自 Friedländer 1968：142。

政治科学家罗伯特·帕特南最近绘制了美国各州社会资本的分布图。参见 Putnam，R. D. 2000. *Bowling Alone：The Collapse and Revival of American Community*. Simon and Schuster，New York，pp. 292 – 295。

"共和国晚期出现危机"，该叙述引自 Ward et al. 2003。

关于罗马公元前 1 世纪内战期间大屠杀的范围，参见 Stearns 2001，Crawford 1993：1 和 Le Glay et al. 1997：118。

"我不想一无所成地英年早逝！"引自 Le Glay et al. 1997：171。

"全世界有这么多的战争……农民们不在了，田地都荒废了。"引自 Wells 1992：15。

关于屋大维手下的退伍军人的安置，参见 Wells 1992：21 – 22。

关于元首制周期全部的论述将在图尔钦和内费多夫即将出版的著作中发表。

关于亚平宁山脉以北的意大利的形成轨迹，参见 Toynbee 1965：182 – 183 和 Wells 1992：183。

第十二章

托尔斯泰的小说《战争与和平》的全文可见于 www. funet. fi/pub/culture/

russian/books/Tolstoy/War_and_peace。

关于牛顿和拉普拉斯可能对托尔斯泰产生的影响，参见 Ivars Peterson's MathTrek，October 29，2001. Tolstoy's Calculus. MAA Online. www. maa. org/mathland/mathtrek％5F10％5F29％5F01. html。

另一个有趣的讨论是：Vitányi，P. Preprint. "Tolstoy's Mathematics in War and Peace." 参见 http：//xxx. lanl. gov/abs/math. HO/0110197。

托尔斯泰的观点也被现代社会学家接受。参见引言中有关微观到宏观问题的参考文献。

关于军事历史学家发展出的方法，参见 Dupuy，T. N. 1987. *Understanding War : History and Theory of Combat*. Nova，Falls Church，VA。也可参见 Hartley，D. S. 2001. "Topics in Operations Research：Predicting Combat Effects." *INFORMS*，Linthicum，MD。

"人类创造他们自己的历史，但并不是出于他们自己的自由意志；他们并不是在自己所选择的环境下，而是在他们直接面对的给定的和继承下来的环境下创造历史。" 引自 Marx，K. 1973. "The Eighteenth of Brumaire of Louis Bonaparte," in *Surveys from Exile. Political Writings*，Volume 2. Penguin Books，London，p. 146。

关于敏感依赖性和数学混沌，可参见 Gleick，J. 1987. *Chaos : Making a New Science*. Viking，New York。

第十三章

关于社会资本，参见如下：

Putnam，R. D. 2000. *Bowling Alone : The Collapse and Revival of American Community*. Simon and Schuster，New York.

Putnam，R. D. ，R. Leonardi，and R. Y. Nanetti. 1993. *Making Democracy*

Work：*Civic Traditions in Modern Italy*. Princeton University Press，Princeton，NJ.

Pharr，S. J.，and R. D. Putnam. 2000. *Disaffected Democracies*. Princeton University Press，Princeton，NJ.

Fukuyama，F. 1995. *Trust*：*The Social Virtues and Creation of Prosperity*. Free Press，New York.

Bourdieu，P. 1980. "Le Capital Social：Notes Provisoires." *Actes de la Recherches en Sciences Sociales* 3：2 - 3.

Lin，N.，K. Cook，and R. S. Burt. 2001. *Social Capital*：*Theory and Research*. Aldine de Gruyter，New York.

社会科学家（比如迭戈·甘比塔）对黑手党兴起原因的研究，参见 Gambetta，D. 1988. *Trust*：*Making and Breaking Cooperative Relations*. Basil Blackwell，Oxford；Gambetta，D. 1993. *The Sicilian Mafia*：*The Business of Private Protection*. Harvard University Press，Cambridge，MA。

在过去的长周期里，我们常常会在危机时期之前看到犯罪率的上升。参见 Fischer 1996。

劳工统计局所估算的官方通货膨胀率并没有说明全部的情况。参见 Jarret Wollstein. 2005. "2％ Inflation and Other Official Lies." www. isil. org/towards-liberty/inflation-gov-lies. html。

关于文凭危机，参见 Collins，R. 1979. *The Credential Society*：*An Historical Sociology of Education and Stratification*. Academic Press，New York。

表示信任华盛顿政府的人的比例正在稳步下降——从 20 世纪 50 年代末的 70％—80％下降到了 20 世纪 90 年代的 30％—40％。数据出自 Pharr and Putnam，*Disaffected Democracies*。

45％的美国人几乎完全不相信日报上的内容，20 年前只有 16％，数据根据最近的一份报告，参见 Pew Research Center，"Trends 2005."http://pewresearch. org/trends/。

第十四章

查尔斯·克劳塞默的话，出自 Bacevich，A. J. 2005. *The New American Militarism： How Americans Are Seduced by War*. Oxford University Press，New York。

关于如今的美国是否能够且应该与过去的强大帝国相比，参见 "History and Hyperpower" by Eliot A. Cohen in the July/August 2004 issue of *Foreign Affairs*。

关于帝国似乎正处于流行中，参见 "The Empire Strikes Back" by Anatol Lieven in the July 7，2003 issue of the *New York Times*，在其中，阿纳托尔·利文评论了 6 本最近关于帝国的书。

五角大楼委托的关于帝国的报告，参见 March 5，2003 column by Maureen Dowd in the *New York Times*。

政治科学家认为有些少数族裔抵挡住了美国的文化同化，参见 Huntington，S. P. 2004. *Who Are We： The Challenges to America's National Identity*. Simon & Schuster，New York。

英国记者和作家阿纳托尔·利文对美国的爱国主义两面性的评价，参见 Lieven，A. 2004. *America Right or Wrong： An Anatomy of American Nationalism*. Oxford University Press，New York。

在写本书期间，欧盟又增加了六名中欧地区和两名地中海地区的成员。这一事件发生于 2004 年 5 月 1 日。

关于车臣-俄罗斯冲突的背景，参见 Chechnya：The White Book published by the Russian Information Centre and RIA Novosti（03 April 2000）. http://

www. globalsecurity. org/military/library/news/2000/04/white/。

关于车臣的奴隶制，参见 Dixon，R. 2000. "Chechnya's Grimmest Industry. " *Los Angeles Times* (September 18，2000)；Frabchetti，M. 2002. "Russian Returns after 13 Years of Chechen Slavery. " *Sunday Times* (31 March 2002)。

大部分认真思考的政治科学家都预测美国和中国之间的地理政治竞争会逐渐升级。参见 Mearscheimer，J. J. 2001. *The Tragedy of Great Power Politics*. Norton，New York。

如今，文明间最激烈的冲突是发生在伊斯兰文明和西方文明、东正教文明、印度文明及中国文明之间的元民族边境区的。这一评论是由塞缪尔·亨廷顿在他于 1996 年出版的《文明的冲突与世界秩序的重建》中提出的，他的见解在接下来十年间所发生的一系列事件中得到了充分的证明。

以色列从美国那里得到了大量外交和象征性援助。比如，美国在联合国中对反以色列的提案投否决票。美国和欧洲大众媒体对以色列的新闻报道也有非常明显的差异，后者的报道更为平衡，甚至在某些情况下还会出现支持巴勒斯坦的报道。

自杀式袭击这种现象在很大程度上是限定在中东地区的。在斯里兰卡的泰米尔人（Tamils）和僧伽罗人（Sinhalese）之间的冲突是唯一主要的例外。

关于自杀式炸弹袭击者的崛起，参见 Atran，S. 2003. "Genesis of Suicide Terrorism. " *Science* 299：1534 – 1539；Atran，S. 2004. "A Leaner，Meaner Jihad. " *New York Times* (March 16，2004)。

关于全球恐怖主义网络的联合，正如安妮·鲁特（Anne Rueter）在《安娜堡新闻》（*Ann Arbor News*，2004 年 3 月 28 日）中所报道的，斯科特·阿特兰（Scott Atran）认为："显然，我们误解了全球'圣战'的本质，认为恐怖主义袭击——去年全球发生的 98 次自杀式袭击——都是由基地组织运营的、组织严密的、网络策划的，这是错误的观念。相反，我们面对的似乎是一群基本上自治的群体和基层组织，他们致力于自己的宗教目标。恐怖主义组织和基地组织有着同样的动机和行事方法，但是单独采取行动，他们会主动地云集在一起——从分散的地点追踪各种各样的目标，然后分散开，结果就形成了新的集群。"

关于复杂的自我组织行为，参见 Strogatz, S. 2003. *SYNC：The Emerging Science of Spontaneous Order*. Hyperion, New York；Barabasi, A. L. 2003. *Linked：How Everything Is Connected to Everything Else and What It Means*. Plume, New York。

致　谢

　　我想要感谢帮助我完成本书的各位，首先是我的父母，他们不仅给予了我生命，还让我在很小的时候就踏上了充满求知欲的科学之路，并终身醉心于此——从我有记忆起就开始了。在后来的人生中，我从生物科学领域的老师和同事们那里学到了很多关于如何进行研究的知识，不胜枚举。最近，我在生态学和进化生物学部门的同事们都很支持我的好奇心带给我的新研究方向，即便这一方向完全超出了生物学的范围。

　　在这个科学专业化的时代，跨越科学边界是充满了困难和危险的。这就是我对我在社会科学领域的同仁们怀有巨大的感激之情的原因，在我研究历史动力学早期，他们给予了我积极的反馈——杰克·戈德斯通（Jack Goldstone）、汤姆·霍尔（Tom Hall）、罗伯·博伊德（Rob Boyd）、兰德尔·科林斯（Randall Collins）、谢尔盖·内费多夫（Sergey Nefedov）、安德烈·科罗塔耶夫（Andrey Korotayev）、克里斯·切斯-邓恩（Chris Chase-Dunn）等等。

我要感谢康涅狄格大学为无拘无束的知识发现所提供的培育和支持环境。我的部门主管格雷格·安德森（Greg Anderson）鼓励我突破学科范围，并且让我可以从教学工作中脱身出来，这对于我来说非常必要。文理学院的院长罗斯·麦金农（Ross MacKinnon）以非常实在的方式支持着我，他资助了我的助理研究员的一半薪水。康涅狄格大学优秀且丰富的馆藏是不可或缺的。黛博拉·泰斯（Deborah Tyser）为我提供了必要的研究帮助，没有她充沛的精力和学识帮助，本书可能要花两倍的时间进行研究和写作。

我的编辑 Pi 出版社的斯蒂芬·莫罗（Stephen Morrow）一开始就参与了这一研究项目——对每一步进行指导和鼓励，并且影响了最终的成品。我非常幸运能在刚刚开始写本书时就和斯蒂芬取得了联系。在让本书得以出版的技术方面，Pi 出版社的迈克尔·瑟斯顿（Michael Thurston）和其他工作人员提供了专业且令人振奋的帮助。维吉·克拉斯科（Virge Krask）在准备地图方面做得很出色。非常感谢安德烈·科罗塔耶夫提供了苏里科夫（Surikov）画作的电子版，该画作的一部分出现在了（原书）护封上。

有很多人看了本书初稿的一部分或者全部内容。我想要特别感谢安德烈·科罗塔耶夫、保罗·西布莱特（Paul Seabright）、大卫·克里斯蒂安（David Christian）、皮特·理查森（Pete Richer-

son)、赫布·金迪斯（Herb Gintis）、汤姆·霍尔、阿纳托尔·利
文（Anatol Lieven）和詹姆斯·鲍尔斯（James Powers）所提出的
广泛意见和积极评论。

我最为感激的是我人生中最重要的人，没有她的持续鼓励和支
持，本书永远不可能完成。我要将《历史动力学：帝国的兴衰密
码》献给她。

图书在版编目（CIP）数据

历史动力学：帝国的兴衰密码 /（美）彼得·图尔
钦（Peter Turchin）著；张晶译. -- 北京：中国人民
大学出版社，2025. 8. -- ISBN 978-7-300-33908-5

Ⅰ. K107

中国国家版本馆 CIP 数据核字第 2025E9H868 号

审图号：GS（2025）1096 号

历史动力学：帝国的兴衰密码
［美］彼得·图尔钦（Peter Turchin） 著
张晶 译
Lishi Dongli Xue：Diguo de Xingshuai Mima

出版发行	中国人民大学出版社				
社 址	北京中关村大街 31 号		**邮政编码**	100080	
电 话	010 - 62511242（总编室）		010 - 62511770（质管部）		
	010 - 82501766（邮购部）		010 - 62514148（门市部）		
	010 - 62511173（发行公司）		010 - 62515275（盗版举报）		
网 址	http://www.crup.com.cn				
经 销	新华书店				
印 刷	北京联兴盛业印刷股份有限公司				
开 本	890 mm×1240 mm 1/32		**版 次**	2025 年 8 月第 1 版	
印 张	15.375 插页 4		**印 次**	2025 年 8 月第 1 次印刷	
字 数	324 000		**定 价**	98.00 元	